二十四史精华

二十四史是我国古代二十四部正史的总称

姜忠喆 / 主编

辽海出版社

肆

目　录

辽　史

《辽史》概论 2

政　略
君臣论军国之务 9
穆宗诏令求谏 9
辽太祖即位记 10
罗衣轻巧谏兴宗 12

御　人
石敬瑭取媚异主 13
耶律忠贞　太祖起疑 14
契丹重用韩延徽 15
合住一言胜十万雄兵 16

法　制
萧保先严酷致祸乱 18
辽道宗不改姓氏之制 18
耶律庶成修订辽法 19
萧韩家奴论止盗之法 20
马人望虑远而除厚敛之弊 20

军　事
太宗畋猎习武 22
图鲁窘之计 22
耶律虎古料宋必取河东 23

理　财 25

入仕当以治国安民为己任 …………………………………… 25
德　操 ……………………………………………………………… 26
　　辽太宗观画思亲 …………………………………………… 26
　　辽太祖品评诸子 …………………………………………… 26
　　耶律倍让天下 ……………………………………………… 27
　　杀虎救驾 …………………………………………………… 30
　　韩留性不事权贵 …………………………………………… 30
　　此社稷计　何憾之有 ……………………………………… 31
　　萧陶隗切谏招祸殃 ………………………………………… 32
传世故事 …………………………………………………………… 34
　　马人望视事半年而仓廪实 ………………………………… 34
　　萧陶隗力矫积弊 …………………………………………… 35
　　韩延徽教民垦艺　治国安邦 ……………………………… 36
　　铎鲁斡不满子聚财 ………………………………………… 37
人物春秋 …………………………………………………………… 38
　　谋略宏远　料敌精准——耶律休哥 ……………………… 38
　　学识广博　贯通经史——韩企先 ………………………… 40

金　史

《金史》概论 ……………………………………………………… 42
政　略 ……………………………………………………………… 49
　　金太祖定国名 ……………………………………………… 49
　　金世宗论为政之道 ………………………………………… 49
　　金章宗学议 ………………………………………………… 50
　　完颜伯嘉之谏 ……………………………………………… 50
　　承晖论捕盗之法 …………………………………………… 51
　　杨云翼医谏 ………………………………………………… 52
御　人 ……………………………………………………………… 53
　　熙宗诸色皆用 ……………………………………………… 53
　　金世宗不举亲 ……………………………………………… 53

辱命受罚 …………………………………… 54
　　金世宗左右不用无能之臣 ………………… 55
　　施宜生泄密受烹 …………………………… 55
　　世宗议国书朝事 …………………………… 56
　　金世宗用才唯能 …………………………… 57
法　制 ………………………………………… 58
　　因时制宜以成一代之法 …………………… 58
　　张汝霖执法不严 …………………………… 58
　　郑建充刚暴招人怨 ………………………… 59
　　李石献策息争端 …………………………… 60
　　金世宗定朝制 ……………………………… 61
军　事 ………………………………………… 62
　　良马不可殉 ………………………………… 62
　　郦琼论宋之成败 …………………………… 62
　　蒲庐浑用兵 ………………………………… 63
　　掘堑御敌不可行 …………………………… 64
　　安国驱羊追敌 ……………………………… 64
　　李革献策 …………………………………… 65
　　勿用小人　开国承家 ……………………… 66
理　财 ………………………………………… 67
　　金世宗戒贿 ………………………………… 67
　　上行下效营私 ……………………………… 67
　　海陵赐物 …………………………………… 68
　　张汝霖引君奢侈 …………………………… 69
德　操 ………………………………………… 70
　　杨邦基为官不阿 …………………………… 70
　　马肩龙舍身救从坦 ………………………… 70
　　拒写碑文 …………………………………… 71
　　王震割股医母 ……………………………… 72
传世故事 ……………………………………… 73
　　达鲁古城之战 ……………………………… 73
　　浚州之战 …………………………………… 74
　　金世宗重视农事 …………………………… 75

经营产业　强占官田 ··· 78
　　高汝砺治财 ··· 79
　　高汝砺立钞法畅流通 ··· 81
人物春秋 ··· 83
　　攻战征伐立功勋——完颜宗翰 ····································· 83
　　书文精美　知人且明——王庭筠 ································· 87

元　史

《元史》概论 ··· 90
政　略 ·· 98
　　元仁宗整饬朝政 ··· 98
　　海山即位 ·· 98
　　顺帝即位 ··· 100
　　顺帝避兵北逃 ··· 101
　　忽必烈消疑 ·· 102
　　赛典赤治云南 ··· 102
　　拜住斗铁木迭儿 ·· 104
　　武宗之立 ··· 106
　　成宗征伐八百媳妇国 ·· 108
　　彻里力劾桑哥 ··· 109
　　阿鲁浑破谣言 ··· 110
　　阿沙不花进谏 ··· 111
御　人 ··· 113
　　顺帝轻废高丽王 ·· 113
　　李冶论士 ··· 113
　　赵良弼单身赴日 ·· 115
　　铁木真嫁妹 ·· 116
　　德辉论兴亡 ·· 117
法　制 ··· 119
　　三宝奴骗财受控告 ··· 119

吕思诚谈钞法 …………………………………… 120
　　张雄飞廉洁守法 ………………………………… 121
　　伯颜平宋遭构陷 ………………………………… 122
　　王荣伤人起风波 ………………………………… 123
　　虞槃英明除邪巫 ………………………………… 124
　　胡长孺断案有方 ………………………………… 125
　　干文传巧断疑案 ………………………………… 126
　　王思廉与帝论反臣 ……………………………… 127
军　事 ……………………………………………… 129
　　两都之战 ………………………………………… 129
　　纽璘奇袭败宋军 ………………………………… 130
理　财 ……………………………………………… 132
　　皇后性俭 ………………………………………… 132
德　操 ……………………………………………… 133
　　义救赵王 ………………………………………… 133
　　姚燧氏大器晚成 ………………………………… 133
　　管如德勇敢无畏 ………………………………… 134
　　杀虎能手别的因 ………………………………… 135
传世故事 …………………………………………… 137
　　元世祖委任以专 ………………………………… 137
　　用汉法重宋士　世祖定天下 …………………… 138
　　阳逻堡之战 ……………………………………… 139
　　为僧不善　自取祸患 …………………………… 141
　　蒙古迂道灭金 …………………………………… 142
　　汉人为官 ………………………………………… 144
　　张世杰铁链锁船遭火攻 ………………………… 146
　　阿合马兴办冶铸 ………………………………… 147
　　张文谦爱民致财 ………………………………… 148
　　一代贤后察必 …………………………………… 150
　　杨氏口授虞集心学 ……………………………… 151
　　魏敬益还田教子 ………………………………… 152
人物春秋 …………………………………………… 154
　　一代天骄东征西讨　旷世英才南征北战——**铁木真** …… 154

继往开来治天下——窝阔台 ······················· 167
　　历事三朝　名扬四海——耶律楚材 ·················· 168

明　史

《明史》概论 ····································· 176
政　略 ··· 181
　　纪淑妃潜养皇子 ······························· 181
　　群臣共谋诛"八党" ···························· 183
　　张居正为官治政 ······························· 184
　　张居正死后祸发 ······························· 188
御　人 ··· 191
　　黄孔昭之事 ··································· 191
　　末代朝中庸才多 ······························· 192
　　崇祯帝试臣 ··································· 194
法　制 ··· 196
　　茹太素二三事 ································· 196
　　书生之言不可不信 ····························· 197
　　大声秀才屡降屡升 ····························· 198
军　事 ··· 199
　　朱元璋取天下之略 ····························· 199
理　财 ··· 201
　　兴都三十六庄 ································· 201
　　汤显祖遭贬只因直言 ··························· 201
　　北人种稻 ···································· 203
　　军无饷银　宦官放债 ··························· 204
德　操 ··· 205
　　忠之至　死之酷 ······························· 205
　　宫婢谋弑 ···································· 206
　　王竑忠愤击奸党 ······························· 207
　　东林党讲学议政 ······························· 208

传世故事	211
明太祖严禁宦官预政	211
朱元璋用人之法	212
科考与荐举同为用人之道	213
朱元璋发展经济	215
朱棣援《祖训》而"靖难"	217
明成祖怒杀方孝孺	219
明仁宗慎言谨行	220
吴履不忍治民于狱	221
刘基执法铁面无私	223
嘉靖皇帝屈法徇私	224
王守仁平南昌之战	225
靖难之役	228
襄阳之役	230
周忱理财	231
严嵩父子横征暴敛	233
张居正纠正时弊	235
潘季驯以水治水	237
杨溥慧眼识珠	239
陈济受教限酒	240
严讷请客预杜私情	240
人物春秋	242
文章万古流　才学辅明帝——刘基	242
权智枭雄——朱棣	246
海瑞罢官　屡罢屡迁	250

附录：清史稿

《清史稿》概论	256
政　略	261
文宗之言定帝位	261
张之洞数事	261
御　人	265
心术当慎	265

法　制 ... 266
黎士弘断婚案 ... 266
黎士弘智拿左梅伯 ... 266
马如龙断案 ... 267

军　事 ... 269
林则徐禁烟斗英国人 ... 269
英人占据香港 ... 273

理　财 ... 275
李鸿宾销盐 ... 275
于成龙清廉之事 ... 275
刘纶清俭 ... 278
李金镛漠河开矿 ... 279
朱其昂创招商局 ... 279

德　操 ... 281
叶方蔼侍讲 ... 281
马氏《文通》 ... 281

传世故事 ... 284
康熙帝拘鳌拜亲政 ... 284
年羹尧幼时劝父 ... 284
炎武气节源老母 ... 285
武训兴学 ... 286
陶元淳审案正气凛然 ... 288
武亿怒斥京官 ... 289
李毓昌壮志未酬 ... 290
邵晋涵受教苦读成才 ... 291
徐乾学藏书以留后人 ... 292
曾国藩严教亲属 ... 293
郑板桥诫弟教子 ... 296
丁日昌与清廷第一家兵工厂 ... 297

人物春秋 ... 300
征伐兼并　关外称帝——努尔哈赤 ... 300
英明之帝　开清盛世——玄烨 ... 305
乱世太后　祸国殃民——叶赫那拉氏 ... 307

辽 史

《辽史》概论

《辽史》116卷，元朝脱脱奉敕修撰。其中包括本纪30卷，志32卷，表8卷，列传45卷，另附国语解一卷。它是研究辽代历史的最基本也是最重要的史料。

一

辽朝是契丹族10世纪初到12世纪初在中国东北建立的王朝，它在我国历史的发展过程中占有重要的地位。契丹族从四五世纪出现在历史舞台上就受到汉族先进文明的影响和熏陶，显露汉化趋势。在长期与汉族的交往中，逐渐接受了汉文化。据史籍记载，辽王朝的建立者耶律阿保机从不自外于中国，重用汉族知识分子，不失时机地发展契丹政治、经济和文化事业。在学习和接受汉族文明的过程中，辽朝统治者也曾效法前代中原汉族王朝，设置修史机构，指定专人修史，以《起居注》《日历》《实录》的形式记载辽朝统治者的言行和辽朝的重大事件。辽兴宗时的萧韩家奴、耶律良和辽道宗时的不撒、忽突堇都曾担任修撰起居注的工作。辽代先后进行了4次较大规模纂修进呈《实录》的工作。第一次纂修在圣宗统和九年（991），枢密使、监修国史室昉与翰林学士邢抱朴承旨同修《统和实录》20卷。第二次纂修在兴宗重熙十三年（1044），前南院大王耶律谷欲、翰林都牙耶律庶成、翰林都牙兼修国史萧韩家奴编辑自遥辇可汗以来到重熙年间的事迹，成《先朝事迹》20卷。第三次是道宗大安元年（1085），史臣进呈太祖以下七帝实录。第四次是天祚帝乾统三年（1103），监修国史耶律俨纂修太祖诸帝实录共70卷。

元朝建立后，不断有人向统治者建议修辽、金、宋三史。中统二年（1261）七月，翰林学士承旨王鹗向元世祖忽必烈建议修辽、金两史，并推荐辽皇族后代左丞相耶律铸和汉族文臣平章政事王文统监修辽、金史。当时戎马倥偬，忽必烈心有余而力不足。3年之后，王鹗再次提出设局纂修本朝实录，并附修辽、金两史。忽必烈接受了这一建议，并部分付诸实行，但仍然没有结果。元朝灭亡南宋后，在半个多世纪里又曾3次下诏修纂宋史、辽史、金史。但因正统问题争论不休，迟迟未能进行。直到元朝最后一个皇帝顺帝至正三年（1343），才正式开局纂修。中书右丞相脱脱为都总裁，总裁官有欧阳玄、张起岩、吕思诚、揭傒斯等。脱脱确定三史各为正统，各系其年号，使这一争论很久的问题得到了解决。至正四年（1344）三月，《辽史》完成，是三史中最先成书的一部，前后费时不到一年，由廉惠山海牙、王沂、徐昺、陈绎曾4人分撰。

脱脱作为丞相，实行重用儒臣的开明政策，为三史修纂创造了良好的外部环境，尤其是他确立的编纂义例和方针对顺利修纂三史起了决定性的作用。金朝编修辽史时，曾就金朝继承哪一朝帝统问题，是继唐，还是继辽、宋，引起过几次论争，问题没有解决。元朝是继哪朝帝统更为复杂。有人认为宋为正统，辽、金为割据。有人认为，辽自唐末占据北方，与五代、北宋相次而终，当为北史；宋继周统，至靖康之变，当为宋史；金破辽灭宋，据有中原，当为北史；建炎以后则当为南宋史。在争论不决、阻碍修史的情况下，脱脱断然决定三史各为正统、各系其年号，平息了这场旷日持久的争论。脱脱为组织史官、提供经费也做出了很大的贡献。

《辽史》的编撰，大体上是由史官撰成初稿，然后进呈总裁，由总裁笔削裁定。因而总裁在修纂《辽史》中有着重要作用。欧阳玄、揭傒斯、张起岩都是元代的著名学者，熟悉历史典故，精通儒学经典。欧阳玄订立三史凡例，作为撰写初稿者的写作依据，不公正处亲笔改定，并且亲笔撰写三史中的论、赞、表、奏。揭傒斯强调修史以用人为本，重视史法和史意，在三史编纂中，毅然以笔削自任。政事得失、人才贤否必定求得公正。张起岩对初稿中立言未当之处，总是据理改定。吕思诚除参加《辽史》等三史的编修外,还总裁后妃、功臣传,荟萃《六条政类》。铁木儿塔识、贺惟一(后改名太平)两位总裁在《辽史》修纂中也起过重要作用。

二

《辽史》所以能在不到一年的时间里修撰成功,除了有一个较为完善的写作班子外,更主要的是利用了辽代耶律俨编纂的国史和金代陈大任编纂但未最后完成的《辽史》。其中耶律俨的著作《辽实录》是后来金修《辽史》的基础,是元修《辽史》引证最多的著作之一。陈大任的《辽史》也是元修《辽史》的重要依据。

除了上述两书外,元修《辽史》还大量采用了南宋人叶隆礼的《契丹国志》。这本书不同于耶律俨的《辽实录》和陈大任的《辽史》依据实录撰成,而是宋朝方面当时所存有关契丹材料的总汇。元修《辽史》天祚帝纪及其相关传多采自《契丹国志》。元修《辽史》利用过的其他史料,有《资治通鉴》、前朝各史《契丹传》、辽朝修的《辽朝杂礼》、宋人王曾的《上契丹事》、刁约的《使辽诗》等,还有高丽的著作《大辽事迹》《大辽古今录》等。值得指出的是由于耶律俨《实录》和陈大任《辽史》早已失传,这两部著作中的许多原始资料赖《辽史》一书得以保存,因而元修《辽史》作为现存唯一的一部比较系统、完整地记载辽朝历史的史籍,自然有着不可低估的史料价值和历史地位。

此外,《辽史》不仅有纪传,还立有不少志、表,这些志、表有的是其他正史中所没有的。如《营卫志》就是《辽史》所独有,其中保存了契丹早期的宫帐《斡鲁朵》、捺钵(行营)及部族的组织与历史等重要史料。有些志的内容安排也很有特色。如《仪卫志》中舆服内容分为"国舆"和"汉舆""国服"与"汉服",仪仗分为"国仗""渤海仗""汉仗"等,不但记述契丹早期的车舆、服饰和仪仗等制度,同时对后来采用汉制辇舆和服饰、仪仗的时间、规格、形制等方面都有所论述。《礼志》分载契丹族与汉族礼仪;《百官志》分纪北、南面官制,在内容上也都有自己的特色，是研究辽朝历史的重要资料。在天祚帝纪后面，还附有耶律大石的西征及西辽建国的材料，这是汉文资料关于西辽的珍贵文献，是学界研究古辽史的重要资料。《辽史》中的表立得很多，有世表、部族表、属国表、皇子表、公主表、皇族表、外戚表、游幸表等，篇幅约占全书的六分之一。

《辽史》以实录为凭，记事大体上无所粉饰，尤其是在记述宋、辽关系时，拿《辽史》与《宋史》互相参照，往往有利于弄清《宋史》所讳史实的真相，就是说《辽史》的记载往往更接近历史真实。

由于参考资料有限，加之成书时间仓促，《辽史》有许多不足之处，几百年来一直受到研究者的指责和批评。首先是其记事过于简略，以至出现史实错误或漏载了许多修史所必不可少的重要内容。立国建号是非常重要的历史事件，辽自建国以后，曾多次改变国号，先称契，后称大辽，后又称大契丹，尔后复称大辽。如此重要的史实，《辽史》却失于记载，不能不说是一个极大的疏漏。辽立国时间很长，元修《辽史》共116卷，从卷数看为《宋史》的五分之一强，但每卷的分量很少，全书只有47万字，仅相当于《宋史》的十分之一。在如此有限的篇幅中，内容重复的地方也很多，这样也就难免不出现叙事的疏漏。其次是《辽史》各部分内容互相矛盾。如耶律余睹立晋王事，《天祚纪》及《萧奉先传》《耶律余睹传》以为是萧奉先诬陷，《晋王传》《皇子表》则以为是事实。《兵卫志》载永昌宫正户1400，而《营卫志》则载永昌宫正户8000，二者当有一误。书中还有一人两传的情况。《辽史》中契丹人的姓名是用汉字书写的契丹语音，由于所用汉字极不统一，且名、字杂见，出现混乱现象。第三是错误百出。元修《辽史》过于草率，错误之处比比皆是，有纪年错误，有史实错误，有的错误是沿袭所据资料而失于考证造成的，有的则是编修者妄改的结果。

《辽史》尽管有上述种种不足之处，但辽、金两朝所修辽史均已失传，辽代其他文献保存下来的也很少，因此，它成了现存最早最完整的一部辽代史书，是后人研究辽代历史的最基本的史籍。

《辽史》在元代只印了100部，此印本今已失传。元末明初另有翻刻本。明初修《永乐大典》所引《辽史》很可能是元至正五年的最初刻本。明代有南监本、北监本。清代有乾隆殿本、四库本、道光殿本。20世纪30年代商务印书馆用几种元末明初的翻刻本残本拼成百衲本。1974年，中华书局以百衲本为基础，采用各种版本进行参校，改错补漏，刊出新标点本，是目前最好的版本。

三

《辽史》全书按纪、志、表、传编排，是一部按传统方法纂修的纪传体史书。本纪和列传是全书的主要内容。本纪是从开国皇帝太祖耶律阿保机到天祚皇帝耶律延禧，共9帝，计30卷，《辽史》本纪所占的比重，超过了金、宋两史。《辽史》本纪以内容的多少来安排卷数，太祖本纪两卷，太宗本纪两卷，世宗本纪一卷，穆宗本纪两卷，景宗本纪两卷，圣宗本纪8卷，兴宗本纪3卷，道宗本纪6卷，天祚皇帝本纪4卷。《辽史》本记述了辽朝九帝的历史事迹和整个朝代的重大事件，在《辽史》中占有首要地位。

辽太祖耶律阿保机，在位20年，于10世纪初统一契丹八部，控制邻近女真、室韦等族。任用汉人韩延徽等，改革习俗，建筑城郭，创造契丹文字，发展农业和商业，推进契丹族封建化进程。916年称帝，建年号。攻取营、平等州，又于926年攻灭渤海。阿保机称帝后，积极加强政权建设，巩固统一国家。他仿照汉制，立长子耶律倍为皇太子，确立了世袭皇权，初步奠定了因俗而治的南面官、北面官制度。又建立军队、制定法律，使国家政权粗具规模。在经济上，他开拓经济领域，使契丹向农牧经济和定居生活转变。他还注意发展文化事业，缩短契丹与中原的距离，要求契丹贵族学习汉族文字和文化，对儒学、佛教、道教采取兼收并蓄的态度，随着汉化的加深，契丹统治下的各族人民与中原汉族人民更加接近。他在位时十分重视人才，尤其是汉族知识分子，康默记、韩延徽、韩知古等都受到重用，有力地促进了这一时期的民族融合。这就是辽太祖本纪提供给我们的印象。

辽太宗耶律德光是辽朝的第二代皇帝，在位时间长达20年。统治期间奖励耕织，继续强化政权建设。936年，他借后唐叛将石敬瑭求援之机，立石敬瑭为晋帝，取得燕云十六州。后来宋朝为了收复这大片失地，与辽朝多次发生战争，对双方社会发展都产生了重大影响。辽朝经过长期的扩张，领土不断扩大，东至大海，西至金山，北至胪朐河，南至白沟，幅员万里。这时辽政权已走上封建化道路，境内人民，大致可以分为以农业为主的汉人和渤海人以及以畜牧业为主的契丹、奚族人民。为了适应这些不同的民族和不同的生产方式，辽太宗取得燕云十六州后，在中央设置南面官和北面官的双轨统治机构。南面官仿照汉制统治汉人及渤海人，杂用汉族地主知识分子和契丹贵族；北面官以辽朝旧制统治契丹族和其他少数民族的人民，任用契丹贵族。辽太宗统治的末年，南下灭亡了后晋。《辽太宗本纪》叙述了这段在契丹发展史上占有重要地位的历史。

《辽史》本纪是全书的提纲，比较完整和系统地记载了辽朝200多年的发展脉络。在太祖本纪中叙述了契丹族的兴起，他的祖父匀德实开始教民种耕，发展畜牧业，他的父亲撒剌的开始铁冶，教民铸造，始兴版筑，设置城邑，教民种植桑麻，学习织编技术。经过太祖、太宗时的封建化过程，辽朝国力不断强盛，与许多民族、国家、地区建立了经济的和文化的联系。本纪中篇幅最长的是圣宗本纪，突出地反映了辽宋之间多年的征战与讲和，如对澶渊之盟等重大事件都有较详的记载。天祚帝纪记叙了辽朝被金灭亡的过程，还简述了耶律大石率族众西征，在中亚建立西辽的始末。通过本纪集中反映了辽朝由弱到强、由盛转衰的历史过程。

列传和本纪构成了辽史的纵横面貌。列传成为本纪的重要补充。有些内容虽属简略，但可补充本纪的不足。《辽史》列传的原则和体例鲜明，分后妃、宗室、外戚、群臣等类型入传，大臣有大功者，虽父子也分别列传。其余以类相从，或数人共一传，为国捐身者都可立传，不须避忌。《辽史》列传相对来说显得单薄，45卷中除上述后妃、宗室、外戚、勋臣之外，还有文学列传两卷，能吏列传一卷，卓行列传一卷，列女列传一卷，方技列传一卷，伶官宦官列传一卷，奸臣列传两卷，逆臣列传3卷，二国外记一卷。

契丹族建立的辽朝在太祖耶律阿保机和太宗耶律德光统治时期，

强化皇权统治，不断向南掳掠，得到燕云十六州地面后，进一步采取因俗而治的政治制度，"以国制治契丹，以汉制待汉人"，发展契丹民族的经济和文化，辽朝在逐渐脱离野蛮，向封建文明迈进。但是继立的世宗和穆宗没能在此基础上积极进取，辽朝统治开始出现衰落的景象，统治阶级内部矛盾日益加深，社会矛盾也不断恶化，统治危机已经形成。扭转这种不利的被动局面，继续推进契丹封建化进程，不仅需要一个相对统一和安定的政治环境和社会局面，更需要一位锐意改革和强有力的执政集团。承天皇太后（萧太后）和辽圣宗以及耶律隆运（韩德让）、耶律斜轸、室昉等人就是适应这种形势需要出现的杰出历史人物。萧太后是景宗的皇后，景宗死后，她在耶律斜轸和耶律隆运等人的参决下，立其长子耶律隆绪继皇帝位。在统治仍不很稳定的情况下，萧太后紧紧依靠耶律斜轸、耶律隆运等蕃汉大臣，在政治、经济、军事等方面实行了一系列旨在加强和巩固辽朝统治的改革措施，迅速改变了政局不稳的局面，开创了辽朝统治的全盛时代，对契丹的历史发展产生了深远的影响。阅读上述各人传记，对了解圣宗统治的近半个世纪的辉煌历史必将有极大的帮助。

政 略

君臣论军国之务

九月壬寅，次赤山①，宴从臣，问军国要务，对曰："军国之务，爱民为本。民富则兵足，兵足则国强。"上以为然。

（《辽史》卷四，太宗本纪）

【注释】

①赤山：山名，在今辽宁省境内。

【译文】

辽太宗会同八年九月壬寅之日，太宗率兵驻扎在赤山，宴请随行大臣，并问他们什么是治理军国的根本。大臣回答说："治军治国的事务中，爱民是根本。人民富裕了，兵力就充足，兵力充足则国家富强。"辽太宗认为说得对。

穆宗诏令求谏

十二月丁巳，诏大臣曰："有罪者，法当刑。朕或肆怒，滥及无辜，卿等切谏，无或面从。"辛巳，还上京①。

（《辽史》卷六，穆宗本纪）

【注释】

①上京：地名，在今内蒙古昭乌达盟巴林左旗。

【译文】

辽穆宗应历七年十二月丁巳日，辽穆宗诏令大臣们说："犯有罪行的人，应该按照法律判刑。我有时随意动怒，对无罪的人滥施刑法，你们应该对我直言规劝，不要当着我的面附和我。"辛巳日，回到了上京。

辽太祖即位记

太祖为于越①，秉国政，欲命曷鲁为迭剌部夷离堇②。辞曰："贼在君侧，未敢远去。"太祖讨黑车子室韦③，幽州刘仁恭遣养子赵霸率众来救。曷鲁伏兵桃山，俟霸众过半而要④之；与太祖合击，斩获甚众，遂降室韦。太祖会李克用于云州，时曷鲁侍，克用顾而壮之曰："伟男子为谁？"太祖曰："吾族曷鲁也。"

会遥辇痕德堇可汗⑤殁，群臣奉遗命请立太祖。太祖辞曰："昔吾祖夷离堇雅里⑥尝以不当立而辞，今若等复为是言，何欤？"曷鲁进曰："曩吾祖之辞，遗命弗及，符瑞⑦未见，第为国人所推戴耳。今先君言犹在耳，天人所与，若合符契。天不可逆，人不可拂，而君命不可违也。"太祖曰："遗命固然，汝焉知天道？"曷鲁曰："闻于越之生也，神光属⑧天，异香盈幄，梦受神诲，龙锡⑨金佩。天道无私，必应有德。我国削弱，龉龊⑩于邻部日久，以故天生圣人以兴起之。可汗知天意，故有是命。且遥辇九营棋布，非无可立者；小大臣民属心于越，天也。昔者于越伯父释鲁⑪尝曰：'吾犹蛇，儿犹龙也。'天时人事，几不可失。"太祖犹未许。是夜，独召曷鲁责曰："众以遗命迫我，汝不明吾心，而亦俛随耶？"曷鲁曰："在昔夷离堇雅里虽推戴者众，辞之，而立阻午为可汗。相传十余世，君臣之分乱，纪纲之统隳。委质⑫他国，若缀斿⑬然。羽檄蠢午⑭，民疲奔命。兴王之运，实在今日。应天顺人，以答顾命，不可失也。"太祖乃许。明日，即皇帝位，命曷鲁总军国事。

（《辽史》卷七十三，耶律曷鲁传）

【注释】

①"太祖"句：太祖，指辽太祖耶律阿保机（872—926年），为辽王朝的创建者。于越，官名，辽始置，为有功之臣的最高荣衔。②"欲命"句：曷鲁，即耶律曷鲁（872—918年），辽初大臣。迭剌部，辽时契丹族部落之一。夷离堇，官名，掌管兵马。③黑车子室韦：古代部族名。④要：腰击也。⑤遥辇痕德堇可汗：遥辇，为契丹族第二个永久性部落联盟，建于8世纪30年代，存在170多年之久。痕德堇，人名。可汗，我国古代契丹、蒙古等少数民族的最高首领。⑥夷

离菫雅里：夷离菫，官名。雅里，人名。⑦符瑞：祥瑞的征兆，犹言吉兆。⑧属：连也。⑨锡：赐也。⑩龁龀（yǐ chèn）：用侧齿啃咬。引申为毁伤。⑪释鲁：即耶律释鲁，曾为契丹族军事首长，后被其子谋杀。⑫委质：谓人臣拜见人君时，屈膝而委体于地。后也用来表示归顺之意。⑬缀斿（liú）：垂挂的玉串。斿，古代帝王、诸侯冠冕前后垂悬的玉串。此喻指附庸地位。⑭羽檄蠭（féng）午：羽檄，军事文书，插羽毛以示紧急。蠭午，纷然并起貌。

【译文】

  辽太祖做了于越官，掌握国家政权，准备任命耶律曷鲁为迭刺部的夷离菫。曷鲁推辞说："有贼人在您的身旁，我不能离您而去。"太祖讨伐黑车子室韦，幽州的刘仁恭派遣自己的养子赵霸率兵来援救室韦。曷鲁在桃山埋下伏兵，等到赵霸的队伍过去一半时，便拦腰截击；后与太祖的部队共同攻击赵霸兵，斩杀、俘虏了很多人，最后室韦投了降。太祖与李克用相会于云州，当时由曷鲁陪伴，李克用见了曷鲁，夸奖说："这位伟男子是谁？"太祖回答说："是我族的耶律曷鲁。"

  后来碰上遥辇部落的痕德菫可汗去世，文武百官遵照可汗的遗嘱，迎立太祖为皇帝。太祖推辞说："从前，我们的祖先夷离菫雅里曾因为不应当被立为皇帝而拒绝即位，现在你们又提出让我这个不当立的人即位，这是为什么呢？"曷鲁进言说："从前，我们的祖先雅里拒绝称帝，是因为先王没有留下立他为帝的遗嘱，也没有见上天显出吉兆，而只是受国人推崇、拥戴罢了。现在，死去的可汗言犹在耳，上天和众人立您为君的意愿，十分相符。对上天不可违抗，对众人也不能违犯，而对先君留下的遗命更不能不照办。"太祖说："先君留下的遗命本来很正确，但你哪里知道天意呢？"曷鲁说："我听说您出生的时候，神异的光彩布满了天空，奇异的香气充满了帐幄，做梦时受到了神灵的指点，得到了龙赐的金佩。天道是无私的，一定要显出种种吉兆以与人的德行相应。我们的国家势力衰弱，受邻近部落欺压已很长时间了，因此，上天降生圣人来振兴我国。死去的可汗了解天意，所以才留下立您为君的遗命。况且遥辇部落的帐族星罗棋布，并不是没有可被立为帝王的人，只是臣民上下都倾心于您，这就是天意。过去，您的伯父释鲁曾说：'我就像一条蛇，侄儿就像一条龙。'天时人事，机不可失。"太祖还是没有答应。这天晚上，太祖单独召见了曷鲁，责备他说："众人都拿先君的遗命逼迫我，你也不明白我的心思，还与众人一唱一和！"曷鲁说："从前，夷离菫雅里虽然得到了众人的推崇、拥戴，但他还是拒绝即帝位，而立阻午为可汗。相传了10余代以后，君臣的职守都已混乱，纲常礼义都已毁坏。只有依附别的国家，就像冠冕上缀挂的玉饰一样。战争频繁，百姓疲于奔命。拥立君王的时机，实在今日。您应当顺应天人，以实行可汗临终时的遗命，不可失去这次机会。"太祖听后，便答应了。第二天，太祖登上了皇帝的位置，便令曷鲁总管军国大事。

罗衣轻巧谏兴宗

上①尝与太弟重元狎昵，宴酣，许以千秋万岁后传位。重元喜甚，骄纵不法。又因双陆②，赌以居民城邑，帝屡不竞③，前后已偿数城。重元既恃梁孝王④之宠，又多郑叔段⑤之过，朝臣无敢言者，道路以目。一日复博，罗衣轻⑥指其局曰："双陆休痴，和你都输去也。"帝始悟，不复戏。

(《辽史》卷一百九，罗衣轻传)

【注释】

①上：此指辽兴宗耶律宗真。②双陆：古代的一种掷骰行棋的赌博游戏，又称双六。③竞：犹言"胜"也。④梁孝王：即西汉文帝之子刘武，初封代王、淮阳王，后为梁王，在七国叛乱中，拒吴楚有功，深得文帝及窦太后宠幸。⑤郑叔段：春秋时郑国武公之子，郑庄公之弟。为了争夺君位，郑叔段曾在母亲武姜的唆使下阴谋发动叛乱，后被郑庄公镇压。⑥罗衣轻：人名，辽伶官，为人滑稽通变。

【译文】

辽兴宗与弟弟耶律重元的关系曾经很亲密。一次，喝酒喝得正来劲时，兴宗许愿说自己死后要把皇位传给耶律重元。耶律重元很高兴，便骄横放肆，无法无天。兴宗又与耶律重元玩双陆，把居民城镇作赌注。兴宗每赌必输，前后已赔进了几个城镇。耶律重元凭着像西汉梁孝王那样所受的宠信，又有很多像春秋时郑叔段那样的罪过，朝中的大臣们都不敢讲真话，只能在道路上以目相视表示愤慨。一天，兴宗又赌博，罗衣轻指着双陆棋盘说："双陆，你再别犯痴了，赌博连你自己都快输掉了！"兴宗有所醒悟，就不再玩双陆博戏了。

御 人

石敬瑭取媚异主

晋帝①辞归，上②与宴饮。酒酣，执手约为父子。以白貂裘一、厩马③二十、战马千二百饯之。命迪离毕④将五千骑送入洛。临别，谓之曰："朕留此，候乱定乃还耳。"……辛巳，晋帝至河阳⑤，李从珂⑥穷蹙，召人皇王倍⑦同死，不从，遣人杀之，乃举族自焚。诏收其士卒战殁者瘗之汾水⑧上，以为京观⑨。晋命桑维翰为文，纪上功德。

（《辽史》卷二，太祖本纪；卷三，太宗本纪）

【注释】

①晋帝：这里指石敬瑭（892—942年）。②上：这里指辽太宗耶律德光。③厩（jiù）马：养于马棚中的马。④迪离毕：辽国战将。⑤河阳：县名，今河南省孟州市。⑥李从珂：原为后唐将领，936年，起兵攻陷洛阳，夺取了帝位。936年，石敬瑭统兵攻之，后兵败自焚。⑦人皇王倍：即辽太祖耶律阿保机长子耶律倍（899—936年）。926年，被立为东丹王，人称"人皇王"。李从珂起兵篡位后，倍极力反对之。⑧汾水：水名，为黄河支流，源出山西宁武县，南流曲沃县西折，在孟津县入黄河。⑨京观：古代战争，胜者为了炫耀武功，收集敌人尸体，封土成高冢，称为京观。

【译文】

晋帝石敬瑭准备告辞回府，辽太宗设宴和他饮酒。酒喝得兴起时，石敬瑭拉着太宗的手，拜太宗为父。太宗便以一件白色貂皮衣服、20匹厩马、1200匹战马给他作送别的礼物。又命令迪离毕率领5000骑兵送他回洛阳。临别之时，石敬瑭对迪离毕说："我就停留在这儿，等叛乱平定后再回辽国。"辛巳日，晋帝石敬瑭到了河阳，李从珂兵败走投无路，便派人去召耶律倍来一同自杀。耶律倍不同意，李从珂派人将他杀害了，于是和全家族的人一起自焚而死。太宗下令收集战死的李从珂士兵的尸体，将其埋葬在汾水之上，形成了一座高大的坟墓。晋帝石敬瑭命令桑维翰写文章,来记载辽太宗的功德。

耶律忠贞　太祖起疑

（耶律）古,字涅剌昆,初名霞马葛。太祖为于越①,尝从略地山右②。会李克用于云州③,古侍,克用异之曰:"是儿骨相非常,不宜使在左右。"以故太祖颇忌之。时方西讨,诸弟乱作,闻变,太祖问古与否,曰无。喜曰:"吾无患矣!"趣召古议。古陈殄灭之策,后皆如言,以故锡赉甚厚。

神册④末,南伐,以古佐右皮室详稳老古⑤,与唐兵战于云碧店。老古中流矢,伤甚,太祖疑古阴害之。古知上意,跪曰:"陛下疑臣耻居老古麾下耶? 及今老古在,请遣使问之。"太祖使问老古,对曰:"臣于古无可疑者。"上意乃释。老古卒,遂以古为右皮室详稳。

既卒,太祖谓左右曰:"古死,犹长松自倒,非吾伐之也。"

（《辽史》卷七十五,耶律古传）

【注释】

①太祖为于越:太祖,即辽太祖耶律阿保机。于越,官名,为有功之臣的最高荣衔。②"尝从"句:略地,巡视边境也。山右,指今山西省一带。③云州:今山西省大同市。④神册:辽太祖年号。⑤"以古"句:右皮室,军队名号。辽太祖以行营为宫,选各部豪健者置腹心部(机构名),号皮室军;辽太宗又扩充至30万人,分南、北、左、右皮室等名号,其实际上是御卫亲军。详稳,官名,为官府监治长官。

【译文】

耶律古,字涅剌昆,初名为霞马葛。辽太祖做了于越后,耶律古曾跟随太祖巡视山右边境。太祖与李克用在云州相会时,耶律古作陪。李克用见了耶律古,很惊奇,对太祖说:"这人骨相非同一般,不能把他放身边使用。"因此,太祖十分猜忌耶律古。当时正逢出兵西征,诸弟之乱又起,太祖闻知事变,就打听耶律古是否参与了叛乱,回答说没有。太祖高兴地说:"我不用担心了!"马上召见耶律古商量对策。耶律古陈说了消除叛乱的计策,后来的情况果如其言。因此,太祖对他赏赐十分丰厚。

神册末年,南伐后唐,太祖让耶律古辅助右皮室详稳老古领兵作战。在云碧店，与后唐兵交战。老古被流箭射中，伤势很重。太祖怀疑这是耶律古暗害老古。耶律古知道太祖的心思，便跪着说："您疑心我耻于做老古的部下吗？趁老古现在没死，请您派人去问问他。"太祖派人去问老古，老古回答说："我对耶律古没有任何怀疑。"太祖的疑虑这样才消除了。老古死后，太祖便以耶律古为右皮室详稳。

耶律古死后，太祖对身边的大臣说："耶律古死了，就像高大的松树自己倒落一样，不是我'砍'倒的。"

契丹重用韩延徽

韩延徽，字藏明，幽州安次①人。父梦殷，累官蓟、儒、顺三州刺史。延徽少英敏。燕帅刘仁恭奇之，召为幽都府文学……

后守光②为帅，延徽来聘，太祖③怒其不屈，留之。述律后④谏曰："彼秉节弗挠，贤者也，奈何困辱之？"太祖召与语，合上意，立命参军事⑤。攻党项、室韦⑥，服诸部落，延徽之筹居多。乃请树城郭，分市里，以居汉人之降者。又为定配偶，教垦艺，以生养之。以故逃亡者少。

居久之，慨然怀其乡里，赋诗见意，遂亡归唐。已而与他将王缄有隙，惧及难，乃省亲幽州，匿故人王德明舍。德明问所适，延徽曰："吾将复走契丹⑦。"德明不以为然。延徽笑曰："彼失我，如失左右手，其见我至必大喜。"既至，太祖问故。延徽曰："忘亲非孝，弃君非忠。臣虽挺身逃，臣心在陛下。臣以是复来。"上大悦，赐名曰匣列。"匣列"，辽言复来也。即命为守政事令、崇文馆大学士，凡中外事悉令参决。

（《辽史》卷七十四，韩延徽传；康默记传）

【注释】

①幽州安次：在今河北省安次县（廊坊）西北。②守光：即幽州将帅刘守光。③太祖：即辽太祖耶律阿保机。④述律后：即辽太祖之妻述律平，封号为应天大明地皇后。⑤参军事：官名。⑥党项、室韦：都是古代部族名。⑦契丹：我国古代民族名，原为东胡的一支，很早就居住在今辽河上游一带，过着游牧生活。后来耶律阿保机统一各族，建为契丹国，即辽国。

【译文】

　　韩延徽，字藏明，幽州安次人。父亲名叫梦殷，累官为蓟、儒、顺三州的刺史。韩延徽年少时就英俊不凡，燕帅刘仁恭十分器重他，封他为幽都府的文学官。

　　后来刘守光为将帅，韩延徽来到辽国聘问，辽太祖对他的傲慢不屈十分恼火，便扣留了他。述律皇后劝告太祖说："他坚守节操，不屈不挠，是个贤人，你怎么能把他扣押起来而侮辱他呢？"太祖便召见了韩延徽，与他谈话，韩延徽的谈吐太祖很是中意，太祖就任命他为参军事。攻打党项、室韦两族，征服其他各部落，韩延徽出的计谋最多。韩延徽又请太祖建造城池，分划市里，以让投降来的汉人居住。又为这些汉人选定配偶，教他们垦地种植，以自给自足。因此，汉人逃离的很少。

　　过了很长时间，韩延徽十分思念家乡，便作诗以抒发思乡之情，最后跑回到了后唐。不久，与后唐的将领王缄产生了矛盾，韩延徽害怕招致灾祸，便回到了幽州探望亲人，躲在朋友王德明的住所里。德明问他将去哪儿，延徽回答说："我将又去契丹。"王德明听后，不以为然。韩延徽笑着说："契丹失去了我，就像人失去了左右手，契丹人见我回来，一定很高兴。"等到到了契丹国，辽太祖问他回来的原因，韩延徽答道："忘记亲人是不孝道的，遗弃君王的是不忠诚的。我虽然抽身逃跑了，但我的心仍牵挂着您。因此，我又回到了这里。"辽太祖听后十分高兴，给他赐名为匣列。匣列，辽语的意思是"又来"。太祖又马上任命他为守政事令、崇文馆大学士，里里外外的事情，都要请他帮助参谋、决定。

合住一言胜十万雄兵

　　合住①久任边防，虽有克获功，然务镇静，不妄生事以邀近功。邻壤敬畏，属部乂②安。宋数遣人结欢，冀达和意，合住表闻其事，帝③许议和。……镇范阳④时，尝领数骑径诣雄州⑤北门，与郡将立马陈两国利害，及周⑥师侵边本末，辞气慷慨，左右壮之。自是，边境数年无事。识者以谓合住一言，贤于数十万兵。

(《辽史》卷八十六，耶律合住传)

【注释】

①合住：即耶律合住，安粘衮，辽太祖之侄孙。智而有文，通晓军政事务。②乂（yì）：安定。③帝：指辽景宗耶律贤。④范阳：在今河北省涿州市一带。⑤

雄州：故地在今河北省雄县。⑥周：指五代后周国。

【译文】

　　耶律合住多年担任边防官，虽然打仗勇猛有夺城之功，但他还是致力于边境的安宁，不随便动武以求眼前的功劳。邻国的人都很敬畏他，他的部下也相处得平安无事。宋朝多次派人与之交好，希望他转达与辽和解的意思。耶律合住就上书朝廷，让朝廷知道此事。辽景宗答应与宋朝议和。……耶律合住镇守范阳的时候，曾经带领几个骑兵径直来到了雄州城的北门，他立在马上向宋朝的雄州郡守将陈说了两国交战的利害关系，以及后周军队侵犯边境前后经过。耶律合住说话时慷慨激昂，雄州郡守将的部下都夸赞他。此后，边境上多年没有出现战争。有见识的人因此说，耶律合住的一句话，就胜过了数十万雄兵。

法 制

萧保先严酷致祸乱

六年①春正月丙寅朔,东京②夜有恶少年十余人,乘酒执刃,踰垣入留守府③,问留守萧保先所在:"今军变,请为备。"萧保先出,刺杀之。户部使大公鼎④闻乱,即摄留守事,与副留守高清明集奚、汉兵千人,尽捕其众,斩之,抚定其民。东京故渤海地,太祖力战二十余年乃得之。而萧保先严酷,渤海苦之,故有是变。

(《辽史》卷二十八,天祚皇帝本纪)

【注释】

①六年:此指辽天祚帝天庆六年。②东京:故地在今辽宁省辽阳市一带。③"踰垣"句:垣(yuán),墙也。留守府,官署名,负责镇守都城等事,其官多以亲王、重臣或地方长官充任。④大公鼎:人名。

【译文】

六年春正月初一日的晚上,东京有十几个无赖的恶少,乘着酒兴持刀翻墙进入了留守府,询问留守萧保先在什么地方,并说:"如今出现了兵变,请做好防备。"萧保先出来后,恶少们就刺杀了他。户部使大公鼎听说留守府发生暴乱,便代理留守职务,并与副留守高清明一起,召集奚族和汉族的士兵1000人,将闹事的恶少们统统逮捕,然后将其斩杀,以安抚、稳定当地的百姓。东京是过去渤海国的地盘,辽太祖奋力征战了20多年才夺得此地。而萧保先执政凶残、酷暴,渤海一带的人深受其苦,因此才发生了这次变乱。

辽道宗不改姓氏之制

上表乞广本国姓氏曰:"我朝创业以来,法制修明;惟姓氏止分为二,耶律与萧而已。始太祖①制契丹大字,取诸部乡里之名,续作一篇，著于卷末。臣请推广之，使诸部各立姓氏，庶男女婚媾有合典礼。"帝②以旧制不可遽厘③，不听。

（《辽史》卷八十九，耶律庶成传）

【注释】

①太祖：指辽太祖耶律阿保机。②帝：指辽道宗耶律洪基。③厘：订正，改正。

【译文】

耶律庶成呈上表书，请求增加辽国人的姓氏，他说："我们大辽王朝自建国以来，法律制度昌明，唯有姓氏还只是两个，即耶律和萧姓而已。起初辽太祖制定我们契丹族的文字时，采用各部落中乡村里巷的名称制为姓氏，并将此写成了一篇文章，著录在文字之书的后面。我请求将太祖拟订的这些姓氏加以推广，从而使众部落各立姓氏，让老百姓男女婚姻合乎制度和礼仪。"辽道宗觉得过去的制度不能突然改变，就没有听从他的意见。

耶律庶成修订辽法

重熙①初……（庶成）与枢密副使萧德修定法令，上诏庶成②曰："方今法令轻重不伦③。法令者，为政所先，人命所系，不可不慎。卿其审度轻重，从宜修定。"庶成参酌古今，刊正讹谬，成书以进。帝览而善之。

（《辽史》卷八十九，耶律庶成传）

【注释】

①重熙：辽兴宗耶律宗真年号。②庶成：即耶律庶成，辽大臣，字喜隐，善辽、汉文字，于诗尤工，兴宗时曾任牌印郎君、枢密直学士、林牙等职。③不伦：不成条理也。

【译文】

重熙初年……耶律庶成与枢密副使萧德一道修定法令，辽兴宗诏令耶律庶成说："如今国家的法令轻重失调。法令，是治理国政的先决条件，它关系到人的性命，不能不慎重。希望你审察、衡量法令的轻重，按照合宜的原则加以修定。"

耶律庶成就参考、斟酌古今的法令,改正了现今法令中的错谬之处,编写成书后呈交给了皇帝。兴宗看过便称赞编写得好。

萧韩家奴论止盗之法

时①诏天下言治道之要,制②问"……补役之法何可以复?盗贼之害何可以止?"韩家奴③对曰:

"……臣闻唐太宗问群臣治盗之方,皆曰:'严刑峻法。'太宗笑曰:'寇盗所以滋者,由赋敛无度,民不聊生,今朕内省嗜欲,外罢游幸,使海内安静,则寇盗自止。'由此观之,寇盗多寡,皆由衣食丰俭,徭役重轻耳……"

(《辽史》卷一百三,萧韩家奴传)

【注释】

①时:此指辽兴宗重熙初期。②制:即制书,是帝王命令的一种。③韩家奴:即萧韩家奴,辽大臣,兴宗时曾任同知三司使事、节度使、翰林都林牙等职。

【译文】

当时辽兴宗诏令全国人讨论治国的大政方针,并颁下制书问道:"补役之法如何才能恢复?盗贼之害如何才能制止?"萧韩家奴上疏回答说:

"……我闻说唐太宗向大臣们询问惩治盗匪的办法,大臣们回答说:'用严刑峻法。'唐太宗笑着说:'匪盗之所以滋生,是由于赋敛无度,民不聊生。如今我在宫内节制嗜好和欲望,在外停止游猎和巡幸,使全国安宁无事,那么匪盗就自然没有了。'由此看来,匪盗的多少,都是由百姓的衣食丰俭、徭役轻重决定的……"

马人望虑远而除厚敛之弊

京城狱讼填委①,人望②处决,无一冤者。会检括③户口,未两旬而毕。同知留守萧保先怪而问之,人望曰:"民产若括之无遗,他日必长厚敛之弊,大率十得六七足矣。"保先谢曰:"公虑远,吾不及也。"

(《辽史》卷一百五,马人望传)

【注释】

①填委：纷集，堆积。②人望：即马人望，辽官吏，字俨叔，道宗至天祚帝时曾任松山县令、中京度支司盐铁判官、警巡使、上京副留守等职。③检括：查检征收。

【译文】

　　京城的诉讼案多如牛毛，马人望对此作了果断处理，没有一个受冤屈的。适逢清查、征收户头人口税，马人望在不到20天的时间内就了结了这件事。同知留守萧保先对此觉得惊奇，并问他为什么进行得这么快。马人望说："百姓的财产倘若被搜刮得没有存余，以后就必然助长大肆搜刮的弊端。对百姓的财产，大约征收到十分之六七就足够了。"萧保先告诉他说："你考虑得长远，我赶不上你。"

军 事

太宗畋猎习武

九月庚午,侍中①崔穷古言:"晋主②闻陛下数游猎,意请节之。"上③曰:"朕之畋猎,非徒从乐④,所以练习武事也。"乃诏谕之。

(《辽史》卷四,太宗本纪)

【注释】

①侍中:官名。侍于皇帝左右,权位较尊。②晋主:后晋之君王。此指晋高祖石敬瑭(892—942年)。③上:皇上,此指辽太宗耶律德光。④从乐:同"纵乐"。

【译文】

会同三年九月庚午日,侍中崔穷古向辽太宗说:"晋主石敬瑭听说陛下多次出外打猎,致意于您,请您节制游猎之事。"辽太宗回答说:"我出外打猎,并不只是尽情娱乐,而是为了练习军事。"于是颁下诏书,晓谕此事。

图鲁窘之计

耶律图鲁窘,字阿鲁隐,肃祖子洽睦①之孙,勇而有谋。
……
从讨石重贵②,杜重威③拥十万余众拒滹沱④桥,力战数日,不得进。帝⑤曰:"两军争渡,人马疲矣,计安出?"诸将请缓师,为后图,帝然之。图鲁窘厉色进曰:"臣愚窃以为陛下乐于安逸,则谨守四境可也;既欲扩大疆宇,出师远攻,讵能无厪圣虑⑥。若中路而止,适为贼利,则必陷南京⑦,夷属邑。若此,则争战未已,吾民无奠枕⑧之期矣。且彼步我骑,何虑不克。况汉人足力弱而行缓,如选轻锐骑先绝其饷道,则事蔑⑨不济矣。"帝喜曰:"国强则其人贤,海巨则其鱼大。"于是塞其饷道，数出师以牵挠其势，重威果降如言。

（《辽史》卷七十五，耶律图鲁窘传）

【注释】

①洽昚（shèn）：即耶律洽昚，字牙新，曾任迭刺部夷离堇。②石重贵：后晋高祖石敬瑭的养子，生于914年，死于964年，石敬瑭死后继位。在位4年，史称出帝。③杜重威：后晋大将。④滹（hū）沱：水名，源出山西省繁峙县县泰戏山，穿太行山，东流入河北平原。⑤帝：指辽太宗耶律德光。⑥"讵能"句：讵（jù），难道、哪里。廑（qín），劳也。⑦南京：即今北京市。⑧奠枕：即安枕，意为安定。⑨蔑：无，没有。

【译文】

耶律图鲁窘，字阿鲁隐，是肃祖儿子耶律洽昚的孙子，勇敢而有智谋。……

耶律图鲁窘跟随辽太宗征讨后晋石重贵，后晋大将杜重威率领10万多人马在滹沱桥上抗击辽军。辽军苦战多日，不能前进。辽太宗说："两军争渡，人马都很疲累了，可想什么办法呢？"将领们都请暂缓用兵，以后再做打算。辽太宗同意了他们的意见。耶律图鲁窘神情严肃地进谏道："我考虑，认为陛下要乐于安逸，就小心谨慎地守住四方边境行了。既然想扩大疆土，出兵远征，哪能不多费点脑筋呢？如果中途而止，就正好有利于敌人，那么南京就必定要沦陷，所属城镇也要失落。如果是这样，那战争就不会休止，我国的老百姓就没有安宁之日了。况且敌人步行，我军骑马，何必担心打不败他们呢。更何况汉人的脚力差，行动慢，如果我们挑选轻快、精锐的骑兵先去断绝他们的粮道，那事情就没有不成功的。"辽太宗高兴地说："国家强盛，它的人民就贤明；海水深广，它的鱼儿就巨大。"于是，派兵阻塞敌人的粮道，多次出兵牵制、搅扰敌人的兵势，后来杜重威果然投降，就像耶律图鲁窘所预言的那样。

耶律虎古料宋必取河东

耶律虎古，字海邻，六院夷离堇觌烈之孙①。少颖悟，重然诺。……十年②，使宋还，以宋取河东③之意闻于上。燕王韩匡嗣曰："何以知之？"虎古曰："诸僭号之国，宋皆并收，唯河东未下。今宋讲武习战，意必在汉。"匡嗣力沮④，乃止。明年，宋果伐汉，帝以虎古能料事，器之，乃曰："吾与匡嗣虑不及此。"授涿州⑤刺史。

（《辽史》卷八十二，耶律虎古传）

【注释】

①"六院"句：六院，辽契丹族部落之一。夷离堇，官名，职掌兵马。②十年：此指辽景宗（耶律贤）保宁十年，即978年。③河东：指今山西省境内黄河以东地区。当时为北汉王朝所在地。④沮（jǔ）：阻止。⑤涿州：州名，故地在今河北省涿州市一带。

【译文】

耶律虎古，字海邻，是六院部夷离堇觌烈的孙子。耶律虎古自幼聪明，也很守信用。

……保宁十年，耶律虎古出使宋朝回来，将宋朝攻取河东地区的意图报告了辽景宗。燕王韩匡嗣对耶律虎古说："你怎么知道宋朝会攻打河东呢？"耶律虎古说："那些越分自立旗号的国家，都被宋朝兼并了，只有河东地区没被攻取。现在宋朝在练兵习战，其用意一定是为了攻取河东。"韩匡嗣极力劝说景宗不要防御宋军，景宗才没有采取行动。第二年，宋朝果然出兵征伐北汉，景宗认为耶律虎古善于预料事情，很器重他，还说："我和韩匡嗣都还没有想到这点上。"景宗授给了他涿州刺史的官职。

理 财

入仕当以治国安民为己任

铎鲁斡所至有声,吏民畏爱。及退居乡里,子普古为乌古部节度使①,遣人来迎。既至,见积委②甚富。谓普古曰:"辞亲入仕,当以裕国安民为事。枉道欺君,以苟货利,非吾志也。"命驾而归。普古后为盗所杀。

(《辽史》卷一百五,耶律铎鲁斡传)

【注释】

①"子普古"句:普古,耶律铎鲁斡之子。乌古部,辽契丹部落之一。②积委:此指储积的财物。

【译文】

耶律铎鲁斡所到之处,都有名望,官吏百姓都敬畏并爱戴他。等到他退休要回家乡居住时,儿子耶律耶普古已是乌古部节度使,便派人前来迎接父亲。到了普古家后,耶律铎鲁斡见其家中储积着许多财物。耶律铎鲁斡对普古说:"告别父母亲去做官,应当以国家富强、人民安定为行事的根本。违背道义,欺蒙君主,用不正当的途径来谋取财物,这都不是我的意愿!"于是命令车驾返回原处。耶律普古后来被造反之人杀了。

德 操

辽太宗观画思亲

冬十一月①丙午,幸弘福寺为皇后饭僧,见观音画像,乃大圣皇帝②、应天皇后③及人皇王④所施⑤,顾左右曰:"昔与父母兄弟聚观于此,岁时未几,今我独来!"悲叹不已。乃自制文题于壁,以极追感之意。读者悲之。

(《辽史》卷三,太宗本纪)

【注释】

①冬十一月:此指辽太宗天显十年十一月。②大圣皇帝:指辽太宗耶律阿保机。③应天皇后:即太祖耶律阿保机之妻述律平,史称应天皇后。④人皇王:指辽太祖之长子耶律倍,926年被任命为东丹王,人称人皇王。⑤施:赠送。

【译文】

冬十一月丙午日,辽太宗耶律德光到弘福寺替皇后给僧人施舍饭食,看到寺院里的观音画像,是他的父母辽太祖、应天皇后及哥哥耶律倍所赠送的,太宗回过头来对身旁的人说:"以往,我和父母及兄弟们曾在这里一起观赏,没过多少年,如今只有我一个来这里了!"太宗悲叹不已。因此,自作了一篇文章,题写在寺院的墙壁上,用以尽情抒发他追念父母、兄弟的情意。读者看后,都为之悲伤。

辽太祖品评诸子

章肃皇帝,小字李胡,一名洪古,字奚德,太祖①第三子,母淳钦皇后萧氏。

少勇悍多力,而性残酷,小怒辄黥②人面,或投水火中。太祖尝观诸子寝,李胡缩项卧内,曰:"是必在诸子下。"又尝大寒,命三子采薪。太宗③不择而取，最先至；人皇王④取其干者束⑤而归，后至；李胡取少而弃多，既至，袖手而立。太祖曰："长巧而次成，少不及矣。"而母笃爱李胡。

（《辽史》卷七十三，章肃皇帝李胡传）

【注释】

①太祖：即辽太祖耶律阿保机，为辽王朝的创建者。②黥：用刀在人的面额刺字符，然后涂上墨。③太宗：即辽太宗耶律德光，字德谨，为辽太祖次子。④人皇王：即辽太祖长子耶律倍。926年初，被太祖封为东丹王，人称人皇王。⑤束：捆。

【译文】

　　章肃皇帝，小字李胡，又名洪吉，字奚德，是辽太祖的第三个儿子，其母是淳钦皇后萧氏。
　　李胡自小就勇猛剽悍，力气极大，而且性情残酷，稍一发怒就要在人的脸上刺字，或把人投入水火之中。辽太祖曾经察看几个儿子睡觉，发现李胡是缩着脖子睡在床里头，便说："这孩子将来没出息，必定在几个孩子之下。"又有一次，天气非常寒冷，太祖叫3个儿子去外面砍柴火。二儿子耶律德光跑去不加选择地砍到一堆柴火，最先回到屋里；大儿子耶律倍只取那些干燥的柴火捆起来，最后回到家里；李胡砍得少，并且丢得多，等到回到家里，又用袖子笼着手站在一旁。太祖见后，说："大儿子最乖巧，二儿子老成，小儿子比不上两个哥哥。"可是，淳钦皇后最疼爱李胡。

耶律倍让天下

　　天显元年①从征渤海，拔扶余城②，上欲括户口，倍③谏曰："今始得地而料民，民必不安。若乘破竹之势，径造忽汗城④，克之必矣。"太祖从之。倍与大元帅德光⑤为前锋，夜围忽汗城，大諲譔⑥穷蹙，请降。寻复叛，太祖破之。改其国曰东丹，名其城曰天福，以倍为人皇王主之。仍赐天子冠服，建元甘露，称制⑦。……上谕曰："此地濒海，非可久居，留汝抚治，以见朕爱民之心。"驾将还，倍作歌以献。陛辞，太祖曰："得汝治东土，吾复何忧。"倍号泣而出。遂如仪坤州⑧。

未几，诸部多叛，大元帅讨平之。太祖讣至，倍即日奔赴山陵。倍知皇太后⑨意欲立德光，乃谓公卿曰："大元帅功德及人神，中外攸属，宜主社稷。"乃与群臣请于太后而让位焉。于是大元帅即皇帝位，是为太宗。

太宗既立，见疑，以东平⑩为南京，徙倍居之，尽迁其民。又置卫士阴伺动静。倍既归国，命王继远撰《建南京碑》，起书楼于西宫，作《乐田园诗》。唐明宗⑪闻之，遣人跨海持书密召倍，倍因畋⑫海上。使再至，倍谓左右曰："我以天下让主上，今反见疑；不如适他国，以成吴太伯⑬之名。"立木海上，刻诗曰："小山压大山，大山全无力。羞见故乡人，从此投外国。"携高美人，载书浮海而去。

……至汴，见明宗。明宗以庄宗⑭后夏氏妻之，赐姓东丹，名之曰慕华。……倍虽在异国，常思其亲，问安之使不绝。

后明宗养子从珂弑其君自立，倍密报太宗曰："从珂弑君，盍⑮讨之。"及太宗立石敬瑭为晋主，加兵于洛。从珂欲自焚，召倍与俱，倍不从，遣壮士李彦绅害之，时年三十八。

(《辽史》卷七十二，义宗倍传)

【注释】

①天显元年：即926年。天显，辽太祖年号。②扶余城：故址在今吉林省四平市西。③倍：即耶律倍，辽太祖耶律阿保机的长子。④忽汗城：即今黑龙江宁安市西南东京城，为古渤海国都城。⑤德光：即耶律德光，辽太祖的次子。922年，被封为天下兵马大元帅。927年即皇位，史称辽太宗。⑥大諲譔（yīn zhuàn）：人名，为渤海国国王。⑦称制：行使帝王的权力。⑧仪坤州：州名，治所在广义县。⑨皇太后：此指辽太祖妻述律平，907年被尊为地皇后，史亦称应天皇后。⑩东平：府名，渤海国置，治所在伊州。⑪唐明宗：即后唐君主李嗣源，在位8年。⑫畋（tián）：打猎。⑬太伯：周太王的长子。太王欲立幼子季历为王，太伯遂避逃江南，后为吴国的创建者。⑭庄宗：即后唐君主李存勖（885—926年），为后唐王朝的创立者，在位4年。⑮盍（hé）：何不。

【译文】

天显元年，耶律倍随辽太祖讨伐渤海国，攻下了扶余城。辽太祖打算统计户口，耶律倍进谏说："如今刚刚攻得渤海国就统计人口，老百姓必定会骚动不安。倘若乘着这破竹之势，直接攻打渤海国都忽汗城，取得胜利是不成问题的。"辽太祖听从了他的建议。耶律倍与大元帅耶律德光为前锋，乘天黑包围了忽汗城，渤海国王大諲撰走投无路，便请求投降。不久，又反叛，辽太祖就攻占了忽汗城。将渤海国国名改为东丹国，将忽汗城改称天福城，封耶律倍为人皇王，主持东丹国国政。并赐给天子衣帽，建年号为甘露，耶律倍于是上任执政。太祖告诫耶律倍说："这地方邻近大海，不能长久地待在这儿，我留下你在此安抚治理，是为了表现我的爱民之心。"太祖的车驾将要返回朝廷，耶律倍便作歌以献。等到太祖辞行时，太祖对耶律倍说："能够有你治理东部国土，我还有什么担心的呢？"耶律倍号啕大哭地出来送行。太祖于是到了仪坤州。

没过多久，各部落大多叛乱，大元帅耶律德光征伐平定了他们。太祖去世的讣告传来后，耶律倍当天就赶到了太祖陵墓的所在地。耶律倍得知皇太后有立耶律德光为帝的意思，便对公卿大臣们说："大元帅耶律德光的功德已施及人、神，为中、外之人所景仰，应该让他主持国家大政。"因此，与文武百官一道请求皇太后立耶律德光为帝，而自己让出帝位。因此，大元帅耶律德光登上了皇帝的位置，这就是辽太宗。

太宗即位后，耶律倍受到猜忌。辽太宗将东平改称南京，就让耶律倍迁到此地居住，并把此地的老百姓统统迁走，又安置了卫士暗中监视耶律倍的行动。耶律倍回到南京后，便命令王继远写了《建南京碑》一文，又在西宫建造了藏书楼，写作了《乐田园诗》。后唐明宗得知这些情况后，便立即派人拿着书信渡过渤海秘密召见耶律倍，耶律倍就乘机去海上打猎。后唐使者再次来到，耶律倍对身旁的部下说："我把天下让给了太宗，如今反而被猜忌，我不如去到别的国家，以此获得吴太伯那样让位于弟的名声。"他立了一块木头在海上，木上刻有诗句："小山压大山，大山全无力。羞见故乡人，从此投外国。"他后来携带高美人，载着书籍，漂洋过海而去了。

……到达汴京后，耶律倍拜见了唐明宗。唐明宗将唐庄公的后妃夏氏嫁给了耶律倍，给他赐姓东丹，起名叫慕华。……耶律倍尽管身在异国，但经常想起家乡的亲人，他派回家乡问安的使者一直没断。

后来，唐明宗的养子李从珂杀害了明宗，自立为帝。耶律倍暗中报告辽太宗说："李从珂杀害了后唐君主，你何不讨伐他呢？"等到辽太宗扶立石敬瑭为后晋的君主后，石敬瑭出兵攻打洛阳。李从珂想自焚，便召耶律倍来一起死。耶律倍不同意，李从珂就派壮士李彦绅杀死了他，当时他仅38岁。

杀虎救驾

开泰五年①秋，大猎，帝射虎，以马驰太速，矢不及发，虎怒，奋势将犯跸②。左右辟易③，昭衮④舍马，捉虎两耳骑之。虎骇，且逸。上命卫士追射，昭衮大呼止之。虎虽轶⑤山，昭衮终不堕地。伺便，拔佩刀杀之。辇至上前，慰劳良久。

（《辽史》卷八十一，陈昭衮传）

【注释】

①开泰五年：1016年。开泰，辽圣宗年号。②跸（bì）：帝王的车驾。③辟易：惊退。④昭衮：辽朝官员，辽圣宗时曾任敦睦宫太保，兼掌围场事。⑤轶：逃也。

【译文】

开泰五年秋天，大规模围猎。圣宗皇帝用弓箭射击老虎，由于马跑得太快，圣宗手中的弓箭还没有来得及发射。老虎被激怒了，便奋起反抗，眼看即将冲撞皇帝的车驾了，皇帝身旁的人吓得连忙躲避。陈昭衮丢开自己骑的马，抓住老虎的两只耳朵骑到了虎背上。老虎大为惊骇，逃跑了，皇上命令卫兵追赶并射击老虎，陈昭衮在虎背上大声呼喊，制止追射老虎尽管逃到了山里，但陈昭衮始终没从老虎身上摔落下来。瞅了个机会，他就拔出佩刀杀死了老虎。皇帝的车驾赶到了眼前，皇帝对陈昭衮慰问了很长时间。

韩留性不事权贵

耶律韩留，字速宁，仲父隋国王之后①。……性不苟合，为枢密使萧解里所忌。上②欲召用韩留，解里言目病不能视，议遂寝。四年③，召为北面林牙④，帝曰："朕早欲用卿，闻有疾，故待之至今。"韩留对曰："臣昔有目疾，才数月耳；然亦不至于昏。第臣驽拙⑤，不能事权贵，是以不获早睹天颜。非陛下圣察，则愚臣岂有今日耶！"

（《辽史》卷八十九，耶律韩留传）

【注释】

①"仲父"句：仲父，辽皇族族系名号，为三父房（孟父房、仲父房、季父

房）之一。隋国王，即耶律释鲁，为辽太祖耶律阿保机之伯父，曾任过于越等职。②上：指辽兴宗耶律宗真。③四年：此指辽兴宗重熙四年。④北面林牙：北面，指掌管契丹宫帐、部族、属国的官僚机构。林牙，官名，掌文翰之事。⑤驽拙：笨拙。

【译文】

耶律韩留，字速宁，仲父房隋国王的后代。……耶律韩留本性不爱附和别人，遭到了枢密使萧解里的忌恨。辽兴宗打算召用耶律韩留，萧解里就说韩留的眼睛有毛病，不能看东西，召用的事就告吹了。重熙四年，耶律韩留被任命为北面林牙，兴宗说："我早就想用你，听说你有病，因此一直等到如今。"耶律韩留回答说："我过去患有眼病，不过才患了几个月的时间；然而也没有病到看不见东西的地步。只是我太愚蠢、笨拙、不会巴结权贵，因此不能早日见到您的面。倘若不是陛下您明察，那我哪还会有今天呢！"

此社稷计　何憾之有

太康二年①，耶律乙辛②为中京留守，诏百官廷议，欲复召之，群臣无敢正言。撒剌③独奏曰："萧岩寿④言乙辛有罪，不可为枢臣，故陛下出之；今复召，恐天下生疑。"进谏者三，不纳，左右为之震悚。乙辛复为枢密使，见撒剌让曰："与君无憾，何独异议？"撒剌曰："此社稷计，何憾之有！"乙辛诬撒剌与速撒同谋废立，诏按无迹，出为始平军⑤节度使。

（《辽史》卷九十九，耶律撒剌传）

【注释】

①太康二年：即1076年。太康，又作大康，辽道宗年号。②耶律乙辛：辽大臣，契丹族五院部人，字胡睹衮，道宗时曾任护卫太保、北院同知、南院枢密使、北院枢密使等职，是辽代有名的奸臣。③撒剌：即耶律撒剌，辽大臣。④萧岩寿：辽大臣，契丹族乙室部人。道宗时，因直言切谏，得罪了耶律乙辛，受其陷害，导致流放被杀。⑤始平军：行政区划名，治所在今辽宁省法库西南辽滨塔。

【译文】

太康二年，耶律乙辛任中京留守，辽道宗诏令文武百官在朝廷讨论，想把耶律乙辛召回京都，众大臣没人敢说直话，只有耶律撒剌上奏道："萧岩寿说耶律乙辛有罪，不能做枢密使，因此陛下您才把他调出京城；如今又想召他回京，恐怕天下人对此事生出疑心。"耶律撒剌如此再三地进谏，但道宗不听从，其他大臣都为耶律撒剌担心。耶律乙辛又做了枢密使，见到耶律撒剌后，责问他说："我与你没有什么怨仇，为何偏偏对我表示异议呢？"耶律撒剌说："我这是为国家考虑，对你哪里有什么怨仇呢？"耶律乙辛诬告耶律撒剌与耶律速撒合伙谋划废立皇帝的事，道宗因此下令查核，但无证据，便把他调出京都任始平军节度使。

萧陶隗切谏招祸殃

大康①中……上②尝谓群臣曰："北枢密院军国重任，久阙其人，耶律阿思、萧斡特剌③二孰愈？"群臣各誉所长，陶隗④独默然。上问："卿何不言？"陶隗曰："斡特剌懦而败事；阿思有才而贪，将为祸基。不得已而用，败事犹胜基祸。"上曰："陶隗虽魏徵⑤不能过，但恨吾不及太宗尔！"然竟以阿思为枢密使。由是阿思衔⑥之。

九年⑦，西圉⑧不宁，阿思奏曰："边隅事大，可择重臣镇抚。"上曰："陶隗何如？"阿思曰："诚如圣旨。"遂拜西南面招讨使。阿思阴与萧阿忽带诬奏贼掠漠南牧马及居民畜产，陶隗不急追捕，罪当死，诏免官。久之，起为塌母城节度使。未行，疽⑨发背卒。

陶隗负气，怒则须髯辄张。每有大议，必毅然决之。虽上有难色，未尝遽⑩已。见权贵无少屈，竟为阿思所陷，时人惜之。

（《辽史》卷萧陶隗传）

【注释】

①大康：辽道宗耶律洪基年号。②上：指辽道宗。③耶律阿思、萧斡特剌：均为人名。耶律阿思，字撒班，道宗时曾任行宫都部署、北院大王、枢密使等职。萧斡特剌，生平未详。④陶隗：即萧陶隗，字乌古邻，辽大臣，为人刚直，有威重。⑤魏徵：唐初大臣、杰出政治家，曾屡谏唐太宗励精图治。其言论见于《贞观政要》。⑥衔：怀恨也。⑦九年：此指辽道宗大康九年，即1083年。⑧圉（yǔ）：边境，边疆。⑨疽（jū）：一种毒疮。⑩遽：畏惧。

【译文】

　　大康年间……辽道宗曾对大臣们说："北枢密院肩负军国重任，它缺人主事已经很长时间了，耶律阿思、萧斡特剌两人哪个更适合担任枢密使？"大臣们都各自称赞他俩的长处，只有萧陶隗默不作声。道宗问他说："你为何不发言呀？"萧陶隗说："萧斡特剌怯懦而爱坏事；耶律阿思有才干可为人贪婪，将成为祸根。如不得已而用他们，坏事的人还是强似祸根。"道宗说："萧陶隗，即使是魏徵也不能超过你，可惜的是我比不上唐太宗啊！"可是，道宗最终还是让耶律阿思做了枢密使。从此耶律阿思就暗恨萧陶隗了。

　　大康九年，西部边境不安宁，耶律阿思奏报皇上说："边境的事情非常重要，可选择身居要职的大臣镇抚。"道宗说："萧陶隗怎么样？"耶律阿思说："我所想的正与皇上的旨意相合。"因此就任命萧陶隗为西南面招讨使。耶律阿思暗中与萧阿忽带一道向道宗诬告说，强盗抢掠大漠之南的牧马以及居民的牲口、财物，而萧陶隗没有及时抓捕。论其罪，萧陶隗被判处死刑，后来道宗下令只免了他的官。过了很久，道宗又起用萧陶隗为塌母城节度使。萧陶隗未能赴任，背上就生了毒疮，病逝了。

　　萧陶隗为人硬气而不肯屈居人下，发怒的时候，脸上的胡须就要张扬开来。每次遇有大事要商议的时候，他总一定是果断地做出决定。就算是皇上脸有难色，他也未曾畏惧而作罢。在那些掌权的达官显贵面前，他也一点不屈服，最后被耶律阿思陷害，当时的人都为他感到惋惜。

传世故事

马人望视事半年而仓廪实

马人望生活在辽道宗时代。当时辽朝已经开始走下坡路，政治上也很腐败。他是汉人，先祖是后晋的大臣，后来做了辽太祖耶律阿保机的俘虏，被安置在医巫闾山（今辽宁省北镇市附近）一带居住。从曾祖父开始，就在辽为官。马人望自小丧父，但他聪明颖悟，勤奋好学，学识渊博，远近知名。辽道宗咸雍年间（1065—1074年），中了进士，被任为松山（今辽宁省葫芦岛市西南）县令。

马人望刚直不阿，胸怀为民造福之志。当时，整个朝廷需要的木炭都要由松山县提供。因此，松山县百姓烧制木炭的负担很重。马人望便要求自己的顶头上司——中京留守萧吐浑把上贡木炭的任务平均分配一下。萧吐浑非常不高兴，不愿答应他的要求。但马人望坚持要求平均负担。萧吐浑讲不过道理，便把他关押起来，关了将近100天。再问他的时候，他还是坚持自己的要求。

萧吐浑被马人望的倔劲给感动了，高兴地对他说："你为了百姓肯于这样坚持自己的要求，今后定有大用。"萧吐浑便把马人望的表现报告了朝廷，朝廷答应了马人望平均木炭负担的请求。

后来，马人望又被调到涿州新城县（今河北省高碑店市南）任县令。那里与宋朝接壤，是辽国驿道的起点。辽国的驿站，往往要由百姓负担驿马、驿夫之类的杂役，百姓往往不堪重负。马人望到任后，尽量自己解决驿马和驿夫，不骚扰百姓，这里的百姓也很爱戴他。

在他担任警巡使的时候，赶上检括户口。检括户口，往往连百姓家的财产也要检查，有不合规定的都要没收归官，所以要花费很长的时间。可是马人望一个月就干完了。有人觉得很奇怪，问他为什么干得这样快。他说，若是把老百姓的财产都检括出来了，就会助长聚敛百姓的作风。检个大概就可以了。听到他的话的人，称赞他考虑得远。

后来，他又改任上京（辽国都城，在今内蒙古自治区昭乌达盟巴林左旗）副留守。虽然那些年灾害不断，各地都相继发生了饥荒，但由于马人望治理有方，上京地区却基本上没有出现饥荒。

不久，他又调为中京度支使。他到任的时候，各地的仓库空虚。但由于他治理得好，只"视事半年"，各地仓库就存入了15万斛的谷物和20万贯钱。为什么他管理国库就能增加收入呢？从后来他做南京（辽五京道之一，在今北京市西南）三司使时的管理办法，就可以知道一二。

当时政治腐败，仓库在出纳当中有很多弊病。马人望在各库建立了严格的账目，那些想从中作弊的人根本无法下手。

其实，马人望在各地工作，做各种工作，都有突出的政绩，主要原因在于他爱护百姓。他任新城县令的时候就深感向百姓摊派驿道用的马牛等各种用品及劳役，成了百姓的沉重负担。所以他改革了这种摊派的办法，而是让百姓出一部分钱，再用这钱雇人出驿工，减轻了百姓的负担，百姓觉得这是个好办法。

马人望一直干到年老退休。

萧陶隗力矫积弊

尽管辽代统治者极力发展农业，取得了相当的成绩，但畜牧业毕竟是契丹人世代相承的"祖业"，在辽代的经济中一直占有重要的位置。在辽太祖和太宗的时代，以及后来的圣宗时代，虽然大力提倡农业，使农业生产有了很大程度的发展，但并没有放弃畜牧业。特别是太祖、太宗，在原来游牧的基础上，又发展了"群牧"的方法，使得国家掌握了大量的畜牧业资源，保证了畜牧业的发展，从而也保证了契丹人民生活的必须，保证了战争对马匹的需要。

但辽代圣宗以后，鼎盛时期已过，开始走下坡路。而在对畜牧业的管理上，也出现了一些问题，使得辽代的畜牧业的发展一度出现了停滞甚至倒退。多亏萧陶隗（wěi）的工作和建议，才制止并扭转了畜牧业下降的趋势，使辽代的畜牧业得以继续发展。

萧陶隗的六世高祖辖特曾在辽初当过宰相。道宗耶律洪基咸雍初年任马群太保。一看官名，就知道这是一个负责群牧的官员。后来，萧陶隗发现，到了他上任负责群牧的时候，"群牧"这项行之有效的发展畜牧业的方法，已经名存实亡了。因为负责群牧工作的官员不负责任，马匹出现有病、死亡等情况，也不如实上报，更不予以治理。并且，各级官吏都采取欺上瞒下的办法，不向上反映真实的情况。因此，账上的马匹数，与实际拥有的数量相差悬殊。

他决心要解决这个问题。萧陶隗深入到马群中，了解马群的实际情况。他又查阅了全部马群的账目，把那些已经病弱不堪的马匹从账册上清除掉，让账实相符。

然后，他又上书皇帝，报告了真实情况及自己的主张。他在上书中谈到实际情况时说:"马群以少为多,以无为有,上下相蒙,积弊成风"。他建议,应该在表册上反映真实的数字,建立确切的账目作为依据。这样做,对公对私都有好处。道宗予以同意。

经过这次整顿,群牧又繁盛起来。到了大安二年(1086),经过了20年的发展,马群又发展到上百万匹。道宗奖励了各级群牧官,还给他们晋了级。到天祚帝初年,辽国朝廷控制的马匹,已经有数万群,每群不下千匹,就是说辽朝已经拥有上千万匹的马。

萧陶隗为辽代畜牧业的发展做出了重大贡献。他却受人诬谄,得病而死。

韩延徽教民垦艺　治国安邦

契丹所以能够在较短的时间里,从游牧经济转换成亦农亦牧的经济并进而逐渐发展成以农业为主的经济,固然与契丹族自身的要求和努力分不开,但也同一些汉族知识分子对契丹族的帮助分不开。韩延徽就是帮助契丹建立政治体制并发展经济的一位重要人士。

韩延徽是唐末的人,原来家住幽州安次县(今河北省安次县西)。父亲韩梦殷是晚唐的蓟、儒、顺三州(分别在今北京市的西北、北和东北面)刺史。韩延徽自幼聪明,被选为官,后来做到幽州观察度支使。有一次他被派到契丹为使。在谈判过程中,他寸步不让,激怒了辽太祖耶律阿保机,阿保机把他扣留下来,不准回国。

太祖皇后述律氏知道这件事以后,对太祖说道:这个人不肯屈服,是因为他受了唐朝的派遣,这是他忠诚的表现,有什么理由监禁屈辱他呢?太祖觉得皇后说得有道理,就把他放了,并同他进行了一次热烈的交谈。交谈中,韩延徽说的话,辽太祖感兴趣,太祖便要求他留在契丹,参与契丹的政务。韩延徽受到太祖的信任,积极性也很高。这时候,就连打着唐朝旗号的后唐也已经支持不住,很快就要亡国了。在中国的北方、契丹的南方,正是后梁的天下,处在五代十国的时期,社会动荡不安,韩延徽也无处可奔,就留在了契丹,正赶上太祖要攻伐位于契丹西方的党项和北方的室韦,由于韩延徽提出了不少宝贵的建议,没用多大力气,就使这两个少数民族臣服了契丹。自此,太祖对韩延徽是越来越信任,越来越重视。

韩延徽作为汉族的知识分子,比较了解唐朝和中原发达地区的国家机构建制以及他们统治国家和民众的方法,他建议辽太祖建设城郭,在城里建设市民的居住区,这样就可以让投降或者逃亡到这里来的汉族人留下来,这些人会种田,有些人还会各种手工技术,这都是契丹人很需要的。对于那些还没有家室的人,可以帮他们选择配偶,建立家庭,使他们安心地在这里从事生产。

更重要的，是韩延徽还让这些汉人在这里发展农业生产，开垦荒地种植谷物，这等于是给契丹人发展农业生产做出了示范，对促进契丹农业生产的发展起了很大的作用。另一方面，由于中原地区的纷乱，很多汉族人愿意在这里定居。大批的汉人到来和定居在这里，带来了先进的生产技术和生产经验，对契丹经济的发展起了很大的作用。

韩延徽还帮助辽太祖建立起了许多国家典章制度，这对缺少立国经验的辽太祖来说是至关重要的。特别是这些制度进一步促进了契丹经济的发展。

有一次，韩延徽想家了，就从契丹逃回中原后唐，后唐也给了他一个官做。但是在那苟延残喘的后唐朝廷里，将领之间互相忌妒，使他无法容忍，他又重新回到契丹。太祖听说韩延徽回来了，乐不可支。太祖问他：为什么要逃回中原，为什么又回来了？他回答说：忘记爹娘是不孝，忘记君王是不忠。臣虽然逃回中原，但臣的心还在陛下这里，所以臣又回来了。

韩延徽走了以后，太祖像失魂落魄了似的，连做梦都梦见韩延徽，所以韩延徽回来以后，使他非常兴奋。他还赐给韩延徽一个名子叫匣列，在契丹语中是归来的意思。还封他为鲁国公。太祖把他视为佐命功臣之一。

铎鲁斡不满子聚财

耶律铎鲁斡，字乙辛，是辽代重臣。他在辽朝任官多年，起初曾担任同知、招讨使等职，辽道宗大安五年（1089），任南府宰相，一直到寿昌初年（1095）致仕回乡，前后任宰相之职有五六年。

耶律铎鲁斡虽然身居要职，却廉洁节俭，重义轻财，从来就不聚敛财物。他当官的时候，所到之处，政声都很好，属下的官吏、百姓对他既敬畏，又爱重。他退休回乡家居后，仍然丝毫也没有改变其重义轻财的品格。

耶律铎鲁斡的儿子耶律普古担任乌古部节度使，见父亲已退休，便派人去接父亲到自己任所同住。耶律铎鲁斡因退休后家居无事，便欣然前往。他来到耶律普古的官衙中，见儿子积聚了许多的财物，不禁对之大为不满。耶律铎鲁斡语重心长地对儿子说："你离开亲人出来做官，应当力图使国家昌盛富裕，百姓安居乐业。现在你做事不从正道，不能一心为国为君，而是贪图财富，你实在是辜负了我对你的殷切期望！"因为不满于耶律普古的所做所为，耶律铎鲁斡不肯住在儿子那里，仍然命来时的车驾将他载回家中。

耶律普古却听不进父亲对他的忠告，仍然执迷不悟，后来终于被强盗所杀。他贪图财物，终于为财物而丢了性命，结局何其悲惨。如果耶律普古好好听从父亲的教诲，肯定不会落得如此下场。

人物春秋

谋略宏远　料敌精准——耶律休哥

耶律休哥，字逊宁。休哥少年时就具有三公和辅相的才识和气度。当初乌古和室韦两个部落叛乱，休哥跟随北府宰相萧干征讨他们。应历末年，任惕隐。

乾亨元年，宋军进攻燕州，北院大王奚底、统军使萧讨古等兵败失利，南京被围困。皇帝命令休哥代替奚底，率领五院军前去援救。在高梁河与宋军大部队遭遇，他与耶律斜轸分兵为左右两翼，击败宋军，追杀30余里，斩首一万余级，休哥身负伤有3处。次日清晨，宋军主帅逃去，休哥受伤不能骑马，便乘一辆轻车一路追到涿州，没赶上敌军就回来了。

这年冬天，皇帝命令韩匡嗣、耶律沙讨伐宋，以报复宋军包围南京之役。休哥率本部兵马跟从韩匡嗣等人在满城作战。第二天正要再次开战，宋人请降，匡嗣相信。休哥说："宋军部伍整齐，兵锋正锐，一定不会轻易屈服，这只是诱骗我们罢了，应当严阵以待。"匡嗣不听。休哥率部登上高处观察敌情，一会儿，大批宋军赶到，击鼓呐喊，快速进击，匡嗣仓促不知所措，士兵们丢弃了大旗、战鼓而逃散，辽军失败。休哥指挥本部完整的队伍出击，宋军才撤退。皇帝下诏任命他总领南面戍兵，封为北院大王。

第二年，皇帝亲自出征，包围了瓦桥关。宋军前来援救，瓦桥关守将张师率兵突围而出，皇帝亲自督战，休哥斩杀张师，余下的宋兵又逃回关里。宋军在河水南面摆开阵势，将要交战时，皇帝看到唯独休哥的战马和铠甲都是黄色的，担心被敌军认出，就赐给他黑甲、白马，把原来的战马、铠甲换了下来。休哥率领精锐骑兵渡河，击败了宋军，一直追到莫州。杀得尸首堆满于道路，箭也用光了，生擒了宋军几员战将回来献给皇帝。皇帝十分高兴，赏赐给他御马、金盂，并慰劳他说："你的勇猛超过了你的名声，假若人人都像你一样，还担忧什么不能被攻克？"回师后，授予他于越的称号。

圣宗即位后，太后临朝掌权，命令休哥总督南面军务，并授予他临机处置的权力。休哥平均安排了各地的戍兵，设立更休法，奖励农业生产，整治武备，边境一带呈现出一派安定繁荣的景象。统和四年，宋军再次进攻，他们的将领范密、杨继业兵出云州；曹彬、米信兵出雄州、易州，夺取了歧沟、涿州，攻陷了固安并屯兵驻守。当时，北南院、奚部的部队没有赶到，休哥兵单将寡，不敢出战。夜间派轻装骑兵出没于两军交界地带，捕杀单个和老弱的宋兵来威吓其他人；白天则用精锐士兵虚张声势，使宋军忙于应付防守，借此消耗他们的战斗力。又在树林草丛中设下伏兵，阻截宋军的粮道。曹彬等人因为粮草供应不上，退保白沟，一个多月后，再次赶来。休哥派轻骑兵追近他们，趁他们临时休息吃饭时，击杀那些离开队伍单独出来的人，一边战斗一边退却。因此宋军自救不暇，就集结成方阵，在队伍两侧边挖战壕边行进。士兵渴了没有水喝，就趴在烂泥塘边喝水，如此行进4天才进抵涿州。听说太后的军队赶到，曹彬等人冒雨而逃。太后增派精锐的士兵，追赶上了他们。宋军筋疲力竭，就把兵车联在一起依托据守，休哥包围了他们。晚上，曹彬、米信率数骑逃走，其余的宋军全都溃散。休哥追到易州东边，得知宋军还有数万人马，正在沙河岸边生火做饭，休哥当即指挥部队前往进攻他们。宋军望见尘土飞扬便四处逃散，掉下河岸相互践踏而死的人超过一半，尸首把沙河水都堵塞住了。太后回师，休哥收殓宋兵尸体筑成一座大墓，以示军功，被封宋国王。

休哥再次上书说，可以乘宋朝衰弱，南下攻略，使黄河成为宋、辽的边界线。此书奏上后，没有被采纳。等到太后南下征伐，休哥担任先锋，在望都击败了宋军。当时宋将刘廷让率领数万名骑兵倾巢，与李敬源约定会师，扬言要攻取燕州。休哥听说后，首先派兵扼守住宋军所要经过的要害之地。等到太后率大部队赶到后，休哥与宋军交战，杀死李敬源，刘廷让逃向瀛州。七年，宋朝派刘廷让等人乘夏季大雨天气前来攻打易州，诸将对他非常畏惧。只有休哥率精锐士兵在沙河北侧迎头拦击，打死打伤了数万人，缴获辎重不可胜计，进献给朝廷。太后称赞他的功劳，下诏令他今后入朝不必行跪拜之礼，不用称名。自此以后，宋军不敢北上。当时宋朝人想止住小孩子啼哭，就说："于越来了！"

休哥认为燕州的人民穷乏困苦，便减免租赋和徭役，抚恤孤寡人家，告诫戍兵不要侵犯宋朝边境，即使是牛马跑到北面来也要全部送还过去。远近的人民仰慕他的教化，边僻之地得以安宁。十六年，休哥去世。这天晚上，天降大雨，树木上结冰。圣宗下诏在南京为他立祠。

休哥谋略宏大深远，料算敌情如有神助一般。每次作战胜利，常常把功劳推让给手下诸将，所以将士们都乐意为他效力。他身经百战，从未杀一个无辜的人。

学识广博　贯通经史——韩企先

韩企先，燕京人。九世祖韩知古，在辽朝做官，为中书令，移居柳城，世代富贵显赫。乾统年间，韩企先考中进士，盘旋留滞，不得进用。都统完颜杲平定中京，提拔韩企先为枢密副都承旨，逐渐升为转运使。完颜宗翰任都统经营治理山西时，上表让韩企先代理西京留守。太宗天会六年，刘彦宗去世，韩企先代替他担任同中书门下平章事、知枢密院事。七年，升任尚书左仆射兼侍中，封为楚国公。

起初，太祖平定燕京，开始用汉官赏赐左企弓等人，在广宁府设中书省、枢密院，而朝廷的宰相则用女真自己的官号。太宗初年，没有什么改变。等到张敦固被处死，把中书省、枢密院移到平州，蔡靖献燕山之地投降，又移到燕京，凡是汉人地区选任官职、征调租税等事，都由燕京中书省和枢密院根据朝廷的命令进行管理。所以从时立爱、刘彦宗到韩企先等人在任宰相时，他们的职掌大体上都是这样。斜也、宗翰主持国政，建议太宗改革女真族的传统制度，采用汉人的官制。天会四年，才开始确定官制，设置尚书省以下各级官署机构。

天会十二年，任命韩企先为尚书右丞相，召他到上京。这时，朝廷正讨论礼仪制度，改革以前旧的规章。韩企先学识广博、贯通经史，了解前代旧制，有的继承，有的更改，都使之调和中正、没有偏颇。韩企先做宰相，每次都要选拔有才能的人出任官职，专门以培植和奖掖晚辈后生为自己的责任。推荐读书人，鉴别人才，一时间台省多由有德行的君子担任官职。弥补政事的缺漏和不足，在进行秘密的策划和公开的谏劝时，必定向诸王征求意见。宗翰、宗幹都很敬重他，当时的人称他为贤明的宰相。

熙宗皇统元年，韩企先被封为濮王。六年，韩企先去世，终年65岁。海陵王正隆二年，降封为齐国公。世宗大定八年，诏令韩企先配享太宗庙庭。

大定十年，司空李德固的孙子李引庆请求继承他祖父的猛安爵号。世宗说："李德固没有什么功劳，他的猛安称号姑且空缺。汉人宰相只有韩企先最为贤明，其他人比不上。"十一年，将在衍庆宫画功臣像时，皇上说："丞相韩企先，本朝的典章制度多是由他制定的，至于处理和决定国家大事，都与大臣们谋划商议，不让外人知道，所以没有人能够知道他的功劳。前后汉人宰相中没人能比得上他，把他安置在功臣像里面，也足以昭示和勉励后人。"十五年，赐韩企先谥号为"简懿"。

金

史

《金史》概论

《金史》135卷，元朝脱脱等奉敕编纂。全书本纪19卷，志39卷，表4卷，列传73卷，共计100万字左右，是研究金代历史最基本、最重要的史料。

一

金朝是中国历史上由女真族建立的一个封建王朝。从12世纪初建立到13世纪初被蒙古族建立的国家灭亡，历10帝120年。金朝在中国历史的发展过程中占有重要地位。金朝从建立之时起，就与中原的赵宋王朝保持交往，其后两国之间有战争也有和平。金朝统治者十分重视文化，尤其是注意吸取汉文化。在这个过程中，金朝统治者曾经效法中原汉族王朝，建立并健全修史制度。金朝有记注院，掌修起居注；秘书监所属有著作局，掌修日历；还有国史院，掌修实录和国史。金代官修的各类史书中，以实录的修纂最为完备，从太祖阿骨打以下至宣宗各帝，均有实录，只有卫绍王和哀宗未及修成。除此之外，还有记载金朝先世的《先朝实录》三卷。实录之外，还修有国史，包括历代皇帝本纪和功臣列传等。

金宣宗南迁时，将实录等文献资料带到汴京。蒙古与南宋联合灭亡金朝后，由于张柔和王鹗等人的努力抢救，部分文献资料得以保存下来。张柔是依附于蒙古政权的地方军阀，参与蒙古军攻打汴京的战争。汴京被攻陷时，张柔不取金帛，独自进入史馆，收取金朝实录和秘府所藏图书。这批珍贵的资料一直保存在元朝的史馆内。忽必烈即帝位前，广泛招集汉族知识分子，为自己的统治出谋划策，王鹗位在其中，忽必烈即帝位后，授王鹗为翰林学士承旨。王鹗向忽必烈建议说：“自古帝王得失兴废，班班可考者，以有史在。我国家以武定四方，天戈所临，罔不臣属，皆太祖庙谟雄断所致。若不乘时纪录，窃恐岁久渐至遗忘。金实录尚存，善政颇多；辽史散逸，尤为未备。宁可亡人之国，不可亡人之史。若史馆不立，后世也不知有今日。”忽必烈采纳了他的意见，"命国史附修辽、金二史"。但此时庶事草创，戎马倥偬，忽必烈心有余而力不足。3年之后，王鹗再次提出修撰辽金两史，仍没有结果。元朝灭亡南宋后，在半个多世纪里，又曾3次下诏修纂宋、辽、金三史。但因正统问题争论不休，迟迟没能进行。直到元朝最后一个皇帝顺帝至正三年（1343），才正式开局纂修。中书左丞相脱脱为都总裁，总裁官有欧阳玄、张起岩、揭傒斯等人。脱脱确定三史各为正统，各系其年号，使这一争论很久的问题得到了解决。至正四年（1344）三月，《辽史》完成后不久，脱脱罢相，新任丞相阿鲁图继任主持修撰，次年十一月，《金史》修成，由阿鲁图领衔进呈。

　　《金史》的编撰，大体由纂修人员撰成初稿，然后进呈总裁，由总裁笔削裁定。总裁是《金史》编修的高级官员，为都总裁的主要助手，具体组织编修，以确定选材、编例、润笔等事。《金史》设总裁8人：铁木儿塔识、贺惟一、张起岩、欧阳玄、揭傒斯、李好文、杨宗瑞、王沂。《金史》在短期内顺利成文，与8位总裁官的作用密切相关。铁木儿塔识，精通儒理之学，尽心竭力搜罗天下贤士，积极为三史修纂出谋划策。贺惟一，积极主张尽早结束关于正统问题的论争，投入人力物力财力纂修三史。张起岩，潜心钻研金朝历史，熟悉金源故实，又精通宋代理学，对编修中的错误，多能及时据理改定。欧阳玄，顺帝下诏修撰金史等三史，他被召为总裁官，创立三史凡例，作为编修者的依据，纂修者的议论不公正、感情用事之处，他亲笔改正；书中论、赞、表、奏，多系其亲自动笔写成，《金史》等三史修成，其功居多。揭傒斯，主张修史在于用人，重视史法和史意，在三史编修过程中，毅然以笔削自任。政事得失、人才贤否必定求得公正。遇到不详之事，必定反复辩论，考证源流。李好文，至正四年以礼部尚书的身份参与编修三史，任金、宋两史的总裁官，授为治书侍御史，掌史事。杨宗瑞，曾领修《经世大典》，至正时总裁宋、金两史。王沂，除纂修

《辽史》外，又任宋、金两史总裁官，他多居文字之职，庙堂之作，多出其手。

总裁官在《金史》成书过程中的作用和贡献不小，但参加具体写稿的史官的作用和贡献不可忽视。《金史》的编撰者，共有6人：沙剌班、王理、伯颜、赵时敏、费著、商企翁。他们都有较高的经史或文学修养，学有专长，为《金史》的纂修付出了不少的心血。

二

《金史》与《辽史》《宋史》同时开始编纂，成书略晚于《辽史》，而早于《宋史》，在三史当中，《金史》是较好的一部。这与资料的充足有密切关系。

《金史》主要取材于金朝实录、刘祁的《归潜志》和元好问的《遗山文集》《中州集》和《壬辰杂编》等。

《金史》所依据的史料书籍，有些今已不存，赖《金史》保存了其中的一些材料，《金史》因而显得珍贵。

元修三史，《辽史》简略粗糙，《宋史》杂芜繁乱，《金史》相对来说修得较好。《金史》不仅记载了金朝120年的历史，还记述了金朝建立前的女真族的早期发展史。女真早期历史的资料十分缺乏，《金史》所记的这部分资料十分珍贵。在编纂体例上，这部分资料被《金史》编撰者作为"世纪"列在本纪之前，专述金太祖先世的生平事迹，仍以纪传体的形式，追述建国前的女真族历史。

在编纂体例上，《金史》最富创建性的是在本纪末尾又列《世纪补》一篇，用来记述金朝历史上未曾称帝而为后代追认的几位皇帝的事迹。它既有别于《本纪》所记载的正式登基的皇帝，而又不失被追认之后的皇帝身份，处理得十分得当。这种独有的编纂体例，又为后代修史者所承继。

在总体设计上，《金史》没有出现《宋史》那样详北宋略南宋的不合理布局，而是做到详略得当，重要人物、事件、制度一般都较为详细，能够反映出某一历史现象的基本面目。该书的志和表，记载较为全面、系统，使用了大量的原始资料，使得一代典章制度得以再现，具有较高的史料价值。《金史·交聘表》是其首创的一种编纂形式，它采用编年体的修史方法，而用表格的方式记述金朝与邻国的战和关系。表格将宋、夏、高丽并列，易于相互参照，了解同一时期金朝周边关系的情况，是研究宋、夏、金相互关系的重要参考史料。

《金史》也存在一些错误和缺点。一是语多掩饰、虚妄。如《纥石烈牙吾塔传》记其为侵宋战争的主帅，所向无敌，战功卓著，而实际上他是"无功而还"；二是体例编次欠当，有些该立传的没有列传。如金初大将韩常，与另一名将宗弼共事，累有战功，《金史》上却没有他的传。金太祖阿骨打抗辽建国，得到杨朴的帮助甚多，事见《辽史》，而《金史》无传。崔立杀宰相、劫后妃等，以汴京降蒙古，按旧史家的观点应列入叛臣、逆臣传中，而《金史》却将其与"功臣"同卷，显属编次失当；三是人名错讹，互相歧异。如宗杰，太祖之子，目录列本名木里也，而卷六十九本传作没里野。宗望，卷七十四作斡离不，又名斡鲁补，《礼志》作斡里不，等等。这些译名的不统一，造成了许多混乱，而且常与《辽史》《宋史》《元史》相互歧异。

尽管《金史》有上述不足，但它不仅提供了金朝历史的基本资料，更辑佚和保存了众多的金朝文献，它在中国史学史上的地位和价值不容忽视和否定。

《金史》修成后多次刊行。元代初刻本今存80卷，此外有元复刻本、明南监本、北监本、清殿本等。1975年中华书局出版的点校本《金史》，以百衲本为底本，充分吸收了前人整理校勘的成果，是目前最好的版本。

三

《金史》本纪第一卷是《世纪》，记载金始祖函普到康宗乌雅束的世系，简要介绍了世居白山黑水之间的女真族由原始社会后期进入阶级社会，由各部纷争的混乱局面走向统一、逐渐强盛的历史过程。这段历史表明，女真族过着不定居的漂泊的生活，到后来逐渐发展到耕垦种植，建筑居室。女真族同时由无文字、无书契、无约束发展到"稍以条教为治，部落浸强"。女真族已经由迁徙不常的渔猎和游牧生活发展到半渔猎半农耕的生活。以后各卷，依次记载了金太祖、太宗、熙宗、海陵王、世宗、章宗、卫绍王、宣宗、哀宗等9朝的历史。其中太祖本纪记载了金太祖完颜阿骨打统一女真各部，设置猛安谋克制度，建立奴隶制国家，颁行女真文字，战胜并攻灭辽朝等重要史实。太宗本纪主要记载金太宗继续开展对辽、宋的战争，擒获辽天祚帝，灭亡北宋，掳获徽、钦二帝，并进一步南下侵掠宋朝。在继续扩大侵略战争、拓展金朝领土的过程中，金朝的政治、军事、经济制度也随之相应得到改变和发展。熙宗本纪反映了废除女真旧制，采用汉制等政治改革，统治集团内部争斗日趋激烈，各族人民的反抗斗争相继发生。海陵王本纪，主要记载了金朝进一步改革政治制度，任用汉人，采用汉制，推行封建化，并再次发动侵略南宋的战争，镇压各族人民的起义。世宗本纪和章宗本纪是《本纪》部分最详者，记载了金朝统治者争取各贵族的支持，巩固统治，完成封建化进程，农业、牧业、手工业、商业得到较大发展。随着封建剥削的加强，农民起义相继发生，民族间的融合与战争交替进行，土地兼并严重，社会矛盾尖锐，社会经济呈现衰落的趋势。卫绍王、宣宗、哀宗本纪主要记载金蒙战争，统治集团内部互相倾轧诛杀，红袄军等各族人民反金抗蒙斗争的情况。

　　金太祖完颜旻、海陵王完颜亮、世宗完颜雍等都是金朝历史上的杰出人物。完颜旻以其卓越的才能，促进女真民族的最后形成，并完成了氏族制向奴隶制进化的历史过程，建立了金朝奴隶制国家，这是金朝历史发展的第一次飞跃。完颜亮和完颜雍当政时期，随着政治上和军事上的向南渗透，金朝面临着必须适应中原地区较高"经济情况"的历史选择，世宗在海陵王所奠定的封建化进程的基础上，基本上完成了向封建化转化的历史过程，这是女真族发展史上的第二次飞跃。太祖完颜旻是金朝的开基人，对女真族历史的发展起了重要作用。在女真部落联盟的建立、巩固和发展过程中，年轻的阿骨打（太祖完颜旻）的军事、政治才能受到女真首脑人物的赏识，加之他善于处理女真内部的各种矛盾，得到女真族人民的拥戴，在女真统一民族形成过程中，终于成长为一个智勇双全的英雄人物。他顺应女真人反抗奴役的要求，积极组织反抗辽朝压迫的斗争，取得一个又一个的胜利，并不失时机地建立了民族国家，使女真族由一个弱小民族变为东北地区首屈一指的强大民族。为了适应对辽作战和巩固国家政权的需要，金太祖对脱胎于氏族制的女真社会进行了一系列的重大改革。金太祖在奠定开国规模和改革过程中，十分注意学习先进的汉族文化和录用汉化很深的知识分子。《金史》较全面地叙述了上述情况。

海陵王完颜亮是金朝的第四任皇帝。他弑君为帝，力除异己，锐意改革，善用人才，加速了女真族社会发展进程。后来发动不得人心的侵宋战争，败亡江南。在位期间，他加强中央集权，下令废除设置在燕京和汴京的行台尚书省，消除金朝发源地与新近征服的辽、宋地区的差别，使政令统一于中央朝廷。又实行"正隆官制"，使之成为金朝一代定制。他是一位知书明礼、文武具备的颇有远见的君主。为了消除统治阶级内部夺权的隐患，他大批镇压女真族和宗室大臣，联合各族上层势力共同维护金朝的统治。他还改革科举制度，大力选拔人才和官吏。在经济上，他积极推行封建化措施，把女真人南迁，统一币制和财权。力排众议，迁都燕京，完成了封建化进程中具有决定性的一步。几百年来，人们对完颜亮的看法褒贬毁誉，大相径庭，有人说他是历史上最凶狠、奸诈的无道暴君，有人说他英锐有大志，是金朝历史上杰出的政治家。《海陵王完颜亮本纪》将提供给读者一种意见。

宗弼、宗望、宗翰等是金朝初年著名的军事将领。在抗辽侵宋战争中，他出生入死，为女真贵族灭亡辽朝、入主中原立下了汗马功劳。宗弼，即兀术，金太祖阿骨打的第四子，起初跟随宗望、宗翰等人攻宋，1129年任统帅，渡过长江，追南宋高宗入海，第二年被韩世忠阻击于长江黄天荡，相持40余天，才得渡江退回。不久，被调往陕西，与张浚大战于富平，苦战后勉强获胜。以后连年进攻秦岭北麓一带，都被吴玠击退。金熙宗时，任都元帅，撕毁挞懒等主持的和约，于1140年重新发动侵宋战争，进兵河南，受到岳飞、刘锜等军的阻击，后终于掠取秦岭、淮河以北的土地。阅读这些将领的传记，可以更清楚地了解金朝统治者的扩张政策。

王若虚、元好问等都是金代著名的文学家。王若虚论文主张辞达理顺，于诗反对模拟雕琢，推崇白居易、苏轼，对黄庭坚及其江西诗派深表不满。王若虚著有《五经辨惑》等，对汉、宋儒者解经之谬及古文、古书的错讹颇有批评。元好问工诗文，在宋元之际颇负众望，诗词风格沉郁，并多伤时感事之作。元好问所著《论诗》绝句30首，崇尚天然，反对柔靡雕琢，在文学批评史上颇有地位，他的《遗山集》和《中州集》对元修《金史》起过重要作用。

政　略

金太祖定国名

上①曰："辽以宾铁②为号，取其坚也。宾铁虽坚，终亦变坏，惟金不变不坏。金之色白，完颜部③色尚白。"于是国号大金，改元收国④。

（《金史》卷二，太祖本纪）

【注释】

①上：指金太祖完颜阿骨打（1068—1123 年），公元 1115 年称帝，建国号大金。②宾铁：纯精之铁，亦即所谓镔铁。③完颜部：女真族部落之一，是女真宗室形成的中心。④收国：金国的第一个年号，起于 1115 年，止于 1116 年。

【译文】

金太祖说："辽国以宾铁为称号，是取其坚硬之意。宾铁虽然坚硬，但最终也会变锈，而只有金才不会变锈、坏损。金的颜色是白色，而我们完颜部落在颜色上又崇尚白色。"于是，以大金作为国号，并改皇帝年号为收国。

金世宗论为政之道

丙申，尚书省进"皇太子守国宝"，上①召皇太子授之……皇太子再三辞让，以不谙政务，乞备扈从②。上曰："政事无甚难，但用心公正，毋纳谗邪，久之自熟。"皇太子流涕，左右皆为之感动。皇太子乃受宝。

（《金史》卷八，世宗本纪）

【注释】

①上：指金世宗完颜雍（1123—1189 年）。②扈从：侍从帝王出巡。

【译文】

（大定二十四年三月）丙申日，尚书省将"皇太子守国宝"进献给了世宗，世宗召见了皇太子，并将守国宝授给他。……皇太子再三推辞，并以不熟悉朝政事务为由，请求为世宗作保驾的侍从。世宗说："处理政务并不太难，只要用心公正，不听信谗言，时间长了就自然熟练。"皇太子感动得流下了眼泪，身旁的大臣们也为之感动。皇太子于是接受了守国宝。

金章宗学议

戊寅[1]，上[2]问辅臣："孔子庙诸处何如？"平章政事守贞曰："诸县见议建立。"……夏四月癸亥[3]，敕有司，以增修曲阜宣圣庙工毕，赐衍圣公以下三献法服及登歌乐一部[4]……己巳，以温敦伯英言，命礼部令学官讲经。

（《金史》卷九至卷十一，章宗本纪）

【注释】

[1]戊寅：此指金章宗明昌五年（1194年）闰十月戊寅日。[2]上：指金章宗完颜璟（1168—1208年），女真名麻达葛，金世宗之孙。[3]四月癸亥：此指明昌六年（1195年）四月癸亥日。[4]"赐衍圣公"句：衍圣公，是宋仁宗对孔子后裔的封号。三献，古代祭祀时献酒3次，第一次称初献爵，二次称亚献爵，三次称终献爵。法服，指礼法规定的服饰。

【译文】

戊寅日，金章宗问辅臣们说："建孔子庙的事各地进展得怎样？"平章政事守贞答道："各县正在拟议建立孔庙之事。"……夏季四月癸亥日，金章宗命令有关官吏说，在增建曲阜宣圣庙的工程完结后，赐给孔子后裔衍圣公三献祭祀时所穿的法服以及升堂奏歌所用的乐器一部。……己巳日，依照温敦伯的建议，金章宗命令礼部令学官讲授儒家经典。

完颜伯嘉之谏

礼部郎中抹捻胡鲁剌[1]以言事忤旨，集五品以上官显责之。明日，伯嘉[2]谏曰："自古帝王莫不欲法尧、舜而耻为桀、纣，盖尧、舜纳谏，桀、纣拒谏也。故曰'纳谏者昌，拒谏者亡'。胡鲁剌所言是，无益于身；所言不是，无损于国。陛下廷辱如此，独不欲为尧、舜乎。……"

(《金史》卷一百，完颜伯嘉传)

【注释】

①抹捻胡鲁剌：人名。②伯嘉：即完颜伯嘉，字辅之，明昌二年（1191年）进士，曾任中都左警巡判官、莒州刺史、留守、节度使、元帅左监军、宣抚使等职，元光二年（1223年）卒。

【译文】

礼部郎中抹捻胡鲁剌因为进言之事对金宣宗的旨意有背，宣宗便召集朝中五品以上的官员公开责骂他。第二天，完颜伯嘉向宣宗进言道："自古以来，帝王没有不想效法尧、舜而耻做桀、纣的，这大概是因为尧、舜能够接受谏言，而桀、纣拒绝规劝的缘故。所以说'接受劝谏的君王使国家昌盛，拒绝批评的君王使国家衰亡'。抹捻胡鲁剌所讲的如果正确，对他自己也没有什么利益；他所讲的如果不正确，对国家也没有什么损害。陛下您在朝廷这样责骂他，难道您偏偏不想当尧、舜吗？……"

承晖论捕盗之法

山东盗贼起……犹往往潜匿泰山岩穴间。按察司请发数万人刊除林木，则盗贼无所隐矣。承晖①奏曰："泰山五岳之宗，故曰岱宗。王者受命，封禅告代②，国家虽不行此事，而山亦不可赭③也。齐人易动，驱之入山，必有冻饿失所之患，此诲盗非止盗也。天下之山亦多矣，岂可尽赭哉。"议遂寝。

(《金史》卷一百一，承晖传)

【注释】

①承晖：金官员，字维明，本名福兴，金世宗至宣宗时曾任笔砚直长、侍司直长、右警巡使、近侍局长、兵部侍郎、提刑副使、节度使、右丞相等职。②封禅告代：古代帝王在泰山上筑坛祭天称"封"；辟基祭地称"禅"。告代，此谓祝祷皇位的交替。③赭：红色。此谓以火焚烧。

【译文】

山东地区盗贼扰民……还常常逃到泰山的岩洞、树林中躲藏起来。按察司请求调发几万人到山上砍掉树木,以使盗贼失去藏身之地。承晖奏报朝廷说:"泰山是五岳之尊,所以又称岱宗。侯王接受任命,帝王祭祀天地,祝祷王位交替,都要在泰山举行仪式。国家即使不举行这类仪式,但也不能在泰山上砍烧林木。齐人(山东人)容易作乱,而把他们赶入山中,他们必然会有挨冻受饿的灾祸,这样,便是唆使人当盗贼,而不是制止盗贼出现。全国的山林那么多,难道能全部烧掉吗?"于是就放弃了烧山的动议。

杨云翼医谏

云翼尝患风痹①,至是稍愈,上②亲问愈之方,对曰:"但治心耳。心和则邪气不干,治国亦然,人君先正其心,则朝廷百官莫不一于正矣。"上矍然③,知其为医谏也。

(《金史》卷一百十,杨云翼传)

【注释】

①"云翼"句:云翼,即杨云翼,字之美,明昌五年(1194年)进士,曾任判官、太常寺丞、吏部郎中、礼部侍郎、御史中丞、礼部尚书等职。风痹,病名,即今之中风。②上:指金哀宗完颜守绪(1193—1234年),女真名守礼。③矍(jué)然:惊视貌。

【译文】

杨云翼曾经得了中风,到了这时稍有好转。金哀宗亲自询问使病好转的药方,他回答说:"我只是疗治心罢了。心中平和,邪气就无法干扰。治理国家也是这样。君主首先使自己的心端正,那么朝廷的文武百官就没有谁不归于正直了。"金哀宗听后,惊讶地看着他,心里明白他这是借病事来劝谏自己。

御 人

熙宗诸色皆用

左丞相宗贤、左丞禀等言①，州郡长吏当并用本国人。上曰："四海之内，皆朕臣子，若分别待之，岂能致一。谚不云乎，'疑人勿使，使人勿疑'。自今本国及诸色②人，量才通用之。"

（《金史》卷四，熙宗本纪）

【注释】

①"左丞相"句：宗贤，金大臣，本名赛里，熙宗时曾任左丞相，兼都元帅等职。左丞，官名，掌监察百官等事，权势极大。禀，即完颜禀，金大臣。②诸色：这里指各民族。

【译文】

左丞相宗贤、左丞完颜禀等人说，各州郡的官吏都应当全部由女真族人来充任。金熙宗说："全国范围之内的人，都是我的臣民，如对他们区别对待，怎么能够达到统一呢！谚语不是说'疑人不用，用人不疑'吗？从现在起，对于女真族人及其他民族的人，都应当考察其才能，然后加以任用。"

金世宗不举亲

尚书省①奏，拟同知永宁军②节度使事阿可为刺史，上③曰："阿可年幼，于事未练，授佐贰官可也。"平章政事唐括安礼④奏曰："臣等以阿可宗室，故拟是职。"上曰："郡守⑤系千里休戚，安可不择人而私其亲耶。若以亲亲之恩，赐与虽厚，无害于政。使之治郡而非其才，一境何赖焉。"

（《金史》卷七，世宗本纪）

【注释】

①尚书省：官署名。②永宁军：治所在今河北省蠡县。③上：指金世宗完颜雍（1123—1189年），女真名乌禄，金太祖之孙。④唐括安礼：人名。⑤郡守：官名。此指刺史之职。

【译文】

尚书省奏报说，准备让同知永宁军节度使事完颜阿可担任刺史之职。金世宗说："完颜阿可年轻且行事不老练，让他担任副职官就行了。"平章政事唐括安礼禀告说："我们认为完颜阿可是皇族子弟，所以才打算让他任刺史之职。"世宗说："刺史之职关系到千里之内百姓的喜忧福祸，怎么能不选择人才而偏私皇亲呢？假如出于亲爱自己亲属的感情，赏赐他的东西虽然可丰厚，但不可有害于国政。让他治理州郡，但他又没那种才能，整个辖境的百姓将依靠谁呀？"

辱命受罚

璋①受命使宋……璋至临安②，宋人请以太子接书，不从。宋人就馆迫取书，璋与之，且赴宴，多受礼物。有司以闻，上③怒，欲置之极刑。左丞相良弼奏曰："璋为将，大破宋军，宋人仇之久矣。将因此陷之死地，未可知也。今若杀璋，或者堕其计中耳。"上以为然，乃杖璋百五十，除名，副使客省使高翊杖百，没入其所受礼物。

(《金史》卷六十五，完颜璋传)

【注释】

①璋：即完颜璋，金太祖之侄孙，本名胡麻愈。②临安：今杭州市，时为南宋京城。③上：指金世宗完颜雍（1123—1189年）。

【译文】

完颜璋受命出使南宋。……完颜璋到达临安后，宋人请求让宋朝太子出来接受国书，完颜璋不同意。宋朝就派人到宾馆强要国书，完颜璋就给了，并且出席了宋朝的宴会，接受了很多礼物。有关官员把这个情况报告了金世宗，金世宗大为恼怒，要对完颜璋处以死刑。左丞相良弼禀奏世宗说："完颜璋做将军时，曾经大败南宋军队，南宋人早就对他恨之入骨了。南宋人想借此机会陷害他，不无可能。现在如果杀掉他，也许就落入了敌人的圈套之中。"金世宗认为良弼说得对，于是杖打完颜璋 150 下，免除了他的职务，并对副使节客省使高翊也杖打了 100 下，还没收了他们所收受的礼物。

金世宗左右不用无能之臣

（宗尹①）乞致仕。世宗②曰："此老不事事，从其请可也。"宰臣③奏曰："旧臣宜在左右。"上曰："宰相总天下事，非养老之地。若不堪其职，朕亦有愧焉。如贤者在朝，利及百姓，四方瞻仰，朕亦与其光美。"宰臣无以对。

（《金史》卷七十三，宗尹传）

【注释】

①宗尹：金大臣，本名阿里罕。②世宗：即金世宗完颜雍。③宰臣：朝中辅佐君王为政的重臣。

【译文】

宗尹告老请求退休。金世宗说："这位老人家不能干事了，可以批准他的请求。"朝中的重臣们禀奏道："过去的老臣留在皇帝旁边比较合适。"金世宗说："宰相总理全国大事，朝中并非养老的地方。如果他不能胜任这一职务，我会感到惭愧。如果是德才兼备的人在朝中主持工作，就有利于百姓，这样，全国各地的人民也会拥戴他，我也可与他一起得到光荣和赞美。"朝中的重臣们听了，也就无话可说了。

施宜生泄密受烹

四年冬，为宋国正旦使①。宜生②自以得罪北走，耻见宋人，力辞，不许。宋命张焘馆之都亭，因间以首丘③风之。宜生顾其介④不在旁，为廋语⑤曰："今日北风甚劲⑥。"又取凡间笔扣之曰："笔来⑦，笔来。"于是宋始警。其副使耶律辟离刺使还以闻，坐是烹死。

（《金史》卷七十九，施宜生传）

【注释】

①正旦使：贺庆新春的使节。②宜生：即施宜生，字明望。③首丘：本谓狐狸眷恋故土，死后脑袋仍朝着窟穴所在的土丘。后因以称不忘故土或死后归葬故

乡。④介：传话的随从人员。⑤廋（sōu）语：隐语。⑥"今日"句：暗示金国将南下攻宋。⑦笔来：与"必来"谐音。

【译文】

正隆四年冬，金朝让施宜生充任出使宋国的正旦使。施宜生自己因为曾在宋国犯罪而投奔北方的金国，所以羞于见到宋国人，于是坚决拒绝，但朝廷不允许。到宋后，宋朝命令张焘安排施宜生住在都亭的客馆，并趁机以归还故土之类的话劝告施宜生。施宜生看自己的随从人员不在身旁，便用暗语向宋人说："今天北风很强大。"又从几桌上拿起笔敲着说："笔来，笔来。"宋朝人于是开始警觉起来。随行的副使节耶律辟离剌出使宋国回到金朝后，将施宜生的行为报告了朝廷，施宜生因此被烹死。

世宗议国书朝事

二十四年，世宗幸上京①，尚书省奏来岁正旦外国朝贺事，世宗曰："上京地远天寒，朕甚悯人使劳苦，欲即南京②受宋书，何如？"辉③对曰："外国使来必面见天子，今半途受书，异时宋人托事效之，何以辞为？"世宗曰："朕以诚实，彼若相诈，朕自有处置耳。"辉以为不可。

（《金史》卷九十五，程辉传）

【注释】

①世宗幸上京：世宗，即金世宗完颜雍（1123—1189年），上京，今黑龙江省哈尔滨市阿城区南。②南京：指今河南省开封。③辉：即程辉，字日新，皇统二年（1142年）进士，大定二十三年（1183年）任参知政事。

【译文】

大定二十四年，金世宗来到了上京，尚书省奏请有关来年正月初一日外国使者入朝庆贺之事，金世宗说："上京地方偏远，天气寒冷，我十分同情外国使者所受的劳苦，想就在南说接受宋朝的国书，你们认为怎么样？"程辉回答说："外国使者来后必须面见皇上，如今我们在半路上接受别人的国书，日后宋人推辞自己不愿做的事时都会像这样寻找借口，到那时我们怎么办呢？"金世宗说："我以诚实的态度对待宋国，宋国如果对我们进行欺诈，我自会处置他们。"程辉觉得金世宗说的不可行。

金世宗用才唯能

刘仲洙字师鲁，大兴宛平①人。大定三年②，登进士第。……调深泽③令。……有盗夜发，居民震惊，仲洙率县卒生执其一，余众遂溃，且日掩捕皆获。寻以廉能进官一阶……俄转吏部。世宗④谓宰臣曰："人有言语敏辩而庸常不正者，有语言拙讷而才智通达、存心向正者，如刘仲洙颇以才行见称，然而口语甚讷也。"右丞张汝霖曰："人之若是者多矣，愿陛下深察之。"

(《金史》卷九十七，刘仲洙传)

【注释】

①大兴宛平：即大兴府宛平县，今北京市西南。②大定三年：大定，金世宗完颜雍年号，1163年。③深泽：县名，今河北省深泽县。④世宗：即金世宗完颜雍。

【译文】

刘仲洙，字师鲁，大兴府宛平县人。金世宗大定三年，参加科举考试中进士。……调任深泽县令。……有一天晚上，由于有夜盗事件发生，县里的居民们被闹得惶恐不安，刘仲洙便率领县衙的吏卒们活捉了盗贼中的一个，其余的盗贼逃跑了。第二天，刘仲洙又带人搜捕，将盗贼全部抓获。不久，刘仲洙因为廉洁而能干，官职被提升了一级……不久又被调到吏部任职。金世宗对朝中辅政的重臣们说："有的人能言善辩，但能力平庸，心术不正；有的人虽笨嘴拙舌、不善言辞，但才智通达，好心向正。像刘仲洙就是以才智和品行而深受人们称道，但他口齿笨拙，不善讲话。"右丞张汝霖说："像这样的情况多着呢，希望陛下您细心考察后再予以选用。"

法 制

因时制宜以成一代之法

宗宪①本名阿懒。……兼通契丹、汉字。未冠,以宗翰②伐宋,汴京破,众人争趋府库取财物,宗宪独载图书以归。朝廷议制度礼乐,往往因仍辽旧,宗宪曰:"方今奄③有辽、宋,当远引前古,因时制宜,成一代之法,何乃近取辽人制度哉。"希尹④曰:"而⑤意甚与我合。"由是器重之。

(《金史》卷七十,宗宪传)

【注释】

①宗宪:金景祖之曾孙,金熙宗至世宗时曾任门下侍郎、行台平章政事、中京留守、安武军节度使等职,官至右丞相。②宗翰:金大将,宗宪之兄。金初任左副元帅。天会四年,攻破太原,又与斡离不会师攻陷东京。天会五年至七年间,任统帅攻宋,久掌兵权。熙宗即位,拜太保、尚书令,领三省事。③奄:覆盖,包括。此作统一讲。④希尹:金大臣,熙宗时曾任左丞相等职。⑤而:你。

【译文】

宗宪,原名阿懒。……兼通契丹族、汉族的文字。他未成年时,曾跟随宗翰讨伐南宋。攻破汴京后,许多人都抢先跑到府库里抢取财物,只有宗宪一人偏偏拿取图书运回家。朝廷讨论制订政治制度及礼乐制度,经常是沿袭辽国的旧制度。宗宪说:"如今我们得到了辽国、宋国的土地,应当远引古代的制度,并按照当前的实际情况制定出适宜的制度,以形成我们这一朝代的法令。我们为什么要就近取用辽国的制度呢?"希尹听后说:"你的意见跟我的正好相合。"从此,希尹就很器重宗宪。

张汝霖执法不严

世宗①召谓曰:"卿②尝言,监察御史所察州县官多因沽买以得名誉，良吏奉法不为表襮③，必无所称。朕意亦然。卿今为台官，可革其弊。"……时将陵主簿高德温大收税石米，逮御史狱。汝霖具二法上。世宗责之曰："朕以卿为公正，故登用之。德温有人在宫掖④，故朕颇详其事。朕肯以宫掖之私挠法⑤耶？不谓卿等顾徇如是。"汝霖跪谢。

（《金史》卷八十三，张汝霖传）

【注释】

①世宗：即金世宗完颜雍，女真名乌禄，1161—1189年在位。在位时，内治外和，团结人心，一时号为"小尧舜"。②卿：此指张汝霖，金官员，字仲泽，少聪慧好学，贞元二年，赐进士第，特授左补阙，后任大兴县令、翰林待制、刑部郎中、礼部郎中、转运使、礼部尚书、御史大夫等职。为人甚圆滑，善揣人意。③表襮（bó）：犹言表彰也。④宫掖：古代帝王的嫔妃所居之宫室。⑤挠法：扰乱法令。

【译文】

金世宗召见张汝霖说："你过去曾讲，监察御史所考查的州官和县官，多半由于花钱买通上级而获得了官位和声誉，而奉公守法的好官却得不到表彰、重用，如此一来就必定使官员们不得其所。我的看法也是这样。你如今当了台官，应当革除这些弊端。"当时将陵主簿高德温大肆收纳税户贿赂的大米，于是被御史逮捕关进了大牢。张汝霖向朝廷陈说了处理高德温的两种方法。金世宗责备他说："我觉得你办事公正，因此才提拔重用你。高德温有熟识的嫔妃在宫掖之中，因此我对他的事情了解得很详细。我怎么愿意由于嫔妃们的私情而扰乱国家的法令呢？没想到你们会这样地有所顾忌而徇私情！"张汝霖听后，便跪在地上向世宗请罪。

郑建充刚暴招人怨

建充①性刚暴，常畜猘犬②十数，奴仆有罪既笞，已复嗾③犬啮之，骨肉都尽。……省部文移④有不应法度，辄置之坐下，或即毁裂，由是在位者衔之。军胥李换窃用公帑⑤，自度不得免，乃诬建充藏甲欲反，皆无状。方奏上，摄事者素与建充有隙，恐其得释，使吏持文书给建充曰："朝省有命，奈何？"建充曰："惟汝所为。"是夜，死于狱中。

（《金史·郑建充传》）

【注释】

①建充：即郑建充，金官员，熙宗天眷年间任平凉尹等职。②猘（zhì）犬：疯狗。③嗾（sǒu）：用口作声指挥狗。④文移：公文。⑤帑（tǎng）：财物。

【译文】

郑建充性情十分暴烈，平时总养着10余条疯狗，对于有罪过的奴仆，他用鞭子抽打过后，还要嗾使疯狗噬咬，人的骨肉都被咬食干净。……省部的公文如有不合法度的，他就放在座位之下，有时马上予以销毁，所以，在位的人都对他怀恨在心。军吏李换盗用公家财物，自料不能逃脱郑建充的惩罚，便诬告郑建充私藏兵器，打算反叛，但都无证据。正要上奏朝廷时，办理此案的人平时与郑建充有矛盾，他害怕郑建充被释放，便派官吏拿着公文欺骗郑建充说："朝廷和省部对你的事已有了指示和命令，你看怎么办？"郑建充回答："那就听你们发落吧！"这天夜里，郑建充死在了狱中。

李石献策息争端

山东、河南军民交恶，争田不绝。有司①谓兵为国根本，姑宜假借。石②持不可，曰："兵民一也，孰轻孰重。国家所恃以立者纪纲耳。纪纲不明，故下敢轻冒。惟当明其疆理③，示以法禁，使之无争，是为长久之术。"趣④有司按问，自是军民之争遂⑤息。

（《金史》卷八十六，李石传）

【注释】

①有司：古代设官分职，各有专司，因称职官为"有司"。②石：即李石，字子坚，金官员，熙宗至章宗时，任行军猛安、礼宾副使、巡检史、刺史等职。③疆理：最高的道理。④趣：同"促"，催促也。⑤遂：于是。

【译文】

山东、河南地区的军民关系非常不和，连续发生争夺田地的事件，执事的官员觉得军队是国家的根本，理应将民田借给军队。李石坚持认为不能如此，说："军队和百姓同样是国家的根本，不能认为哪个轻哪个重。国家赖以存立的是法纪纲常。法纪纲常不严明，因此下级就敢随便冒犯。唯有使大家明白这至为重要的道理，并宣传法律所禁行的事项，才可使军民之间不产生争端。这也就是让国家长治久安的方法。"朝廷因此催促有关官员查办此事，从这以后，军民争夺田地的纠纷就平息了。

金世宗定朝制

移剌杰①上书言"朝奏屏人议事，史官亦不与闻，无由纪录。"上②以问宰相，琚③与右丞唐括安礼对曰："古者史官，天子言动必书，以儆戒人君，庶几有畏也。……人君言动，史官皆得记录，不可避也。"上曰："朕观《贞观政要》④，唐太宗与臣下议论，始议如何，后竟如何，此政史臣在侧记而书之耳。若恐漏泄几事⑤，则择慎密者任之。"朝奏屏人议事，记注官不避自此始。

（《金史》卷八十八，石琚传）

【注释】

①移剌杰：金朝史臣。②上：指金世宗完颜雍，女真名乌禄，金太祖之孙。1161—1189年在位。③琚：即石琚，字子美，金世宗时曾任平章政事、右丞相等职。死于大定二十二年，时年72岁，谥文宪。④《贞观政要》：书名，唐吴兢撰，10卷，书采唐太宗与群臣问答之语，记当时法制政令，议论事迹，用备借鉴。⑤几事：机密之事。

【译文】

移剌杰向金世宗上书说："朝廷禀奏时要清退无关人员而后商议国事，连史官也不得参与，史官就无从记录了。"金世宗就此事问宰相们，石琚与右丞唐括安礼回答说："古时的史官，对天子的言行务必作出记录，以使天子警诫自己而不犯错误，这或许可使天子有所畏忌吧。……天子的言行，史官都予以记录，因此不能让史官回避。"金世宗说："我看《贞观政要》一书，唐太宗与臣下商讨国事，开始如何商议，后来又怎样完结，这都是由史官在旁边记录书写而成的。如果怕泄漏国家的机密事情，则可以挑选那些谨慎守密的人担任史官。"朝廷禀奏而清退无关人员时就不再让记注官回避了，这种制度就是从这时候才开始实行的。

军 事

良马不可殉

天辅三年……（阿离合懑①）疾病，上②幸其家问疾，问以国家事，对曰："马者甲兵之用，今四方未平，而国俗多以良马殉葬，可禁止之。"乃献平生所乘战马。

（《金史》卷七十二，阿离合懑传）

【注释】

①阿离合懑：金景祖乌古乃第八子，健捷善战，太祖时曾为国论乙室勃极烈（官名）。②上：指金太祖完颜阿骨打（1068—1123年），汉名旻，金国建立者，在位9年。

【译文】

金太祖天辅三年……阿离合懑身患重病，金太祖到他家去探望，并询问他有关国家的一些事情，阿离合懑回答说："马是打仗用的，现在各地尚未平定，而我们全国的民间习俗大多以良马来殉葬，应当禁止这种习俗。"于是，阿离合懑向朝廷献出了自己平生所骑的战马。

郦琼论宋之成败

宗弼问琼以江南成败①，谁敢相拒者，琼曰："江南军势怯弱，皆败亡之余，又无良帅，何以御我。颇闻秦桧②当国用事。桧，老儒，所谓亡国之大夫，兢兢自守，惟颠覆是惧。吾以大军临之，彼之君臣方且心破胆裂，将哀鸣不暇，盖伤弓之鸟可以虚弦下也。"既而，江南果称臣，宗弼喜琼为知言。

（《金史在》卷七十九，郦琼传）

【注释】

①"宗弼"句：宗弼，即兀术（？—1148年），金大将，天会七年（1129年）任统帅，渡长江，追宋帝赵构入海，后又多次率军南下攻宋，累官太师都元帅，领行台尚书事。琼，即郦琼，字国宝（1104—1153年），南宋叛将，临漳（今属河北）人，降金后曾为山东路弩手千户，知亳州事。②秦桧：字会之（1090—1155年），南宋权奸，江宁（今南京）人，绍兴时两任宰相，力主投降，向金国称臣纳贡，阻止抗金，杀抗金名将岳飞，害死忠臣良将无数，为世人所痛恨。

【译文】

宗弼向郦琼询问有关攻打宋朝的成败问题，以及宋朝谁敢抗御金军之事，郦琼说："宋朝军队势力虚弱而畏惧战斗，都是吃了败仗的残兵，又没有好的将帅，怎么能抗御我军呢？早听说秦桧在宋国执政掌权。秦桧，是一个老儒生，是亡国的士大夫，他胆小谨慎，一心自保，又恐宋朝的政权被颠覆。我们率领大军前去攻打，宋国的君臣将会吓得心破胆裂，连哀叹都来不及，这就像惊弓之鸟闻弦声而落一样。"不久，宋朝果然向金国称臣，宗弼为郦琼有远见之言而感到高兴。

蒲庐浑用兵

乌延蒲庐浑，曷懒路乌古敌昏山①人。……蒲庐浑膂力绝人，能挽强射二百七十步。……攻黄龙府②，力战有功。阇母③败于兔耳山，张觉④复整兵来，诸将皆不敢战。蒲庐浑登山望之，乃绐⑤诸将曰："敌军少，急击可破也。若入城，不可复制。"遂合战，破之。

（《金史》卷八十，乌延蒲庐浑传）

【注释】

①曷懒路乌古敌昏山：在今朝鲜咸镜北道境内。②黄龙府：在今吉林省农安县一带。③阇（dú）母：金太祖之弟，金初著名将领。④张觉：原为辽将，1123年投降宋朝。⑤绐（dài）：欺骗。

【译文】

乌延蒲庐浑，是曷懒路乌古敌昏山人。……乌延蒲庐浑膂力过人，他能拉动强弓将箭射出270步。……攻打黄龙府时，作战勇猛，立有战功。（1123年，阇母率金兵与张觉交战），阇母军在兔耳山（今北京顺义境内）被打败，张觉又整顿军队前来攻打，将领们都不敢迎战。乌延蒲庐浑登上兔耳山瞭望敌营，蒙哄众将领说："敌军人数很少，迅速出击可以打败他们。若进到城里，我们就再无法制服他们了。"于是，众将领合力击敌，打败了张觉军。

掘堑御敌不可行

北鄙①岁警，朝廷欲发民穿深堑以御之。石②与丞相纥石烈良弼皆曰："不可。古筑长城备北，徒耗民力，无益于事，北俗无定居，出没不常，唯当以德柔之。若徒深堑，必当置戍，而塞北多风沙，曾未期年，堑已平矣。不可疲中国有用之力，为此无益。"议遂寝③。是皆足称云。

(《金史》卷八十六，李石传)

【注释】

①鄙：边境。②石：即李石，字子坚，辽阳（今辽宁省辽阳）人，金将领。③寝：止也。

【译文】

北方边境每年都出现军事吃紧的情况，朝廷准备征发民工去挖掘深沟，以此防御北方之敌。李石与丞相纥石烈良弼都说："挖深沟不可行。古时修筑长城以防备北方来敌，白白消耗了民力，对军事却没有好处。北方民族没有固定的居住地，出没无常，还是应当以仁德来感召他们。如果只是深挖壕沟，那就必定要设置部队防守，可是塞北风沙太大，不到一年，壕沟就被风沙填平了。不能烦劳国中有用的劳力，干这种劳而无益的事。"深挖壕沟的动议于是被取消。这样的主张都是值得称道的。

安国驱羊追敌

襄遣安国追敌①，佥②言粮道不继，不可行也。安国曰："人得一羊可食十余日。不如驱羊以袭之便。"遂从其计。安国统所部万人疾驱以薄之，降其部长。

(《金史》卷九十四，完颜安国传)

【注释】

①"襄遣"句：襄，即完颜襄，金大臣，时任右丞相。安国，即完颜安国，金官员，字正臣，本名阇母，时任西北路招讨使。敌，此指北阻䩄（即北鞑靼）部落。金章宗承安元年（1196年），金廷让右丞相完颜襄率大军讨伐北阻䩄，大捷于多泉子（地名）。襄遂遣安国追杀残敌。②佥（qiān）：都，皆。

【译文】

完颜襄派完颜安国追杀北阻䩄部落的军队，众人都说运粮的道路被切断了，不能前进。完颜安国说："一个人得到一只羊，可以吃上10多天，修筑道路运粮还不如赶着羊群追袭敌人便利。"完颜襄采用了他的计策。完颜安国所率的部队一万多人快速进军，追逼敌人，终于使北阻䩄部落的首领投降。

李革献策

是时①兴兵伐宋，革②上书曰："今之计当休兵息民，养锐待敌。宋虽造衅，止可自备。若不忍小忿以勤远略，恐或乘之，不能支也。"不纳。太原兵后阙食，革移粟七万石以济之。二年，宣差粘割梭夫③至河东，于是晚禾未熟，牒行省④耕毁清野。革奏："今岁雨泽及时，秋成可待。如令耕毁，民将不堪。"诏从革奏。

（《金史》卷九十九，李革传）

【注释】

①是时：指金宣宗兴定初年，即1217年前后。②革：即李革，金官员。③粘割梭夫：人名。④行省：地方行政区划名。

【译文】

这时，金国发兵攻打宋朝，李革上书朝廷说："金国为今之计，应当使军民休整、歇息，从而养锐待敌。即使宋国引起争端，我们也只能自加防备。如果不忍住小小的激愤，而兴师动众去远征宋国，或许也能压制住宋朝，只怕不能支持长久。"太原兵后来缺少粮食，李革便调拨了7万石粟粮给予接济。兴定二年（1218年），宣差粘割梭夫到了河东地区，这时晚收的庄稼还没成熟，朝廷便让粘割梭夫向河东行省下达命令：耕毁庄稼，以防敌人获取粮食。李革上奏说："今年雨水及时，秋季粮食丰收可望。如果下令耕毁庄稼，老百姓将不堪其苦。"

朝廷最后下诏,表示同意李革的奏请。

勿用小人　开国承家

时方擢王守信、贾耐儿者为将,皆鄙俗不材、不晓兵律,行信①惧其误国,上疏曰:"《易》称'开国承家②,小人勿用'。圣人所以垂戒后世者,其严如此。今大兵纵横,人情怓惧,应敌兴理非贤智莫能。狂人庸流,猥蒙拔擢,参预机务,甚无谓也。"于是,上③皆罢之。

(《金史》卷一百七,张行信传)

【注释】

①行信:即张行信,金官员,字信甫,金世宗至宣宗时曾任铜山令、监察御史、转运使、左谏议大夫、按察使等职。②家:古代卿大夫的采地食邑。③上:指金宣宗完颜珣(1163—1223年),女真名睹补。

【译文】

那时刚提拔王守信、贾耐儿等为将领,他们都是鄙俗无才、不懂兵法的人,张行信怕他们误害国家大事,便向皇帝上疏说:"《易经》说'建国、治家,都不能任用德才低下的小人'。圣人用以告诫后人的教诲就是这样严明。现在大军纵横作战,人心惶恐不安;抗击敌人,伸张正义,如果不是德才兼备的人就不能胜任。狂妄平庸之辈,已受到提拔,参预了军国大事,这是毫无意义的。"于是,金宣宗罢免了他们。

理 财

金世宗戒贿

尚书省奏汾阳军节度使副使牛信昌生日受馈献,法当夺官。上曰:"朝廷行事苟不自正,何以正天下。尚书省、枢密院生日节辰馈献不少,此而不问,小官馈献即加按劾①,岂正天下之道。自今宰执②枢密馈献亦宜罢去。"

(《金史》卷六,世宗本纪)

【注释】

①按劾:审查、揭发罪行。②宰执:指左右丞、枢密使等中央级的官员。

【译文】

尚书省官员向朝廷奏报,汾阳军节度副使牛信昌过生日时收受别人赠送的礼物,按照法律应当免去他的官职。金世宗说:"朝廷办事如果本身不行正道,那又怎么能要求天下人遵守法纪呢?尚书省和枢密院的官员们在节日和生日时已收受了不少的赠礼,对此你们不过问,而对小官收受赠礼却立即查办或弹劾,难道这是治理天下的方法吗?从现在起,即使是属于宰执一级的枢密使接受了别人赠送的礼物,也应该罢免官职。"

上行下效营私

上谓宰臣①曰:"宫殿制度②,苟务华饰,必不坚固。……今土木之工,灭裂③尤甚,下则吏与工匠相结为奸,侵克工物,上则户、工部④官支钱度材,唯务苟办,至有工役才毕,随即欹⑤漏者,奸弊苟且,劳民费财,莫甚于此。自今体究,重抵以罪。"

(《金史》卷八,世宗本纪)

【注释】

①上谓宰臣：上，指金世宗完颜雍（1123—1189年），女真名乌禄，金太祖之孙，1161—1189年在位。宰臣，指朝中辅助皇帝处理政务的高级臣僚。②制度：指建造规格。③灭裂：草率从事。④户、工部：官署名。户部掌管户口、财政。工部掌管营造工程事。⑤歆：倾斜。

【译文】

金世宗对宰臣们说："宫殿的修建标准，如果追求华丽的装饰，必定不会牢固。……现在搞土木建筑的人，更加草率、马虎。下边，官吏与工匠相互勾结，狼狈为奸，侵吞和克扣工程方面的材料；上边，户部与工部的官员支取经费，挪用材料，只求草率了事，以致工程刚完就出现房斜屋漏的情况。奸人舞弊，敷衍塞责，劳民伤财，严重至极了。自此往后，要审察、追究责任，处以重刑抵偿损失。"

海陵赐物

天德四年二月，立光英为皇太子。是月，安置太祖画像于武德殿，尽召国初尝从太祖破宁江州①有功者，得百七十六人，并加宣武将军，赐酒帛。其中有忽里罕者，解其衣进光英曰："臣今年百岁矣，有子十人。愿太子寿考多男子与小臣等。"海陵使光英受其衣，海陵即以所服并佩刀赐忽里罕，答其厚意。后以"英"字与"鹰隼"字声相近，改"鹰坊②"为"驯鸷坊"。

（《金史》卷八十二，光英传）

【注释】

①宁江州：治所在今吉林省扶余县境内。②鹰坊：宫中饲养鹰的场所。

【译文】

天德四年二月，海陵王立光英为皇太子。当月，还将金太祖阿骨打的画像安设在武德殿里，并召集建国初期曾跟随金太祖攻打宁江州的所有立功人员176人，给他们同时加封宣武将军的称号，赐给酒、帛。有一个名叫忽里罕的人，脱下自己的衣服进献给了光英，并说："我今年已有100岁了，有10个儿子。我祝愿皇太子像我一样长寿，多得男孩。"海陵王让光英接受了忽里罕的衣服，海陵王马上把自己身上穿的衣服及携带的佩刀赏赐给了忽里罕,以报答忽里罕深厚的情意。后来因为光英的"英"字与"鹰隼"的"鹰"字读音相近,海陵王便改"鹰坊"为"驯鸷坊"。

张汝霖引君奢侈

汝霖通敏习事,凡进言必揣上微意……故言不忤而似忠也。初,章宗新即位,有司言改造殿庭诸陈设物,日用绣工一千二百人,二年毕事。帝以多费,意辍造。汝霖曰:"此非上服用,未为过侈。将来外国朝会①,殿宇壮观,亦国体也。"其后奢用浸广,盖汝霖有以导之云。

(《金史》卷八十三,张汝霖传)

【注释】

①朝会:诸侯、臣属等朝见君主。

【译文】

张汝霖为人圆通精明,晓于事理,上朝进言的时候他必定要揣摩皇上的心意……所以他说话总是顺着皇上,显得很忠诚。金章宗刚刚即帝位,主事的官员建议改造宫殿中的各种陈设物,每天要用绣工1200人,两年才能完工。金章宗见花费太大,准备停止改造工程。张汝霖说:"这些陈设物并不是皇上享用,算不上过分奢侈。将来外国的使臣来朝见皇上,看见殿宇壮观,这也是国家的体面。"此后朝廷奢侈的用度就越来越多了,这是与张汝霖的诱导不无关系。

德 操

杨邦基为官不阿

太原尹徒单恭贪污不法，托名铸金佛，命属县输金，邦基①独不与，徒单恭怒，召至府，将以手持铁柱杖撞邦基面，邦基不动。秉德②廉察官吏，尹与九县令皆免去，邦基以廉为河东③第一，召为礼部主事。

（《金史》卷九十，杨邦基传）

【注释】

①邦基：即杨邦基，字德懋，金官员，金熙宗时曾任太原交城令。死于大定二十一年（1181年）。②秉德：金官员。③河东：指今山西省境内黄河以东地区。

【译文】

太原府尹徒单恭贪污违法，曾经打着铸造金佛的借口，命令下属各县进献黄金，只有杨邦基一人不肯。徒单恭十分恼火，就把杨邦基召到尹府，手拿铁拄杖，准备砸向杨邦基的脸部，杨邦基岿然不动。秉德奉命考察官吏是否清廉时，将太原府尹徒单恭和9个县的县令都罢免了，而杨邦基在廉洁方面却数河东地区第一，被召用为礼部主事。

马肩龙舍身救从坦

宣宗①初，有诬宗室从坦②杀人，将置之死。人不敢言其冤，肩龙③上书，大略谓："从坦有将帅才，少出其右者，臣一介书生，无用于世，愿代从坦死，留为天子将兵。"书奏，诏问："汝与从坦交分厚欤？"肩龙对曰："臣知有从坦，从坦未尝识臣。从坦冤，人不敢言，臣以死保之。"宣宗感悟，赦从坦，授肩龙东平④录事，委行省⑤试验。

（《金史》卷一百二十三，爱申传）

【注释】

①宣宗：即金宣宗完颜珣，女真名吾睹补，汉名珣，1213—1223年在位。②从坦：金皇族子弟，曾任刺史、宣差都提控、河平军节度使等职。③肩龙：即马肩龙，字舜卿，金代官员。④东平：府名，治所在须城县。⑤行省：地方行政区划名。

【译文】

金宣宗初年，有人诬告皇族子弟从坦杀了人，朝廷将要对他处以死刑。人们都不敢说他受了冤枉，但马肩龙却上书给宣宗，书信的大概内容是说："从坦具有将帅的才能，极少有人能超过他。我是一个微不足道的书生，对社会没有多大用处，我愿代从坦去死，请留下他为皇上带兵作战。"这封信上奏给宣宗后，宣宗召见了他，问道："你与从坦的交谊、情分十分深厚吗？"马肩龙回答说："我知道有个从坦，可从坦未曾认识我。从坦受到冤屈，大家都不敢作声，我愿以性命来保下他。"金宣宗深受感动，并有所醒悟，因此赦免了从坦，且任命马肩龙为东平府录事，还委派他到行省去试用。

拒写碑文

崔立①变，群小附和，请为立建功德碑。翟奕②以尚书省命召若虚③为文。时奕辈恃势作威，人或少忤，则逸构④立见屠灭。若虚自分必死，私谓左右司员外郎元好问曰："今召我作碑，不从则死。作之则名节扫地，不若死之为愈。虽然，我姑以理谕之。"乃谓奕辈曰："丞相功德碑当指何事为言？"奕辈怒曰："丞相以京城降，活生灵百万，非功德乎？"曰："学士代王言，功德碑谓之代王言可乎？且丞相既以城降，则朝官皆出其门，自古岂有门下人为主帅诵功德而可信乎后世哉？"奕辈不能夺。……后兵入城，不果立也。

（《金史》卷一百二十六，王若虚传）

【注释】

①崔立：金末割据者，将陵人。初为安平都尉。天兴元年，在汴京围城中被任命为西南元帅。第二年，杀宰相，自称太师、军马都元帅、尚书令。以与蒙古军队议和为名，搜刮金银，执太后、皇后等人入蒙古军营，欲效法刘豫而为傀儡皇帝。1234年为将领李伯渊所杀。②翟奕：金末大臣。③若虚：即王若虚，金代

文学家,号慵夫、滹南遗老,官至翰林直学士。④谗构:诋毁、陷害。

【译文】

　　崔立发动兵变,朝中的一些奸邪的小人都随声附和,还求为崔立建树功德碑。翟奕以尚书省的名义命召王若虚写作碑文。当时,翟奕一伙依仗势力耍威风,只要有人稍微冒犯他们,他们就向朝廷进谗言、罗织罪名并马上加以杀害。王若虚自料必定被杀,就暗中告诉左右司员外郎元好问说:"如今召我写碑文,倘若不听从就要处死。写了又会使自己的名声和节操完全丧失,这还不如死了好。尽管如此,我姑且与他们讲讲道理。"于是,对翟奕一伙说:"丞相的功德碑文应当写哪些事情?"翟奕一伙发怒地说:"丞相拿京城来投降,使上百万人活了性命,这不是功德吗?"王若虚说:"学士替君王拟写文书,但把写功德碑文称作替君王拟写文书行吗?而且丞相已经拿京城投降了,那么朝廷的官员就都成了他的门客。自古以来,哪有门客为自己的主帅歌功颂德而被后世人相信的事呢?"翟奕等人终于没能使他改变不写碑文的意愿。……后来,蒙古兵进了城,功德碑最后还是没有立成。

王震割股医母

　　王震,宁海州文登县人。为进士学。母患风疾①,刲②股肉杂饮食中,疾遂愈。母没,哀泣过礼,目生翳③。服④除,目不疗而愈,皆以为孝感所致。特赐同进士出身。

(《金史》卷一百二十七,王震传)

【注释】

　　①风疾:即今所谓中风。②刲(kuī):刺,割。③翳(yì):眼病引起的遮膜。人眼有这种遮膜蒙盖时,看物模糊不清,甚至完全看不见。④服:谓居丧,即在直系亲长的丧期之中。

【译文】

　　王震,宁海州文登县人。在为进士考试准备功课时,母亲中风得病。王震便割下自己大腿上的肉拌和在食物之中给母亲吃,母亲的病就好了。母亲去世时,王震由于悲哀哭泣过度,眼睛生出了遮膜。等到母亲的丧期过去后。他的眼病不经治疗就痊愈了,人们都认为这是孝心感动神灵所致。朝廷还特地赐给他进士出身。

传世故事

达鲁古城之战

宋政和五年，辽天祚帝天庆五年（1115）正月初一日，居于东北的女真族首领完颜阿骨打称帝，国号大金，改元收国。初五日，完颜阿骨打便率军进攻辽之黄龙府，开始了灭辽之军事行动。

女真族本是辽国的附属，完颜阿骨打乃辽完颜部节度使劾里钵的第三子，于辽天庆三年（1113）袭位为完颜部首领。天庆四年，辽天祚帝至混同江钓鱼，怀疑完颜阿骨打有异志，欲杀之。完颜阿骨打乃率部大修战备，计划叛辽。是年十月，阿骨打攻取辽之宁江州，又在出河店大败辽军，兵势大振。所以，完颜阿骨打建国称帝，图谋一举灭辽。

辽帝为防御金兵西进，命行军都统耶律鄂尔多、左副都统萧伊苏、右副都统耶律章努、都监萧色佛埒，统率骑兵27万、步卒70万迎敌。辽天祚帝则亲自率兵抵达达鲁古城，驻军宁江州之西，并下诏亲征。

辽帝既声称御驾亲征，却又暗地里遣使至金营与完颜阿骨打议和，在信中直呼阿骨打之名，要求其为辽之属国。阿骨打一面复信提出议和的条件，一面进军达鲁古城，先占领高地列阵。

完颜阿骨打居高观望，只见"辽兵若连云灌木状"，气势逼人，金兵稍生畏意。阿骨打乃对左右道："辽兵心贰而情怯，虽多，不足畏！"意思是，辽军人心不齐，连败之下必生畏惧之心，尽管很多而并不足畏。此乃阿骨打稳定军心激励士气之言。

在敌众我寡的情况下，阿骨打决定突然进击，打敌人个措手不及！因此，他乘辽主与众将正在商量是否接受其议和条件之机，不等辽主回书，便果断地发起攻击。阿骨打命大将宗雄率右军先攻辽之左军，令完颜娄室、银术可率左军猛攻辽之中军。辽军不意金军突然发动进攻，左军先退，宗雄又奉阿骨打之命援助完颜娄室等攻辽右军。宗雄灵机一动，率军绕到辽军后背进击，与娄室等对辽军形成两面夹击之势。完颜阿骨打又遣大将宗干率一支军队作为疑兵以牵制辽之右军，令大将宗翰率中军协助娄室等猛攻之，娄室等九进九出，冲锋陷阵，所向披靡。此时，绕至辽军背后的宗雄又发动袭击，辽军大败。

完颜阿骨打麾军追击，乘胜包围辽军主帅大营。第二天早晨，辽军突围，金军追至阿噜冈，全歼辽之步兵。本来，辽人为了长期战守，特在边地屯田。此役后，金人尽获辽人的耕具。

达鲁古城之战后，辽国内忧外患并至，已是风雨飘摇、奄奄待毙了。完颜阿骨打在此役中所用战术颇为高明，先派宗雄击破辽之左军，然后集中兵力进攻辽之右军，宗雄又率军绕到辽军背后进行袭击，终使金军以少胜多。而辽军几乎没有什么战略部署，在金军的突然进击下被动应战，最终失败。

浚州之战

宋徽宗宣和七年，金太宗天会三年（1125年），金灭辽国，紧接着计划攻宋。宋将韩民义因与易州守将辛综结怨，率部下500人降金，力劝金太宗完颜晟伐宋。宋隆德府希望义胜军2000人亦降于金，并具言宋朝武备空虚之状，金将宗望、宗翰等亦劝金太宗立即出兵攻宋，金太宗遂于是年十月下诏南伐，命贝勒宗翰为左副元帅；先锋经略使完颜希尹为右监军；左金吾上将军耶律伊都为右都监；以六部路军帅达兰为六部都统，金音为副；以拣摩为南京路都统，宗望为副；知枢密枢院事刘彦宗为汉都统。诸将共统兵约近7万南下攻宋，希望占领宋朝黄河以北的广大地区。

十二月，南京路副都统宗望率部攻宋之三河，大败宋军，并进抵燕山。宋燕山知府郭药师率所部7万人投降，宗望大喜过望，奏请金太宗封郭药师为燕山留守。同时麾军直逼北宋都城汴梁。

宋徽宗闻知金兵分两路南下，宗望之军气势尤猛，意在攻取汴梁，大惊之下，束手无策，于是下罪己之诏，将皇位禅让给太子赵桓，自己则打算弃汴梁而逃。

赵桓即位，马上檄召各路兵马赴京勤王，并令河北河东制置副使何灌率兵两万增援金兵南下的必经之地浚州，与浚州守将梁方平共守黄河大桥以阻击金兵。

因何灌所部兵力不足两万，宋钦宗赵桓答应何灌自行招募以凑数，结果，两万之数倒是凑齐了，新兵们都没有上过战场，甚至不会骑马，上马后战战兢兢，两手紧紧抱住马鞍，趴在马背上，一时传为笑柄。宋朝君臣竟欲指望这样的军队抵挡金国数万铁骑，未免视战争如儿戏。

宗望率军至邯郸后，即令郭药师率1000铁骑前锋，乘宋兵不备、汴京空虚袭取之。郭药师以1000骑兵太少，请求增兵，宗望乃再拨给郭药师1000骑兵。

宗望恐怕大军行进迟缓，因此果断地派郭药师率两千骑兵倍道兼行，加上郭药师熟悉通往汴京的路线、地形及宋军的守备虚实，令之为先锋官，实是极为恰当之举。

是时已至元旦，郭药师率军疾行300里，于宋钦宗靖康元年、金天会四年（1126年）正月初二日抵达浚州，离汴京只有200里之遥。浚州位于黄河北岸、开封府正北，守将为内侍梁方平。郭药师率金兵发起突然袭击时，梁方平及其部下毫无防备，不战即溃，逃过黄河。在黄河南岸守卫的宋兵见金兵南下，旗帜隐然渐至，又见河北岸宋军狼狈南逃，皆无斗志，不等金兵到来，便烧毁黄河大桥的缆绳而逃，正在桥上拥挤而过的宋兵有数千人落入黄河而死。何灌所率领的两万援军到此，发现守军早已跑了个干净，于是争相溃逃，何灌不能制止，只得驰往汴京。

金兵至黄河北岸，因桥已毁，不得遽渡，乃寻获一只小船，每次只能渡过数人，穿梭不停地渡了5天，郭药师的前锋骑兵方才全部过河。金兵过河后，马上南进。因不是同时渡河，随渡随进，故不成队伍，三三两两，马不停蹄，络绎不绝地径奔汴京。

宗望率大军抵达黄河北岸，亦凭小舟渡河，随渡随进，以增援其先锋部队。宗望过河后，与郭药师会师于汴京城西北的牟驼冈。此处为宋天驷监之所在地，有马两万匹，至此尽为金兵所获。宗望笑对左右道："南朝可谓无人，若以一二千人守河，我辈岂得渡哉！"

宗望尚且不知，宋朝守河之军不止一二千，因郭药师进兵神速，早已望风而逃，还有数千人在桥断时落入黄河，随流而下到渤海喂了鱼鳖。金兵在牟驼冈稍事休整之后，即以火船数十艘顺流而下进攻汴京之宣泽门。幸赖宋尚书右丞、东京留守李纲率汴梁军民团结抗战，才抵挡住了金兵的攻势。

而早在金兵先锋部队抵达浚州时，宋徽宗便已闻讯南逃，宋钦宗也想弃都城逃跑，被李纲劝阻，因而北宋尚能保住都城，又苟延残喘了一年。

至靖康二年初，金兵终于攻下汴京，俘获宋徽宗、宋钦宗北去，北宋遂亡。金兵进袭浚州之战，行动至为迅速，竟使宋军来不及应战，望风溃逃，继而长驱南下，围攻汴京。至于徽钦二帝皆为金人掳去，则宋人之国耻可谓空前绝后了。而宋朝兵将纷纷降金，亦由宋廷失政所致。北宋君为昏君，臣为庸臣，将为劣将，兵为弱兵，加上朝政紊乱，徽钦二帝被擒，实乃咎由自取！

金世宗重视农事

辽国逐渐衰落的时候，辽国北方的女真族却日益开始强大。辽国把一部分汉化程度比较深的女真人迁入自己的内地，编入户籍，称为熟女真。而大部分女真人仍居住在粟末江（今松花江）以北地区，共有72个部落，称为生女真。这时的女真人还没有书契文字，靠渔猎畜牧为生。契丹人经常欺侮他们，称为"打女真"，还要求女真人进贡人参、貂皮、名马、蜂蜡等等。女真人不甘心受契丹人的欺凌，拥戴完颜部的酋长阿骨打为首领，起兵反辽，并多次大败辽军。辽天祚帝天庆五年、宋徽宗政和五年（1115），完颜阿骨打称帝，建立金国，定年号为收国。阿骨打史称金太祖。

太祖天辅七年（1123），阿骨打去世，他的弟弟完颜晟（shèng）即位为帝，史称金太宗。太宗天会三年（1125），金灭辽。第二年，就是宋钦宗靖康元年，金兵长驱直下，攻陷宋都汴京，掠走徽、钦二宗，这就是"靖康之耻"。次年，赵构称帝于南京（今河南省商丘市），北宋从此结束，南宋皇朝开始，南宋和金国的对抗自此开始了。

女真是奴隶制社会，他们占领了华北，便把落后的奴隶制带到那里，使那里的生产力受到严重的破坏。但先进的制度必然代替落后的制度。在汉人的影响下，女真的奴隶制度逐渐崩溃。女真统治者，意识到奴隶制度非常落后。就开始重视农业生产，因为汉人先进的生产力是与他们先进的社会制度相适应的。太祖、太宗年间，他们以征伐和掠夺为要务，没有更多的力量顾及发展农业生产。而熙宗和废帝海陵王时代，他们不但要征伐，还陷入了内部的纷争之中，也无法顾及农业生产。到了金朝的第五位皇帝、金太祖阿古打的孙子世宗完颜雍即位后，开始努力发展农业生产，并成绩突出。

世宗是在1161年继位的，金建国已经将近50年。前几代金帝，不管对汉族人的感情如何，对发达的汉族文化，他们是不得不表示钦佩的。因此，他们都要认真地学习汉族文化。尽管完颜希尹创制了女真大字，世宗自己还创制了一套女真小字，但他们还是要大量地学习汉语的典籍。因为靠学习翻译成女真字的汉族经典，数量远远不够。世宗是一个民族意识很强的人。他极力维护女真人的传统文化，汉族文化对他自己的熏陶极大。他讲话的时候，经常是引经据典。他对儒家的思想是很赞赏的。因此，他在自己的治世活动中，也是以儒家的"仁政"为指导思想的。当然，他是一个很有思想的人，并不盲从。

在他晚年的时候，曾经说："帝王之政，固以宽慈为德。然如梁武帝专务宽慈，以至纲纪大坏。朕尝思之，赏罚不滥，即是宽政也。"梁武帝仁慈好佛，三度舍身当和尚，最后被饿死。

他还说道，以前的君王不了解农民种田甘苦的人很多。他们所以最后失掉了天下，这也是重要的原因。他还举一位辽国君主为例：当臣下向他反映百姓没有饭吃的时候，他竟反问臣下：那他们为什么不吃干腊肉？

正是基于这种思想，他努力地了解农民的疾苦，经常到郊外去观察庄稼的生长情况。金朝的统治基础是女真人。金朝统治者把女真人按"猛安谋克"的组织形式组织起来。每300户为一谋克，每四谋克为一猛安。它既是居民组织，也是军事组织。金军南下以后，分布在各地的女真人也都按这个形式组织起来，称为"猛安谋克户"。猛安谋克户过去不会种田，现在国家分给他们田地，他们还是不会种。并且，他们又享有某些特权。所以，他们不好好种田。有的人把田里的桑树、枣树砍掉当柴卖。还有些猛安谋克户自己不种，把土地租给汉人种。大定五年（1165），世宗派人去检查那些砍伐桑枣当柴卖的人；大定二十一年，又下令猛安谋克户一定要自己耕种土地，实在无力耕种，地才可以出租。他用这些措施，鼓励女真人学习汉人的农业生产技术。

女真人习惯于放牧，所以南下不久曾经规定路两边5里以内的土地都作放牧用，5里以外才允许农民耕种，对农民来说非常不方便。大定十一年，有人向世宗反映这种做法给农民造成的不便，世宗听后说："对百姓不利的事，就怕不知道。一旦知道了，朕一定不作。"便下令让农民像过去一样耕种。

有人反映，一些豪强之家，强占大量民田，使百姓无法耕种。海陵帝时的参政纳合椿年一家就占了800顷。有的人家平均每人占30顷，以致小民无田可耕，无以为生。世宗当即决定，凡是占地10顷以上的，超出的部分都括籍入官，就是都收归官家，然后分给贫苦百姓耕种。还有些猛安谋克户，迁徙以后两处都占有土地，也决定必须交还一处。

大定二十二年，有人报告说，有些猛安谋克户仍旧不自己耕种土地。有一个百口之家的猛安户，地里一棵苗也没有种。世宗听后很生气，问道："那里的劝农使干什么去了？一定要治他的罪！"并下令，有地不种的猛安户要打60大板，谋克户打40大板，租他们地种的农民无罪。

世宗还注意减轻农民的负担。大定二年，他告诉大臣，不允许大户把徭役负担转嫁给贫民。有人提出建议说，由于国家财政紧张，向几个路（州以上的行政组织）预借一些租税。世宗说，国家的财政虽然紧张，可是百姓的生活更为艰难。他没有同意这个建议。当然，租税是封建国家搜刮农民的主要来源，虽然世宗有一些减免租税的行动，但总的说来，金代的赋税还是很重的。世宗时代，只是相对说来略轻一些。

总之，由于世宗实行了一些相对说来比较宽松的农业政策，有利于农民生产积极性的提高，也有利于以畜牧渔猎为主的女真社会向农业社会的转变，并使金朝中叶出现了经济全面恢复、发展和繁荣的新景象。史载，世宗时代出现了"群臣守职，上下相安，家给人足，仓廪有余"的局面，"天下治平，四民安居"。国家的粮食储备也比较充裕，一年的收成，够用3年。他在世时在各地设立了很多常平仓，他去世后，他的孙子章宗继位的时候，常平仓储粮3700多万石，可供4年之用。

由于金世宗治世有方，使得金朝社会得到了比较好的发展，历史上有人把他称为"小尧舜"。

经营产业　强占官田

纳合椿年是金朝的女真族知识分子。他聪明，有学问，有才能。但同样也贪婪、爱财，在历史上名声也不太光彩。

金初，当完颜希尹创制的女真大字颁布后，金朝便办了一些女真字学馆，就是教授女真文字的学校。儿童时代的纳合椿年也进入了西京（在今山西省大同市）的学馆。不过，他当时的名字叫做乌野。在学校里，他是属于聪明的学生。后来，他又被选送到当时金国的首都上京（今黑龙江省哈尔滨市阿城区北白城）的国家学校学习。学成后，被补为尚书省令史，几经升迁，终至谏议大夫。

有一次，他酒后无德，受到了海陵帝的批评，海陵帝命他以后戒酒，从此后，他终生不饮。海陵帝对他挺器重，曾经赐给他玉带和马匹。"纳合椿年"这个名字，也是这个时候海陵帝赐给他的。

海陵帝问他道："你的才干是很难得的。不知道还有没有像你这样有才能的人了？"

几天后，纳合椿年就向海陵帝推荐了纥石烈娄室。海陵帝以纥石烈娄室为右司员外郎。不到10天，海陵对纳合椿年说："经过这些天的试用，纥石烈娄室果然像你说的那样有才干。怪不得人家说：只有贤明的人才了解贤明的人，这话说得真对！"海陵帝也赐给娄室一个名字，叫纥石烈良弼。这个人在世宗时代，成了有名的贤相。

纳合椿年在正隆二年（1157）去世。海陵帝亲自去哭丧，还赏给他家银2000两、䌽（cǎi）百端（每端约两丈）、绢千匹、钱千万。他的孩子也都封了官。安葬的时候又赐钱百万，还给安葬用的路费。

世宗的时候，百姓向皇帝反映，有些官豪之家，占据大量的官地，使贫苦百姓无法耕种。所谓"官地"，就是公家的土地。金朝把无主的土地和从汉族百姓手中掠夺归官的土地都称为"官地"。因此，世宗下令检核田亩。结果发现，纳合椿年在世的时候，在西南路（今山西省与内蒙古自治区交界处一带）大量侵占官地，仅查实的就有 800 余顷。当时查出来像纳合椿年这样的共有 30 余家，总计占田 3000 余顷。世宗下令，每家只给留 10 顷，其余的没收归公。因此，史书说他"颇营产业，为子孙虑，冒占西南路官田……"

高汝砺治财

金世宗虽然号称"小尧舜"，治国有方，但到了他的时代，金朝的发展已经达到了顶峰。他死后，金朝就开始走下坡路了。农民起义不断地发生、北方新兴起的蒙古族不断地骚扰，搞得金朝统治者焦头烂额。为解决日益严重的经济困境，他们便加重盘剥百姓。当然，这期间也有些官吏明白"以退为进"的道理，主张对百姓实行一些宽松的政策，从而保证金朝朝廷的财源。高汝砺就是这样一位官僚。

高汝砺是应州金城（今山西省应县）人，年轻时中了进士。有一次章宗要求大臣们推荐能用作刺史的人，他被举为石州刺史。以后进入朝廷，为左司郎中。

有一次他单独向章宗奏事，跪在章宗御案的下面。突然，章宗的扇子掉地下了，这时，宦官们都已回避，不在殿内。而捡扇子这类的事，是宦官们的事，别人是不能捡的，并非此事下贱，而是为了皇帝的安全，也是职分的关系。所以，高汝砺看着扇子，仍旧跪在那奏事，直到奏完退下为止。章宗觉得他很懂事体，提升他为谏议大夫。

宣宗贞祐二年（1214），金迁都南京，即汴京（今开封）。路上，高汝砺被拜为参知政事。宣宗听说汴京的谷价飞涨，担心朝廷迁去后谷价会更高。大臣们一致认为应该对汴京的谷价加以限制。高汝砺却不同意大家的意见。他说：物价的高低，变化是很快的。买的多卖的少，物价就贵。现在迁都，各地的人都到汴京来，买粮的人自然就多了起来，物价怎么会不涨呢？如果我们限制物价，那么有粮食的人就会藏之不卖，贩运的人也就不会再贩粮进城。那么买粮的人就更急着买粮，物价就会更高。谷物是难得的，钱钞却是易得的，只有我们设法增加谷物的供应，增加钱钞的流通，谷价自然就会降下来。宣宗觉得他说得很有道理，决定按高汝砺的意见办。

贞祐三年，蒙古军南下，攻陷顺州（今北京市顺义区）、北京（今内蒙古宁城西）、中都（今北京）等地，有人提议把黄河以北的军人家属迁到黄河以南，只留军士在河北守卫郡县。高汝砺说，这样做，只对于那些豪强之家有利，而对贫苦百姓不利。一旦把他们迁离本土，让他们扶老携幼，奔波于道路，流离失所，那是多么凄惨的景象啊！再说百姓见军属迁走了，也一定惊疑不定，人心动摇。军士们离开家属,他会心神不安,无法一心守土。

但是高汝砺的意见没有被采纳。军人家属迁移到新地,朝廷就要括地(就是把"官田"从百姓手中搜罗出来)分给他们,要不就得加税,以增加对他们的供应。宣宗让大臣们讨论一下如何是好。高汝砺说,现在,农民已经报怨租税过重,如果继续加租,那么,农民就更不敢租种官田了;农民不种官田,军队的供应就更少。再说,很多穷苦人家全家都靠着官田过日子,如果他们无法租种官田,他们何以为生?他们若是失去了生计,社会就要动荡不安。前次山东分配土地的时候,肥沃良田都分给富家,贫苦百姓只得到贫瘠的土地,结果对军民双方都造成很大的损失,现在应该汲取这个教训。现在荒芜的官田和放马的草地很多,不如把这些地给军属开荒,让他们自己耕种,这样就可以避免伤害百姓。再说,黄河南岸的土地适宜种麦,而现在正是播种麦子的季节,千万不要因为括地的问题误了农时。宣宗这一次接受了他的建议。

由于金国朝廷的经济状况越来越差,便不断增加对百姓的赋敛。那时桑树皮是重要的造纸原料,朝廷就征收桑皮纸钱,每年从农民身上多搜刮7000多万贯。以后还嫌不足,要增加两倍征收桑皮纸钱。高汝砺再次上书提出自己的看法。他开门见山地说:"臣闻国以民为基,民以财为本,是以王者必先爱养基本。"他还说,现在,黄河以南的百姓赋税负担已经比以前增加了两倍,如果再增加他们的桑皮纸钱,就要影响他们的温饱。农民无法生存,就要逃亡;农民逃亡,土地就会荒芜。那么。军费还从哪里出呢?他请求皇帝减免农民的租税负担,只有这样,缺乏的费用才有希望解决。

贞祐三年,黄河以南地区农业大丰收,百姓手中的粮食比较多。高汝砺又上书说,国家最重要的事情就是粮食。现在各地屯兵、修城等都需要大量的粮食。应该趁现在丰收,尽多地收购粮食。并且设法鼓励地方官多从民间收购粮食。能向国库输送3000石的,就在皇帝这里记功;5000石以上的官升一级;万石以上的官升一等。宣宗采纳了他的建议。这种做法既可防止谷多的时候谷价急骤下降,出现谷贱伤农的情况,又使国家储备了比较多的粮食,避免荒年时粮食的馈乏。

为了增加财政收入,金朝朝廷实行了盐铁酒醋的专卖,有人提出还要实行食油的专卖。高汝砺又上书反对。他说,国以民为本,现在国家可以失去民心吗?他罗列出实行食油专卖可能会出现的五种恶果,如"小民受病,益不能堪",造成"贵处常贵,贱处常贱",油价上涨,等等。

高汝砺的这些建议,虽然无法根本改变金朝的困境,但毕竟在一定程度上起到了改善经济状况的作用，也在一定程度上减轻了对百姓的盘剥，在当时的条件下，不能不说这是为百姓做了些好事。宣宗对他的看法也很不错，曾经赏赐给他一尊金鼎和三枚金币。某些人攻击高汝砺，他也有自己的主意，认为这是"有功者人喜谤议"。

高汝砺立钞法畅流通

中国是世界上最早使用纸币的国家。这一方面是中国古代商品经济发展的需要，也是中国古代造纸术和印刷术发达的表现。纸币最先是在民间出现的。宋朝初年，益州（今属四川省）的商品经济发达。商人们使用铜币、铁币不方便，每千钱有十几斤甚至二十几斤。商人们便自己制造"楮（chǔ）币"流通于市。楮币又叫"交子"。后来有16家大商人联合起来共同发行楮币。但如果发行人破产，持币者就无处兑付，引起纷争。所以后来官府介入，改由官府发行。并且还扩大到益州以外的地区流通。到南宋时代，流通更广，称为"会子"，由户部发行。官办以后，有时发行量过大，引起贬值，百姓深受其害。

金代也仿效宋国，发行纸币，称为交钞。交钞分为大钞和小钞两种。大钞称绩，有一贯、两贯、三贯、五贯和十贯5种；小钞称文，有100文、200文、300文、500文和700文5种。开始时以7年为期，到期兑换新钞，叫做换界。以后各代皇帝，为了解决财政问题，往往大量发行交钞，造成货币贬值，百姓甚至拒绝使用。承安二年（1197年），因交钞发行数量过多，民间常有人拒绝使用大钞，官府不得不用小钞换回大钞。像这种现象时常发生。

由于货币总是变来变去，吃亏的总是百姓，所以百姓往往聚在一起抱怨。但为了解决财政上的困难，金章宗坚持要把交钞推行下去，不准任何人反对和阻挠。章宗泰和七年（1207年），传旨于御史台，下令从今以后，有人在城市中聚集一起议论钞法的毛病的，要予以拘捕；举报的人给以300贯的奖励。说明金朝统治者已经恼羞成怒，进而采取高压政策来对付敢于表示不满的群众了。但是高压并不能解决问题，章宗又下令户部尚书高汝砺负责"议立钞法条约"，增加大小钞的发行。也就是要研究出一套可行的发行交钞的方案。

高汝砺是一个比较圆滑的人，在有一个多月以内同各方面官员协商过多次，都不解决问题。还是得由章宗出面在泰和殿召开会议，并且指示高汝砺，今后不要总是讲钞多不值钱就换，争取让交钞升值就可以了吗！

根据皇帝的指示，第二天，高汝砺便下令：民间交易典当等等，只要交易额在一贯以上，就一定要用交钞，不许用钱（指金属货币），立契约交换的，可以用三分之一的实物，三分之二的交钞。对于不同的地区，还做出了不同的规定。有违犯者流放两年。告密者给以不同标准的奖励。官员违犯的不但要打板子，还要免职。而能促使交钞流行的，给予晋职的奖励。行商携带的现钱不得超过10贯。对各家存放的现钱也作出限制，超过规定标准的，可以到官府指定的地方兑换成交钞。携带现钱超过10贯的，不准离开汴京。

河北按察使斜不出准备出去巡查，按规定应该发给他一贯钱作旅差费，他以使用不便为由，要求换成现钱，结果让御史奏了一本，说他带头破坏钞法，因而，被打了70大板，还被降了一级，免去现职。

在这种情况下，高汝砺也做出了强硬的姿态，表示钞法一定要坚持下去。要求在各州、府、县，直到镇，都设立专人办理换钞的事。朝官到地方办事的时候，也要随时兼顾推行钞法的宣传工作。民间拥有的宋朝的纸币——会子，也可以代替现钱使用，但超过10贯的不可以。除国家专卖的盐准许用实物偿付之外，其余的交易一律要用交钞。

高汝砺认为，百姓不愿意使用交钞，责任并不在百姓，而是官家变来变去。这种随意变化，百姓很不方便。因此，他在致力于发展经济的同时也提出了一些方便交钞流通的方法。

高汝砺在各州府库内都设立了办钞库，就是专门受理交钞问题的部门。为了方便交钞的流行，对于那些残破的交钞，只要不是伪造的，都可以给兑换成完整的交钞。

各地的办钞库都设立在官衙里面，百姓办事还是不方便，有一个商人要换14万贯的交钞，原来的铜钱是很重的。因此，他又建议在各地的市场等商业繁华地带设立换钞的机构。他的这个建议得到了章宗的支持。

由金属货币变成纸币，是经济生活中的一件重大进步，它又反过来促进了经济的发展。但纸币的发展，却是伴随着统治者对百姓的盘剥并行的。高汝砺的工作，一方面帮助金朝统治者盘剥百姓，另一方面确实也起到了促进纸币发展的作用。

人物春秋

攻战征伐立功勋——完颜宗翰

完颜宗翰的本名叫粘没喝，是金国宰相完颜撒改的长子。17岁时，就勇冠三军。等到商议征伐辽国，宗翰与太祖的意见不谋而合。太祖在边境上击败辽军。俘获耶律谢十，撒改派遣宗翰和完颜希尹前来祝贺胜利，当时就建议太祖即皇帝位以示庆贺。等到太宗以下的宗室成员和群臣们都劝太祖登基时，太祖仍然谦让再三，宗翰与阿离合懑、蒲家奴等人进言道："如果不乘此时建立国号，就无法维系天下人之心了。"太祖于是才定下决心。辽国的都统耶律讹里朵率领20余万人戍卫边境，太祖出兵迎击他们，宗翰指挥右军，在达鲁古城大败辽军。

天辅五年四月，宗翰上奏说："辽国作恶多端，内外人心离散。我朝兴师以来，大业已定，但是辽国还没有扫灭，今后一定会成为祸患，现在乘他们国内不稳，可以出其不意夺取他们的天下。无论从天时还是从人事上说，都不可失去这个机会。"太祖认为他的话有道理，就下令诸路整军备战。五月戊戌，皇帝举行射柳仪式，大宴群臣。皇帝看着宗翰说："今天商议西征，你前后所上的计策十分符合我的心愿。宗室之中虽然有比你年长的人，但如果选择元帅，没有谁能代替你。你应努力训练部队，等待出兵的日期来临。"皇帝亲自为他斟酒，并命他一饮而尽，并解下自己的衣服给他穿上。群臣们说眼下正值天气暑热，这才作罢。没过多久，宗翰担任移赉勃极烈，作为蒲家奴的副职西进袭击辽国皇帝，但未能成行。

十一月，宗翰再次请求说："各部队长期停驻，人人想发奋争先，战马也很健壮，应当乘此时进军攻取中京。"群臣们说此时天气刚刚寒冷，太祖不听这些话，终于采纳了宗翰的意见。于是，忽鲁勃极烈完颜杲担任内外诸军都统，蒲家奴、宗翰、宗干、宗磐任副手，宗峻率领合扎猛安，都领受了金牌，余睹担任向导，攻取中京即北京。攻下中京之后，宗翰率偏师奔赴北安州，与娄室、徒单绰里合兵，大败奚王霞末，北安州于是投降。

宗翰在北安州驻扎部队，派遣希尹经营附近各地，俘获了辽国护卫耶律习泥烈，才得知辽国皇帝正在鸳鸯泺打猎，杀了自己的儿子晋王敖鲁斡，众叛亲离，而且西北、西南两路兵马都是老弱病残，无法用来作战。宗翰派耨盌温都、移刺保向都统杲报告说："辽国皇帝在山西已是穷困交迫，却仍以射猎为事，不忧虑危亡，自己杀死自己的儿子，臣民失望。攻取的策略，希望从速通知。如果有不同意见，我在此亲提偏师去讨伐他。"杲派奔睹与移刺保一起来答复说："刚刚接到诏令，不让马上进军山西，应当审核详细后再慢慢议定。"当时，宗翰派人向杲报告时，就已经整顿兵马等着出兵的日期。等奔睹来到，知道完颜杲没有发兵进取的意思，宗翰担心等待与完颜杲约会就可能失去机会，当即决定进军出发。派移刺保再次前往报告都统说："当初受命时虽然没让乘机攻取山西，但也准许我们见机行事。辽人可以攻取，这个形势已经十分明显，一旦失去机会，以后就很难谋取了。现在我已经进兵，应当与大部队会合于什么地方，希望见告。"宗干劝完颜杲同意宗翰的决策，杲才下定决心，约定在奚王岭会合商议。

宗翰进至奚王岭，与都统完颜杲会合。完颜杲的部队出青岭，宗翰的军队出瓢岭，相约在羊城泺会师。宗翰率6000名精锐士兵袭击辽朝皇帝。听说辽朝皇帝从五院司前来拒战，宗翰昼夜行军，一夜至五院司，辽帝逃走。于是派希尹等追赶他。西京又叛乱，耿守忠率5000名士兵来援救，行至城东40里，蒲察乌烈、谷赦率先迎击，斩首1000余。宗翰、宗雄、宗干、宗峻随继赶到，宗翰率部下从中间冲击耿守忠的部队，让其余的士兵下马从旁边射箭，耿守忠大败而逃，他的人马被歼灭了。宗翰的弟弟扎保迪于是役阵亡。

宗翰已经安抚平定了西路的州县部族，在皇帝的临时行宫拜见皇帝，于是跟从皇帝攻取燕京。燕京平定，皇帝赐给宗翰、希尹、挞懒、耶律余睹金器多少不等。由于太祖已经答应把燕京送给宋人，所以把军队撤到鸳鸯泺，身体不适，将要回京师。任命宗翰为都统，昃勃极烈昱、迭勃极烈斡鲁担任他的副手，驻军云中。

太宗即位，诏令宗翰说："托付你独当一面，应当升迁官职的人，你不用请命即可自行任免。"因而给了他空名宣头一百道。宋人请求割让几个城池，宗翰答复说给武、朔两州。宗翰请示皇帝说："宋人不归返我国叛逃的人，阻绝了燕山往来的道路，以后必定会破坏盟约，请不要割让山西的郡县。"太宗说："先皇帝曾经答应他们了，还是应该给他们。"

手下诸将俘获了耶律马哥，宗翰把他押至京师。皇帝下令给宗翰的部队700匹马，田种1000石、米7000石赈济新近归附的百姓。诏令说："新归附的百姓，等到可以耕作之时，划分土地让他们居住。"宗翰请求分宗望、挞懒、石古乃的精锐部队讨伐各部。诏令说："宗望所部不能分兵，另外以精锐士兵5000名给你。"宗翰朝拜太祖的陵墓，入见皇帝，说："先皇帝在世时，山西、南京各部的汉族官吏，军帅都可以用皇帝的名义进行任免。现在南京全遵循旧制，只有山西需要朝廷直接任命。"皇帝下诏说："全部按照先皇帝在燕京所下的诏敕从事，你等根据他们的勤奋与能力来迁升他们的职务。"

宗翰又奏说："先皇帝在征讨辽国之初，为争取宋朝与我们协力夹攻，所以答应把燕地割让给他们。宋人与我们结盟之后，请求增加钱币以求换取山西诸镇。先帝推辞了他们增加的钱币。盟书上说：'不能收容藏匿逃亡的人，以引诱纷扰边境的百姓。'现在宋朝好几路都招纳叛逃之人并厚加赏赐。我们多次开列出叛逃人的名单，向童贯索要，曾经限定日期，用誓书相约束，结果一个人也没送回来。结盟还不到一年，现在已成这样，万世遵守盟约，那里还能指望呢？况且西部边境并未安宁，割去山西各郡，那么各部队就失去了屯驻据守的地点，如果有作战行动，恐怕难以持久，请求暂时搁置不要割让。"皇帝全部同意。

皇帝因为宗翰击败辽国，经营夏国使其奉表称臣，非常嘉许他的功劳，拿出10匹马，让宗翰自己挑选两匹，其余的分赐各位军帅。

斡鲁奏报宋朝不发运岁币及人口，而且将要背叛盟约，所以不可不加以防备。太宗命令宗翰拿着各路的户口簿按上面的登记数字向宋朝索要。之后，阇母再一次奏称宋朝有破坏盟约的各种迹象，宗翰、宗望一起请求讨伐宋朝。于是，谙班勃极烈杲任都元帅职，留居京师，宗翰担任左副元帅，从太原讨伐宋朝。

宗翰从河阴出发，降服朔州，攻克代州，包围了太原府。宋朝河东、陕西的军队4万人援救太原，在汾河北岸战败，被斩杀一万余人。宗望自河北直趋汴京，久无音讯，于是留下银术可等围困太原，宗翰率领部队向南进发。天会四年降服平定了几个县和威胜军，攻克了隆德府即潞川。部队进至泽州，宋朝使者来到军中，才得知割让三镇讲和的事。路允迪拿着宋廷割让太原的诏书前来，太原人却拒不受诏。宗翰攻取文水及盂县，再次留银术可围困太原。宗翰乃返回山西。

宋少帝诱使萧仲恭写信给余睹，用复兴辽国的江山社稷来打动他。萧仲恭呈献了这封信，皇帝诏令再次讨伐宋朝。八月，宗翰从西京出发。九月丙寅，宗翰攻克太原，捉住了宋朝经略使张孝纯等。鹘沙虎攻取了平遥，降服了灵石、介休、孝义各县。十一月甲子，宗翰从太原直奔汴京，降服了威胜军。攻克了隆德府，于是攻下了泽州。撒刺答等在此之前已攻破了天井关，进兵逼迫河阳，打败了宋兵一万余人，降服了该城。宗翰攻克了怀州。丁亥，渡黄河。闰月，宗翰率军抵达汴京，与宗望会师。宋朝约定以黄河为两国界限，重新请求和好，但两国没有和解。丙辰，银术可等攻克了汴州。辛酉，宋少帝来到军前，住在青城。十二月癸亥，少帝上奏表投降。皇帝诏令元帅府说："将帅和士卒立有战功的人，按其功劳高下升官并奖赏。那些战死在沙场、为王朝献身的，要优厚地抚恤他们的家属，赐赠官职和封爵务必要从优从厚。"皇帝派完颜勖到军中慰劳赏赐宗翰、宗望，使者都一一握着他们的手以示慰劳。五年四月，宗翰押着宋朝的两位皇帝及其宗族470余人和珪璋、宝印、衮冕、车辂、祭器、大乐、灵台、图书，随大军一道北还。七月，皇帝赐给宗翰铁券，除了谋反和叛逆之罪以外，其余无论何罪都不追究，对他的赏赐非常丰厚。

宗翰奏称，请在河北、河东的府、镇、州、县中选拔以前的资历深、能力强的人出来任职，以安抚新归附的百姓。皇帝派耶律晖等人随从宗翰前行。皇帝又诏令黄龙府路、南路、东京路各于所部选择像耶律晖这样的人派遣给宗翰。宗翰于是奔赴洛阳。宋朝的董植率兵到郑州，郑州人重新反叛。宗翰命令各将进击董植部队，再次攻取了郑州。于是迁移洛阳、襄阳、颍昌、汝州、郑州、均州、房州、唐州、邓州、陈州、蔡州的百姓到河北，而派遣娄室平定陕西的州郡。当时河东一带强盗寇贼还挺多，宗翰就分别留下将领和士兵，在黄河两岸屯兵驻守，自己回师山西。昏德公给宗翰写信"请立赵氏，使他奉职修贡，民心一定欢喜，这是万世之利"。宗翰接到了这封信却没有答复。

康王派遣王师正奉表前来金国，暗中却携康王的信件招诱契丹人和汉人。金人得到了这封信并报告了皇帝。太宗下诏讨伐康王。河北各将领打算停止对陕西用兵，并力南伐。河东诸将认为不可，说："陕西和西夏接邻，事关重要，部队不可撤回。"宗翰说："当初与夏人相约夹攻宋人，而夏人不响应。然而耶律大石在西北，与西夏交结往来。我们舍弃陕西而会师于河北，他们必定会认为我们有急难之事。河北不足为虑，应当首先对陕西用兵，攻略平定五路，削弱西夏之后，然后再攻取宋朝。"宗翰可能是想出兵平掉夏国。议论久未能决，上奏请示于皇帝，皇帝说："康王赵构跑到哪里我们就穷追到那里。等到平定宋朝，应当建立一个如同张邦昌那样的藩辅属国。陕右的土地，也不能放置而不夺取。"于是娄室、蒲察统帅部队，绳果、婆卢火监战，平定陕西。银术可守卫太原，耶律余睹留守西京。

宗翰在黎阳津与东军会合，在濮州与睿宗相会。进军至东平，宋朝知府权邦彦弃家夜逃，遂把部队驻扎在东平东南50里处。又攻取了徐州。在此之前，宋人把江、淮地区的金币都运来放在徐州的官库，宗翰全部得到了它，分给各部队。袭庆府前来投降。宋朝济南知府刘豫率城向挞懒投降。于是派遣拔离速、乌林答泰欲、马五去扬州袭击康王，还没有走到150里，马五率领500名骑兵已先行赶赴到了扬州城下。康王得知金兵前来，已经在前一天晚上渡江了。于是康王写信请求保存赵氏的社稷。在此之前，康王曾经写信给元帅府，称"大宋皇帝构致书大金元帅帐前"，到此时则贬去大号，自称"宋康王赵构谨致书元帅阁下"。他在四月、七月写的两封信都是如此。元帅府答复他的信，招他投降。于是，挞懒、宗弼、拔离速、马五等分道向南进讨。宗弼的部队渡长江攻取建康，进入杭州。康王被逼逃入海上，阿里、蒲卢浑等从明州在海上航行了300里，没有追赶上。宗弼就率军返回。在这以后，宗翰准备用徐文的计策讨伐江南，与睿宗、宗弼的意见不一致，就停止了。

原先，太宗让斜也担任谙班勃极烈，天会八年，斜也去世，这一位置空了许久。而熙宗是宗峻的儿子，太祖的嫡孙，宗干等人不跟太宗说这件事，太宗也没有立熙宗为皇位继承人的意思。宗翰入京师朝见，对宗干说："皇位继承人的位置空虚得太久了，合剌是先帝的嫡孙，应当册立，不早日确定下来，恐怕此位会授给不应得到的人。我日日夜夜未曾忘却此事。"于是与宗干、希尹商议定，入宫向太宗进言，请求再三。太宗因为宗翰等都是朝廷大臣，情义不可削夺，于是就听从了他们的意见，册立熙宗为谙班勃极烈。于是，宗翰担任了国论右勃极烈，兼都元帅。

熙宗即位，任命宗翰为太保、尚书令、领三省事，封为晋国王。宗翰请求退休，皇帝下诏不许。天会十四年去世，终年58岁。追封他为周宋国王。正隆二年，按惯例封他为金源郡王。大定年间，改赠为秦王，谥号为桓忠，灵位安放于太祖庙。

书文精美　知人且明——王庭筠

王庭筠字子端，是辽东人。他7岁时学作诗，11岁时能整首写诗。大定六年考中进士，被任为恩州军事判官，他刚刚从政，就赢得好名声。恩州人邹四图谋造反，事情被发觉，逮捕了1000多人，但邹四却躲藏起来未被捕获。朝廷派大理司直王仲轲审理此案，王庭筠用计捕获了邹四，他分辨出被牵连的人，判犯有预谋罪的只不过有12个人罢了。

明昌元年三月，金章宗传旨于学士院，说道："王庭筠所作的试文，句子太长，我不喜欢，也担心四方学子仿效他。"章宗又对平章张汝霖说："王庭筠文采很好，但行文不够老练，这个人才能高，改进不难。"这年四月，征召王庭筠试馆阁职务，被选中。御史台上奏，说王庭筠在馆陶任职期间曾犯贪污罪，不应安排他在馆阁中任职，于是作罢。王庭筠定居在彰德，在隆虑县购置田地，入黄华山寺读书，因此自号为黄华山人。这年十二月，章宗谈及翰林学士时，感叹人才缺乏，参知政事完颜守贞说："王庭筠就是合适的人选。"明昌三年，朝廷征召他为应奉翰林文字，让他和秘书郎张汝方评品内府所收藏的书法、名画等级，分入选的书法、名画为550卷。

明昌五年八月，章宗对宰相说："应奉翰林文字王庭筠，我打算把起草诏诰的任务委任给他，这样的人才是很难得的。近来党怀英作《长白山册文》，很不精美。听说文人们很妒忌王庭筠，不看文章如何，却抓住他的品行进行诋毁。大致说来，读书人好多嘴多舌，或相互结党。过去东汉时的儒生与宦官分别结成党派，这本不足怪。又如唐朝的牛僧孺、李德裕，宋朝的司马光、王安石，他们都是读书人，而互相排斥诋毁，这也真无聊！"遂提拔王庭筠为翰林修撰。

承安元年正月，因受赵秉文上书一事的牵累，被削夺一级，杖打60，解除职务，这事载在《赵秉文传》中。承安三年，贬降为郑州防御判官。四年，又起用为应奉翰林文字。泰和元年，再任翰林修撰，侍从章宗去秋猎，奉命作诗30余首，受到章宗的嘉奖。第二年逝世，终年47岁。章宗一向知道他贫穷，命有关部门赠钱80万，供丧葬费用，又搜集他一生所作的诗文，收藏于秘阁。又把亲笔诗作赏给他的家属，诗的小序中说："王遵古，是我的老朋友，他的儿子王庭筠，因有文才被选入宫中任职，前后10年，现在已经去世，玉堂、东观再也找不到这样的人了。"

王庭筠外表清秀伟岸，善于谈笑，表面上看，气质高贵，别人起初不敢接近他，和他见面以后，脸上洋溢着温和的气色，热情诚恳，对对方百般体贴，唯恐不周，别人有一点可取之处，他就满口称赞，过后虽然他人有100个对不起自己的地方，也从不计较。和他交往的如韩温甫、路元亨、张进卿、李公度等人，经他推荐的如赵秉文、冯璧、李纯甫等人，都成为一时的名人，因此世人称许他有知人之明。

王庭筠的文章能充分地表达自己的思想，晚年的诗作格律严整，七言长诗尤其工于险韵。他著有《聚辨》10卷、文集40卷。他的书法学米芾，与赵沨、赵秉文都是书法名家，王庭筠尤其擅长画山水墨竹。

元史

《元史》概论

《元史》210卷，明朝宋濂、王祎等修撰，是一部用时很短而史料价值极高的官修正史。

一

《元史》在正史有其鲜明特点，主要表现在以下两个方面：

首先是编修时间特别早。元朝灭亡的当年（1368年），明太祖朱元璋就下令编修《元史》。第二年就组织了以李善长为监修，宋濂、王祎为总裁，赵埙等16人为纂修的修史班子，立即开局编修。1368年，明军攻克大都（今北京），元顺帝率后妃太子仓皇出逃到上都，就当时历史形势而言，元朝灭亡已成定局。但是扩廓帖木儿拥兵山西，李思齐、张良弼等人盘踞陕西，纳哈出据辽阳，梁王把匝剌瓦尔密割据云南，尤其是扩廓帖木儿拥兵数十万，对刚刚建立的明王朝威胁最大。中原大地虽经明军北伐渐次攻克，但留恋前朝的蒙古、色目、汉族地主贵族及前元官僚仍然大有人在。总之担心元朝的残余势力卷土重来成为明太祖朱元璋的一块心病。如何在舆论上宣传元朝已经灭亡、天下已经统一成为明政权的迫切需要。编修《元史》成为明太祖朱元璋实现这一政治目的的极好途径。为了笼络故元遗民，安定社会秩序，招抚与平定割据势力，完成统一大业，巩固新生的明政权，朱元璋急于表明自己是"奉天承运，济世安民"的圣主，新建王朝只不过是继元朝之后中国历史上封建王朝的继续，《元史》一旦修成，就意味着一个朝代的终结，从而消除残元势力复国的幻想，使明王朝成为承继元朝帝统的合法王朝。

总结元朝灭亡的历史教训，使新王朝得以长治久安，是朱元璋急于下诏纂修《元史》的良苦用心所在。朱元璋利用元末农民反元斗争壮大自己的实力，并从而窃取农民战争的胜利果实，建立明王朝。他亲眼目睹了庞大的元帝国被农民推翻的全过程，在他崛起的过程中，他经常与他的谋臣一起总结元朝兴盛和衰亡的历史教训，并以此告诫诸臣和诸子。朱元璋认为"元虽亡国，事当记载，况史记成败、示劝惩，不可废也"。他在下诏修《元史》时深刻地指出："自古有天下国家者，行事见于当时，是非公于后世。故一代之兴衰，必有一代之史以载之。元主中国，殆将百年，其初君臣朴厚，政事简略，与民休息，时号小康。然昧于先王之道，酣溺胡虏之俗，制度疏阔，礼乐无闻。至其季世，嗣君荒淫，权臣跋扈，兵戈四起，民命颠危，虽间有贤智之臣，言不见用，用不见信，天下遂至土崩。然其间君臣行事，有善有否，贤人君子或隐或显，其言行也多可称者。今命尔等修纂，以备一代之史，务直述其事，毋谀美，毋隐恶，庶合公论，以垂鉴戒。"朱元璋的这段话实际上为编修《元史》规定了指导思想和编修方针，通过编修《元史》达到以史为鉴，巩固统治的政治目的。

其次是编修速度特别快，用时特别短。1368年底朱元璋下诏修《元史》。第二年初，在南京天界寺开局，诏中书左丞相李善长为监修，翰林学士宋濂、待制王祎为总裁，汪克宽、胡翰、宋僖、陶凯、陈基、赵壎、曾鲁、高启、赵汸、张文海、徐尊生、黄篪、傅恕、王祎、傅著、谢徽等16人为纂修。历时半年就完成上自太祖，下至宁宗的"粗完之史"，计本纪37卷、志53卷、表6卷、传63卷、目录2卷，共161卷。元顺帝一朝史事，因没有典籍可据，暂付缺如。同时派遣儒士欧阳佑等采集顺帝一朝的有关史料，运回京师。洪武三年二月，重新开局修史，纂修除赵壎以外，另外召来朱右、贝琼、朱世濂、王廉、王彝、张孟兼、高逊志、李懋、李汶、张宣、张简、杜寅、俞寅、殷弼等14人，仍由宋濂、王祎等为总裁。这年七月初续修《元史》完成，计补修纪10卷、志5卷、表2卷、传36卷。两次合在一起，编成210卷。全书编纂时间总共331天。

二

忽必烈及其以后的元朝各帝，推行汉法，其中包括采用中原王朝通常举行的修史制度，如编纂历朝实录和撰修后妃功臣列传以及各种政书等。《元史》材料的来源，顺帝以前主要是《元十三朝实录》《经世大典》和《元一统志》《国朝名臣事略》等碑传资料；顺帝朝则据《庚申帝大事纪》等杂史笔记及采访所得。其中《十三朝实录》是蒙元时期最系统、最详细的编年史料，成为明初修《元史》重要参据材料。《经世大典》是元文宗时官修政书，全书880卷，目录12卷，附录2卷，共10篇，君事4篇，即帝号、帝训、帝制、帝系；臣事6篇，即治典、赋典、礼典、政典、宪典、工典，各典又分若干细目。《元史》志、表部分基本删节自《经世大典》。如《元史》百官志、三公表、宰相表等取自"治典"，食货志大多取自"赋典"，礼乐志、舆服志、历志、选举志取自"礼典"，兵志及外夷传取自"政典"，刑法志取自"宪典"，河渠志取自"工典"，地理志取自"赋典"中"都邑""版籍"二目，这二目内容多据虞应龙等人纂修的《大元大一统志》。

元朝翰林国史院在编纂各帝实录的同时，也搜集、采摘史料，编纂《后妃功臣列传》，由中书左丞相兼翰林学士承旨、知制诰兼修国史吕思诚任总裁，参加者有周伯琦等。此书未见上书表，可能没有修成，但积累起来的资料肯定是有的，修《元史》时，后妃传及诸功臣、特别是许多没有碑传留下的蒙古、色目大臣、武将的情况，多半采自于此。

《国朝名臣事略》15卷，苏天爵撰。全书47篇名臣事略，起自木华黎，终至刘因，共47人，都为元朝前期名臣。《元史》列传中有关人物传记大多取材此书，如《木华黎传》几乎全采此书，又如《许衡传》《郭守敬传》，王祎原拟稿及定稿也采自此书。《元史》列传按蒙古、色目、汉人、南人的编次也仿照此书。

《元史》编修时的资料相对来说还是比较充足的，但成书仓促，纰漏甚多，历来受到学者们的讥议。如元初开国功臣中，木华黎、博尔忽、博尔术、赤老温等4人号称"四杰"，但《元史》中赤老温缺传，列传中虽有博尔忽之名，却无史实，也等于无传。号称"开国四先锋"之一的大将哲别也没有立传。元世祖忽必烈时代的名相和礼霍孙等重要宰辅大臣也没有立传。这些都是重大的缺漏。《元史》一人两传、两人合一的情况也很严重。由于译名不一，所据史料不同，又缺少彼此互校，因而出现一人两传的情况，如列传中有速不台传，又有雪不台传，有石抹也先传，又有石抹阿辛传，都是同名异译，一人两传。

史实重复、前后矛盾的现象在《元史》中也很普遍。由于纂修者对史料随得随抄，因而书中经常出现一事再书的现象。有的史事记载，前后不一，互相抵牾。史实也有错乱的，史料中没有庙号的皇帝，改写时常常弄错，太祖误为太宗，太宗误为太祖等张冠李戴的现象也很普遍。《元史》出现这些错误，受到种种指责不是偶然的，造成这种情况的原因有，一是朱元璋急于成书，纂修者因时间仓促，根本没有时间认真考订研究分析，只得照抄各种资料，略加删节，辑集成书，应付了事。二是主持修史的宋濂和王祎二人都是"词华之士""本非史才"；而临时起征的"山林遗逸之士""皆草泽腐儒，不谙掌故，一旦征入书局，涉猎前史，茫无头绪，随手捃扯，无不差谬"。三是元代史料内容的贫乏，也增加了修史者的困难，实录和《经世大典》《大元大一统志》等本身有不少问题。

《元史》尽管存在上述很多缺点，但没有任何理由加以轻视，它仍然有较高的史料价值。宋濂等修史时对全书各篇都不作论赞，基本上是照抄照搬，只是略有删节而已。因而《元史》基本上保留了元朝原始材料的本来面目，比较接近历史实际。《元史》的本纪部分，除顺帝一朝外，其他均是现已失传的元代列朝实录的摘抄。《元史》志、表部分，除顺帝一朝外，绝大部分采自元文宗时官修现已散失的《经世大典》。列朝实录和《经世大典》，对于研究元史有着特殊重要的意义，它们的许多内容只能在《元史》中才能看到。《元史》的列传，一部分采自元朝官修的后妃功臣列传，一部分采自私家的家传、神道碑、墓志铭等。后妃功臣列传原稿早已散失，作为《元史》依据的某些家传、碑铭也已不再存在，因此《元史》列传中也有不少值得重视的资料。作为保存至今最早的、相对完备的元代史料，《元史》的历史地位和史料价值不可忽视。

《元史》成书后，当年就刻板付印，最早的版本通常称为洪武本，也就是祖本。其后又有南监本和北监本。清代有武英殿本和道光本。1935年商务印书馆影印的百衲本，以残洪武本和南监本合配在一起影印，最接近于祖本。1976年中华书局以百衲本为底本，参照各种版本进行校勘，出版了新标点本，是目前最好的版本。

三

关于本纪。《元史》本纪47卷，几占全书四分之一。其中《太祖记》一卷，除记载太祖铁木真一生活动外，还记载了其先十世的简单情况和世系。《太宗、定宗纪》一卷，《宪宗纪》一卷，《世祖纪》14卷，《成宪纪》4卷，《武宗纪》2卷，《仁宗纪》3卷，《英宗纪》2卷，《泰定帝纪》2卷，《明宗纪》一卷，《文宗纪》5卷，《宁宗纪》一卷，《顺帝纪》10卷。《世祖纪》和《顺帝纪》共24卷，占本纪的一半以上，而蒙古前四汗，即太祖、太宗、定宗、宪宗的本纪又过于简略。太宗、定宗合一卷，定宗死后3年之间竟未记一事，有人认为显然属于漏落。前四汗本纪，特别是太祖本纪，记述了13世纪初蒙古族的兴起，成吉思汗统一蒙古各部，建立国家，并东征西讨、向外扩张的情形。《世祖纪》详述忽必烈率兵南下，逐渐采用汉法，建立元朝，灭金亡宋，统一中国，各种制度相继建立，统治阶级内部矛盾激化，是本纪中最详也是最重要的内容。元朝中期，由于国家统一和社会相对比较安定，使农业生产得到恢复和发展，手工业生产取得显著进步，商业、中外经济文化交流、城市经济空前活跃，这些在元朝中期各帝本纪中都有一定程度的反映。顺帝本纪较详，比较集中地反映了元末民族矛盾、阶级矛盾的加剧以及元末农民起义等情形。

元太祖成吉思汗是蒙古开国君主，闻名世界的军事统帅。他戎马一生，搏击一世。他率领蒙古铁骑，以其卓越的军事才能和一往无前、不惜一切代价克敌制胜的坚韧精神，东征西讨，南攻北伐，所向无敌。从森林环绕的贝加尔湖到流水滔滔的申河（即印度河），从咸海周围的大草原到古老中国的华北大平原，到处都有他战马驰骋留下的足迹。在欧亚大陆上，建立起一个空前庞大的蒙古帝国。《元史·太祖本纪》是我们了解蒙古族早期历史和成吉思汗本人的资料之一。

窝阔台是蒙古国第二代大汗，成吉思汗之子。从青年时代起，窝阔台便跟随成吉思汗征服漠北诸部，攻伐金朝。即大汗位后，强化国家机器，提高大汗权威，始创朝仪制度；始置仓廪，确立驿站制度，推动草原社会经济发展。《元史》说在他的统治下，"量时度力，举无过事，华夏富庶，羊马成群，旅不赍粮，时称治平"。是蒙古族发展史上的一位重要人物，《元史·太宗纪》记叙了他的事迹。

元世祖忽必烈是元朝的创建者，他年轻时就想有所作为，对学习和吸收中原汉文化持积极、开明的态度。在即汗位之初，忽必烈排除保守贵族的干扰，宣布鼎新革故，锐意推行汉法。实行安业力农的国策，以中原王朝为榜样，同时部分保留充分保障蒙古贵族特权的一些旧制，确立了中央集权的封建统治体系及相应的典章制度，奠定了有元一代之制。1279年，忽必烈灭掉南宋，在中国历史上建立了第一个少数民族统治的空前庞大的全国性政权，即元朝。《元史·世祖本纪》对忽必烈的所作所为有较为详细的叙述。

元顺帝妥欢贴睦尔，是元朝末代皇帝。即位之初，任命有拥戴之功的伯颜为中书右丞相。这时元朝统治阶级内部矛盾异常激烈，同时社会矛盾不断加剧。不久元顺帝支持脱脱逐走伯颜，重用儒士，恢复科举取士，开马禁，减盐额，修辽、金、宋三史。但这些措施并没有挽救元朝的社会危机，不久农民起义爆发，元朝灭亡。《元史·顺帝本纪》对这段历史的演变过程及其原因有较详细的记叙。

四

关于列传。《元史》列传共97卷，记载了1200多人。立传名目与前史大同小异，计有后妃、宗室、儒学、良吏、忠义、孝友、隐逸、列女、释老、方技工艺、宦者、奸臣、逆臣。《元史》列传突出的弊端是蒙古色目人立传太少，有些传记内容空洞，如丞相见于宰相表的蒙古人有59人，立传的人不及一半；见于宰相表的色目人更多，立传的更少；太祖诸弟、诸子仅各有一人立传，太宗以后皇子竟无一人立传。

元朝建立过程中涌现出不少英雄人物。在开国功臣中，木华黎、博尔忽、博尔术、赤老温号称"四杰"。木华黎追随成吉思汗，参与统一蒙古高原各部的战争，屡立战功。后来参加指挥进攻金朝的战争，攻取辽东、辽西等地。成吉思汗西征时，封木华黎为太师国王，负责率各族军队征取太行山以南各地，连破河北、河东、山东等地，在这些军事行动中，他改变了以往蒙古军春去秋来、一味屠杀掠劫的办法，意在长期占领。后在山西病死。速不台与折里麦、哲别、虎必来并称开国四先锋。早年，速不台追随成吉思汗，参加统一漠北诸部的战争，战功卓著。后参与指挥攻金战争并随从蒙古军西征。阅读他们的传记可以从一个侧面了解蒙古族兴起和强盛的过程。

元朝建立后，对于采取什么政策来统治汉族地区，元统治者内部意见不一。窝阔台时，蒙古近臣别迭等人主张"汉人无补于国，可悉空其人以为牧地"。汉化很深的耶律楚材是契丹族人，他反对这种倒退措施，主张实行汉法统治。忽必烈时期，蒙古贵族中仍然有反对实行汉法者，中原汉族学者上书忽必烈，认为只有实行汉法，统治才能长久。当时蒙古已经统治中原地区，为了巩固统治，他不得不任用了大批汉人，采用汉法。汉族地主董文炳、程钜夫等人都受到重用。忽必烈曾亲切地称呼董文炳为董大哥，董文炳的兄弟和后代也受到元朝统治者的重用。程钜夫被忽必烈任命为御史中丞，有人说他是"南人"，不应担此重任，忽必烈斥责说，你们没用过南人，怎么知道不可用呢？并要求省、部、台、院等部门都要参用南人。程钜夫还奉命到江南求贤。他乘此机会推荐了赵孟頫等20多名江南士人。姚枢和许衡也是被人推荐而受到重用的。元朝统治者对汉族以外的其他少数民族的上层人物也都极力笼络。契丹人耶律楚材被召用后，倍受重用，他在蒙古成吉思汗、窝阔台两大汗时期任事将近30年，官至中书令，元代立国规模多由他奠定。八思巴是元代第一代帝师，又为喇嘛首领。八思巴见了忽必烈之后，备受崇敬，被封为国师。阅读上述人的传记，可以了解到蒙古贵族如何一步一步地加强自己的统治，促进蒙古族封建化的进程。

元朝统治者以理学作为维护封建统治的思想工具。蒙古统治北方之初，北方儒士对南方理学知之甚少，南宋理学家朱熹、陆九渊等人的著作在北方很少流传。蒙古灭金后，北方一些儒士如窦默、郝经、许衡等逐渐受到重用。他们与姚枢、刘因等迅速成长为理学家。理学在北方广为传播那是理学家赵复被俘到北方之后的事。赵复到燕京后，受到忽必烈的召见，后来在燕京设立太极书院，由赵复讲授程朱理学的书目、宗旨、师承关系，从而培养了一大批理学家。其中许衡、刘因、吴澄被称为元代三大理学家。许、刘力主朱学，吴氏则调和朱陆二派。许衡等人与过去空谈性命不同，比较倾向日用生理，提出"治生论"。刘因等理学家提出返求六经的主张，比较务实。元代理学的这些变化趋势，在理学中起着承上启下的作用，成为明清理学思想的滥觞。阅读这些理学家的传记，可以加深对理学发展阶段及其特色的深刻理解。

脱脱、欧阳玄、吕思诚等人的传记，除记载他们的生平事迹外，对元修辽、金、宋"三史"的情况也有所反映，阅读它们可以加深对元修三史历史背景的了解。

元代的科学技术取得了突出的成就。其代表成果有王祯的《农书》及虞应龙等的《大元的一统志》的编纂等。其中郭守敬的成就特别重要。他是一位在天文、水利、数学等多方面取得成就的科学家。他制定的《授时历》是中国古代推算最精确和使用最久的历法。他创制的简仪比欧洲16世纪末叶丹麦天文学家第谷·布拉赫发明的同样仪器早300年。

政 略

元仁宗整饬朝政

二年八月，立尚书省，诏太子兼尚书令，戒饬百官有司，振纪纲，重名器，夙夜以赴事功。詹事院①臣启金州献瑟瑟洞，请遣使采之，帝曰："所宝惟贤，瑟瑟何用焉？若此者，后勿复闻。"先是，近侍言贾人有售美珠者，帝曰："吾服御雅不喜饰以珠玑，生民膏血，不可轻耗。汝等当广进贤才，以恭俭爱人相规，不可以奢靡蠹财相导。"言者惭而退。

（《元史·仁宗本纪》）

【注释】

①詹事院：太子官署，掌管辅导皇太子的事务。

【译文】

元仁宗至大二年八月，设立尚书省，诏太子兼任尚书令，告诫百官有司，重振纲纪，重视贤才，办事情务求全力以赴。詹事院大臣启金州上奏说发现瑟瑟洞，请求派人前去开采。皇帝说："我所宝贵的是贤才，珠宝有什么用呢？像这样的事情，今后不要向我奏告。"起先，近侍说有商人出售很好看的珠宝，皇帝说："我穿衣服向来不喜欢用珠宝装饰，老百姓的钱财，不应该轻易浪费掉。你们应当广罗贤才，以恭俭爱人来互相约束，不应该以奢侈耗财来引导他人。"近侍羞愧地退下去。

海山即位

十一年①春，闻成宗崩，三月，自按台山至于和林②。诸王勋戚毕会，皆曰今阿难答、明里铁木儿等荧惑中宫，潜有异议；诸王也只里昔尝与叛王通，今亦预谋。即辞服伏诛，乃因阔辞劝进。帝③谢曰："吾母、吾弟在大都④，俟宗亲毕会，议之。"先是，成宗违豫日久，政出中宫，命仁宗与皇太后出居怀州⑤。至是，仁宗闻讣，以二月辛亥与太后俱至京师。安西王阿难答与诸王明里铁木儿已于正月庚午先至。左丞相阿忽台，平章八都马辛，前中书平章伯颜，中政院⑥使怯烈、道兴等潜谋推成宗皇后伯要真氏称制，阿难答辅之。仁宗以右丞相哈剌哈孙之谋言于太后曰："太祖、世祖创业艰难，今大行晏驾，德寿已薨，诸王皆疏属，而怀宁王在朔方，此辈潜有异图，变在朝夕，俟怀宁王至，恐乱生不测，不若先事而发。"遂定计，诛阿忽台、怯烈等，而遣使迎帝。……甲申，皇帝即位于上都⑦，受诸王文武百官朝于大安阁，大赦天下。

（《元史·武宗本纪》）

【注释】

①十一年：指元成宗铁穆尔大德十一年，即1307年。②"自按台山"句：按台山，即今阿尔泰山。和林，蒙古国都城，在今蒙古国后杭爱省厄尔得尼召北。③帝：指元武宗海山。④大都：即今北京。⑤怀州：地名，即今河南沁阳。⑥中政院：元朝官署，掌管皇后宫中财赋及其他事务。⑦上都：元朝夏都，在今内蒙古自治区正蓝旗东20公里闪电河北岸。

【译文】

元成宗大德十一年春，元武宗海山听到元成宗去世的消息，三月，他从按台山到了和林。诸王和宗亲聚会，都认为现在阿难答、明里铁木儿等蛊惑皇后，有不轨的意图；诸王也只里昔曾经与叛王相通，现在也参与了这个阴谋。诸王也只里昔承认阴谋后被杀掉，大家因此全力劝海山进发大都。海山辞谢说："我的母亲、兄弟都在大都，等宗王亲戚都来了，再谈这件事。"起先，元成宗铁穆耳身体一直有病，政令大多出自中宫皇后那里，她命令元仁宗爱育黎拔力八达和皇太后离开大都居住于怀州。元仁宗听到了讣闻，在二月辛亥日同皇太后一齐到达京师大都。安西王阿难答与诸王明里铁木儿已于正月庚午日先行抵达京师。左丞相阿忽台，平章政事八都马辛，前中书平章政事伯颜，中政院使怯烈、道兴等阴谋推举成宗皇后伯要真氏登基，阿难答辅佐她。元仁宗将右丞相哈剌哈孙的计谋告诉皇太后说："太祖、世祖创业很艰难，现在成宗已经死去，他的威德也不再存在，诸王同中央的关系都很松散，而怀宁王海山远在北方，现在京师的这些人阴谋有不轨的行为，变乱在很短的时间内都会发生，等怀宁王赶到的时候，恐怕已经发生不测,不如及早动手。"于是定下计谋,先诛杀阿忽台、怯烈等人,然后派遣使者前去恭迎武宗海山。……甲申日,海山即皇帝位于上都,在大安阁接受诸王及文武百官的朝贺,大赦天下。

顺帝即位

至顺元年四月辛丑,明宗①后八不沙被谗遇害,遂徙帝于高丽②,使居大青岛中,不与人接。阅一载,复诏天下,言明宗在朔漠之时,素谓非其己子,移于广西之静江。三年八月己酉,文宗崩,燕铁木儿③请文宗后立太子燕帖古思,后不从,而命立明宗次子懿璘只班,是为宁宗。十一月壬辰,宁宗崩,燕铁木儿复请立燕帖古思,文宗后曰:"吾子尚幼,妥欢帖睦尔在广西,今年十三矣,且明宗之长子,礼当立之。"乃命中书右丞阔里吉思迎帝于静江。至良乡④,具卤薄以迓之。燕铁木儿既见帝,并马徐行,具陈迎立之意,帝幼且畏之,一无所答。于是燕铁木儿疑之。故帝至京,久不得立。适太史亦言帝不可立,立则天下乱,以故议未决。迁延者数月,国事皆决于燕铁木儿,奏文帝后而行之。俄而燕铁木儿死,后乃与大臣定议立帝,且曰:"万岁之后,其传位于燕帖古思,若武宗、仁宗故事⑤。"诸王宗戚奉上玺绶劝进。

(《元史·顺帝本纪》)

【注释】

①明宗:指元明宗,1329年在位。②"遂徙帝"句:帝,指元顺帝妥欢帖睦尔。高丽,即今朝鲜。③燕铁木儿:元文宗时权臣,密谋毒死明宗,后惧怕事情败露,病死。④良乡:地名,在今北京房山区境内。⑤若武宗、仁宗故事:元武宗海山继承元成宗铁穆耳皇位,同时立他的兄弟元仁宗爱育黎拔力八达为皇太子,他死后将皇位传给元仁宗。

【译文】

至顺元年四月辛丑日,明宗的皇后八不沙遭到谗言陷害而被杀,于是将元顺帝迁往高丽,让他独居大青岛,不同外人接触。一年之后,文宗皇帝又诏告天下,宣称明宗在北方边境时,总说顺帝不是自己的儿子,便又把顺帝迁往广西静江居住。三年八月己酉日,文宗驾崩,燕铁木儿请求文宗皇后立太子燕帖古思为新帝，皇后不允，而命明宗的二儿子懿璘只班为帝，这就是元宁宗。十一月壬辰日，宁宗去世，燕铁木儿再次请求立燕帖古思为帝，文宗皇后说："我的儿子还小，妥欢帖睦尔在广西，今年有13岁了，而且他还是明宗的长子，按理应拥立他。"于是下令中书右丞阔里吉思到静江去迎接顺帝。到良乡时，具陈车驾迎接顺帝。燕铁木儿见到顺帝后，骑马和顺帝并排慢慢行走，并仔细陈述了迎立他为帝的意图，顺帝年纪幼小有点畏惧他，便一言不发。于是燕铁木儿就起疑。所以顺帝到京师后，很久都没有被拥立为帝。刚好太史也说不可以拥立顺帝，拥立他后天下就会大乱，由于这个原因商议很久都没结果。这样拖延了几个月，国事都由燕铁木儿裁决，启奏文宗皇后之后就施行。不久燕铁木儿死了，文宗皇后于是与众大臣商议决定拥立顺帝，并且说："顺帝死了后，他的皇位应该传给燕帖古思，就像武宗、仁宗他们那样。"诸王宗室、皇亲国戚都奉上玉玺和绶带，表示拥立顺帝为新皇帝。

顺帝避兵北逃

丙寅①，帝御清宁殿，集三宫后妃、皇太子、皇太子妃，同议避兵北行。失列门及知枢密院②事黑厮、宦者赵伯颜不花等谏，以为不可行，不听。伯颜不花恸哭谏曰："天下者，世祖之天下，陛下当以死守，奈何弃之！臣等愿率军民及诸怯薛歹③出城拒战，愿陛下固守京城。"卒不听。至夜半，开建德门北奔。

（《元史·顺帝本纪》）

【注释】

①丙寅：指元顺帝妥欢帖睦尔二十八年（1361年）闰月丙寅日。②枢密院：掌管朝廷军事机要的机构。③怯薛歹：怯薛，轮流值宿守卫之意，此指元朝的禁卫军。怯薛的成员称为怯薛歹。

【译文】

元顺帝二十八年闰月丙寅日，元顺帝到清宁殿，召集三宫后妃、皇太子、皇太子妃，一齐商议避兵北行。失列门及枢密院长官黑厮，宦官赵伯颜不花等谏议，认为不能避兵北行，顺帝不听。伯颜不花恸哭劝谏说："天下，是世祖打出来的天下，陛下应当拼死力守，怎么能抛弃不管呢！我们愿率领军民及禁卫军出城迎战敌兵，希望陛下固守京城。"顺帝始终不听。半夜时分，打开建德门向北逃走。

忽必烈消疑

丙辰①,枢②入见。或谮王府得中土心,宪宗遣阿蓝答儿大为钩考③,置局关中④,以百四十二条推集经略宣抚官吏,下及征商无遗,曰:"俟终局日,入此罪者惟刘黑马、史天泽以闻⑤,余悉诛之。"世祖闻之不乐。枢曰:"帝,君也,兄也;大王为皇弟,臣也。事难与较,远将受祸。莫若尽王邸妃主自归朝廷,为久居谋,疑将自释。"及世祖见宪宗,皆泣下,竟不令有所白而止,因罢钩考局。

(《元史·姚枢传》)

【注释】

①丙辰:即丙辰日,时元宪宗在位。②枢:指姚枢(1201—1278年),元初政治家、理学家,字公茂,号雪斋、敬斋,先世自柳城入迁洛阳,少年时学习勤奋,后参与朝政,终于翰林学士承旨之职。③"宪宗遣"句:宪宗,指元宪宗蒙哥。阿蓝答儿,元宪宗之臣。④关中:地名,即今陕西省。⑤"入此罪"句:刘黑马,元前期大臣。史天泽,元朝大将。

【译文】

丙辰日,姚枢入王府拜见世祖忽必烈。有人进谗言说忽必烈亲王有夺得中原的野心,宪宗蒙哥派阿蓝答儿大规模清查,并在关中设立钩考局,阿蓝答儿用142条法令来推究所有的经略宣抚等官员,最小的连征收商人赋税的小吏也不放过,宪宗说:"等最后关闭钩考局的那一天,被清查有罪的人只将刘黑马、史天泽的情况呈报上来,其余的人一概诛杀。"世祖忽必烈听说后很不高兴。姚枢劝告说:"宪宗,是君王,是长兄;大王是皇上的兄弟,是大臣。这件事情你很难与皇上计较,如果再疏远皇上你将遭受灾难。不如大王你自动将王府所有的嫔妃侍妾送到朝廷,做长久居住的打算,那么宪宗的猜疑就会自动消除。"等世祖忽必烈拜见宪宗蒙哥时,两人都流下了眼泪,宪宗不等世祖辩白就消除了猜疑,于是罢除钩考局。

赛典赤治云南

十一年,帝谓赛典赤①曰:"云南朕尝亲临,比因委任失宜,使远人不安，欲选谨厚者抚治之，无如卿者。"赛典赤拜受命，退朝，即访求知云南地理者，画其山川城郭、驿舍军屯、夷险远近为图以进，帝大悦，遂拜平章政事②，行省云南。时宗王脱忽鲁方镇云南，惑于左右之言，以赛典赤至，必夺其权，具甲兵以为备。赛典赤闻之，乃遣其子纳速剌丁先至王所，请曰："天子以云南守者非人，致诸国背叛，故命臣来安集之，且戒以至境即加抚循，今未敢专，愿王遣一人来共议。"王闻，遽骂其下曰："吾几为汝辈所误。"明日，遣亲臣撒满、位哈乃等至，赛典赤问以何礼见，对曰："吾等与纳速剌丁偕来，视犹兄弟也，请用子礼见。"皆以名马为贽，拜跪甚恭，观者大骇。乃设宴陈所赐金宝饮器，酒罢，尽以与之，二人大喜过望。明日来谢，语之曰："二君虽为宗王亲臣，未有名爵，不可以议国事，欲各授君行省断事官，以未见王，未敢擅授。"令一人还，先禀王，王大悦。由是政令一听赛典赤所为。有土吏数辈，怨赛典赤不已，用至京师诬其专僭数事。帝顾侍臣曰："赛典赤忧国爱民，朕洞知之，此辈何敢诬告！"即命械送赛典赤处治之。既至，脱其械，且谕之曰："若曹不知上以便宜命我，故诉我专僭，我今不汝罪，且命汝以官，能竭忠以自赎乎？"皆叩头拜谢曰："某有死罪，平章既生之而又官之，誓以死报。"

(《元史·赛典赤赡思丁传》)

【注释】

①赛典赤：即赛典赤·赡思丁，又名乌马儿，元代名臣。②平章政事：官职名称，从一品，为丞相副职。

【译文】

元世祖十一年，皇帝忽必烈对赛典赤说："云南我曾经去过，只是因为官员委任失当，使远在京城的人们很不安心，因此想选派谨慎温厚的官员前去安抚治理那里，没有人比你更合适的。"赛典赤拜谢接命，退朝回家后，立即探访寻求了解云南地理形势的人，勾画出云南的山川城郭、驿站军屯、远近险要地势的地图，进呈给世祖，皇帝忽必烈大喜，就命他担任平章政事之职，前往治理云南。当时宗王脱忽鲁正好镇守云南，听信左右手下人的谗言，以为赛典赤来了，一定会夺走他手中的权力，于是准备好了甲士作为防备。赛典赤听说后，便委派他的儿子纳速剌丁先到宗王的府所，请示说："皇上认为治理云南的官员委任不当，以至于诸侯国纷纷背叛，所以命令我前来安抚治理，并且告诫我一到云南境内就要注意安抚调和，现在我不敢独断专行，希望宗王您派一人前来一齐商议这件事。"宗王听后，马上怒骂手下人说："我差点被你们害了。"第二天，便派亲信侍臣撒满、位哈乃等人到赛典赤处，赛典赤问他们用什么礼节见面，他们回答说："我们与纳速剌丁一齐前来，犹如兄弟，那么我们请求用晚辈的礼节拜见您。"他们都用名马作为晋见礼，行跪拜之礼非常恭敬，旁边的人也都很畏服。于是摆设宴席陈设皇上赏赐的金银饮器和珍品，酒宴后，全部都赏给了他们，这两位近臣都非常高兴。第二天，他们又来拜谢，赛典赤对他们说："你们两位虽然是宗王的亲近侍臣，但是没有官职和爵位，不能够参议国家政事，本想分别授予你们行省断事官之职，只是由于没有亲自拜见宗王，不敢擅自授予你们职务。"于是让一个人回去，先禀告宗王，宗王非常高兴。因此政令全部听凭赛典赤施行。有当地的数名官吏，非常怨恨赛典赤，就利用到京城的机会诬告赛典赤有很多越权专断的事情。世祖对侍臣们说："赛典赤忧国爱民，我对他了解很深，这些人怎么敢诬告他呢！"马上下令械送诬告者到赛典赤处由他亲自处治。到达后，赛典赤打开他们的枷锁，教谕他们说："你们不知道是皇上将抚治云南之事委任给我，所以控诉我专权越职，我现在不怪罪你们，并且还要委任你们官职，你们能竭诚效忠以挽回自己的过失吗？"那些土官都叩头拜谢说："我们都有死罪，平章您不仅不杀我们，还委任我们官职，我们发誓要以死来报答您呀。"

拜住斗铁木迭儿

时右丞相铁木迭儿①贪滥谲险，屡杀大臣，鬻狱卖官，广立朋党，凡不附己者必以事去之，尤恶平章王毅、右丞高昉，因在京诸仓粮储失陷，欲奏诛之。拜住密言于帝曰②："论道经邦，宰相事也，以金谷细务责之可乎？"帝然之，俱得不死。铁木迭儿复引参知政事张思明为左丞以助己。思明为尽力，忌拜住方正，每与其党密语，谋中害之。左右得其情，乘间以告，且请备之。拜住曰："我祖宗为国元勋，世笃忠贞，百有余年。我今年少，叨受宠命，盖以此耳。大臣协和，国之利也。今以右相仇我，我求报之，非特吾二人之不幸，亦国家之不幸。吾知尽吾心，上不负君父，下不负士民而已。死生祸福，天实鉴之，汝辈毋复言。"未几，奉旨往立忠献王碑于范阳③。铁木迭儿久称疾，闻拜住行，将出莅省事，入朝，至内门，帝遣速速④赐之酒，且曰："卿年老宜自爱，待新年入朝未晚。"遂怏怏而还。然其党犹布列朝中，事必禀于其家，以拜住故不得大肆其奸，百计倾之，终不能遂。

（《元史·拜住传》）

【注释】

①铁木迭儿：人名，历事元世祖、元仁宗，元仁宗时累官右丞相，专横贪婪，后以疾卒于家中。②"拜住密言"句：拜住，元英宗大臣，生于1298年，1323年被杀。帝，即元英宗硕德儿剌（1303—1323年）。③范阳：地名，在今北京市城区西南。④速速：元英宗时大臣。

【译文】

英宗硕德八剌在位时，右丞相铁木迭儿贪得无厌，阴险狡诈，多次矫杀大臣，卖官鬻爵，干涉案件审判，到处勾结同党，凡是不归附自己的人都要找借口除去，铁木迭儿尤其憎恶平章王毅、右丞相高昉。由于京城的一些粮仓失窃了，铁木迭儿便想奏请诛杀他们两人。拜住秘密地向皇帝进言说："决定政策治理国家，是宰相的职责，以粮仓失窃这样的琐细事务处死他们可以吗？"英宗深以为然，于是王毅和高昉才得以不死。铁木迭儿又引荐参知政事张思明为左丞相来帮助自己作恶害人，张思明为竭力报效铁木迭儿，很忌恨拜住刚正不阿，屡次与他的同党秘密商议，图谋中伤陷害他。拜住的左右亲信得到这个情况，乘机告诉了拜住，并请求防备张思明的陷害。拜住说："我的祖宗是开国元老功臣，历世都忠贞厚道，已经有100多年了。我现在很年轻，承蒙皇上的宠爱信任，也是由于家族的缘故。大臣之间和睦相处，这是国家的福气。现在你们告诉我右丞相敌视我的消息，我希望报复他，这不只是我们两个人的不幸，也是国家的不幸。我只知竭尽忠心，对上不辜负君王，对下不辜负老百姓而已。生死祸福，上天可以明鉴，你们不要再多说了。"不久，拜住奉旨前往范阳立忠献王碑。铁木迭儿很长时间都称病不出，听说拜住离京出行，将要到外面去办事，便想入朝觐见皇帝，到内宫门的时候，英宗派速速赐给铁木迭儿御酒，并说："你年纪老了，应该洁身自好，等新年里再入朝进见也不晚。"铁木迭儿闷闷不乐地返回。然而他的党羽仍布满了朝廷，有事情就一定会到他家去禀报，只是由于拜住的缘故不能放肆地施行他们的奸谋，于是想尽很多计谋来陷害他，但最终还是没能成功。

武宗之立

成宗①大渐，丞相哈剌哈孙答剌罕称疾卧直庐中。脱脱②适以使事至京师，即俾驰告武宗以国恤。时仁宗奉兴圣太后至自怀孟③。既定内难，而太后以两太子星命付阴阳家推算，问所宜立者，曰："重光大荒落有灾，旃蒙作噩长久。"重光为武宗年干，旃蒙为仁宗年干。于是太后颇惑其言，遣近臣朵耳谕旨武宗曰："汝兄弟二人皆我所出，岂有亲疏？阴阳家所言运祚修短，不容不思。"武宗闻之，默然，进脱脱而言曰："我捍御边陲，勤劳十年，又次序居长，神器所归，灼然何疑。今太后以星命休咎为言，天道茫昧，谁能豫知？设使我即位之后，所设施者上合天心，下副民望，则虽一日之短，亦足垂名万年，何可以阴阳之言乖祖宗之托哉！此盖近日任事之臣，擅权专杀，恐我他日或治其罪，故为是奸谋动摇大本耳。脱脱，汝为我往察事机，疾归报我。"脱脱承命即行。武宗亲率大军由西道进，按灰④由中道，床兀儿⑤由东道，各以劲卒一万从。脱脱驰至大都⑥，入见太后，道武宗所授旨以闻。太后愕然曰："修短之说虽出术家，为太子周思远虑乃出我深爱。贪憝已除，宗王大臣议已定，太子不速来何为？"时诸王秃列等侍，咸曰："臣下翊戴嗣君，无二心者。"既而太后、仁宗屏左右，留脱脱与语曰："太子天性孝友，中外属望。今闻汝所致言，殆有逸间。汝归速为我弥缝阙失，使我骨肉无间，相见怡愉，则汝功为不细矣。"脱脱顿首谢曰："太母、太弟不烦过虑，臣侍藩邸历年，颇见信任，今归当即推诚竭忠以开释太子。后日三宫共处，靡有嫌隙，斯为脱脱所报效矣。"先是，太后以武宗迟回不至，已遣阿沙不花⑦往道诸王群臣推戴之意。及是脱脱继往，行至旺古察⑧，武宗在马轿中望见其来，趣使疾驰，与之共载。脱脱具致太后、仁宗之语，武宗乃大感悟，释然无疑。遂遣阿沙不花回报。仁宗即日命驾奉迎于上都。武宗正位宸极，乃尊太后为皇太后，立仁宗为皇太子，三宫协和，脱脱兄弟之力为多。

(《元史·康里脱脱传》)

【注释】

①成宗：即元成宗铁穆耳（1265—1307年）。②脱脱：即康里脱脱，元武宗时重臣，对元武宗即位起了一定的作用。③"时仁宗"句：仁宗，即元仁宗爱育黎拔力八达（1285—1320年）。兴圣太后，即元成宗铁穆耳皇后。怀孟，地名，即今河南沁阳。④按灰：人名，元武宗时大臣。⑤床兀儿：人名，元武宗时大臣。⑥大都：地名，元朝都城，即今北京。⑦阿沙不花：人名，康里国王族（康里国即今乌兹别克共和国撒马尔罕一带），为元朝功臣。⑧旺古察：地名，在今河北境内。

【译文】

元成宗铁穆耳的疾病加重，丞相哈剌哈孙答剌罕称病睡在值班房中，康里脱脱刚好到京城，他得知情况后马上派人把成宗病危的消息急告给武宗海山。当时仁宗爱育黎拔力八达侍奉兴圣皇太后从怀孟赶到京城，平定了内部变乱后，皇太后将两位皇太子的星宿命相交给阴阳家推算，并问该拥立谁，阴阳家说："重光的命相虽然是老大，但处在偏远的角落，将有灾难，旃蒙的命相虽然不好，但可以长久。"重光是武宗海山的年岁干支，旃蒙是仁宗爱育黎拔力八达的年岁干支。由于皇太后对这些话非常疑惑，于是派近臣朵耳传旨诏谕元武宗说："你们兄弟两人都是我所生的，怎么会有亲疏之分呢？然而阴阳家所说的天运帝位的长短，由不得不考虑呀。"武宗听后，不语，经过思考后他决定派脱脱向太后进言说："我捍卫边疆，辛勤劳苦10年，按年龄次序居于长位，帝位该归我，这是很明显的事情，有何可疑。现在皇太后以星宿命相制止灾祸为理由让我避位，但是天道运行迷茫不清，谁能够预先知道？假使我登上帝位后，所施行的政策上符合天意，下满足百姓的愿望，那么即使在位很短时间，也足以万世留名，怎么可以依据阴阳家的话来违背祖宗的嘱托呢！这大概是现在掌权的大臣，专权横暴，擅杀无辜，唯恐我他日惩治他的罪行，所以制造了这件阴谋企图来动摇帝位统治呀。脱脱，你为我前去观察事情的变化，一有情况马上回来报告我。"脱脱领命立即出发。武宗亲自率领大军由西路出发，按灰由中路，床兀儿由东路进发，各自都统领一万精兵跟随。脱脱急驰至大都，入宫拜见太后，详细地向皇太后陈述了武宗传达给他的旨意。皇太后惊奇地说："太子在位长短的说法虽然出自阴阳家之口，但是为太子深思远虑却是出于我的深爱之心。图谋不轨的奸臣已被除去，宗王大臣们的计议已经作出，太子为什么不赶快前来？"当时诸王秃列等人侍立在旁，都说："我们辅佐拥戴太子为皇帝，绝对没有二心呀。"不久太后、仁宗屏退左右大臣，单独留下脱脱告诉他说："太子生性孝顺，天下人对他寄予了希望。现在听到你所转达的话，大概有人离间我们母子关系。你赶快回去为我们弥补这个缺憾，使我们母子不致产生隔阂，相见之时没有不能之事，那么你的功劳也不小啊。"脱脱叩头拜谢说："皇太后、皇太弟不必太过烦虑，我在王府侍奉太子已经有很多年了，非常得太子信任，现在回去一定竭诚尽忠向皇太子解释清楚这件事情。往后三宫一同相处，很少会有隔阂，这是我康里脱脱所应该报效的事情呀。"起先，皇太后由于武宗海山犹豫迟疑不肯到京师，已经派阿沙不花前往陈述诸王和群臣推戴拥立的意思。等到脱脱接着前往，行到旺古察时，武宗海山在马轿中望见脱脱前来，急忙派使者疾驰前往迎接，与他共乘一车。脱脱详细转达了皇太后及仁宗的话，武宗海山于是豁然感悟，心中的疑虑全部都消失了，于是派阿沙不花回报两宫。仁宗当日命令出动车驾到上都奉迎武宗。元武宗海山正式登上帝位。于是尊奉太后为皇太后，册立仁宗爱育黎拔力八达为皇太子，三宫相处和睦，脱脱兄弟出力最多。

成宗征伐八百媳妇国

五年，同列有以云南行省左丞刘深计倡议曰："世祖以神武一海内，功盖万世。今上嗣大历服，未有武功以彰休烈，西南夷有八百媳妇国①未奉正朔，请往征之。"哈剌哈孙②曰："山峤小夷，辽绝万里，可谕之使来，不足以烦中国。"不听，竟发兵二万，命深将以往。道出湖广，民疲于馈饷。及次顺元③，深胁蛇节④求金三千两、马三千匹。蛇节因民不堪，举兵围深于穷谷，首尾不能相救。事闻，遣平章刘国杰⑤往援，擒蛇节，斩军中，然士卒存者才十一二，转饷者亦如之，讫无成功。帝始悔不用其言。会赦，有司议释深罪。哈剌哈孙曰："徼名首衅，丧师辱国，非常罪比，不诛无以谢天下。"奏诛之。

(《元史·哈剌哈孙传》)

【注释】

①八百媳妇国：即今泰国北部等地。②哈剌哈孙：元朝大臣，敢于直言，是为忠臣。③顺元：地名，在今贵阳市附近。④蛇节：元朝彝族首领，土官阿那之妻，领兵反抗暴政，兵败身死。⑤刘国杰：元前期武将，字国宝，号刘二拔都，平叛有功。

【译文】

　　元成宗大德五年，哈剌哈孙的同僚将云南行省左丞相刘深的计议，启奏成宗说："世祖凭着神勇武力一统海内，他的业绩定会功盖万世。现在皇上承袭皇位执掌天下，还没有过武功业绩来显示你伟大美好的事业呀，西南蛮夷部落的八百媳妇国至今还未接受我国的统治，请求出兵征讨他们。"哈剌哈孙驳斥说："山高路远的蛮夷之国，离我们非常遥远，可派使者诏谕他们前来归附，不值得出动我们的军队。"成宗不听，派出两万士兵，任命刘深统率前往征伐。军队经过湖广行省境内，老百姓都被筹集军饷搞得非常穷困。军队抵达顺元时，刘深胁迫蛇节交纳 3000 两黄金、3000 匹马。蛇节由于百姓不能忍受，就发动军队反抗，将刘深围在深山险谷之中，使他的军队首尾不能相援。朝廷得知这一消息后，派平章刘国杰前去援救，刘国杰生擒蛇节，并将其斩杀于军中。然而刘深的士兵活下来的才只有十分之一二，所调拨的军饷也是如此，最后还是没有成功。成宗皇帝开始后悔不听哈剌哈孙的谏言。刚好大赦，有关部门商议免去刘深的罪行。哈剌哈孙说："刘深沽名钓誉，丧师辱国，不是一般的罪行可以相比的，不诛杀他就不能向天下人谢罪。"于是奏请诛杀他。

彻里力劾桑哥

　　二十四年，分中书为尚书省。桑哥①为相，引用党与，钩考天下钱粮，凡昔权臣阿合马②积年负逋，举以中书失征，奏诛二参政。行省乘风，督责尤峻。主无所偿，则责及亲戚，或逮系邻党，械禁榜掠。民不胜其苦，自裁及死狱者以百数，中外骚动。廷臣顾忌，皆莫敢言。彻里③乃于帝前，具陈桑哥奸贪误国害民状，辞语激烈。帝怒，谓其毁诋大臣，失礼体，命左右批其颊。彻里辩愈力，且曰："臣与桑哥无仇，所以力数其罪而不顾身者，正为国家计耳。苟畏圣怒而不复言，则奸臣何由而除，民害何由而息！且使陛下有拒谏之名，臣窃惧焉。"于是帝大悟，即命帅羽林三百人往籍其家，得珍宝如内藏之半。桑哥既诛，诸枉系者始得释。复奉旨往江南，籍桑哥姻党江浙省臣乌马儿、蔑列、忻都、王济，湖广省臣要束木等，皆弃市，天下大快之。

(《元史·彻里传》)

【注释】

①桑哥：元朝奸臣，丹巴国师之弟子，为人狡黠专横，为世祖所诛。②阿合马：元初期大臣，回族人，为世祖时奸臣，专权自用，贪赃不法，后被击杀。③彻里：元世祖时大臣，曾祖为元初功臣，为官正直，不畏强横。

【译文】

元世祖二十四年，忽必烈分中书省，设立尚书省。桑哥担任尚书省丞相，利用亲信同党，清查国家征收的赋税钱粮，凡是以前权臣阿合马历年的亏空和拖欠，都归为中书省没有征收，桑哥上奏请求诛杀中书省的两位参知政事。行中书省也一齐清查，监督执行非常严格。只要谁偿还不了拖欠，就会祸及亲戚朋友，有时候还逮捕邻居街坊，拘禁关押，用刑毒打。老百姓忍受不住这种痛苦，自杀的及死在狱中的数以百计，朝廷内外震动。朝中大臣顾忌桑哥，都不敢直言。彻里于是在世祖面前详细奏明了桑哥为奸作恶、祸国殃民的罪状，言辞非常激烈。世祖大怒，斥责他诋毁中伤大臣，有失礼义体统，命令左右侍臣掌他的脸。彻里更奋力声辩，并说："我与桑哥没有仇恨，之所以极力陈明他的罪状而不顾身家性命，正是为国家。假使惧怕皇上震怒而不再直言，那么奸臣怎么样才能铲除，人民遭受的灾害怎样才能止息！况且还会使皇上有拒绝进谏的恶名，我私下里为皇上感到担忧。"于是世祖恍然大悟，当即命他率300名羽林军前去查抄桑哥的家产，得到的珍奇异宝有皇宫半数之多。桑哥被诛杀以后，众多被错抓的人才得以释放。彻里又奉旨前往江南，查抄桑哥的同党江浙省臣乌马儿、蔑列、忻都、王济以及湖广省臣要束木等人的家产，并将他们都斩首于市，天下老百姓都拍手称快。

阿鲁浑破谣言

会有江南人言宋宗室反者，命遣使捕至阙下。使已发，阿鲁浑萨理①趣入谏曰："言者必妄，使不可遣。"帝曰："卿何以言之？"对曰："若果反，郡县何以不知。言者不由郡县，而言之阙庭，必其仇也。且江南初定，民疑未附，一旦以小民浮言辄捕之，恐人人自危，徒中言者之计。"帝悟，立召使者还，俾械系言者下郡治之，言者立伏，果以尝贷钱不从诬之。帝曰："非卿言，几误，但恨用卿晚耳。"自是命日侍左右。

(《元史·阿鲁浑萨理传》)

【注释】

①阿鲁浑萨理：元大臣，曾侍元世祖，有功。

【译文】

这时江南报告说宋朝的宗亲后裔要发动叛乱，世祖忽必烈下令派使者将宋室宗亲逮捕入京城。使者出发后，阿鲁浑萨理入宫进谏世祖说："报告消息的人一定在瞎说，不能派使者前去。"世祖说："你怎么知道呢？"阿鲁浑萨理回答说："如果真的反叛了，郡县为什么不知道。报告的人不经过郡县，而直接报告给朝廷，一定是他们的仇人。况且江南刚刚平定，老百姓还在怀疑，并未真心归附，如果仅凭着小民流言就逮捕宋室宗亲，恐怕人人自危，结果白白地中了密告者的奸计。"世祖醒悟，立刻召命使者返回，并械送密告者回原州郡审问，密告者立即服罪，果然是由于向宋室后裔借钱，他们不给，于是诬陷他们。世祖说："不是你的谏言，恐怕就误了事，只是后悔用你太晚了呀。"于是世祖命令阿鲁浑萨理每天侍奉在自己左右。

阿沙不花进谏

有近臣蹴鞠①于帝前，帝即命出钞十五万贯赐之。阿沙不花②顿首言曰："以蹴鞠而受上赏，则奇技淫巧之人日进，而贤者日退矣，将如国家何。臣死不敢奉诏。"乃止。帝又尝御五花殿，丞相塔思不花、三宝奴，中丞伯颜等侍。阿沙不花见帝容色日悴，乃进曰："八珍之味不知御，万金之身不知爱，此古人所戒也。陛下不思祖宗付托之重，天下仰望之切，而惟曲蘖是沉，姬嫔是好，是犹两斧伐孤树，未有不颠仆者也。且陛下之天下，祖宗之天下也，陛下之位，祖宗之位也，陛下纵不自爱，如宗社何？"帝大悦曰："非卿孰为朕言。继自今毋爱于言，朕不忘也。"因命进酒。阿沙不花顿首谢曰："臣方欲陛下节饮而反劝之，是臣之言不信于陛下也，臣不敢奉诏。"左右皆贺帝得直臣。

（《元史·阿沙不花传》）

【注释】

①鞠：通"鞠"，蹴鞠是我国古代的一种足球运动。②阿沙不花：人名，为元朝功臣。

【译文】

　　有亲近侍臣在武宗海山前蹴鞠，武宗当即诏命拿出 15 万贯钱钞赏赐他们。阿沙不花叩首说："因为蹴鞠就受到上等的赏赐，那么一些具有奇巧淫技的人就会日益得势，而贤德之人就会日渐消失，这样下去会把这个国家置于死地。我至死也不敢执行诏命。"武宗于是停止。武宗海山又曾经驾临五花殿，丞相塔思不花、三宝奴和中丞伯颜等人侍奉在旁。阿沙不花看见武宗容颜日益憔悴，于是进言说："八珍的美味不知道克制，万金之身体不知道爱惜，这些都是古人戒除的。皇上不考虑祖宗托付的重大，天下人仰望的迫切，而只知沉溺于美酒，嗜好女色，这犹如两把斧头砍伐一颗孤树，没有不会被砍倒的。况且陛下的天下，是祖宗的天下，陛下的皇位，是祖宗的皇位，陛下纵使不自爱，然而怎么向宗庙社稷交代呢？"武宗大喜，说道："要不是你，谁会向我进言。往后你不要吝惜向我进言，我不会忘记呀。"于是命令进呈美酒。阿沙不花叩头拜谢说："我刚劝陛下节制饮酒，陛下反而却赐我美酒，这是我的话不被陛下相信接受呀，我不敢接受诏命。"左右的侍臣都祝贺皇帝得到了一位正直的忠臣。

御　人

顺帝轻废高丽王

帝以谗废高丽王伯颜帖木儿，立塔思帖木儿为王。国人上书言旧王不当废，新王不当立之故。初，皇后奇氏①宗族在高丽，恃宠骄横，伯颜帖木儿屡戒饬不悛，高丽王遂尽杀奇氏族。皇后谓太子曰："尔年已长，何不为我报仇。"时高丽王昆弟有留京师者，乃议立塔思帖木儿为王，而以奇族子三宝奴为元子，以将作同知②崔帖木儿为丞相，以兵万人送之国，至鸭绿江，为高丽兵所败，仅余十七骑还京师。

（《元史·顺帝本纪》）

【注释】

①奇氏：元顺帝第二个皇后，名完者忽都。②将作同知：官职名称。

【译文】

元顺帝听信谗言废掉高丽王伯颜帖木儿，立塔思帖木儿为高丽王。国中有人上书阐明不该废旧王，而立新王的理由。起初，皇后奇氏的宗族在高丽国，凭借着皇后的得宠而骄横不可一世。伯颜帖木儿多次劝诫他们，他们都不知悔改，高丽王于是将奇氏宗族全部杀掉了。皇后对太子说："你已经长大了，怎么不为我报仇呢！"当时高丽王有弟弟留在京师，他上书建议立塔思帖木儿为高丽王，以奇族人的儿子三宝奴为嗣子，委任将作同知崔帖木儿为丞相，并派一万多军队护送他们到高丽国，抵达鸭绿江边时，被高丽兵打得大败，仅剩下17人返回京师。

李冶论士

世祖在潜邸，闻其贤，遣使召之，且曰："素闻仁卿①学优才胆，潜德不耀，久欲一见，其勿他辞。"既至，问河南居官者孰贤，对曰："险夷一节，惟完颜仲德。"又问完颜合答及蒲瓦何如②，对曰："二人将略短少，任之不疑，此金所以亡也。"又问魏徵、曹彬何如，对曰："徵忠言谠论，知无不言，以唐诤臣观之，徵为第一。彬伐江南，未尝妄杀一人，拟之方叔、召虎可也。汉之韩、彭、卫、霍，在所不论。"又问今之臣有如魏徵者乎，对曰："今以侧媚成风，欲求魏徵之贤，实难其人。"又问今之人材贤否，对曰："天下未尝乏材，求则得之，舍则失之，理势然耳。今儒生有如魏璠、王鹗、李献卿、兰光庭、赵复、郝经、王博文辈，皆有用之材，又皆贤王所尝聘问者，举而用之，何所不可，但恐用之不尽耳。然四海之广，岂止此数马哉。王诚能旁求于外，将见集于明廷矣。"

（《元史·李冶传》）

【注释】

①仁卿：指李冶，字云卿，元朝真定乐城人，为金进士，后归元朝，为世祖时大臣。②"又问完颜合答"句：完颜合答，金人，名瞻，字景山，少长兵间，习弓马，为良将，兵败被杀。蒲瓦，人名。

【译文】

元世祖忽必烈在王府官邸的时候，听说李冶贤能，便派使者前去召见他，并说："常听说你学识优异，才略过人，且深藏美德从不显耀，很早就想相见。"李冶到后，世祖忽必烈便问他在黄河以南为官的人中谁有贤德，李冶回答说："具备无论困难还是顺利都保持镇定态度这种节操的，只有完颜仲德。"世祖又询问完颜合答及蒲瓦两人的品行如何，李冶回答说："他们两人缺少带兵的谋略，而金国却毫无思虑对他们加以任用，这就是金国所以灭亡的原因。"世祖再问魏徵、曹彬两人如何，李冶回答说："魏徵忠贞，敢于直言进谏，知无不言，唐朝敢于直谏的大臣，魏徵应排在第一位。曹彬征伐江南，不曾乱杀过一人，可以与方叔、召虎相比了。至于汉朝的韩信、彭越、卫青、霍去病，那就更不用谈了。"世祖又问现在的大臣中是否有像魏徵那样的贤德之人，李冶回答说："现在的人形成了谄媚讨好的风气，想要得到像魏徵那样的贤才，实在是难找到这样的人。"世祖又问现在的人才是否贤能，李冶回答说："国家不曾缺少过有才能的人，只要征求就会得到人才，不征求就会失去人才，规律的趋势就是这样呀。现在像魏盂、王鹗、李献卿、兰光庭、赵复、郝经、王博文这样一些儒生，都是有用的人才，这些人又都是贤明的大王所曾聘请访问过的，选拔任用他们，有什么不可以的，只恐怕不能完全任用他们罢。然而天下广大，难道只有这几匹千里马吗。大王只要能在天下广招贤材,那么天下的贤才就一定会得到啊。"

赵良弼单身赴日

舟至金津岛①,其国人望见使舟,欲举刃来攻,良弼②舍舟登岸喻旨。金津守延入板屋,以兵环之,灭烛大噪,良弼凝然自若。天明,其国太宰府官,陈兵四山,问使者来状。良弼数其不恭罪,仍喻以礼意。太宰官愧服,求国书。良弼曰:"必见汝国王,始授之。"越数日,复来求书,且曰:"我国自太宰府以东,上古使臣,未有至者,今大朝遣使至此,而不以国书见授,何以示信!"良弼曰:"隋文帝遣裴清来,王郊迎成礼,唐大宗、高宗时,遣使皆得见王,王何独不见大朝使臣乎?"复索书不已,诘难往复数四,以至兵胁良弼。良弼终不与,但颇录本示之。后之声言,大将军以兵十万来求书。良弼曰:"不见汝国王,宁持我首去,书不可得也。"日本知不可屈,遣使介十二人入觐,仍遣人送良弼至对马岛③。

(《元史·赵良弼传》)

【注释】

①金津岛:地名,在今日本境内。②良弼:即赵良弼,字辅之,女真人,本姓术要甲,音讹为赵,故改赵姓,元世祖时曾出使日本。③对马岛:地名。

【译文】

船到金津岛后,日本国人远远望见使者的大船,举起武器兵刃就准备前来进攻,赵良弼下船登岸后告诉他们来意。金津岛守臣将他们引入板屋,然后派兵包围他们,熄灭蜡烛后士兵大声喧哗,赵良弼神情安静,镇定自若。第二天天亮,日本国太宰府长官,在四面山上布满士兵,然后询问赵良弼来意。赵良弼先历数其不恭敬的罪状,然后又告诉他们自己出使的来意。太宰官表示愧服,要求他出示国书。赵良弼说:"我一定要面见你们国王后,才能交出国书。"几天后,太宰官又来要求出示国书,并说:"我们国家自从太宰府掌权以来,上古大国的使臣,从来没有出使过我们国家,现在大国派使臣到这里来出使,却不拿出国书来,怎么能让人相信呢!"赵良弼说:"隋文帝派裴清前来出使,你们国王亲自到城郊以礼相迎,唐太宗、唐高宗之时,所派遣的使者都能见到国王,你们国王为什么独不接见我们大元朝的使臣呢?"太宰官还是不停地索要国书,并且反反复复先后

4次诘难赵良弼，以至于最后用武力威胁他。赵良弼还是不给他，只是大略地抄录了副本给他看。太宰官后来又声称说，他们的大将军统领了10万士兵前来索要国书。赵良弼说："没有见到你们国王，宁可你们将我的头拿走，也不会让你们得到国书。"日本国知道不能使赵良弼屈服，只好派12名使者前往拜见大元朝皇帝，并依旧派人护送赵良弼返回到对马岛。

铁木真嫁妹

孛秃，亦乞列思氏，善骑射。太祖①尝潜遣术儿彻丹出使，至也儿古纳河②。孛秃知其为帝所遣，值日暮，因留止宿，杀羊以享之。术儿彻丹马疲乏，复假以良马，及还，孛秃待之有加。术儿彻丹具以白帝，帝大喜，许妻以皇妹帖木伦。孛秃宗族乃遣也不坚歹等诣太祖，因致言曰："臣闻威德所加，若云开见日，春风解冻，喜不自胜。"帝问："孛秃挚畜几何？"也不坚歹对曰："有马三十匹，请以马之半为聘礼。"帝怒曰："婚姻而论财，殆若商贾矣。昔人有言，同心实难，朕方欲取天下，汝亦乞列思之民，从孛秃效忠于我可也，何以财为！"竟以皇妹妻之。

（《元史·孛秃传》）

【注释】

①太祖：即元太祖成吉思汗（1162—1227年）。②也儿古纳河：河名，在今俄罗斯境内。

【译文】

孛秃，是亦乞烈思氏人，擅长骑马射箭。太祖曾暗中派术儿彻丹出使，到也儿古纳河边。孛秃知道他是太祖成吉思汗派遣出来的，当时正好天刚黑，于是孛秃就留术儿彻丹住宿，并杀羊来款待他。术儿彻丹的马匹困乏，孛秃又把好马借给他，等到返回时，孛秃待他更热情。术儿彻丹把这些事仔细地讲给太祖听了，太祖大喜，决定把自己的妹妹帖木伦嫁给孛秃做妻子。孛秃宗族的人派也不坚歹等人去见太祖，他们向太祖表达谢意说："我们听说大汗威望德行施予的地方，就像云开见日、春风解冻，我们感到喜不自胜。"太祖问道："孛秃牧养繁殖了多少牲口？"也不坚歹回答说："孛秃有30匹马，他请求拿出一半的马匹作聘礼。"太祖大怒说："谈婚姻而论及钱财，就好像商人谈买卖一样。以往的人曾经说过，同心同德实在困难，我现在想要夺取天下，你是亦乞列思的族人，跟随孛秃效忠于我就可以了，何必谈论钱财呢！"于是把妹妹嫁给孛秃做妻子。

德辉论兴亡

岁丁未，世祖①在潜邸，召见，问曰："孔子殁已久，今其性安在？"对曰："圣人与天地终始，无往不在。殿下能行圣人之道，性即在是矣。"又问："或云，辽以释废，金以儒亡，有诸？"对曰："辽事臣未周知，金季乃所亲睹，宰执中虽用一二儒臣，余皆武弁世爵，及论军国大事，又不使预闻，大抵以儒进者三十之一，国之存亡，自有任其责者，儒何咎焉！"世祖然之。因问德辉曰："祖宗法度具在，而未尽设施者甚多，将如之何？"德辉指银槃，喻曰："创业之主，如制此器，精选白金良匠，规而成之，畀付后人，传之无穷。当求谨厚者司掌，乃永为宝用。否则不惟缺坏，亦恐有窃而去之者矣。"世祖良久曰："此正吾心所不忘也。"……又问："农家作劳，何衣食之不赡？"德辉对曰："农桑，天下之本，衣食之所从出者也。男耕女织，终岁勤苦，择其精者输之官，余粗恶者将以仰事俯育。而亲民之吏复横敛以尽之，则民鲜有不冻馁者矣。"

（《元史·张德辉传》）

【注释】

①世祖：指忽必烈。

【译文】

丁未年，世祖忽必烈在亲王府召见张德辉，问道："孔子死去已久，现在他学说的生命力在哪里？"张德辉回答说："圣人与天地同始同终，无处不在。殿下只要能实行圣人的思想主张，那么就得了圣人思想的生命。"世祖又问："有人说，辽国是由于崇佛而亡国，金国是由于运用儒术而亡国，有这种事吗？"张德辉回答说："辽国的事情我不太清楚，金国的没落却是我亲眼所见，执掌权力的官员中曾运用了一两个儒臣，但其余的都是武官和承袭世爵的权贵，及至商议军国大事，又不让他们参与了解，朝中官员大抵以儒术入仕的30人中才有一个，国家的废亡，自然有人应承担起这个责任，但儒生又有什么错误呢！"世祖认为他说得很对。于是又问张德辉："祖宗的旧制法规都已存在，然而尚未完全制定完善的法规也很多，我该怎么办？"张德辉指着银盘，打比喻说："创业的君王，好像制做这件银器，先要精心挑选白银和好的工匠，规划好样式后再做成，托付给后代，永远流传没有穷尽。应当寻找谨慎温厚的人来掌管，才可以永远使用。否则不仅会缺损毁坏，而且恐怕还会有盗贼偷走它呀。"世祖想了很久才说："这正是我心里念念不忘的事情呀。"……世祖又问："农夫耕作劳苦，为什么衣食还是不充足呀？"张德辉回答说："农桑是天下的根本，穿衣吃饭都要靠它。男人耕种，女人织布，终年辛勤劳苦，挑选上好的产品上交给官府，剩下粗劣的就用来养活一家老小。然而官吏却横征暴敛，将百姓抢掠一空，那么老百姓又怎能富足呢。"

法　制

三宝奴骗财受控告

　　武昌妇人刘氏，诣御史台诉三宝奴①夺其所进亡宋玉玺一、金椅一、夜明珠二。奉旨，令尚书省及御史中丞冀德方、也可札鲁忽赤②别铁木儿、中政使③搠只等杂问。刘氏称故翟万户妻，三宝奴谪武昌时，与刘往来，及三宝奴贵，刘托以追逃婢来京师，谒三宝奴于其家，不答，入其西廊，见榻上有逃婢所窃宝鞍及其手缝锦帕，以问，三宝奴又不答。忿恨而出，即求书状人乔瑜为状，乃因尹荣往见察院吏李节，入诉于台。狱成，以刘氏为妄。有旨，斩乔瑜，笞李节，杖刘氏及尹荣，归之原籍。

（《元史·武宗本纪》）

【注释】

　　①三宝奴：元武宗时官员。②也可札鲁忽赤：札鲁忽赤，汉译"断事官"。也可札鲁忽赤，即"大断事官"，先是总揽各种政务，入元以后，变成了司法长官。③中政使：中政院长官，掌管皇后宫中财赋及其他事务。

【译文】

　　武昌的妇人刘氏，到御史台状告三宝奴夺走她打算进献的亡宋的一方玉玺、一把金椅、两颗夜明珠。朝廷下旨，命尚书省臣及御史中丞冀德方、也可札鲁忽赤别铁木儿、中政使搠只等一齐审理这件讼案。刘氏自称她是已亡故翟万户的妻子，三宝奴被贬职武昌时，与刘氏有来往，三宝奴显贵了以后，刘氏因要委托他追拿逃走的奴婢来到京师，到三宝奴家拜访他，三宝奴不肯帮忙。刘氏进入他家的西廊，看见屋中床榻上有逃走奴婢所盗走的宝鞍以及手缝的锦帕，刘氏拿着这些东西质问三宝奴，他又不回答。刘氏愤恨地离开了三宝奴家，立即请求写状纸的乔瑜写了状纸，又凭着尹荣的关系，前去见按察院的小吏李节，最后到御史台状告三宝奴。讼案审判的结果，觉得刘氏是瞎说。因此传下圣旨，将乔瑜斩首，鞭打李节，杖责刘氏和尹荣，并把他们遣送回原籍。

吕思诚谈钞法

吏部尚书契哲笃、左司都事武祺等，建言更钞法，以楮币一贯文省权铜钱一千文为母，铜钱为子，命廷臣集议。思诚①曰："中统、至元自有母子②，上料为母，下料为子，譬之蒙古人以汉人子为后，皆人类也，尚终为汉人之子，岂有故纸为父而立铜为子者乎？"一座咸笑。思诚又曰："钱钞用法，见为一致，以虚换实也。分历代钱、至正钱、中统钞、至元钞、交钞分为五项，虑下民知之，藏其实而弃其虚，恐不利于国家也。"契哲笃曰："至元钞多伪，故更之尔。"思诚曰："至元钞非伪，人为伪尔。交钞若出，亦为伪者矣。且至元钞，犹故戚也，家之童奴且识之；交钞，犹新戚也，虽不敢不亲，人未识也，其伪反滋多尔。况祖宗之成宪，其可轻改哉。"契哲笃曰："祖宗法弊，亦可改矣。"思诚曰："汝辈更法，又欲上诬世皇③，是汝与世皇争高下也。且自世皇以来，诸帝皆谥曰孝，改其成宪，可谓孝乎？"契哲笃曰："钱钞兼行何如？"思诚曰："钱钞兼行，轻重不伦，何者为母，何者为子，汝不通古今，道听而涂说，何足行哉。"契哲笃忿曰："我等策既不可行，公有何策？"思诚曰："我有三字策，曰：行不得！行不得！"

（《元史·吕思诚传》）

【注释】

①思诚：即吕思诚，字仲实，元朝平定州人，先世为金进士，由金入元，中泰定元年进士，为官正直。②"中统"句：中统，元世祖年号，公元1260—1264年。至元，世祖年号，公元1264—1295年。③世皇：即元世祖忽必烈。

【译文】

吏部尚书契哲笃、左司都事武祺等，建议改革钱钞的法令，以一贯文省的纸币折合一千文铜钱作为母钞，铜钱作为子钞，皇帝下诏命令朝中大臣集体讨论这个建议。吕思诚说："中统、至元年间本来有母钞和子钞，质料上等的是母钞，质料次等的是子钞，如同蒙古人将汉人的儿子作为后代，都是人的同类，但最后还是成了汉人的儿子，怎么会有旧纸是父亲而立铜钱为儿子的呢？"在座的人都笑起来。吕思诚又说："铜钱纸钞的使用法则、作用是一样的，都是以虚换实罢了。现在历代的铜钱、至正铜钱、中统钞、至元钞、交钞，共有五类，只是担心老百姓知道这一点，收藏实物而抛开虚假无用的纸钞，恐怕将对国家大为不利。"契哲笃说："至元钞有很多是假的，所以要更换它。"吕思诚说："至元钞不是假的，只是有人造假罢了。如果交钞发行使用，人们也会伪造他。况且至元钞好比是老亲戚，家中的小孩奴仆都能识别；交钞，好像是新结的亲戚，虽然不敢不亲近，但是人们还并没有都认识它，那么伪造的反而更多了。何况祖宗的成规，怎么可以轻易更改呢。"契哲笃说："祖宗的旧法已经不适用，也可以改革了。"吕思诚说："你们这些人更改法令，想变乱世祖的规定，这是你们同世祖争夺高下之位呀。况且自从世祖皇帝以来，诸位皇帝都被谥号为孝，更改他的成规，能够说是孝吗？"契哲笃说："铜钱纸钞一齐发行使用怎么样？"吕思诚说："铜钱纸钞一起使用，谁重要谁次要分不清楚谁为母钞，谁为子钞，也不明白，你不精通古今钱钞，道听途说提出的建议，怎么值得施行呢。"契哲笃气愤地说："我们的策略既然不能施行，那么你有什么计策呢？"吕思诚说："我有三字策略，那就是：不可行，不可行！"

张雄飞廉洁守法

雄飞^①刚直廉慎，始终不易其节。尝坐省中，诏趣召之，见于便殿，谓雄飞曰："若卿，可谓真廉者矣。闻卿贫甚，今特赐卿银二千五百两、钞二千五百贯。"雄飞拜谢，将出，又诏加赐金五十两及金酒器。雄飞受赐，封识藏于家。后阿合马^②之党以雄飞罢政，诣省乞追夺赐物，裕宗^③在东宫闻之，命参政温迪罕谕丞相安童曰："上所以赐张雄飞者，旌其廉也，汝岂不知耶？毋为小人所诈。"塔即古阿散^④请检核前省钱谷，复用阿合马之党，竟矫诏追夺之。塔即古阿散等俄以罪诛，帝虑校核失当，命近臣伯颜阅之。中书左丞耶律老哥劝雄飞诣伯颜自辩，雄飞曰："上以老臣廉，故赐臣，然臣未尝敢轻用，而封识以俟者，政虞今日耳，又可自辩乎？"

（《元史·张雄飞传》）

【注释】

①雄飞：即张雄飞，字鹏举，元朝琅琊临沂人，由金入元，为元官员。②阿

合马：元初期大臣，专权横暴，贪赃不法，后被诛杀。③裕宗：即元世祖忽必烈太子真金。④塔即古阿散：世祖时大臣。

【译文】

张雄飞为官正直廉洁，节操始终不改。有一次在中书省处理公务时，世祖派使者前去召见他，并在偏殿中接见他，世祖告诉张雄飞说："只有你，真正可以称得上廉洁呀。我听说你非常清贫，现在特别赏赐给你白银2500两，钱钞2500贯。"张雄飞跪拜谢恩，将要退出时，世祖又诏命加赐黄金50两及金质酒器。张雄飞接受赏赐后，全部存封做好标记后密藏在家中。后来阿合马的同党由于张雄飞被罢职，就到中书省请求收缴追回原来所赏赐的物品，裕宗真金听说后，命令参知政事温迪罕告诉丞相安童说："皇上原先赏赐张雄飞，是为了表彰他的廉洁呀，难道你不知道吗？不要被小人所欺骗。"塔即古阿散奏请检查核实前中书省官员的财政情况，再次起用阿合马的同党，他们最后竟假传诏书追缴收回赏赐的财物。塔即古阿散等不久因罪被诛杀，世祖考虑到清查核实可能不当，下令近臣伯颜复查。中书省左丞相耶律老哥劝张雄飞到伯颜那里为自己辩词，张雄飞说："皇上由于老臣廉洁，所以赏赐我，然而我却未曾敢轻易动用赏赐的财物，而封存后做好标记以等待不测，预料到要发生今天的变故，又有什么可以为自己辩护的呢！"

伯颜平宋遭构陷

伯颜①之取宋而还也，诏百官郊迎以劳之，平章阿合马②，先百官半舍道谒，伯颜解所服玉钩绦遗之，且曰："宋宝玉固多，吾实无所取，勿以此为薄也。"阿合马谓其轻己，思中伤之，乃诬以平宋时，取其玉桃盏，帝命按之，无验，遂释之，复其任。阿合马既死，有献此盏者，帝愕然曰："几陷我忠良！"别吉里迷失③尝④诬伯颜以死罪，未几，以它罪诛，敕伯颜临视，伯颜与之酒，怆然不顾而返。世祖问其故，对曰："彼自有罪，以臣临之，人将不知天诛之公也。"

(《元史·伯颜传》)

【注释】

①伯颜：元朝著名军事家、政治家，元世祖忽必烈时，带兵灭亡南宋，生于1236年，死于1295年。②阿合马：元朝初期大臣，出生于中亚费纳喀忒，专权横

暴，后被杀，生年不详，卒于1282年。③别吉里迷失：人名，元世祖忽必烈时大臣。④尝：曾经。

【译文】

伯颜攻取宋朝后班师回朝，世祖诏令百官到城郊迎接他们，以示慰劳。平章阿合马，先于百官在半路上迎候伯颜，伯颜解下他身上所穿的玉钩绦送给阿合马，并说："宋朝的宝玉虽然多，我实在是没有拿，希望不要认为这件礼物太薄了。"阿合马觉得伯颜轻视自己，就想中伤他，因此诬陷他平宋的时候，私自拿了玉桃盏，世祖下令追查，没有证据，因此释放了他，并且还恢复了他的官职。阿合马死后，有人进献玉桃盏，世祖惊愕地说："差一点诬陷了我的忠臣！"别吉里迷失曾经诬陷伯颜想致他死罪，不久，别氏由于其他罪行将被诛杀，世祖敕令伯颜前去监斩，伯颜递给他酒，痛苦得没有回头地离开了。世祖询问他缘故，伯颜回答说："他本来有罪，让我前去监斩，别人就不会认为这是上天诛杀他的公正行为呀。"

王荣伤人起风波

纯只海，散术台氏。弱冠宿卫太祖①帐下，从征西域诸国有功。己亥，同僚王荣②潜畜异志，欲杀纯只海，伏甲掣之，断其两足跟，以帛缄纯只海口，置佛祠中。纯只海妻喜礼伯伦闻之，率其众攻荣家夺出之。纯只海裹疮从二子驰旁郡，请兵讨荣，杀之。朝廷遣使以荣妻孥③货产赐纯只海家，且尽驱怀④民万余口郭外，将戮之。纯只海力争曰："为恶者止荣一人耳，其民何罪。若果尽诛，徒守空城何为。苟朝廷罪使者以不杀，吾请以身当之。"使者还奏，帝是其言，民赖不死。纯只海给荣妻孥券，放为民，遂⑤以其宅为官廨，秋毫无所取。郡人德之。

（《元史·纯只海传》）

【注释】

①太祖：即元太祖成吉思汗（1162—1227年）。②王荣：元太祖时曾任怀州官员。③孥（nú）：同"奴"。④怀：地名，在今河南沁阳境内。⑤遂：于是。

【译文】

散术台氏人纯只海，15岁时在太祖帐下任值班警卫，跟随太祖征讨西域各国立下了功劳。己亥日，同僚王荣暗中怀有不轨的企图，想要杀掉纯只海，便埋下伏兵抓住了他，并砍断了他的两个脚后跟，用布帛塞住了纯只海的口，然后把他放在佛祠中。纯只海的妻子喜礼伯伦知道这个消息后，率领部队攻打王荣家，夺回了丈夫。纯只海裹着伤口随着两个儿子急驰至旁郡，请求救兵征讨王荣，并诛杀了他。朝廷派使者将王荣的妻子、家奴以及财产统统赏赐给纯只海家，并驱赶一万多名怀州百姓到城外，打算将他们全部杀死。纯只海极力劝止说："犯下罪恶的仅仅只是王荣一人罢了，那么怀州百姓又有什么罪呢。倘若全部杀死了，只防守一座空城又有什么用呢？如果朝廷怪罪使者没有诛杀民夫，那么我请求由本人承担罪责。"使者回奏皇帝，皇帝答应了他的要求，百姓因此免于一死。纯只海交给王荣的妻子充官为奴的凭据，释放她为百姓。于是又把王荣的府宅作为官署，秋毫无犯，郡中的百姓都觉得他有品德。

虞槃英明除邪巫

有巫至其州，称神降，告其人曰："某方火。"即火。又曰："明日某方火。"民以火告者，槃①皆赴救，告者数十，寝食尽废，县长吏以下皆迎巫至家，厚礼之。又曰："将有大水，且兵至。"州大家皆尽室逃，槃得劫火卒一人，讯之，尽得巫党所为，坐捕盗司，召巫至，鞫之，无敢施鞭棰者，槃谓卒曰："此将为大乱，安有神乎！"急治之，尽得党与数十人，罗络内外，果将为变者，同僚皆不敢出视，曰："君自为之。"槃乃断巫并其党如法，一时吏民始服儒者为政若此。

(《元史·虞集传》)

【注释】

①槃：即虞槃，字仲常，延祐五年进士。虞集之弟，为元朝良吏。

【译文】

有一位巫师到虞槃管理的州郡，谎称神灵降世，他告诉当地的老百姓说："某个地方将会发生火灾。"那个地方果然发生火灾。他又预言说："明天某地将会发生火灾。"凡是百姓报告有火灾发生的，虞槃都赶往救火，报告火灾的人有几十名，弄得大家都无法吃饭睡觉，县里的长吏及下属的官吏都将巫师接到家中，用隆重的礼节招待他。巫师又预言说:"这里将会有大水灾发生,而且还会有兵匪到来。"州郡中的富户人家统统携带家产逃走了,虞槃抓到了一名趁火打劫的人,审问他,终于得知以前的事都是巫师的同党所干,虞槃因此亲自前往捕盗司,召令巫师前来,审讯他,可没有人敢鞭打他,虞槃对士卒们说:"像这样会构成大乱,哪里有什么神灵呢!"因此加紧审讯他,终于得知他的几十名同党,遍布州郡内外,果然将要发动变乱,虞槃的同僚们都不敢出外巡视,都请求他说:"你亲自处理这件事情吧。"虞槃因此依法判处巫师和他同党的罪行,一时之间官吏百姓们都开始佩服儒士们处理政事确实英明果断。

胡长孺断案有方

民荷溺器粪田,偶触军卒衣,卒挟伤民,且碎器而去,竟不知主名。民来诉,长孺①阳怒其诬,械于市,俾左右潜侦之,向挟者过焉,戟手称快,执诣所隶,杖而偿其器。群妪聚浮屠庵,诵佛书为禳祈,一妪失其衣,适长孺出乡,妪讼之。长孺以牟麦置群妪合掌中,命绕佛诵书如初,长孺闭目叩齿,作集神状,且曰:"吾使神监之矣,盗衣者行数周,麦当芽。"一妪屡开掌视,长孺指缚之,还所窃衣。长孺白事帅府归,吏言有奸事屡问弗伏者,长孺曰:"此易尔。"夜伏吏案下,黎明,出奸者讯之,辞愈坚,长孺佯谓令长曰:"颇闻国家有诏,盍迎之。"叱隶卒缚奸者东西楹,空县而出,庭无一人。奸者相谓曰:"事至此,死亦无行将自解矣。"语毕,案下吏谨而出,奸者惊,咸叩头服罪。永嘉②民有弟质珠步摇于兄者,赎焉,兄妻爱之,给以亡于盗,屡讼不获直,往告长孺,长孺曰:"尔非吾民也。"叱之去。未几,治盗,长孺嗾盗诬兄受步摇为赃,逮兄赴官,力辨数弗置,长孺曰:"尔家信有是,何谓诬耶!"兄仓皇曰:"有固有之,乃弟所质者。"趣持至验之,呼其弟示曰:"得非尔家物乎?"弟曰:"然③"。遂归焉。

(《元史·儒学·胡长孺传》)

【注释】

①长孺:即胡长孺,字汲仲,元婺州永康人,为元朝儒士,为官清正仁厚。②永嘉:县名,在今浙江温州境内。③然:是的。

【译文】

　　一位农夫挑着粪桶去田里施肥,在路上失措碰到了一位军士的衣服,军士用鞭子打伤了农夫,并敲碎了他的粪桶,然后扬长而去,农夫最后竟然还不清楚军士的名字。农夫前来控告军士,胡长孺假装发怒说农夫诬告,把农夫绑在集市上,让手下人暗中侦察,先前那个打伤农夫的军士经过集市,拍手称快,捕快们便将这个人抓到县衙,胡长孺命令杖责他并让他赔偿民夫的器物。一群老妇人在浮图庵聚会,诵念佛经做祈祷,一名老妇人丢失了衣服,刚好胡长孺下乡查案。老妇便向他申诉这件事情。胡长孺便将同样多的麦子放在这些老妇人合起来的手掌中,然后让她们像开始一样围着佛像边转边念经,胡长孺闭着眼睛叩紧牙齿,做出聚精会神的样子,并说:"我让神灵来监视你们,偷衣服的人绕行几周后,手中的麦子就会发芽。"一名老妇人几次打开手掌偷看,胡长孺指出并让人绑住她,她便归还了所偷的衣服。胡长孺从帅府奏事返回来,县吏报告说有一件私通的案子,多次审问罪犯都不招供,胡长孺说:"这件案子极容易处理。"当夜,他让一名官吏躲在大堂的案桌之下,第二天黎明,提出通奸者审问,他们的言辞更加坚决,胡长孺假装对长吏说:"似乎听说朝廷下达诏令,怎么不前去迎接呢。"因此命令差役将通奸的犯人绑在东西两根柱子上,然后全体差吏都出去迎接诏令,整个县堂都空了,庭院中也没有一个人。通奸者相互商量说:"事情到这种地步,死也没有对证了,我们自然也会被释放了。"话刚说完,案桌下的县吏大声呼叫着冲了出来,通奸者大惊,只有都叩头认罪了。永嘉县有一户人家,兄弟将一件步摇首饰抵押给了哥哥,想赎取回来,哥哥的妻子十分喜爱这件首饰,就欺骗弟弟说首饰被强盗偷走了,弟弟屡次申诉都没有公正的结果,因此到胡长孺那里去控告,胡长孺说:"你不是我们县的百姓。"斥责他离去。不久,审判一批强盗,胡长孺唆使强盗诬陷永嘉县民家兄长接受了他的一件赃物,即那件步摇首饰,因此拘捕兄长前往县衙,兄长极力辩白,胡长孺几次不予理睬,最后胡长孺说:"你家确实有件步摇首饰,怎么说是诬陷呢!"兄长惊慌失措地回答说:"确实有件步摇首饰,不过却是我兄弟抵押的。"胡长孺便让他回家取来验证,并传呼他的弟弟询问说:"这是你家的首饰吗?"兄弟回答说:"是的。"因此便将首饰归还给了兄弟。

干文传巧断疑案

　　其在乌程①,有富民张甲之妻王,无子,张纳一妾于外,生子,未晬,王诱妾以儿来,寻逐妾,杀儿焚之。文传②闻而发其事,得死儿余骨，王厚贿妾之父母，买邻家儿为妾所生，儿初不死。文传令妾抱儿乳之，儿啼不就乳，妾之父母吐实，乃呼邻妇至，儿见之，跃入其怀，乳之即饮，王遂伏辜。丹徒县③民有二弟共杀其姊者，狱久不决，浙西廉访司俾文传鞫之，既得其情，其母乞贷二子命，为终养计，文传谓二人所承有轻重，以首从论，则为首者当死，司官从之。

(《元史·干文传传》)

【注释】

①乌程：县名，在今浙江吴兴县境内。②文传：即干文传，字寿道，元朝平江人，为官诚直，不事浮躁。③丹徒县：县名，在今江苏镇江市丹徒区境内。

【译文】

干文传在乌程的时候，富民张甲的妻子王氏，没有生子，张甲在外面娶了一位小妾，并生了一个儿子，还没有满一周岁，王氏诱骗小妾带着儿子来到家中，不久就赶走了小妾，杀死小儿并焚毁其尸骨。干文传知道后就追查这件事情，找到了被烧死孩子剩下的骨头。王氏用极多钱重重地贿赂了小妾的父母亲，并收买邻居家的小孩，假称是小妾所生，证明这个孩子并没有死。干文传命令小妾抱着小孩吃乳，小孩啼哭着不肯吃。小妾的父母才吐露实情，因此传呼邻居家妇人前来。小孩看到她，马上跳进她的怀中，给他哺乳，他立即就吃，王氏于是伏罪。丹徒县有两位兄弟一起谋杀了他们的姐姐，这件案子很长时间没有判决，浙西廉访使让干文传来审问这件案子。查清案情后，他们的母亲乞求放过她两个儿子的性命。考虑到要有人为老太太养老送终，干文传便判决两人所承担的罪责有轻重之别，按首犯从犯论处，那么为首者应当处死，司法官同意了这个判决。

王思廉与帝论反臣

十九年①，帝②幸白海③，时千户王著，矫杀奸臣阿合马④于大都，辞连枢密副使张易。帝召思廉⑤至行殿，屏左右，问曰："张易反，若知之乎？"对曰："未详也。"帝曰："反已反已，何未详也？"思廉徐奏曰："僭号改元谓之反，亡入他国谓之叛，群聚山林贼害民物谓之乱，张易之事，臣实不能详也。"帝曰："朕自即位以来，如李璮⑥之不臣，岂以我若汉高帝、赵太祖，邅陟帝位者乎？"思廉曰："陛下神圣天纵，前代之君不足比也。"帝叹曰："朕往者，有问于窦默⑦，其应如响,盖心口不相违,故不思而得,朕今有问汝,能然乎?且张易所为,张仲谦⑧知之否?"思廉即对曰:"仲谦不知。"帝曰:"何以明之?"对曰:"二人不相安,臣故知其不知也。"

(《元史·王思廉传》)

【注释】

①十九年:指元世祖十九年,即公元 1279 年。②帝:即元世祖忽必烈。③白海:地名,在今甘肃古浪县东北。④阿合马:元初大臣,专权横暴,打击异己,贪赃不法,后被诛杀。⑤思廉:即王思廉,字仲常,元朝真定获鹿人,后为元世祖大臣。⑥李璮:金末山东军阀李全之子,小字松寿,袭父职为益都行省,后起兵叛元,兵败身死。⑦窦默:字子声,初名杰,字汉卿,元朝广平肥乡人。元世祖大臣,忠诚正直。⑧张仲谦:元世祖时大臣。

【译文】

元世祖十九年,皇帝忽必烈到达白海,当时千户王著,在大都假传圣旨诛杀奸臣阿合马,他的供词里牵连到枢密副使张易。元世祖召王思廉到行殿,屏退左右侍臣,然后问他说:"张易造反,你清楚这件事吗?"王思廉回答说:"不清楚。"世祖说:"造反了就是造反了,你为何要说不清楚呢?"王思廉慢慢地回奏说:"篡改国号更改年号就叫做造反,逃入别的国家叫反做叛,聚集在山林中祸害百姓抢掠财物叫做作乱,张易的事情,我实在不能说清楚呀。"世祖说:"我自从登上帝位以来,像李璮这样的人都怀有不臣之心,难道他们觉得我像汉高祖、赵太祖那样,是匆忙登上帝位的吗?"王思廉说:"陛下天纵英明,无比神圣,前代的君王都不足以与你相比啊。"世祖感叹说:"我以前有问题问窦默,他总是很快就能回答,这大概是心里想的和口里说的不相违背,因此不思考就能回答,如今我有问题问你,你能做到这样吗?况且张易所干的事情,张仲谦知道吗?"王思廉马上回答说:"张仲谦不知道。"世祖问道:"你如何能确定这一点?"王思廉回答说:"他们两人不能和谐地相处,我所以知道张仲谦不了解这件事。"

军 事

两都之战

　　岁戊辰①七月庚午，泰帝皇帝崩于上都②，倒剌沙③专权自用，逾月不立君，朝野疑惧。时佥枢密院事燕铁木儿④留守京师，遂谋举义。八月甲午黎明，召百官集兴圣宫，兵皆露刃，号于众曰："武皇有圣子二人，孝友仁文，天下归心，大统所在，当迎立之，不从者死！"乃缚平章乌伯都剌、伯颜察儿，以及中书左丞朵朵、参知政事王士熙等下于狱。燕铁木儿与西安王阿剌忒纳失里固守内廷。于是帝⑤方远在朔漠，猝未能至，虑生他变，乃迎帝弟怀王于江陵，且宣言已遣使北迎帝，以安众心。复矫称帝所遣使者自北方来，云周王⑥从诸王兵整驾南辕，旦夕即至矣。丁巳，怀王入京师，君臣请正大统，固让曰："大兄在北，以长以德，当有天下。必不得已，当明以朕志播告中外。"九月壬申，怀王即位，是为文宗。改元天历，诏天下曰："谨俟大兄之至，以遂朕固让之心。"

　　时倒剌沙在上都，立泰定皇帝子为皇帝，乃遣兵分道犯大都⑦。而梁王王禅、右丞相答失铁木儿、御史大夫纽泽、太尉不花等，兵皆次于榆林⑧，燕铁木儿与其弟撒敦、子唐其势等，帅师与战，屡败之。上都兵皆溃。十月辛丑，齐王月鲁帖木儿、元帅不花铁木儿以兵围上都，倒剌沙乃奉皇帝宝出降，两京道路始通。于是文宗遣哈散及撒迪等相继来迎，朔漠诸王皆劝帝南还京师，遂发北边。

（《元史·明宗本纪》）

【注释】

　　①戊辰：指泰定帝也孙铁木儿致和元年，即1328年。②上都：地名，即今内蒙古自治区正蓝旗东20公里闪电河北岸。③倒剌沙：泰定帝时权臣。④燕铁木儿：功臣土土哈之孙，元文宗时权臣，曾密谋毒死明宗，后惧怕事情败露，病死。

⑤帝：即元明宗。⑥周王：即元明宗。⑦大都：地名，即今北京。⑧榆林：地名，即今陕西榆林。

【译文】

戊辰年七月庚午日，泰定皇帝死于上都，倒剌沙专权独断，横行无忌，过了一个多月还不拥立新皇帝，朝廷上下人心惶惶。当时佥枢密院事燕铁木儿留守京师，决定政变。八月甲午日黎明，燕铁木儿在兴圣宫召集百官，兵器都露了出来。他向众人号召说："武宗皇帝有两位皇子，忠孝仁义，老百姓都归服他们，他们是皇位的最佳继承人，应当迎立他们，不同意的就得处死。"于是逮捕了平章乌伯都剌、伯颜察儿，并把中书左丞朵朵、参知政事王士熙押入大牢。燕铁木儿与西安王阿剌忒纳失里共同把守宫廷。这时明宗皇帝远在北方，匆忙之间不能赶到，考虑到可能会发生其他变故，于是前往湖北江陵迎立明宗皇帝的弟弟怀王（即文宗皇帝），并且宣称已经派使臣到北方去恭迎明宗皇帝，用以安定人心。接着又假称明宗派遣的使者从北方赶来，报告周王和诸王及卫士们向南赶来，马上就会到了。丁巳日，怀王进入京师大都，诸王大臣们请求他登基，怀王推辞说："我的大哥在北方，凭他的年龄和德行，都应该可以统治天下。现在情势迫不得已，应当把我的想法告于天下。"九月壬申日，怀王即位，就是文宗，改年号为天历，诏告天下人说："我等待着我的大哥回到京师，这样就可以达成我推辞即位的心愿。"

此时倒剌沙在上都，拥立泰定皇帝的儿子为新帝，然后派兵分几路进犯大都。不久梁王王禅、右丞相答失铁木儿和御史大夫纽泽、太尉不花等，率兵都抵达榆林。燕铁木儿和他的弟弟撒敦、儿子唐其势等人，率军同他们作战，屡次击败他们。上都的军队都被击败了。十月辛丑日，齐王月鲁帖木儿、元帅不花铁木儿率兵包围了上都，倒剌沙不得不捧出皇帝玉玺出降，大都与上都的道路这才开始畅通。于是文宗又派哈散及撒迪等先后前去迎接明宗皇帝回大都即位，北方的诸王都劝谏明宗南还京师，明宗皇帝于是从北边开始起程。

纽璘奇袭败宋军

纽璘①伟貌长身，勇力绝人，且多谋略，常从父军中。丁巳岁，宪宗②命将兵万人略地，自利州下白水③，过大获山④，出梁山军直抵夔门⑤。戊午，还钓鱼山⑥，引军欲会都元帅阿答胡等于成都。宋制置使蒲择之，遣安抚刘整、都统制段元鉴等，率众据遂宁江箭滩渡以断东路⑦。纽璘军至不能渡,自旦至暮大战,斩首二千七百余级,遂长驱至成都。蒲择之命杨大渊等守剑门及灵泉山,自将四川兵取成都。会阿答胡死,诸王阿卜干与诸将脱林带等谋曰:"今宋兵日逼,闻我帅死,必悉众来攻,其锋不可当。我军去行在远,待上命建大帅,然后御敌,恐无及已。不若推纽璘为长,以号令诸将,出彼不意,敌可必破。"众然之,遂推纽璘为长。纽璘率诸将大破宋军于灵泉山,乘胜追擒韩勇,斩之,蒲择之兵溃。进围云顶山城,扼宋军归路。其主将仓卒失计,遂以其众降。城中食尽,亦杀其守将以降。

(《元史·纽璘传》)

【注释】

①纽璘:元宪宗时大将,祖父和父亲都是元初的功臣,他也多次获得战功。②宪宗:即元宪宗蒙哥(1209—1259年)。③"自利州"句:利州,地名,在今四川境内。白水,涪陵江支流。④大获山:在今四川境内。⑤"出梁山军"句:梁山军,地名,在四川境内。夔门,在今四川境内。⑥钓鱼山:在四川合川附近。⑦"率众"句:遂宁,今四川遂宁。箭滩渡,在遂宁附近。

【译文】

纽璘相貌雄伟,身材修长,勇力过人,并且还很有谋略,经常跟随父亲在军中征战。丁巳年,宪宗蒙哥命令纽璘带领一万士兵出征,在利州渡白水河,越过大获山,经过梁山军径直抵达夔门。戊午日,纽璘军回师钓鱼山,他带领军队想与都元帅阿答胡等在成都会师。宋朝制置使蒲择之,派安抚刘整、都统制段元鉴等,率军据守遂宁江箭滩渡以阻绝元军东进路线。纽璘的军队抵达后不能渡江,从白天一直激战到日暮,斩杀敌军2700多人,于是大军长驱直入,进抵成都。蒲择之命令杨大渊等人防守剑门和灵泉山,自己亲率四川的士兵来夺成都。刚好阿答胡死了,诸王阿卜干和众将领脱林带等商议说:"现在宋军逐渐逼近,如果他们听到我们主帅已死的消息,一定会发动全部军队前来进攻,那么他们的气势就会锐不可当。我军远离朝廷,等到皇上任命主帅,然后再来抵抗敌军,恐怕就来不及了。不如推举纽璘作为主帅,让他来指挥诸将作战,让敌人意料不到,那么就可大败敌军。"大家对这个主张都很赞同,于是推举纽璘做主帅。纽璘率领众将士大败宋军于灵泉山,乘胜追击,生擒韩勇,并斩杀之,蒲择之军队大败。纽璘率军前进,包围云顶山城,阻断宋军退路。宋军主将惊慌失措,于是率军投降。云顶山城粮食消耗完了,众守军于是也斩杀其守将,然后出降。

理　财

皇后性俭

后①性节俭,不妒忌,动以礼法自持。第二皇后奇氏②素有宠,居兴圣西宫,帝希幸东内。后左右以为言,后无几微怨望意。从帝时巡上京,次中道,帝遣内官传旨,欲临幸,后辞曰:"暮夜非至尊往来之时。"内官往复者三,竟拒不纳,帝益贤之。帝尝问后:"中政院③所支钱粮,皆传汝旨,汝还记之否?"后对曰:"妾当用则支。关防出入,必已选人司之,妾岂能尽记耶?"居坤德殿,终日端坐,未尝妄逾户阈。至正二十五年八月崩,年四十二。奇氏后见其所遗衣服弊坏,大笑曰:"正宫皇后,何至服此等衣耶!"其朴素可知。

(《元史·后妃传》)

【注释】

①后:指元顺帝妥欢帖睦尔皇后,名伯颜忽都。②奇氏:元顺帝第二任皇后奇氏,名完者忽都。③中政院:元朝官署,掌管皇后中宫的财赋、营建、供给及宿卫士和分地人户等事。

【译文】

伯颜忽都皇后生性节俭,不妒忌人,行动举止符合礼法。第二任皇后奇氏一向受顺帝的宠爱,住在兴圣西宫,顺帝希望到东宫过夜。皇后手下人把这件事告诉了皇后,皇后没有丝毫埋怨。那时皇后跟随顺帝巡视上都,车驾在半路上驻扎,顺帝派内监传旨,想到皇后这儿来过夜,皇后推辞说:"深夜不是皇帝往来的时候。"内监反复几次传旨,均被皇后婉言回绝了,顺帝更认为她贤德。顺帝曾经问皇后:"中政院所支用的钱粮,都是传你的旨意,你还记得吗?"皇后回答说:"我应当用的就支出。出纳用度,一定会选人掌管,我怎么能全部记下来呢?"皇后住在坤德殿的时候,整天静坐,不曾轻易出过宫门。顺帝至正二十五年皇后去世,时年42岁。第二任皇后奇氏看到她留下来的衣服都很破旧,大笑着说:"正宫皇后,何至于穿这样破旧的衣服呢!"由此可见其朴素之一斑。

德 操

义救赵王

九月①丁酉朔,诏授昔班帖木儿同知河东宣慰司②事,其妻剌八哈敦云中郡夫人,子观音奴赠同知大同路③事,仍旌表其门闾。先是,昔班帖木儿为赵王位下同知怯怜口④总管府事,其妻尝保育赵王,及是部落灭里叛,欲杀王,昔班帖木儿与妻谋,以其子观音奴服王平日衣冠居王宫,夜半,夫妻卫赵王微服遁去。比贼至,遂杀观音奴,赵王得免。事闻,故旌其忠焉。

(《元史·顺帝本纪》)

【注释】

①九月:指元顺帝妥欢帖睦尔十八年九月,即1351年。②"诏授"句:河东,地名,在今山西境内。宣慰司,即宣慰使司,元代为地方行政机构,主管军民之政。③大同路:地名,在今山西境内。④怯怜口:蒙古语的音译,意即家中儿郎,指蒙古和元朝皇室、诸王、贵族的私属人口。

【译文】

1351年,元顺帝下诏授予昔班帖木儿同知河东宣慰使一职,其妻剌八哈敦为云中郡夫人,儿子观音奴受赠为同知大同路之职,还表彰他们的整个家族。起初,昔班帖木儿在赵王属下担任同知怯怜口总管府一职,他妻子曾作为保姆抚育过赵王,等到灭里部落叛变之后,要杀赵王,昔班帖木儿和妻子一齐商量,让他们的儿子观音奴穿上赵王平时的衣服居住在王宫,半夜里,他们夫妻护着赵王微服逃走。叛贼到王宫后,就杀掉了观音奴,赵王得以逃脱。此事被皇帝知道后,就下旨表彰他们的忠诚。

姚燧氏大器晚成

姚燧字端甫……父格,燧生三岁而孤,育于伯父枢①。枢隐居苏门②，谓燧蒙暗，教督之甚急，燧不能堪，杨奂③驰书止之曰："燧，令器也。长自有成尔，何以急为！"且许醮以女。年十三，见许衡④于苏门，十八，始受学于长安。时未尝为文，视流辈所作，惟见其不如古人，则心弗是也。二十四，始读韩退之文，试习为之，人谓有作者风。稍就正于衡，衡亦赏其辞，且戒之曰："弓矢为物，以待盗也；使盗得之，亦将待人。文章固发闻士子之利器，然先有能一世之名，将何以应人之见役者哉！非其人而与之，与非其人而拒之，钧罪也，非周身斯世之道也。"

(《元史·姚燧传》)

【注释】

①枢：即姚枢，元初政治家、理学家，字公茂，号雪斋，先世由柳城入内地，后参与朝政，制定一代制度。②苏门：地名，在今河南辉县北。③杨奂：元朝乾州奉天人，字焕然，由金入元，为官10年告老。④许衡：元代理学家、教育家，字仲平，时人称鲁斋先生，原籍河南沁阳，后迁新郑，为元朝大儒学家。

【译文】

姚燧字端甫……父亲姚格，在姚燧3岁时就死了，因此他便由伯父姚枢抚养成人。姚枢当时隐居在苏门。他以为姚燧十分愚笨，教育管束十分急躁，姚燧无法忍受，杨奂得知后急忙写信劝止姚枢说："姚燧，是一件精美的玉器呀。长大后他自然会有成就，何必为他着急呢！"杨奂并且还将女儿嫁给姚燧做妻子。13岁时，他在苏门拜见许衡，18岁时，才开始在长安求学。当时他还未曾写文章，然而看了时人所作的文章，觉得他们远远不如古人，内心里便极不以为然。24岁时，他才开始读韩愈的文章，试着仿照写文章，人们都说他的文章有韩愈的气势和风格。后来向许衡请教，许衡也赞赏他的文辞，并告诫他说："弓箭作为武器，是为了防备盗贼呀；倘若盗贼得到了弓箭，也要用他来害人。文章固然是表露儒士思想人格的利器，但是倘若不能先认清一时的潮流，将如何应对那被役使的地位呢？不是适当的人而给予他利器，与是适当的人而拒绝给他利器，都是错误的，都不是完满自身面对这个世界的方法啊！"

管如德勇敢无畏

管如德，黄州黄陂县人。……先是，如德尝被俘虏，思其父，与同辈七人间道南驰，为逻者所获，械送于郡。如德伺逻者怠，即引械击死数十人，各破械脱走，间关万里达父所。景模①喜曰："此真吾儿也。"至是，入觐，世祖②笑曰："是孝于父者，必忠于我矣。"一日，授以强弓二，如德以左手兼握，右手悉引满之，帝曰："得无伤汝臂乎？后毋复然！"尝从猎，遇大沟，马不可越，如德即解衣浮渡，帝壮之，由是称为拔都③，赏赉优渥。帝问："我何以得天下，宋何以亡？"如德对曰："陛下以福德胜之。襄樊，宋咽喉也，咽喉被塞，不亡何恃！"帝曰："善。"

（《元史·管如德传》）

【注释】

①景模：指管景模，管如德之父。②世祖：指忽必烈。③拔都：意即汉语中"勇士"。

【译文】

管如德，黄州黄陂县人。……起初，管如德曾经被俘虏，他非常想念他的父亲，便与7位同辈的人一齐从小路向南逃跑，被巡逻的士兵抓获，用镣铐锁起来，准备押送到州郡中去。管如德乘巡逻的人不注意时，马上拿起镣铐打死了几十人，因此他们各自挣脱镣铐逃走，管如德越过重重关卡不远万里终于到达了父亲的治所。管景模大喜说："这真是我的儿子呀。"到达之后，管如德拜见世祖，世祖笑着说："凡是孝敬父亲的人，一定会忠诚于我呀。"一天，世祖赐给他两把强弓，管如德用左手将两把弓一齐握住，用右手将两支弓的弦都拉满，世祖说："没有弄伤你的手臂吧？以后不要再这样了！"管如德曾跟随世祖出外打猎，碰上了一条大沟，马跳不过去，管如德立即脱下衣服浮在水上渡世祖过沟，世祖称赞他雄壮，管如德由此而被称为拔都，所受赏赐十分优厚。世祖曾问管如德："我凭什么得到天下，宋朝为什么会亡国？"管如德回答说："陛下凭着洪福和威德得到了天下。襄樊，是宋朝的咽喉之地，咽喉被堵塞，怎么会不灭亡呢！"世祖赞誉说："回答得好。"

杀虎能手别的因

明年，庚申①，世祖②即位，委任尤专。癸亥正月，召赴行在所。冬十一月，谒见世祖于行在所，世祖赐金符，以别的因为寿、颍二州屯田府达鲁花赤③。时二州地多荒芜,有虎食民妻,其夫来告,别的因默然良久,曰:"此易治耳。"乃立槛设机,缚羔羊槛中以诱虎。夜半,虎果至,机发,虎堕槛中,因取射之,虎遂死。自是虎害顿息。

至元十三年,授明威将军、信阳府④达鲁花赤,佩金符。时信阳亦多虎,别的因至,未久,一日以马褐置鞍上出猎,命左右燔山,虎出走,别的因以褐掷虎,虎搏褐,据地而吼,别的因旋马视虎射之,虎立死。

(《元史·抄思传》)

【注释】

①庚申:即1260年。②世祖:即元世祖忽必烈。③达鲁花赤:蒙古语"镇守者"的音译,元朝官名,为所在地方、军队和官衙的最大监治长官。蒙古贵族征服许多地方后,无力进行单独统治,便委托当地统治者治理,派出达鲁花赤监临,并掌握最后裁定权。④信阳府:府名,在今河南境内。

【译文】

第二年是庚申年,元世祖忽必烈即帝位,特地委任了一些大臣。癸亥年正月,召别的因赴行宫。冬十一月,别的因在行宫拜见世祖忽必烈,世祖赏赐给他金符,委任他为寿、颖二州屯田府达鲁花赤。当时这两州大多是荒芜的地方,有一只老虎吃掉了民夫的妻子,她的丈夫前来报告,别的因沉默了一会儿,然后说:"这极好办。"因此设立槛笼机关,在槛笼中缚住一只羊来引诱老虎。半夜里,老虎果然来了,机关发动,老虎便掉进槛笼机关之中,别的因便取箭射虎,老虎被射死。从此虎害便止息了。

至元十三年,别的因被加授明威将军、信阳府达鲁花赤之职,并佩金符。时值信阳府也有许多老虎,别的因到后,没过多久,一天把衣服放在马鞍上出去打猎,他令手下人烧山,老虎逃出来,别的因便把衣服掷向老虎,老虎冲向衣服,在地上怒吼,别的因回马照着老虎射箭,老虎立刻就被射死了。

传世故事

元世祖委任以专

南宋末年,赵宋朝廷在元军的猛烈进攻下,岌岌可危。德祐二年(1276年),刚刚即位一年半的宋恭帝派使者向元军求和,元军拒绝,在元军兵临临安城下的情况下,他只好俯首请降。4个月后,益王赵昰(shì)于福州即位,是为宋端宗。元军一路紧追,当了半载皇帝的端宗逃到惠州,又不得不向元军奉表请降。景炎三年(1278年),陆秀夫、张世杰等立8岁的卫王赵昺为帝,这就是南宋最后一个短命皇帝。

当时,中原几乎全都落入元军之手,宋帝僻居东南一隅,为保险起见,又移住新会县南80里海中的崖山,追随他的官兵、民兵20余万人大都住在崖山周围的船中。尽管宋帝已根本不能控制天下,但他的存在至少还是个南宋未彻底灭亡的象征,多多少少在心理上仍影响着臣民。所以,元江东宣慰使张弘范向元世祖忽必烈进言道:"张世杰立赵昺于海上,福建、广东的民众都响应他,应该进兵予以歼灭。"元世祖便任命张弘范为蒙古汉军都元帅。张弘范面辞世祖时,请示道:"国家没有汉人掌管蒙古军的制度。臣为汉人,只怕难以控制军队,请陛下派一位亲信的蒙古大臣与臣同往。"世祖反对道:"你不记得你父亲与察罕的事情吗?他们攻陷安丰时,你父亲要派兵守卫,察罕却不同意,结果他们挥师南下,安丰又为宋人所占,弄得他们几乎进退失据。你父亲因此非常恼恨了。究其原因,就是在于委任不专。现在,我怎么能让你再产生你父亲那样的悔恨呢?"于是,只派他一人统帅军队,并且要赐给他锦衣玉带。张弘范却推辞道:"臣奉命远征,要锦衣玉带没有什么用。如陛下肯赐宝剑、盔甲,臣就可以仰仗威灵,镇住不服从命令的人,从而完成臣的职责。"世祖答应他的请求,便拿出尚方宝剑赐给他,严肃地对他说道:"这上方剑,就是你的副帅。谁要是胆敢抗命不遵,你就用这把剑惩罚他!"张弘范获得生杀予夺的大权,有了师出必胜的信心。他又举荐李恒为副将,率领两万水陆大军,从扬州分道南下,去征讨崖山。

蒙古和汉族的将士见世祖对张弘范如此信任,谁敢和他手中的上方剑开玩笑?因此,人人都听凭调遣,个个服从指挥。这一年的十一月,张弘范率军攻下广州，不久又在海丰俘获了宋丞相文天祥。元至元十六年（1279年），张弘范又领兵浮海击败了崖山守将张世杰。陆秀夫见大势已去，便对宋帝说道："国事到了这步田地，陛下应当为国而死。"说完，背着宋帝跳进了大海，张世杰也绝望地投海自尽。自此，南宋宣告灭亡，被元世祖授以统军大权的张弘范果然不辱君命。

用汉法重宋士　世祖定天下

元世祖忽必烈是蒙古成吉思汗的孙子、元宪宗蒙哥的弟弟。他从青年时代起，就怀有治理天下的宏伟抱负。因而，他每到一地，都十分注意"访求贤才"，虚心求教。一些懂得经邦治国之道的汉族儒生，还被他留在自己的藩王府内供职。这些人又受命四处寻求名士英才，使一批深晓文韬武略的南人儒士云集在他的身边，构成了决策的智囊团。

蒙古乃马真皇后称制三年（1244年），忽必烈的帐下已有赵璧、董文用、窦默、僧子聪（俗名刘侃）等人，窦默又向他推荐了姚枢。姚枢被请来后，向他呈献了陈述治国之道的著作。该书分"修身、力学、尊贤、亲亲、畏天、爱民、好善、远佞"等8类30条数千言，忽必烈非常欣赏他，遇事总是向他咨询。元定宗二年（1247年），僧子聪向他举荐了张文谦，他任之为王府书记。当时，忽必烈受封的邢州民生凋敝，张文谦挑选乌托、刘肃、李简3人赴邢州治政后，民户增加了10倍。从此，忽必烈愈加地重视儒士。他听说真定路经历官张德辉很有贤能，便请入府中求教。张德辉批驳了儒臣亡国的观点后，以他房中一个银盘打比方道："创业的君主治国正如制造这个盘子的良匠一样，精选白银，按照规矩把它制出，目的是使后人传之无穷。应当选择恭谨敦厚的人掌管它，这样它才能成为永久的宝物。否则，不仅仅会出现破损，恐怕还会有人把它偷了去。"忽必烈沉思了良久，深深地折服。张德辉还为他推荐了魏璹、元裕、李冶等20余位人才。在回真定之前，张德辉为他指出当务之急7件事，即"敦孝友、择人才、察下情、贵兼听、亲君子、信赏罚、节财用"。忽必烈高兴得只称其字而不称其名。

元宪宗元年（1251年），忽必烈的同母兄蒙哥即位为大汗，命他总领漠南汉地军政庶事。姚枢劝他道："如今天下，要说土地广阔，人民殷富，财物丰饶，恐怕属汉地为最。大王若全据为己有，那天子还有什么？到一定的时候，天子必然后悔被大王占去。不如只掌握兵权，其他诸事一律交有司负责。这样，可保平安无事。"忽必烈一想有理，便依计行事，取得了蒙哥的信任。僧子聪则劝他仿效西周的周公,辅佐兄长治理国家,并从各个方面详细提醒他为政的注意事项,他都记在心里。元宪宗三年,忽必烈平定云南时,采纳了徐世隆等人的意见,按照儒家所谓"不嗜杀人者能一之"的取天下道理,命姚枢裂帛为旗,上书"止杀"之令,树在街头巷尾。后来在征伐南宋的争战中,他一直试图遵守"王者之师,有征无战"的诺言,纠正"威武有余,仁德未洽"的倾向,南宋臣民抵抗力度因此而降低很多。

元宪宗九年(1259年),蒙哥大汗死于军中。在围绕大汗一位的激烈争夺中,忽必烈在郝经、张文谦、商挺、廉希宪等人的出谋画策下,抓住时机,先发制人,击败了阿里不哥一派,登上了大汗的宝座,建元中统。

忽必烈即位后,即向僧子聪、史天泽、许衡等请教如何治理天下、统御民众,他们参照古制旧典,根据现实的需要,提出了一整套有关国家机构和官职制度的设想。原来,蒙古自元太祖成吉思汗以来,诸事草创,设置官职、机构非常简单。位置最高的是断事官,居于三公之上,丞相称做"大必阇赤",掌握军队的只有左右万户。后来仿效金朝的制度,设立了行省以及元帅、宣抚等官职。这次,忽必烈批准了僧子聪等人的设计,设置了总理政务的中书省、掌管兵权的枢密院、负责官员升降的御史台;地方上则设宣慰司,隶属于中书省,下辖路府州县,此外还设有隶属于御史台的提刑按察司。这些机构都"官有常职,位有常员,食有常禄",元朝一代的机构、官职从此才开始齐备了。至元八年(1271年),忽必烈还采纳僧子聪的建议,把"大蒙古国"改为"大元"。这一新的国号取自《易经》"大哉乾元"的含义,意思是国土辽阔,祚运无边。

阳逻堡之战

1259年,蒙哥亲自率军伐宋时病死,蒙哥之弟忽必烈即位。忽必烈汗至元八年(1271年),忽必烈定国号为元,建都大都,是为元世祖。

元至元十一年,宋咸淳十年(1274年),忽必烈发兵20万南下征宋,任命左丞相伯颜为河南等路行中书省,即征南元帅。九月,伯颜命宋降将刘整率一部进军淮西淮南,令博罗权进攻扬州,以牵制宋军。伯颜则亲率大军自襄阳沿汉水挺进鄂州,又分兵进至枣阳之司空山以及荆南一带,以翼护主力之安全。

伯颜又令宋降将吕文焕率舟师为前锋,他则与元平章事阿术、大将阿剌罕、张弘范统领大军水陆并进,往攻郢州。

宋将张世杰驻守郢州,顽强抵抗,伯颜命大军绕开郢州,凿开黄家湾水坝,破竹为席,铺于地上,将舟船拖入汉水,遂袭取宋之沙洋、新城、复州。

伯颜在蔡店召集诸将开会，研究下一步的进军方略，并视察汉口形势。时宋将夏贵率战舰万艘驻扎汉口，在沿江各要害地点，均置兵把守，如都统制王达率兵8000守卫阳逻堡，京湖宣抚使朱达孙率游击军扼江之中流，元军被阻，难以前进。

阿术部将马福献策，建议大军避开阳逻堡，自沙芜口入长江。伯颜派人去沙芜口侦察，结果发现该地亦有宋兵把守。

情急之下，伯颜麾军围汉阳，做出要从汉口渡江的架势，实际上欲将夏贵的精兵吸引过来，然后元军可以乘虚从沙芜口渡江。

夏贵见元兵进攻汉阳，果然中计，急调各地精兵赴援。伯颜乃遣阿剌罕率奇兵潜至沙芜口，乘宋军守备虚弱一举袭取之，元军舟师方得自此处入江。

而阳逻堡乃长江上的要塞，甚为坚固。不攻破此堡，元军舟师难以顺流而下。元军战舰万艘相继而至，蔽于江面，伯颜遣使至阳逻堡招降，王达拒之，伯颜因命战舰千艘进攻，连攻3天，阳逻堡岿然不动。

伯颜审时度势，乃对阿术道："彼谓我必拔此堡，方能渡江。此堡甚坚，攻之徒劳。汝夜以铁骑3000泛舟直趋上流，为捣虚之计，明日渡江，袭江南岸，已过则亟遣人报我。"

阿术深以为然，亦道："攻城下策也。若分军船之半，循岸西上，泊青山矶下，伺隙而动，可以如志。"

计议已定，伯颜令大将张弘范进攻阳逻堡，夏贵恐阳逻堡有失，又率军来援，双方展开激烈的攻守战。至傍晚，阿术即率军溯流直上，行40里，至青山矶。是时风雪大作，黎明时，阿术见南岸多露沙洲，即令将士们载马而渡，元将史格率部先渡，不意为此处的南宋守将、荆鄂都统程鹏飞发觉，马上引兵来战，史格3处负伤，其部下300人战死。阿术此时率军赶到，与宋军在江中大战，程鹏飞终因寡不敌众，节节败退。史格尽管身中流矢，仍奋勇冲杀，元军遂登沙洲。程鹏飞身负七伤，大败逃走，元军获其战舰千余艘，遂搭起浮桥，元铁骑顺利渡江。

阿术遣人向伯颜报捷，伯颜大喜，麾众急攻阳逻堡。

夏贵得知元兵已在上游渡江，不久将来夹攻，大惊，无心恋战，匆忙率300艘战船先逃，沿江向东，纵火焚烧西南岸民舍，并大掠百姓资财，然后退到庐州。

宋军主将逃走，阳逻堡遂被攻破，王达与守军8000人及定海水军统制刘成全部死难。元将请穷追夏贵，伯颜说："阳逻之捷，我正要派使者去告诉宋人。

今夏贵逃走，省得我再派使者了。"

因此，伯颜渡江，与阿术会合。

诸将议师之所往，有人建议顺流东进，攻取蕲州、黄州，阿术以夏贵东走，长江下流必有戒备，攻之不易，乃建议溯流而上，先克鄂州。伯颜从之，乃乘鄂州宋军惊慌失措、进退无主之机兵临城下，朱达孙闻阳逻堡失守，知大势已去，连夜逃往江陵。汉阳守将王仪遂开门投降，鄂州已成孤城，程鹏飞亦以城降。

蒙古兵向以行动迅速、能征惯战闻名，其战略战术亦有个突出特点，即善于避实击虚，善于采取迂回袭击的战术，从而使敌人的防线立刻陷于崩溃，或成为无用的摆设。加上蒙古多为铁骑，行动神速，不惮于长途行军，故其横行欧、亚两大洲，屡屡得胜，无论是汉人、女真人、契丹人，抑或花剌子模人、俄罗斯人、匈牙利人、波兰人、叙利亚人……皆败于其铁蹄之下。观其攻宋阳逻堡之役，即可管窥其战略战术之机动灵活。

为僧不善　自取祸患

汉代佛教传入中国以来，历朝历代的统治者，大多把佛教作为帮助自己统治中国的工具，鼓励发展佛教。更有甚者皇帝自己也要出家为僧，其中不乏装模作样的，也确有十分虔诚而不惜误国的。有的朝代经济困难的时候，还把佛教作为发展经济的手段，以"度僧"的形式收取费用，甚至把它作为正式的财政收入纳入预算。

为了发展佛教，各代都大量地修建佛寺，大量地赏赐给寺院土地。僧尼们在寺庙中不事生产，给社会造成了沉重负担。这些土地本来应该是作为维持寺庙的佛事活动的费用的，但是一些贪婪的僧人，也把它用作为个人谋取好处的手段。更有一些不法之徒乘机掠夺民田。

元朝仁宗延祐年间（1314—1320年），有一个叫白云宗的佛教教派，教派的总摄叫沈明仁。"总摄"就是庙里的主持。他强夺民田两万顷，还诱骗了10多万名百姓到他管辖的分布在各地的庙宇里当和尚。即，这两万和尚实际上成了他的奴隶，而那两万顷良田却为之占为己有。

他还贿赂皇帝身边的宦官和官僚，让他们帮助他取得了爵位和官职。

延祐六年（1319年），白云宗总摄沈尚仁的问题败露，中书省向仁宗禀报了这个案件。仁宗下令褫夺他的爵位和官职，被骗的僧徒送回家，各务本业，强夺的民田也要返还原主，并进一步追查他的其他违法问题。仁宗还表示：朕已经知道沈明仁的罪行，一定要认真查办。

第二年，果然治了沈明仁的罪，还把那些已经入僧籍的被骗百姓退回为民。

蒙古迂道灭金

宝庆三年（1227年），七月，成吉思汗在征讨西夏时得疾，临去世前，以未能灭金为憾，并对诸子群臣面授灭金方略，道："金精兵在潼关，南据连山，北限大河，难以遽破。若假道于宋，宋金世仇，必能许我，则下兵唐、邓，直捣大梁。金急，必征兵潼关，然以数万之众，千里赴援，人马疲敝，虽至，弗能战，破之必矣！"

成吉思汗言罢而卒，享年73。其子窝阔台即位。是时，西夏已亡，因此伐金便成为窝阔台的当务之急。恰如成吉思汗所言，金廷认为蒙古大军灭西夏后，会从西北南侵，故集精兵20万布防于潼关一带。蒙古欲突破金之防线，殊为不易。至蒙古窝阔台汗三年，蒙军在陕西与金军作战，可战果不大，窝阔台乃召诸王大将商议伐金之策，成吉思汗第四子拖雷请窝阔台屏退众人，密道："金主廷汗，20年矣！所恃者黄河、潼关之险耳。若出凤翔，道汉中，不一月，可抵唐、邓。金人失险，首尾不相顾，我取之如探囊取物矣！"

拖雷所言，正是成吉思汗之遗策，窝阔台闻之而喜，因此决定派大军以三路伐金，一路由斡陈那颜统领，从济南出发，进击汴京之东；一路由窝阔台亲自统领，先攻河中、孟津，以牵制守卫潼关、黄河天险的金军；第三路即蒙古的迂道伐金部队，共3万精骑，由拖雷统领，南下迂回唐、邓以攻金之侧背。

拖雷统军从凤翔驰至宝鸡，遣使者朔不罕至宋廷，请宋出兵联合伐金，并为蒙军借道以袭金军之背。而朔不罕至宋沔州青野原后，因向宋索要粮草，竟被南宋守将张宣给杀了。拖雷闻讯大怒，立即率3万铁骑渡渭水攻破南宋之凤州，出武休关，攻克兴元府、洋州，宋兵民死于战乱者达数十万。

至此，拖雷计划东进袭金，又担心四川方面的宋军进行反扑，袭蒙军后背，乃分军一部南攻四川，击破四川北部城寨140余个，宋军突遭蒙古打击，纷纷远遁，蒙军这才在兴元、洋州间会合，经绕凤岭，出其不意地攻取了宋之金、房二州，直趋均州。

均州之北，便是金国地界，邓州、唐州在均州东北方。拖雷以迅雷不及掩耳的攻势，一举突破南宋地界，下一步，就要根据既定作战方略经邓、唐直趋汴京。金左右宰相完颜合达、移剌蒲阿闻讯大惊，赶忙从潼关抽调大军南下至邓州防守，各地亦派军赴援，诸军会合于顺阳城。

拖雷在今湖北老河口市一带麾军急渡汉水，因船少，整整渡了4天，全军方抵达北岸。合达、蒲阿也引兵来战，蒙军稍退，突然不见了踪影。一连4天，金军未侦得蒙军去向，合达、蒲阿认为，蒙军此时肯定已南渡汉水而归了。

不久，金哨兵来报，说是蒙军隐藏到光化对岸的枣林之中。合达、蒲阿遂率军至枣林的后方，想乘蒙古军不备而袭之。谁料，拖雷早已侦知金军企图，反而忽至金军阵前而击之，金军迎战间，拖雷却遣百余骑截获了金兵的辎重，合达、蒲阿见战事不利，忙引军退入邓州城。

合达、蒲阿既入城，适至蒙古太宗四年正月初一日，拖雷不愿顿兵于坚城之下，乃令部将札剌儿率3000骑殿后，自己则率军绕过邓州继续北上，将金二相之10余万大军置于身后而不顾。

由于金军精锐皆在前线，后方空虚，故拖雷避开邓州之敌后，顿时如入无人之境，一路势如破竹，攻破金之泌阳、南阳、方城、襄城等地，径逼汴京。合达、蒲阿担心蒙军乘虚袭破汴京，匆匆率军出邓州城追击蒙军，与蒙军殿后部队激战，蒙将札剌儿大败，金军遂追击蒙军至钧州。

是时，风雪大作，人马僵立，两军对峙于三峰山，金军有的已3日没有进餐，饥寒交迫，皆无斗志。窝阔台乘金潼关守军调走之机，已袭取河中府，立即派大将口温不花等率万骑驰援拖雷，拖雷乃麾军将金军包围，故意留通往钧州之路，而伏军于前。金军早已不堪饥寒之苦，乃向钧州突围，蒙古伏兵突起，后军复至，金兵大乱，大部被歼。合达仅率百余骑突围逃往钧州，蒲阿则逃往汴京。

窝阔台此时亦麾军来与拖雷会合，两军同攻钧州，克之，擒杀完颜合达。窝阔台至拖雷军营，慰劳之道："微汝不能致此捷也！"意思是：除了你，谁都不能获此大捷。拖雷十分谦虚，说："臣何功之有？此天之威、皇帝之福也！"

拖雷迁道袭金，尽管未能直捣汴京，但已打乱了金廷的防御部署，使防守潼关之金军仓猝赴援，疲于奔命，窝阔台则乘机南下，潼关金之守军投降，合达、蒲阿之军也被拖雷歼灭，金之汴京门户大开，金廷再也没有力量抵抗蒙军了。

移剌蒲阿逃亡汴京途中，被蒙古骑兵追及，不屈而死。蒙古大军进围汴京，金主完颜守绪与蒙古议和不成，只好弃汴京逃至归德，又弃归德迁于蔡州。

蒙古窝阔台汗六年，宋理宗端平元年，金天兴三年，蒙古联合南宋围攻蔡州，城破前，金哀宗传位于完颜承麟，然后自杀。完颜承麟与守城金兵全部战死，金遂亡。

蒙古迁道灭金之战，乃中外战史上罕见的大迂回战略行动，其气魄之大，令人叹为观止。

在此役中，金朝虽亡，犹不失悲壮。而宋朝君臣却扮演了一个可笑的小丑角色。蒙军借宋地伐金，宋既不敢拒绝，又无力阻挡，竟使蒙军如愿以偿，由此而使蒙古生轻宋之心。最可笑的是，在金将亡之际，宋廷认识不到"唇亡齿寒"这个浅显的道理，仅以与金国为"世仇"，竟出兵助蒙灭金，此举过于愚蠢。金亡后，南宋之亡，亦不旋踵矣！

汉人为官

元朝初入中原，以游牧民族统治中原大地。很多蒙古贵族主张掳掠，甚至主张以中原沃土为牧场，进行种族歧视，而元世祖忽必烈等人则坚决主张吸收汉族文化，以儒术治国。高智耀和窦默这样的汉族儒士，在元世祖那里受到极大重视。

高智耀是河西人，世代在西夏做官，夏被灭国后隐居在贺兰山。元太宗（窝阔台）访求河西世家贤能子弟时，众人都推举高智耀，就召见准备起用他，但他推辞不仕。

蒙古皇子阔瑞镇守西凉时，把所有的儒士都贬为隶役。高智耀就到元府说儒者向来受到文化尊重，现在与小厮杂役同等对待，不合道义，请求废除此令。皇子听从了他的建议，要上奏请他做官，他还是不干。元宪宗继任，高智耀入见说："儒者所学的是尧、舜、禹、汤、文、武之道，自古治理国家者，采用了此术就天下安定，否则就天下大乱，培养这些儒生就是要派用场的。应该免去他们的徭役而重用他们。"皇帝问："儒家与巫医之术相比你看怎样呢？"他回答道："儒家用纲常治天下，岂是方技所比得上的。"宪宗说："很好，在此之前从来没人告诉过我这些。"于是下诏免除天下儒生的徭役。

元世祖没继位时，已听说了高智耀的贤明，等到即位之后召见他，他又大谈儒术对国家治理有用，反复与皇帝辩论。世祖觉得他的话有理，就给他铸印授官，命免除徭役的儒户们都受他的辖制。当时淮、蜀等地遭到俘虏的儒士，都被贬为农奴，高智耀上奏说："以儒生为奴仆，古来从未有过，陛下现在号称以古道治国，应该免除此法令，用以号召天下。"世祖以为有道理，就拜他为翰林学士，命他到各郡县去识别选拔儒士，得到几千人。当时的蒙古贵族大臣有的非难他选人过滥，皇帝责问他，他回答说："士，譬若金子，颜色有深有浅，不能说它不是金子；人的才艺有深有浅，难道可以说他不是士吗？"世祖很高兴，更加宠信倚重他。高智耀又说："国家初创，纲纪不完备，应该仿效前代，设置御史台来纠察监督官吏。"至元五年（1268年），就设置了御史台，就是采用了他的建议。

高智耀后来被提升为西夏中兴等路的提刑按察使,这时西北番王派使者到朝廷来报告说:"我们向来所用的旧俗与汉人不同,现在留在汉人地方,建设都邑城郭,设立礼仪制度,开始行使汉法,但过去的汉法究竟是什么样子的呢?"元世祖召求可以解答西北蒙古问题者,高智耀入朝,请求西行治其国,世祖问他的计划,他都一一对答,皇帝认为很妥当,即日就派遣他上路了。但是刚走到上京,就一病不起,世祖很震惊,也极为哀伤。

元世祖对儒学和儒士的重视,没即位时就开始了,广平(今河北)人窦默早年受教于伊、洛性理之学,与姚枢、许衡在大名(今河北大名)隐居讲学授经,非常有名。忽必烈就派人去请他,他隐姓埋名不见,使者托人往见,穿便服跟踪他,他才不得已出来受命。忽必烈问他治国之方,他用三纲五常相对,三次召见相谈,他都说得让忽必烈称意,就让他不离开左右,随时备用。元世祖问他当世谁通晓治国之道,他推荐姚枢,立即就召用了姚。

不久就命皇子真金跟窦默学习,并赐给他玉带钩,说:"这东西是宋朝宫内旧物,你是旧朝之人,佩戴它正合适。而且这可以使我儿子见到它就像见到我一样。"不久窦默南归,忽必烈在大名、顺德等地赐给他田宅,并给以赏赐。

元世祖即位后,又在上京召见他,说:"我要访求唐代魏徵那样的人,有吗?"窦默说:"犯颜直谏,刚毅不屈,许衡就是那样的人;深识远虑,有宰相之才,史天泽就是那样的人。"史当时正在做河南宣抚,皇帝马上召回拜为右丞相,让窦默为翰林侍讲学士。

当时,王文统正受委任重用,窦默上书说他学术不正,久居宰相之位,必然祸害天下。皇帝问谁可以代替他,他又说许衡可以当宰相,元世祖极不高兴。王文统也因此十分恨他。窦不久就因病归乡。很快王文统因罪伏法了,皇帝追忆窦默的话,对近臣说:"过去说王文统不可重用的,只有窦默一个人,假如还有一二个人说他,我能够不考虑吗?"于是又把他召回来,在京城赐修宅第,月给俸禄,国家有大事就去向他咨询。

后来窦默与王磐分掌翰林院,兼掌蒙古文字,又兼掌国史院,修纂国史,典制诰,备顾问。他还请求仿照周代旧制建国学,立国师,选贵族子弟接受教育,用以引导全国文化风气,这些都被世祖称许采纳。

窦默为人平易自足,平时很少评品人物,与人相处,温和而有儒者风范,但谈论国家大事,则当面怒诤,人们称汲黯也不过如此。元世祖曾对人说:"我求贤30年,只得到了窦汉卿(默)和李俊民两个人。"

张世杰铁链锁船遭火攻

1275年，元军统帅伯颜占领宋之建康，元帝忽必烈以将至夏季，元兵喜寒畏暑，难耐酷热天气，故令伯颜收兵，待秋季再谋征讨。

此时的南宋朝廷已是日薄西山，气息奄奄，赖有江南人民勇于抗击外侮的民族气节而苦苦支撑，因此尚有东南残局，然已朝不保夕。

伯颜主张一鼓作气，击灭南宋，不给宋廷以喘息的机会。忽必烈道："将在军，不从中制，兵法也！"于是同意伯颜的意见，令诸路征南大军继续攻宋。

于是伯颜坐镇建康，分兵略地，一时间，宋之常州、无锡、滁州、平江、东海州、西海州诸城纷纷陷落。宋廷乃令张世杰总都督府诸军事，统帅江淮一带诸路兵马以拒敌。

张世杰走马上任后，派宋将阎顺、李存进军广德，谢淇永进军平江，李山进军常州，实施反攻，竟一举收复广德、常州等地，南宋军民人心大振。

是时，元参知政事阿术正率军围攻宋之扬州，张世杰率战船万余艘抵达镇江，欲援扬州。扬州守将李庭芳、姜才以为里应外合夹击元军的时机已到，遂出城反攻。姜才与副将张林率两万骑兵乘夜袭元军大营，元守营栅将领史弼急忙向阿术告急，阿术率军赴援。凌晨，元宋两军隔水列阵，阿术统军渡水进击，宋军之阵甚坚，无懈可击，阿术只得引军而退。

元军退时，姜才以为有机可乘，乃麾军追击，阿术正想与宋军交战，遂回军迎击，宋军难敌蒙古兵之凶猛剽悍，大败而逃，阿术纵兵追杀，宋军被杀者十之五六，张林被元兵活捉，姜才仅率数千人逃脱。

扬州之败，令张世杰大为恼怒，即与部将刘师勇、孙虎臣等率万余艘战船停泊于焦山一带的江面上，张世杰令十舟为一方阵，皆在江中抛锚下碇，船与船之间用铁锁相连，"示以必死"，欲与元军决一死战。

阿术则不慌不忙，战前先登上石公山观敌瞭阵，见宋军"舳舻相接，旌旗蔽江"，道："可烧而走也。"阿术马上挑选善射之健卒1000人，载以巨舟，分别从宋军的两翼射击，阿术则率大军居中进攻，待靠近宋军之船，阿术下令以火箭射之，宋军船上的帆樯布篷马上着火，霎时烈火熊熊，烟焰蔽江，船上的宋军欲战不得，欲走不能，只好逃入江中，淹死者不计其数。

张世杰适在后军，前面的船只着火，宋军大乱，张世杰难以指挥，便弃军先逃。元军大获全胜，缴得尚未被烧的宋军船只700余艘。

阿术获得此胜，对元军灭宋全局的作用至关重大。阿术在扬州牵制住张世杰，使伯颜从容不迫地率军攻占宋都临安，所以《元史》云："伯颜所以兵不血刃而平宋者，阿术控制之力为多。"

忽必烈于是年夏末拜伯颜为右丞相，伯颜认为阿术之功劳比自己大，遂自请居阿术之后，忽必烈乃拜阿术为左丞相。张世杰与文天祥齐名，他们坚持抗击元军，虽屡败而屡战，直至捐躯，忠勇可嘉。可叹的是，他们忠义有余，能力不足，不用说使宋朝再次"中兴"，即使像郑成功那样占据一个海岛与外族政权抗衡，亦是不能。

昔时曹操攻吴，也是舳舻蔽江，千艘战船用铁锁相连，结果遭火攻而大败。张世杰是行伍出身，不学无术，昧于此理，竟蹈曹操之覆辙，将南宋的老本消耗殆尽，实属不该！

阿合马兴办冶铸

中国的采矿、冶炼、铸造的技术起源很早。新石器晚期的先民，通过采石和烧制陶器而逐渐发现了某些金属，最早是从铜开始的。中国大约在2000年前就已进入了青铜器时代。商末周初，青铜冶铸达到了一个高峰。春秋时期，出现了冶铁业，秦汉时期，我国掌握了金、银、铜、铁、锡、铅和汞等7种金属的冶炼技术。

元朝蒙古统治者，也向汉族人民学会了采矿、冶炼和铸造技术，并且将采矿和冶炼业推向了一个新的高度。在这方面做出了一定贡献的，就是元世祖时代主管财赋的宰相阿合马。

阿合马是元朝的大奸臣，他"在（相）位日久，益肆贪横，援引奸党"，与这些奸党狼狈为奸，互相勾结，欺上瞒下，强占民田，贿赂公行，残害忠良，刻薄百姓，甚至活剥人皮……总而言之，是个十恶不赦的大坏蛋。后来，被一个专门行骗的妖僧高和尚勾结一个痛恨阿合马的叫王著的人，让人假扮太子，约见阿合马，用大铜锤砸碎了他的脑袋。当世祖刚听说有人刺杀了阿合马的时候，大为愤怒。可是当有人把阿合马的罪状告诉了世祖以后，世祖反而认为王著做得对了。以后，世祖还下令在他死后开棺戮尸，放狗吃他尸体上的肉，没收了他的家产，杀了他的子侄，百姓称快。

尽管阿合马奸诈，但他还是为国为民为子孙后代做了一些好事的。尤其是在他为官的前期，在发展采矿业和冶炼业上，确实做出了一些贡献。

忽必烈中统三年（1260年），他被任为中书左右部兼诸路都转运使，委以管理国家财赋之重任。第二年他就要求发给他所属的官员"宣牌"（一种表明身份的铜牌），让他们到有铁矿的地方去发展冶铁事业。

中统元年，忽必烈定都开平（在今内蒙古正蓝旗），至元四年（1267年）又把开平升为上都，并任命阿合马为同知开平府事仍兼领左右部。他上书要求派礼部尚书马月合带领3000户在开平附近冶铁，每年产铁103万多斤。他又把这些铁铸成20余万件农具。秋收后，他又把这些农具换成钱，再用这些钱买成米，交给官府，以备军用。仅此一项，他每年可向朝廷上交4万石粮食。

他还注意发展盐业。当时，官卖的盐价钱高，有些百姓就自己煮盐卖，称为小盐。因为小盐比官卖的便宜，国家专卖的盐就卖不出去了，几年来几个地方的盐税收入只有7500两。阿合马想了个办法：每年每人多交些税金，全国是5000两，然后取消官卖盐，听任百姓随意买卖。这个办法表面上是加重了一些百姓的负担，但却减少了百姓买盐的麻烦，对盐业的发展有一定的好处。

那时有一座山，叫别却赤山，不知现在在什么地方。这个山上产一种矿物叫"石绒"，现在我们把它叫做石棉。用这种绒织出来的布不怕火烧。阿合马便派官员去组织开采。这说明在元代我国不但发现了石棉矿及其特殊的性能，而且能够采掘和利用这种矿藏。

至元三年，他还向忽必烈报告，在开平（上都）西不远的桓州山中的银矿，已经采得矿石16万斤。每百斤矿石可炼得银3两和锡25斤，采矿的费用可以用卖锡的钱来解决。这说明那时不但能够生产银和锡，也说明那时的人们也掌握了对共生矿的开采和利用。

阿合马变坏以后，还曾建议把民间的铁器都搜上来，然后铸成农具高价卖给农民，世祖没有答应。

阿合马在发展采矿和冶铸方面的贡献，不只是反映了他个人的功绩，更主要的是表明了当时我国采矿和冶炼事业的发展情况和达到的水平。

张文谦爱民致财

蒙古族统治者统治中原以后，实行了落后的不平等的民族政策，它把全国境内的各个民族分为四等；蒙古人是第一等，是居于统治地位的民族。色目人是第二等。"目"在这里有品类、类别的意思，"色目"就是各种类型，指的是汉族以外的各少数民族。汉人是第三等。但这里"汉人"只是指北方和四川的汉人。南人是第四等。"南人"指的是南宋的遗民。蒙古人以外的等级顺序，就是被蒙古人征服的先后顺序。

这种民族压迫的政策，在官制上体现非常明显，朝廷的重要官员都由"北人"就是蒙古人和色目人为之，汉人和南人在朝中做官的为数极少，绝大部分汉人和南人只能做些小官。

但有一位元朝的汉官，也曾使忽必烈认识到汉人的智慧和才能。他就是张文谦。张文谦是邢州沙河（今河北省邢台市南）人。有人向忽必烈推荐他。忽必烈同他谈过话后，对他的才能很满意，让他掌王府书记。"王府"就是忽必烈的官府，因为那时他还没有称汗，还只是一位亲王。忽必烈对张文谦越来越信任。

当时，蒙古人刚刚灭亡了金国，正在准备向南宋王朝发起进攻。而邢州（今河北省邢台市附近）正位于南下的要害之处。忽必烈把这里的两千户汉人分给勋臣作为食邑。这些勋臣只知搜刮食邑农户，而不管他们死活。有的人无奈，只好告到忽必烈的王府。忽必烈问张文谦等人如何处理才好。

张文谦说，百姓的生活十分困苦，邢州的百姓尤其困苦。可以派人到那里去治理一下，治理好了，作为其他地方的楷模，学习他们的经验。这就等于各地都受到大王的恩赐。

忽必烈很赞同，果然选派了3位官吏到邢州去。他们在那里废除那些危害百姓的旧习，惩治贪污和欺压百姓的官吏。那些已经逃亡在外的人，听说家乡发生了这样大的变化，纷纷回到家乡。不到一个月，这里的户口就增加了10倍。

因此，忽必烈看出了汉族官吏的重要性。张文谦是第一个被忽必烈授予官职的汉族知识分子。

张文谦跟随忽必烈讨大理国（都城在今云南省大理市）。大理国主高祥杀了蒙古人派去的信使，拒绝投降。忽必烈要屠城，就是要杀掉全城百姓，张文谦劝他说："杀使拒降的是高祥，而不是大理的百姓，请大王原谅了他们吧。"这样，大理的百姓才免于被屠杀的厄运。

中统元年（1260年）忽必烈争得汗位，张文谦被任为左丞。元代与中国其他朝代不同的是，它以右为贵，所以他的地位要比右丞略低一些。右丞和左丞是右、左丞相的助手，是正二品，在汉人当中，他的地位是相当高的。他帮助忽必烈树立纲纪，讲解利害，以安国便民为务。

平章政事王文统要求加税以增加国家的收入。张文谦说：百姓很长时间以来就生活在困苦之中，加之天大旱，如果我们不减少税赋，如何能够满足百姓对陛下的期望？

王文统说，陛下刚刚即位，国家的经费只能依靠赋税，如果减少赋税，怎能满足陛下的需要？

张文谦说，百姓富则君富，等到年景好些的时候，百姓丰足了，再从百姓中索取也不晚嘛。忽必烈同意张文谦的意见，减常税十分之四，酒税十分之一。

他还参加了郭守敬修复唐来渠和汉延渠的工作，灌田10多万顷。至元七年（1270年），张文谦被拜为大司农，根据他的建议设立了劝农司，到各地巡行，鼓励百姓发展农业生产。他还根据中国历代封建王朝的惯例，建议设立藉田。这是特为皇帝设立的庄田，供皇帝亲自耕种。虽然皇帝"亲耕"只是形式，多数皇帝连形式也不要，他毕竟表示了皇帝的重视。他还建议在祭祀活动中，增加祭祀先农和先蚕的活动，用以表示皇帝对发展农业生产的重视和诚意。

丞相阿合马要求把民间的铁器都收上来，由官家铸成农具高价卖给农民，还有其他几项危害百姓的建议，都在张文谦的极力反对之下作罢。

他还是个学问家，对多种方术和数学都有研究。他家藏书几万卷。他还善于识别人才和推荐人才，郭守敬就是他推荐给忽必烈的。因此，他的声望很高。

一代贤后察必

元世祖忽必烈的正后察必，蒙古族人，姓弘吉剌氏，是济宁忠武王按陈的女儿。忽必烈还没有统一中国、建立元朝时，察必就被立为皇后，时在忽必烈蒙古时期的中统元年（1260年）。到元朝至元十年（1273年），忽必烈又给她上尊号，称"贞懿昭圣顺天睿文光应皇后"。据史载，察必是一个非常贤明有识的皇后。

忽必烈有不少后妃，按照蒙古的旧制，后妃们分属于4个斡耳朵（意即后宫），其中执掌大斡耳朵的，就是皇后察必。她容貌美丽，极受宠爱，却从不骄恣专横，却是忽必烈事业上的极好帮手。蒙哥汗九年（1259年），蒙哥战死。忽必烈此时正在鄂州（今湖北武昌）作战，察必则留守于开平扎忽都（后来称作上都，即今内蒙古多伦北之石别苏木）。当时，幼弟阿里木哥图谋不轨，想夺取大汗之位，他派遣亲信阿兰答儿到漠南征发军队。而蒙古贵族脱里赤也听命于阿里木哥，帮助他在燕京（今北京市）征集军队，蠢蠢欲动。当时的形势十分危急，察必得到这些消息后，内心极为不安，表面上却丝毫不露声色。她一面派遣使者急告忽必烈，用暗语告诉他当时的形势，要忽必烈当即北还；一面遣使者前去责问阿兰答儿，说："发兵是大事，成吉思汗曾孙真金在此，你为什么不让他知道此事？"她这样做，实际上是想尽量拖延阿里木哥抢班夺权的时间。忽必烈接到察必的来信，急忙与宋朝签订和约，日夜兼程抵达燕京，假传蒙哥的所谓临终遗言，将脱里赤已经征募的军队全部遣散。他一面继续北返，一面急召自己率领的军队北撤。经过半年多的争斗，终于以忽必烈的完全胜利而告终，忽必烈在开平正式即帝位。这场政治斗争中，察必起到了十分关键的作用。

察必在忽必烈即帝位之事上固然功劳巨大，在平时的政事中，也有不可抹杀的匡扶作用。至元元年（1264年），忽必烈定都北京，察必也随之迁来北京。有一次，有个官员上奏章，提出割京城以外靠近都城的地方用作牧马。忽必烈竟同意了这个荒唐建议，那位官员画好了图进献皇帝。察必便来到忽必烈面前，假装责备太保刘秉忠，说道："你是汉人中的聪明者，你说的话皇帝都很愿意听，为什么你不进谏？如果是刚到这里定都的时候，将京郊之地划出来牧马，那还有可能。到了现在，京郊之地已各有归属，分派已定，难道能再将这些地全部夺回来吗？"忽必烈闻言，默然无语，此事也就作罢了。

忽必烈不愧为一代开国君主，确有他的过人之处。有一次，察必到太府监领了一匹绢帛和一匹做里子的布料，想做衣服。忽必烈丝毫也不肯马虎，对察必说道："这是国家和军队所用的东西，不是私人的财物，你怎么随随便便就去支用呢？"察必也十分贤惠，立刻就接受了丈夫的批评。从那时开始，她就率领宫人亲自做女工，利用废旧的麻、布之类，做成衣服穿。见到废弃无用的皮革之类，又亲自带领宫人缝制成地毯，废物利用。她长期保持这样的勤俭作风，使得宫中几乎没有丢弃的废物。蒙古军帽本来没有帽檐，这就带来了一个很大的缺陷，在昂首射箭时，阳光刺目，影响骑射。察必运其巧思，在帽子上加了个帽檐，十分便于骑射。她又创制了一种前短后长，便于骑马射箭的马甲，使兵士们觉得十分便利，一时成为军服的样式。从这些事上，可以看出她的聪明过人。

正因察必平时在宫中以身作则，厉行节约，生活十分俭朴，为众妃等树立了榜样，所以一时忽必烈的宫中形成了一种俭朴省约的风气。元史对察必皇后的评价甚高，称赞她"性明敏"，在政治上，她"达于事机，国家初政，左右匡正，当时与有力焉"；而在平时生活中，则称赞她"垂慈范千万世，唯全美圣而益圣。"贵为皇后，能够亲率宫人从事劳作，这种精神确实是相当了不起的。

杨氏口授虞集心学

元代著名学者、文学家虞集，字伯生，号道园，人称邵庵先生。祖籍蜀郡仁寿（今属四川），后来迁居临安崇仁（今属江西）。他是宋代丞相虞允文的五世孙，元成宗大德元年（1297年），入京为大都路儒学教授、国学助教。元仁宗时，为集贤院修撰，升为翰林直学士兼国子祭酒。元文宗时，任奎章阁侍读学士，与中书平章赵世延等编纂《经世大典》，有800帙的篇幅。晚年以病辞归。

虞集很有文名，能诗善文，与杨载、范梈、揭傒斯并称"四大家"，著有《道园学古录》50卷和《道园类稿》等。

虞集之所以能够成为元代著名学者、文学家，与他母亲杨氏为他亲授书籍是分不开的。虞集自幼聪明过人，3岁就知道读书。遗憾的是，当时正处在宋元交替、兵荒马乱之际，全家老少为避战乱，逃到福建、广东一带。当时正处于战争时期，仓促逃难中，哪里顾得上带什么书籍！所以一旦安居下来，虞集家中竟无书可读。亏得虞集的母亲杨氏曾经熟读古书，知书识礼，便凭着自己平时读书的记忆，每天给儿子口授《左传》《论语》《孟子》以及宋代著名文学大家欧阳修、苏轼等的名文，教虞集认真读。虞集聪明刻苦，母亲的口授，几乎就能够背诵。凭着过人的天赋，在战乱中，虞集就这样读了不少的口授之书。等到战事稍平，他们回到长沙，虞集正式跟从老师学习时，才能够得到刊刻的书来读。而这时候，虞集差不多已将古代的诸经读了个遍，并且已经通其大义了。虞集母亲杨氏的父亲精通春秋之学，而其族弟杨栋又明于性理之学，杨氏还未出嫁时，就已经深受其父亲和族弟的影响，精通春秋和性理之学，所以，教起儿子虞集及虞集的弟弟虞槃来，自然也就得心应手。因此，虞集及其弟弟均在家中受启蒙教育，达到很深程度。出外又跟从其父虞汲的好友、著名学者吴澄学习，渊源有自，打下了良好的学问底子，这是虞集后来成为著名学者、文学家的坚实基础。

虞集终生写了足有一万篇文章，是中国文学史上一位多产的作家。他所作的诗词、散文，有不少是脍炙人口的名篇。

虞母杨氏以口授的方式教虞集读古代典籍，在中国教育史上显得很特殊，留下了一个可贵的教育实例。由此也证明，不论采用什么样的教育方式，只要做教育的有心人，坚持锲而不舍，总是能取得成效的。

魏敬益还田教子

魏敬益并非是历史上的著名人物，他的生平事迹，史书也记载甚少，只有《元史》将他收入《孝友传》，传中简略记载道："魏敬益，字士友，雄州容城（今属河北省）人。性至孝，居母丧，哀毁骨立……"但是，《孝友传》中却详细记载了他教育子女的一则事迹。他之所以能在史籍中留名，主要也就是因为这一则故事：

魏敬益不仅对母亲很孝顺，而且十分注意教育自己的儿子。他生性乐善好施，肯帮助别人。如果乡里如有男子、女子到了年龄不能娶妻嫁夫，他总是热心出资，一力赞助他们的嫁娶；逢到灾荒之年，他便时常施食救济老弱病残，以自己的善良之心救贫苦人于急难之中。

魏敬益家境并非十分富裕，他的家中一共只有16顷田。但就是这16顷田，他也常为此感到不安。一天，他特地将儿子叫来，对他说："自从我们家买下村上的10顷田地后，环村的乡亲们都难以生活自给了。我深深地同情他们，想把我们买下的这10顷田都还给他们。你守着其余剩下的田地，也完全够生活的了。"于是，他将周围的乡亲叫来，告诉他们说："我买了你们的田产，使你们贫穷得不能生活，有父母亲也不能够赡养，我实在是太不仁义了！现在我就将这些田地都还给你们！"魏敬益的乡亲们听了，都深感意外，不敢接受。魏敬益坚持一定要退还，才都接受了。魏敬益怕乡亲们不放心，又特意将此事告诉官府，以表明自己是真心退还田地。

官府对他的这种做法十分赞赏，特意加以褒扬。当时朝廷的宰相听说此事，也十分感动，赞叹道："世上竟然有品格如此高尚的人！"

人物春秋

一代天骄东征西讨　旷世英才南征北战——铁木真

　　元太祖铁木真，姓奇渥温氏，蒙古部人。太祖的十世祖名叫孛端叉儿。孛端叉儿的相貌很奇怪，沉默寡言，家中人都说他笨。母亲阿兰去世，兄长们把财产分了，没有分给孛端叉儿。孛端叉儿说："人的贫贱富贵，都是命里注定的，财产算什么。"独自骑着一匹青白马，到名叫八里屯阿懒的地方住了下来。得不到饮食，正好有鹰抓取野兽在吃，孛端叉儿便用绳子做成机关擒住了它，这头鹰很快便驯服了。于是便臂上架鹰猎取兔子和鸟类作为食物，有时食物缺少但立即又有所获，似乎天在保佑他。这样过了几个月，有数十家百姓从统急里忽鲁的旷野追随水草迁到当地，孛端叉儿盖造简陋的茅屋给他们住，进出互相帮助，因此生活还算过得去。有一天，二哥忽然想起他，说："孛端叉儿独自出去没有带什么东西，近来会不会挨冻受饥呢？"立即前来访问，要他一起回去。半路上孛端叉儿对他的哥哥说："统急里忽鲁的百姓没有隶属于他人，如果用武力加以威胁，是会屈服的。"哥哥认为有道理。回家后，立即选派强壮的战士，命令孛端叉儿带领前去，果真把他们都降服了。

　　孛端叉儿死，其子八林昔黑剌秃合必畜继承家世，生下儿子名叫咩捻笃敦。咩捻笃敦的妻子叫做莫回伦，生下7个儿子后成为寡妇。莫回伦的脾气刚强而急躁，当时押剌伊而部有一群孩子挖掘田间的草根作为食物，莫回伦乘车出门，正好看见，发怒说："这块土地是我儿子跑马的地方，这群孩子胆敢破坏吗！"赶车前去，将这群孩子辗伤，有的因此而死。押剌伊而人忿怒怨恨，将莫回伦的马群全都赶走。莫回伦的儿子们听到这一消息，来不及穿上铠甲，便追上去。莫回伦内心深感忧虑地说："我的儿子不穿铠甲前去，恐怕不能战胜敌人。"便叫儿媳妇载着铠甲前去，可已经来不及了。果然吃了败仗，6个儿子全都战死。押剌伊而人乘胜杀死莫回伦，并把他全家都杀光。只有长孙海都年纪还小，奶妈将他藏在一堆木头中，才得免于难。在此以前莫回伦第七个儿子纳真在八剌忽的百姓家中当上门女婿，因此灾难发生时与他无关。他听说家中遭遇大祸，前来察看，只见10几位有病的老年妇女与海都还在，他不知怎么办才好。幸亏押剌伊而人驱赶马群时，纳真哥哥的黄马3次摆脱套杆逃了回来，纳真才得到马骑。于是便伪装成牧马人，前往押剌伊而人住处。路上碰到父子2人先后骑马行驰，臂上架着鹰打猎。纳真看见鹰，心中说："这正是我哥哥常常托着的鹰。"赶上前去哄骗年少的儿子说："有一匹红马带领一群马往东去了，你看见了吗？"少年回答说："没有。"接着少年问："你经过的地方有水鸟吗？"纳真说："有。"少年说："你能当向导吗？"纳真说："可以。"于是便同行。转过一处河湾，纳真估计后面骑马人距离稍远，便将少年刺死。他将马匹与鹰用绳捆住，然后前去迎接后面的骑手，同样加以哄骗。后面的骑手问道："前面射水鸟的是我的儿子，为什么老躺着不起来呢？"纳真回答说因为鼻子出血。骑手正发怒，纳真利用这一空子将他刺死。又向前去到一座山下，有几百匹马，放牧的只有几个孩子，正在拿动物的骨关节做游戏。纳真仔细看，也是哥哥家中的东西。用话向孩子们套问，也像先前一样。于是爬上山顶四面张望，到处静悄悄没有人影，他便将孩子们全都杀死，驱赶马群架着鹰回来，带上海都和有病的老年妇女，一起回到八剌忽地方住下。海都长大了，纳真率领八剌忽怯谷的百姓们拥立他为首领。海都当上首领后，攻打押剌伊而人，使之成为自己的属民，势力逐渐壮大。他的营帐排列在八剌合黑河边，在河上造起了桥梁，便于往来。由此周围的部族前来归附的日益增多。

海都死，儿子拜姓忽儿继位。拜姓忽儿死，儿子敦必乃继位。敦必乃死，儿子葛不律寒继位。葛不律寒死，儿子八哩丹继位。八哩丹死，儿子也速该继位，并吞各部落，势力愈来愈大。也速该死。至元三年十月，追谥烈祖神元皇帝。

当初，也速该出征塔塔儿部，捉住了塔塔儿部的首领铁木真。这时正好宣懿太后月伦生下太祖，手中握着凝固的血块如同红色石头一般。也速该很奇怪，便以抓住的俘虏铁木真为之命名，用来纪念自己的军事胜利。

同族的泰赤乌部原来和也速该关系很好，后来因为塔儿不台管事，便产生了隔阂，互不往来。也速该死时，太祖年纪还小，部众大多归附泰赤乌部。侍从脱端火儿真也要叛变，太祖哭着挽留他。脱端说："深深的池水已经干涸了，坚硬的石头已经碎裂了，留下干什么！"竟然带着众人骑马离去。太后月伦对于他看不起自己感到愤怒，亲自打着旗带着兵追上前去，将大部分企图叛变的部众追了回来。

当时太祖部下的搠只另外居住在萨里河。札木合部的秃台察儿居住在玉律哥泉，时常想要加以欺侮，终于将萨里河放牧的马群抢走。搠只指挥身边的人藏在马群中，将秃台察儿射死。札木合因此怨恨，便和泰赤乌各部共同商议，发动3万人前来打仗。太祖这时屯驻在答阑版朱思草原上，听到消息，大规模征集各部的军队，分成十三翼等待对方的到来。后来札木合的军队果然前来，太祖和他们激烈交锋，终于将对方打败。

那时，各部之中只有泰赤乌部土地广大，人口众多，号称最强大。泰赤乌部中的照列部，住处与太祖相接近。太祖有一次出去打猎，偶然和照烈部的打猎队伍相遇。太祖对照烈部的人说："晚上可以一起宿营吗？"照烈部人说："一起宿营当然是我的愿望，但是跟从出来打猎的有400人，因为带的食物不够，已经让一半回去了，现在如何是好？"太祖坚持邀请他们一同宿营，一概供应饮食。次日一起打猎，太祖让身边的人将野兽都赶到照列部人一方，照烈部人得到许多猎物回去。照烈部众都感激太祖，悄悄相互说："泰赤乌和我们虽是兄弟，却常常抢我们的车马，夺我们的饮食，没有君主度量。有君主度量的，看来只有铁木真了。"照烈部的首领玉律这时正遭到泰赤乌部的虐待，难以忍受，便和塔海答鲁带领部众来归，愿意以杀泰赤乌人来表示自己的诚心。太祖说："我正在熟睡，幸亏你们使我醒过来。自今以后凡是有车辙和人行痕迹的道路，我将全部夺过来给你们。"没有多久两人不能实践诺言，叛变离去。塔海答鲁行至中途被泰赤乌部众所杀，照烈部就此灭亡。

此时太祖的功业与德行愈来愈盛，而泰赤乌各部对于他们首领的暴虐行为深感痛苦，看到太祖待人宽厚仁爱，经常拿皮衣和马匹赏赐给别人，心中都很向往。像赤老温、哲别、失力哥也不干等人，以及朵郎吉、札剌儿、忙兀诸部，都仰慕太祖的恩义，前来归附。

太祖约会同族首领薛彻别吉、大丑等，各自用牛车载着马奶和奶酪，在斡难河边举行宴会。在太祖和同族首领以及薛彻别吉的母亲忽儿真面前，共同放着一皮囊马奶，而在薛彻别吉的次母野别该面前，却单独放着一个皮囊。忽儿真怒道："现在不尊敬我，却要抬高野别该吗？"怀疑是太祖手下管理饮食的失丘儿干的事，就揍他，如此便产生了隔阂。这时太祖兄弟别里古台负责管理太祖的乞列思，播里管理薛彻别吉的乞列思。播里手下人偷盗马车用的革带，被别里古台抓住。播里发怒，用刀砍伤别里古台的背。手下人要打架，别里古台制止他们说："你们要报仇吗？我伤得不重，姑且等下再说。"手下人不听，各自拿着撞马奶的木棒大打出手，将忽儿真、火里真两位夫人抢了回来。薛彻别吉派遣使者请求和好，太祖便让两位夫人回去。适逢塔塔儿部首领蔑兀真笑里徒违背与金朝之间的盟约，金朝皇帝派丞相完颜襄带领军队将他们驱赶到北方。太祖听说此事，便派遣近处的军队从斡难河迎头痛击塔塔儿部，又通知薛彻别吉带部众前来相助。等了6天不来，太祖独自与塔塔儿部作战，杀死蔑兀真笑里徒，将他们的全部辎重都缴获了。

太祖部下有人遭到乃蛮部人抢劫，太祖准备讨伐，又派60人到薛彻别吉处去征兵。薛彻别吉因为过去的怨仇，将其中10人杀死，剥去其余50人的衣服让他们回来。太祖发怒说："薛彻别吉过去揍我的失丘儿，砍伤我的别里古台，现在又敢利用敌人的势力来欺侮我。"于是便统率军队越过沙漠发起进攻，杀死和俘虏了他的部众，只有薛彻别吉和大丑带着妻儿得免此难。过了几个月，太祖又发兵讨伐薛彻别吉和大丑，追到帖烈徒隘口，将他们歼灭。

克烈部的札阿绀孛前来归附。札阿绀孛是克烈部首领汪罕的弟弟。汪罕原名脱里，金朝封他为王，北方民族语音重，所以称王为汪罕。

起初，汪罕的父亲忽儿札胡思杯禄去世，汪罕嗣位，杀死不少自己的兄弟。他的叔父菊儿罕带着军队与他作战，追逼他到哈剌温隘口，将他打败，汪罕只剩下100多名骑兵逃脱，投奔于烈祖也速该。也速该亲自带兵将菊儿罕赶走，菊儿罕逃往西夏，也速该夺回部众还给汪罕。汪罕感恩戴德，就与也速该结盟，称为按答（按答，汉语是交换物品的朋友）。也速该死，汪罕的弟弟也力可哈剌怨恨汪罕杀人太多，又叛离了他，投向乃蛮部。乃蛮部首领亦难赤替他发兵讨伐汪罕，将他的部众都夺过来给了也力可哈剌。汪罕经过河西、回鹘等三国，投奔契丹。接着又叛变逃回，途中粮食没有了，挤羊奶为饮料，刺出骆驼血来吃，困乏到了极点。太祖因为汪罕与烈祖也速该之间交情很好，派遣侍从去招他。太祖亲自迎接慰劳，安置于军中，给他资助。于是在土兀剌河边聚会，太祖尊汪罕为父。

不久，太祖讨伐蔑里乞部，与蔑里乞部的首领脱脱在莫那察山交战，夺得他们的资财、粮食，送给汪罕。汪罕因此逐步将部众聚集了起来。

又过了一些时日，汪罕以为自己势力壮大，足以有所作为，没有告诉太祖，独自领兵又去攻打蔑里乞部，对方败走，脱脱逃往八儿忽真的险要之地。汪罕大肆抢掠然后回来，没有给太祖一点东西，太祖不在意。

这时乃蛮部首领不欲鲁罕不服，太祖与汪罕又发兵讨伐。到黑辛八石的旷野，遇到乃蛮部的前锋也的脱孛鲁带领100骑兵前来作战。看到太祖的军队逐渐逼近，也的脱孛鲁退到高山上据守，途中马鞍脱落掉了下来，太祖抓住了他。没有多久，太祖又与乃蛮部的猛将曲薛吾撒八刺相遇，正好天时已完，于是约定明日交战，各回自己的营垒。当天晚上，汪罕在营垒中到处点火，使人不怀疑他有什么动作，实际上偷偷将部众转移到其他地方。等到天亮，太祖才发现，因而怀疑他打有别的主意，也带着军队退到萨里河。接着汪罕也回到土兀剌河，汪罕的儿子亦剌合和札阿绀孛都来会合。曲薛吾等侦察到这种情况，乘其不备，在半路上加以袭击，俘虏了不少人。亦剌合逃走告诉汪罕，汪罕命令亦剌合和卜鲁忽遝一起追上前去，一面派人来说："乃蛮部不讲信义，抢掠我的百姓，太子您有4名优秀将领，能借给我洗雪这番耻辱吗？"太祖立即消除了以前的不满，派遣博尔术、木华黎、博罗浑、赤老温4人带军队前去。军队还没有到，亦剌合已经追上曲薛吾，与他交锋，结果大败，卜鲁忽遝也被俘。飞箭射中了亦剌合的马股，差一点也成了俘虏。一会儿四将来到，打败乃蛮部，将他们抢掠的百姓全部夺回还给汪罕。接着太祖与兄弟哈撒儿再次讨伐乃蛮部，在忽阑盏侧山交战，大败对方，将对方的将领和部众全都杀光，将尸首堆积起来封土成为冢丘。乃蛮部的势力因此削弱了。

这时泰赤乌还相当强大，太祖和汪罕在萨里河会合，一起与泰赤乌首领沆忽等在斡难河边大战，将对方击败，杀死的和俘获的不可胜数。

哈答斤部、散只兀部、朵鲁班部、塔塔儿部、弘吉剌部听说乃蛮部、泰赤乌部已战败，都感到不安，在阿雷泉相会，立下誓言，要对太祖和汪罕发动突然袭击。弘吉剌部首领迭夷害怕此事难以成功，偷偷派人前来告密，太祖和汪罕从虎图泽出发，迎战于杯亦烈川，又大败对方。

汪罕乃分兵，自己沿怯绿连河行动。札阿绀孛和按敦阿述、燕火脱儿等商议说："我的哥哥性格做事都很古怪，他既能将我的兄弟都杀光，我们又怎么能单单活命呢？"按敦阿述将这些话泄露了，汪罕下令将燕火脱儿等抓到自己的营帐前，将燕火脱儿解绑，对他说："我们从西夏回来，在道路上饥饿困乏，一起立有誓言，你难道忘记了吗？"便向他脸上吐唾沫。边上坐着的人也都起来向他吐唾沫。汪罕又多次责备札阿绀孛，使他深感无地自容。札阿绀孛与燕火脱儿等一起逃往乃蛮部。

太祖在彻彻儿山驻军，发兵讨伐塔塔儿部。塔塔儿部首领阿剌兀都儿等前来迎战，太祖将其击败。

这时弘吉剌部想要前来归附，哈撒儿不知道他们的意图，前去抢劫了他们的东西。于是弘吉剌部归附了札木合，和朵鲁班、亦乞剌思、哈答斤、火鲁剌思、塔塔儿、散只兀诸部在犍河会合，共同推举札木合为局儿罕。众人在秃律别儿河岸明誓，誓言是："凡是我们同盟中人，如有泄露商议内容的，其下场如同河岸被摧毁，森林被砍伐。"说完誓言以后，大家一起举足蹬塌河岸，挥刀砍伐森林，随后驱赶士兵前来进攻。塔海哈当时在众人中间，他与太祖部下抄吾儿是亲家。抄吾儿偶然前去看他，了解到他们的密谋，赶紧回到太祖居住的地方，将这些情况报告了。太祖立即起兵，迎战于海剌儿、帖尼火鲁罕之地，打败了他们。札木合逃走，弘吉剌部前来投降。

壬戌年，太祖在兀鲁回失连真河发兵，讨伐按赤塔塔儿、察罕塔塔儿两部。出发以前誓师说："如果打败敌人，追赶他们时，见到他们丢下的东西，注意不要拾取，等战争结束后再分配。"后来果然取得胜利，太祖同族按弹、火察儿、答力台3人违背了誓师时的言语，太祖发怒，将他们俘获的东西都加以没收，在军中分配。

原来，脱脱逃往八儿忽真隘口之后，又出来骚扰，太祖带领军队将他赶走。

到此时，他又与乃蛮部的不欲鲁罕会合，联合朵鲁班、塔塔儿、哈答斤、散只兀诸部一起来进攻。太祖派骑兵登高四望，知道乃蛮部军队快要到了，便与汪罕一起将军队移入险要之处。汪罕的儿子亦剌合从北边过来占领高山立下阵势，乃蛮部军前来冲击，阵势不动，退了回去。亦剌合接着也进入险要之处。将要交战以前，太祖将辎重转移到其他地方，和汪罕一起，背靠阿兰塞，与乃蛮部军队在名叫阙奕坛的旷野上大战。乃蛮人让神巫祈祷风雪，想要利用风雪之势进攻，后来风向逆转，反过来刮向乃蛮人的兵阵。乃蛮人不能作战，想退兵。这时大雪塞满了沟涧，太祖指挥军队利用有利形势进攻，乃蛮部大败。此时札木合起兵支援乃蛮部，看见乃蛮部已经失败，立即退还。路上遇见拥立自己的各部，大肆抢劫而归。

太祖求婚于汪罕，希望自己的长子术赤娶汪罕女儿抄儿伯姬，汪罕的孙子秃撒合想娶太祖女儿火阿真伯姬，都没有成功，此后隔阂渐深。起初，太祖与汪罕合兵攻乃蛮部，约定明日作战。札木合对汪罕说："我对你就像白翎雀一样，别人则像鸿雁。白翎雀无论冷热都在北方，鸿雁每逢天气寒冷就飞到南方暖和的地方去了。"汪罕听了生疑，就将部众迁移到其他地方。等到议婚不成，札木合又利用这一机会对亦剌合说："铁木真太子虽然自己说是汪罕的儿子，实际上曾和乃蛮部有来往，这对您父子是不利的。您如果对铁木真采取军事行动的话，我一定在旁边帮助您。"亦剌合相信他的话。正好答力台、火察儿、按弹等都背叛了太祖前来归附，他又对亦剌合说："我们愿意帮助您去攻打月伦的儿子们。"亦剌合非常高兴，派遣使者去告诉汪罕。汪罕说："札木合是一个嘴上说得好听但没有信用的人，他的话不能听。"亦剌合坚持自己的意见，使者来回了好几次。汪罕说："我之所以能生存下来，靠的是铁木真太子。我现在胡子已经白了，死后希望有一个安葬的地方，你怎么说个没有完呢？你好自为之，不要给我添麻烦就行了。"札木合于是焚烧了太祖的牧地扬长而去。

癸亥年，汪罕父子策划谋害太祖，派遣使者来说："以前商量的婚事，现在愿意听从您的意见，请您前来喝订婚酒。"太祖信以为真，带着10名骑兵前去。在途中产生了疑心，派一名骑兵前去表示谢意，自己回来。汪罕的阴谋不曾得逞，便商量发兵来攻。养马人乞失力听说这件事，偷偷和他的弟弟把带前来告诉太祖。太祖立即带着军队驰奔阿兰塞，将辎重全部转移到其他地方，派折里麦为前锋，等汪罕一到立即整好队伍出战。先遇到的是朱力斤部，接着是董哀部，后面是火力失烈门部，都击败了他们，最后与汪罕贴身亲兵交锋，也打败了他们。亦剌合看见形势危急，亲自前来冲阵，被箭射中脸颊，立即收兵退走。怯里亦部人离开汪罕前来投降。

汪罕战败而归，太祖也带着军队回到董哥泽屯驻。派遣阿里海前去责备汪罕说:"您过去遭到您的叔父菊儿罕驱逐,困难交加前来投奔,我父亲立即发兵攻打菊儿罕,在河西将他打败,他的土地、百姓都拿了过来给您。这是有大功于您的第一件事。您遭到乃蛮人的攻击,逃往西边太阳降落的地方。您的兄弟札阿绀孛在金朝国境,我立即派人召他回来。等他回来时,又遭到蔑里乞部的威胁,我请我的同族哥哥薛彻别吉和兄弟大丑去杀掉他们。这是有大功于您的第二件事。您为困难所迫前来投奔时,我经过哈丁里,将各部的羊、马和财产都夺了给您,不到半月的时间,使您饥饿的部众吃得饱饱的,瘦子都长胖了。这是有大功于您的第三件事。您不告诉我就去抢劫蔑里乞部,收获很大,回来以后,没有分给我一点点,我不计较。等到您被乃蛮人颠覆,我派四将夺回你的百姓,重立你的国家。这是有大功于您的第四件事。我征伐朵鲁班、塔塔儿、哈答斤、散只兀、弘吉剌五部,如同凶猛的海东青对付鹅雁一样,看见必有收获,有收获必定送给您。这是有大功于您的第五件事。这五件事都是有明白证据的,您对我不报恩也就罢了,现在怎么能变恩为仇,突然对我发动战争呢!"汪罕听到这些话,对亦剌合说:"我以前说的话怎么样?我的儿子你应知道。"亦剌合说:"事情已发展到今天这样,没有法子了结,只有尽力去战斗。我们打赢了就将他们合并过来。他们赢了就吞并我们,多说干什么。"

当时和太祖同族的按弹、火察儿都在汪罕身边。太祖派遣阿里海去挖苦责备汪罕时,命令阿里海告诉他们说:"过去我国没有君主,以为薛彻别吉、太丑二人是我伯祖八剌哈的后代,准备立他们为主。因为二人坚决推辞,又以你火察儿是伯父聂坤之子,准备立为主,你又坚决推辞。但是此事不能这样中途而废,又以你按弹是我祖父忽都剌的儿子,想立为主,你又坚决推辞。于是你们推戴我为君主,这并非我的本来想法,是形势所逼造成的。三河是我们祖先创业的地方,不要被他人所据有。你们要好好为汪罕服务,汪罕的本性反复无常,待我尚且这样,何况是你们呢?我现在走了,我现在走了。"按弹等人没说一句话。

太祖既已派遣使者去汪罕那里,便进兵俘虏弘吉剌的别部溺儿斤,队伍行进到班朱尼河,河水正浑,太祖带着部众共饮河水立下誓言。亦乞烈部的孛徒被火鲁剌部打败,遇到太祖,双方建立同盟。太祖的兄弟哈撒儿另外居住在哈剌浑山,妻子被汪罕俘虏,自己带着小儿子脱虎逃走,粮食断绝,找寻鸟蛋充饥,前来河边相会。这时汪罕的势力强大,太祖的势力微弱,胜败还不可知,部众颇为担心害怕。凡是一起饮过河水的,称为"饮浑水",意思是曾经同患难。汪罕的军队前来,太祖在哈阑真沙陀与他们交战,汪罕大败。属臣按弹、火察儿、札木合等密谋杀害汪罕,没有成功,便逃往乃蛮部。答力台、把怜等部也前来叩头投降。

太祖将军队移到斡难河的源头,策划攻打汪罕,又派两名使者前往汪罕那里，假装传达哈撒儿的话，说："我的哥哥铁木真太子现在不知下落，我的妻子老小又在大王您那里，即使我想走，能走到哪里去呢！大王如果能够宽恕我以前的错误，想念我过去的好处，我立即就来投奔您。"汪罕相信这番话，就派人跟着两名使者前来，用皮囊盛血准备与哈撒儿订立盟约。到了以后，太祖立即以两名使者为向导，下令兵士衔枚禁止说话，连夜赶往折折运都山，出其不意，袭击汪罕，将他打得大败。克烈部百姓都投降了。汪罕和亦剌合脱身逃走。汪罕叹气说："我被儿子害了，今天的祸事后悔也来不及了。"汪罕在逃走的路上，遇到乃蛮部的将领，被杀。亦剌合逃到西夏，靠抢劫维持生活，很快便为西夏打败，逃到龟兹国。龟兹国君主发兵讨伐，将他杀死。

  太祖灭汪罕以后，在帖麦该川举行盛大的狩猎活动，发布各种命令，凯旋而归。这时乃蛮部君主太阳罕心里妒忌太祖的才能，派人去和白达达部首领阿剌忽思商量说："我听说东方有称帝的人。天上没有两个太阳，百姓难道能有两个君主吗？您能增加我右翼的力量，我将夺过敢于称帝者的弓箭。"阿剌忽思立即将这个情况报告太祖，没有多久，他带着全部百姓前来归附。

  甲子年，太祖在帖麦该川举行大聚会，商议讨伐乃蛮部。许多人都认为现在是春天马正瘦，应该等待秋高气爽马长膘再出兵。皇弟斡赤斤说："应该做的事，要早下决心，怎么能用马瘦作理由呢！"别里古台也说："乃蛮部要夺我们的弓箭，是看不起我们，我等理当共生死。他倚仗国大而吹牛，如果乘其不奋发起攻势，可以成功。"太祖很高兴，说："以这样的人去作战，还愁打不赢吗！"便出动军队讨伐乃蛮部，驻军于建忒该山，先派虎必来、哲别两人为前锋。太阳罕从按台来，驻军于沆海山，和蔑里乞部首领脱脱、克烈部首领阿怜太石、猥剌部首领忽都花别吉，以及秃鲁班、塔塔儿、哈答斤、散兄兀等部会合，兵势相当盛大。这时我方队伍中的瘦马因受惊跑到乃蛮部营中，太阳罕看见，与大家商议说："蒙古的马如此瘦弱，现在应该引诱他们深入，然后和他们交战，将他们俘虏。"将领火力速八赤对他说："先前的国王作战，一往直前，不让敌人看见自己的背和马的尾巴。现在您提出这样拖延的方针，是不是心中害怕呢？如果害怕，为什么不让后妃来统领军队！"太阳罕很生气，立即拍马往前要与太祖交战。太祖让哈撒儿负责中军。这时札木合跟随太阳罕前来，看见太祖的军队整齐肃静，对身边的人说："乃蛮部刚出兵时，看待蒙古军如同羊羔，意思是说连蹄皮也留不下。现在我观察他们的气势，恐怕已不同于过去了。"就带自己的军队逃走了。这一天，太祖与乃蛮部大战直到日落，擒杀太阳罕。各部军一时都溃散，夜间在非常危险的地方奔走，从山崖掉下去死掉的不可计数。第二天，剩余下来的都投降了。于是朵鲁班、塔塔儿、哈答斤、散只兀四部也都前来投降。

  接着又出征篾里乞部，该部首领脱脱逃往太阳罕的哥哥卜欲鲁罕那里，他的部下带儿兀孙献上自己的女儿求降，很快又叛变了。太祖到泰寒寨，派孛罗欢、沈白两人带着右军前去将带儿兀孙平定了。

乙丑年，太祖出征西夏，攻克力吉里寨，经过落思城，掠取了大量百姓和骆驼回来。元年丙寅，太祖大会诸王和群臣，树起九游的白旗，在斡难河头登上了皇帝的位置。诸王、群臣一起尊称之为成吉思皇帝。太祖即帝位后，发兵再去打乃蛮部。这时卜欲鲁罕正在兀鲁塔山打猎，将他捉住带了回来。太阳罕的儿子屈出律和脱脱一起逃到也儿的石河边。

太祖开始谈论讨伐金朝之事。以前金朝杀害太祖同族咸补海罕，太祖想报仇。恰巧金朝投降的俘虏陈述金朝皇帝完颜羡任意施行暴虐的统治，太祖于是决定加以讨伐，但是没有敢轻举妄动。二年丁卯的秋天，太祖再征西夏，攻克斡罗孩城。这一年，派遣按弹、不兀剌两人出使乞力吉思。不久野牒亦纳里部、阿里替也儿部都派使者来贡献名贵的鹰。三年戊辰的春天，太祖从西夏回来。冬天，再次讨伐脱脱和屈出律罕。斡亦剌部等和我军前锋遭遇，没有交战就投降了，便以他们做向导。到也儿的石河，讨伐蔑里乞部，将它消灭了。脱脱中箭身亡。屈出律罕逃往契丹。

四年己巳的春天，畏吾儿国前来归附。太祖进军河西。西夏国王李安全派长子率领军队来作战，被我军击败，副元帅高令公成了俘虏。攻克兀剌海城，俘虏西夏的太傅西壁氏。进至克夷门，又击败西夏军队，俘获其将领嵬名令公。包围中兴府，引黄河水来冲灌这座城。但是水堤决口，水往外流，只好撤围还师。太祖派太傅讹答进入中兴府，向西夏国王招降，西夏国王献女儿请求和好。

五年庚午的春天，金朝打算来进攻，建造乌沙堡。太祖命遮别进行突然袭击，杀死筑堡的人，接着向东略取土地。

原来，太祖向金朝进献每年固定的贡品，金朝皇帝派卫王允济到净州接受。太祖见到允济，不行礼。允济回去，准备请求发兵讨伐。正好金朝皇帝完颜羡死了，允济嗣位，即位的诏书送到蒙古，派人传话要太祖跪拜接受。太祖问金朝使节说："新皇帝是谁？"金使说："是卫王。"太祖立即向南方吐了一口唾沫，说："我以为中原的皇帝是天上的神做的，这等无用胆小之人也能做吗！拜他干什么！"便骑马往北走了。金使回来报告，允济更加恼怒，想乘太祖下一次进贡时，在边境贸易的场所将他杀害。太祖知道后，便与金朝断绝关系，进一步整顿军队备战。

六年辛未的春天，太祖居住在怯绿连河。西域哈刺鲁部首领阿昔兰罕来投降。畏吾儿国君主亦都护前来觐见。二月，太祖亲自带兵南征，在野狐岭打败金朝将领定薛，攻取大水泺、丰利等县。金朝又建造乌沙堡。秋七月，太祖命哲别攻乌沙堡和乌月营，占领了两地。八月，太祖和金军在宣平的会河川交战，取得胜利。九月，攻占德兴府，居庸关的守将逃跑。哲别接着入关，直抵中都。冬十月，袭击金朝的群牧监，将群牧监管理的马匹都赶了回来。耶律阿海投降，到太祖临时屯驻的地方来谒见。皇子术赤、察合台、窝阔台分别夺取云内、东胜、武、朔等州。这一年冬天，太祖屯驻在金朝的北部边境。刘伯林、夹谷长哥等来降。

七年壬申，春正月，耶律留哥在隆安聚合人众，自称都元帅，派遣使者前来归附。太祖攻破昌、桓、抚等州。金朝将领纥石烈九斤等带领30万军队前来援救，太祖与他们在獾儿觜交战，金兵大败。秋天，包围西京。金朝元帅左都监奥屯襄率领军队前来援救，太祖派兵把金军引诱到密谷口，在那里迎击并全部消灭了他们。再攻西京，太祖为飞箭所伤。只好撤围而去。九月，察罕攻克奉圣州。冬十二月甲申，哲别攻东京，没有成功，立即退去。夜间驰还，突然袭击，占领了东京。

八年癸酉的春天，耶律留哥自封为辽王，改元元统。秋七月，攻占宣德府，接着攻德兴府，皇子拖雷、驸马赤驹先登城，攻克了它。太祖前进到怀来，和金朝行省完颜纲、元帅高琪交战，金军败，追到居庸关北口。金兵占据居庸关自保，太祖命可忒、薄刹守在北口前，自己前往涿鹿。金朝西京留守忽沙虎逃走。太祖出紫荆关，在五回岭击败金军，攻占涿、易二州。契丹人讹鲁不儿献北口，哲别于是占领居庸关，与可忒、薄刹会师。八月，金朝忽沙虎杀害他的君主完颜允济，迎接丰王完颜珣，将其立为皇帝。这年秋天，太祖分兵三路。命皇子术赤、察合台、窝阔台为右军，沿着太行山往南，攻取保、遂、安肃、安、定、邢、洺、磁、相、卫、辉、怀、孟，抢掠了泽、潞、辽、沁、平阳、太原、吉、隰，占领汾、石、岚、忻、代、武等地，然后回军。皇弟哈撒儿和斡陈那颜、拙赤歹、薄刹为左军，沿海向东去，攻取蓟州、平、滦、辽西等地然后回军。太祖与皇子拖雷为中军，攻取雄、霸、莫、安、河间、沧、景、献、深、祁、蠡、冀、恩、濮、开、滑、博、济、泰安、济南、滨、棣、益都、淄、潍、登、莱、沂等地。又命木华黎攻密州，城下后进行大屠杀，史天倪、萧勃迭率领队伍来降，木华黎以皇帝的名义授他们以万户之职。太祖到中都，三路军会合，屯驻大口。

是年，河北郡县都被蒙古军攻克，坚守不下的只有中都、通、顺、真定、清、沃、大名、东平、德、邳、海州等11城。

九年甲戌，春三月，太祖屯驻在中都的北郊。将领们请求乘胜攻破燕京，太祖未同意。于是派遣使节告知金朝皇帝说："你的山东、河北郡县都已被我占有，你剩下的只有燕京城。天既然已使你衰弱，我又逼迫你走上绝路，天将说我什么！我的军队现在要回去，你难道不能来犒劳我的军队，借此消除我手下将领的愤怒么！"金帝于是遣使求和，并派丞相完颜福兴送太祖出居庸关。夏五月，金帝迁都于汴，命完颜福兴和参政抹捻尽忠辅助太子守忠，留守中都。六月，金朝遥军的斫答等杀死统帅，率领队伍前来投降。太祖命三摸合、石抹明安和斫答等包围中都。太祖自己在鱼儿泺避暑。秋七月，金朝太子守忠逃往汴京。冬十月，木华黎征辽东，高州卢琮、金朴等投降。锦州张鲸杀死节度使，自号临海王，派遣使者前来投降。

十年乙亥春正月，守通州的金右副元帅蒲察七斤投降，授七斤以元帅之职。二月，木华黎攻北京，金军元帅寅答虎、乌古伦开城投降。便以寅答虎为留守，吾也而代理兵马都元帅，镇守该地。兴中府元帅石天应来降，以天应为兴中府尹。三月，金朝御史中丞李英等率领军队前来援救中都，在霸州发生战斗，金军失败。夏四月，攻克清、顺二州。太祖命张鲸统帅北京十提控的军队跟随南征，张鲸谋反被处死。他的兄弟张致便占据锦州，自称汉兴皇帝，改元兴龙。五月庚申，金朝中都留守完颜福兴服毒自杀，抹捻尽忠丢下中都城逃走，石抹明安便进入中都镇守。这一月，太祖在桓州凉泾避暑，派忽都忽等前往中都查收金朝国库的收藏物品。秋七月，红罗山寨主杜秀投降，授杜秀以锦州节度使之职。太祖派遣使者前去通知金朝皇帝，要他献出河北、山东没有被攻下的各城，去掉帝号改称河南王，这样的话可以停战。金帝不同意。太祖下令命史天倪向南进军，授以右副都元帅之职，赐给他金虎符。八月，史天倪攻取平州，金朝经略使乞住投降。木华黎派遣史进道等攻广宁府，守城者投降。这年秋天，攻取的城市有862个。冬十月，金朝宣抚蒲鲜万奴占据辽东自称天王，国号大真，改元天泰。十一月，耶律留哥来朝觐，留他的儿子斜葙充当太祖的侍从。史天祥讨伐兴州，俘获兴州节度使赵守玉。

十一年丙子的春天，太祖回到卢朐河边的行宫。张致攻陷兴中府，木华黎将其消灭。秋天，撒里知兀歹、三摸合拔都鲁带领军队由西夏前往关中，越过潼关，俘获金朝西安军节度使尼庞古浦鲁虎，攻克汝州等地，抵达汴京然后还师。冬十月，蒲鲜万奴投降，送他的儿子帖哥入朝充当侍从。不久再叛，自称东夏。

十二年丁丑的夏天，强盗祁和尚占据武平，史天祥平定了这起叛乱，并擒获金朝将领巢元帅献给太祖。察罕在霸州击败金朝监军夹谷，金方求和，察罕才回军。秋八月，太祖授木华黎以太师之职，封他为国王，统领蒙古、纠、汉各路军马南征。木华黎攻克遂城、蠡州。冬天，攻克大名府，接着向东攻取了益都、淄、登、莱、潍、密等州。这一年，秃满部百姓叛乱，派钵鲁完、朵鲁伯前去平定。

十三年戊寅，秋八月，军队出紫荆口，俘获金朝行元帅事张柔，命他继续保持原来的职务。木华黎从西京进入河东，攻克太原、平阳以及忻、代、泽、潞、汾、霍等州。金朝将领武仙向满城进攻，张柔将其打败。这一年，讨伐西夏，包围西夏的王城。西夏国王李遵顼逃往西凉。契丹人六哥占据高丽江东城，太祖命哈真、札剌带军队将他消灭，高丽王瞰于是投降，请求每年进贡本地特产。

十四年己卯的春天，张柔击败武仙，祁阳、曲阳、中山等城投降。夏六月，西域杀害使者，太祖带领军队亲自出征，攻克讹答剌城，活捉城中首脑哈只儿只兰秃。秋天，木华黎攻克苛、岚、吉、隰等州，又向绛州进攻，占领以后将城中百姓全部屠杀。

十五年庚辰，春三月，太祖攻克蒲华城。夏五月，攻克寻思干城，太祖的营帐屯驻在也儿的石河。秋天，攻克斡脱罗儿城。木华黎攻取土地，来到真定，武仙投降。木华黎便以史天倪为河北西路兵马都元帅，管理真定府的事务，以武仙做他的副手。东平严实带着彰德、大名、磁、洺、恩、博、滑、浚等州30万户前来投降，木华黎以太祖的名义授与严实金紫光禄大夫、行尚书省事。冬天，金朝邢州节度使武贵投降。木华黎攻打东平城，未能攻下，便留下严实看守，撤出围城军队前往洺州，分兵攻取河北诸郡。这一年，授与董俊龙虎卫上将军、右副都元帅之职。

十六年辛巳，春天，太祖进攻卜哈儿、薛迷思干等城，皇子术赤进攻养吉干、八儿真等城，都占领了。夏季四月，太祖屯驻在铁门关，金朝皇帝派遣乌古孙仲端带着国书来请求和好，称太祖为兄，太祖没有答应。金东平行省事忙古丢掉城池逃跑，严实入城镇守。宋朝派遣苟梦玉前来请求和好。六月，宋朝涟水忠义统辖石珪率领部众投降，以石珪为济、兖、单三州总管。秋天，太祖进攻班勒纥等城，皇子术赤、察合台、窝阔台分兵攻打玉龙杰赤等城，都占领了。冬季十月，皇子拖雷攻克马鲁察叶可、马鲁、昔剌思等城。木华黎出河西，攻克葭、绥德、保安、鄜、坊、丹等州，进攻延安，未能占领。十一月，宋朝京东安抚使张琳以京东诸郡前来投降，被授予沧、景、滨、棣等州行都元帅之职。

十七年壬午，春天，皇子拖雷攻克徒思、匿察兀儿等城。还军途中经过木剌夷国，进行大规模掳掠。渡过楚楚拉河，攻克也里等城。随即与太祖相会，合兵攻打塔里寒寨，攻下了。木华黎的军队连克乾、泾、纤、原等州，进攻凤翔，未能成功。夏天，太祖在塔里寒寨避暑。西域君主札阑丁出逃，与灭里可汗会合，忽都忽与他们交战，失败。太祖自己带兵进攻，捉住灭里可汗，札阑丁逃走。太祖派八剌追捕，没有抓住。秋天，金朝又派乌古孙仲端前来请和，在回鹘国觐见太祖。太祖对他说："我过去要你的君主将河朔地区都给我，让你的君主当河南王，彼此罢兵停战，你的君主不肯。现在木华黎已经夺取了全部河朔地区，你这时才来请求不太晚了吗？"仲端苦苦哀求，太祖说："念你远来不易，河朔既然都已为我所有，关西还有几座没有攻下的城，都割付给我，这样可以让你的君主当河南王。不要再违背我的意思。"仲端于是回去。金朝平阳公胡天作以青龙堡来降。冬季十月,金朝河中府归附,授石天应为兵马都元帅镇守该地。

十八年癸未,春三月,木华黎去世。夏天,在八鲁弯川避暑。皇子术赤、察合台、窝阔台和八刺的军队都来会合,遂即平定西域各处城市,设置达鲁花赤进行监督治理。

十九年甲申的夏天,宋朝大名总管彭义斌侵犯河北,史天倪与他在恩州交战,打败了他。这一年,太祖到东印度国,角端出现,于是班师。

二十年乙酉,春正月,回到行宫。二月,武仙在真定叛变,杀死史天倪。董俊手下的判官李全也在中山叛变。三月,史天泽向武仙发起攻击,武仙逃走,收复真定。夏季六月,彭义斌以军队响应武仙,史天泽在赞皇防御,将他捉住杀死。

二十一年丙戌,春正月,太祖因为西夏收留仇人亦腊喝翔昆以及不送质子,亲自带领军队去讨伐。二月,攻取黑水等城。夏天,在浑垂山避暑。攻取甘、肃等州。秋天,攻取西凉府搠罗、河罗等县,于是越过沙漠,到黄河九渡,攻取应里等县。九月,李全捉住张琳,带孙郡王指挥军队将李全围困于益都。冬季十一月庚申,太祖攻灵州,西夏派嵬名令公前来援救。丙寅,太祖渡过黄河攻击西夏军,取得胜利。丁丑,五星相聚,出现在西南,太祖屯驻在盐州川。十二月,李全投降。授予张柔行军千户、保州等处都元帅之职。这一年,皇子窝阔台和察罕的军队包围金南京,派遣唐庆前往金朝责问为什么不交纳每年进贡的钱物。

二十二年丁亥,春天,太祖留下一部分部队攻打西夏王城,自己带领军队渡过黄河攻打积石州。二月,破临洮府。三月,破洮、河、西宁三州。派遣斡陈那颜攻打信都府,占领了。夏季四月,太祖到龙德,攻取德顺等州,德顺节度使爱申、进士马肩龙战死。五月,派唐庆等出使金朝。闰五月,太祖在六盘山避暑。六月,金朝派遣完颜合周、奥屯阿虎前来请求和好。太祖对群臣说:"我在去年冬天五星聚会时,已经许愿不再杀掠,急促中忘记下诏书了。现在可以向中外发布告示,让他们的使者也了解我的意思。"这个月,西夏国王李睍投降。太祖到清水县西江。秋季七月壬午,太祖身体不适。己丑,在萨里川哈老徒的行宫去世。临死前对身边的人说:"金朝精锐部队都在潼关,南边有连绵的山脉可以据守,北边有广阔的黄河为界,很难迅速攻破。如果向宋朝借路,宋金是世代的仇敌,一定能答应我们的要求,于是我军攻占唐、邓,直捣金朝都城汴梁。金朝着急,必然从潼关征调军队。然而他们数万军队,从千里外前来援救,人马疲乏,即使到了也不能打仗,我们一定能取得胜利。"说完去世。年66岁。葬于起辇谷。至元三年冬十月,追谥圣武皇帝。至大二年冬十一月庚辰,加谥法天启运圣武皇帝。庙号太祖。在位22年。

太祖为人深沉，有伟大的志向，用兵如神，所以能灭40国，并且平定西夏。他的奇勋伟绩很多，可惜的是当时没有设置史官，可能不少事迹没有记载下来。

继往开来治天下——窝阔台

元太宗窝阔台，是太祖的第三子。母亲是光献皇后，出身于弘吉剌氏族。太祖讨伐金朝平定西域时，以太宗攻占城池、开拓土地的功劳居多。太祖归天时，太宗从霍博地方前来参加丧礼。

太宗元年（1229年）秋，八月二十四日，诸侯王和群臣在怯绿连河边的曲雕阿阑地方举行盛大的集会，太宗遵照太祖的遗诏在库铁乌阿剌里即皇帝位。从此时起，开始制定朝廷礼仪，皇族和贵戚都要向皇帝行叩拜礼。颁布"大札撒"——即汉语"大法令"的意思。金朝派阿虎带来向太祖的丧礼敬献的礼物，太宗说："你们的主子久不投降，使我们先帝在兵戎中归天，我难道能忘记？礼物有什么用呢！"拒绝礼物。便商议讨伐金朝的问题。

太宗二年（1230年）秋，太宗亲自领兵征伐南方。太宗三年（1231年）春，攻克凤翔，进攻洛阳、河中等城市。攻占了它们。秋，因为高丽杀害了蒙古使臣，派撒礼塔领军去讨伐，攻占了40余城。高丽国王王瞰派他的弟弟怀安公前来求降。撒礼塔按照定制设置官员，分别镇抚各地，然后回国。

太宗四年（1232年）春，正月初七日，太宗由白坡渡过黄河。正月初九日拖雷渡过汉江，派信使来报告，太宗便下诏，命各军前进。三月，太宗命令速不台等包围金朝首都南京（今开封）。

太宗五年（1233年）春，正月十五日，金朝皇帝逃奔归德。二月，太宗来到铁列都地方。诏令诸侯王商议讨伐万奴的事，立即命令皇子贵由及诸侯王按赤带率领左翼军讨伐万奴。夏，四月，速不台进军到青城，崔立带着金朝的皇太后王氏、皇后徒单氏及荆王从恪、梁王守纯等来到蒙古军营，速不台派人把他们送到太宗那儿，便进入了南京。六月，金朝皇帝逃奔蔡州，塔察儿率兵包围了蔡州。秋，八月，核查登记中州的户籍，共得73万多户。九月，虏获万人为奴。

太宗六年（1234年）春，正月，金朝皇帝传位给宗室的儿子完颜承麟，便自缢并焚化尸体。城池攻下之后，俘获了完颜承麟，将他杀死。宋兵拾取了金朝皇帝的余骨回去。金朝灭亡。

太宗十三年（1241年）春，正月，皇上在揭揭察哈的沼泽地行猎。皇上患病，下诏赦免天下囚徒。皇上病愈。十一月初四日，进行大规模围猎。十一月初七日，回到谔特古呼兰山。奥都剌合蛮献酒，皇上欢饮，直到深夜才停止。十一月初八日天快亮的时候，皇上在行宫里归天。在位13年，享年56岁。

皇上有宽宏的度量，忠贞仁恕的心肠，能够衡量时势，估计实力，举措没有过分的事，华夏富庶，羊马成群，旅人在外不用携带干粮，当时号称国家大治、天下太平。

历事三朝　名扬四海——耶律楚材

耶律楚材，字晋卿，辽朝东丹王耶律突欲的八世孙。楚材3岁时父亲去世，母亲杨氏教他读书。长大后，博览群书，兼通天文、地理、律历、术数以及佛、道、医、卜等学问，下笔写文章，好像早就作好似的。金朝制度，宰相之子可以按惯例通过考试担任尚书省属官。耶律楚材想参加进士科考试，章宗诏令按原有的制度办。考官用几个疑难案件提问，当时一起参加考试的有17个人，只有耶律楚材的回答特别好，于是被征召为尚书省属官。

贞祐二年，金宣宗迁都汴梁，完颜福兴为行尚书省事，留守燕京，征召耶律楚材为左右司员外郎。太祖成吉思汗攻取燕京，听说耶律楚材的名字，于是召见他。耶律楚材身高8尺，胡须漂亮，声音洪亮，太祖对他非常重视，说："辽和金是世代的仇敌，我为你报仇雪恨。"耶律楚材回答说："我的父亲和祖父都曾委身奉事金朝，既然做了金朝的臣民，怎敢仇恨自己的君主呢？"太祖很敬重他这番话，把他安排在自己身边，于是称呼耶律楚材为"吾图撒合里"而不叫他的名字，"吾图撒合里"在蒙语中是胡须很长的人。

己卯年夏六月，太祖向西讨伐"回回国"。祭旗那天，雪有3尺厚，太祖心中疑惑，耶律楚材说："盛夏季节出现水气，这是战胜敌人的预兆。"庚辰年冬天，雷声很大，太祖又问他，他回答说："回回国王将死在野外。"以后都灵验了。西夏人常八斤，因为善于制造弓箭，得到太祖的赏识，所以经常自夸道："国家正在兴兵打仗，耶律楚材这个书生有什么用！"耶律楚材说："造弓尚且要用弓匠，取天下的人怎能不用治理天下的工匠呢？"太祖听到后十分高兴，越来越信任和重用他。西域懂得历法的人上奏说五月十五日晚将出现月蚀。耶楚楚材说："不对。"果然第二年十月，耶律楚材说将有月蚀，西域人说没有，到时间果然月蚀八分。壬午年八月，彗星出现在西方，耶律楚材说："女真将改换皇帝了。"第二年，金宣宗果然去世。太祖每次出师征讨，必定要让耶律楚材占卜吉凶，太祖自己也炙烧羊胛骨，判断天意和人事是否相符。指着耶律楚材对太宗说："这个人是上天赐给我家的。以后军国大事都要交给他处理。"甲申年，太祖到达东印度，驻扎在铁门关，有一只头上长角的野兽，形状像鹿却长着马的尾巴，绿颜色，会讲人话，对侍卫说："你的主人应早点回去。"太祖向耶律楚材询问这件事，耶律楚材回答说："这是吉祥的动物，名叫角端，能说各个地方的语言，喜欢生灵而厌恶杀戮，这是上天降下符瑞以告诫陛下。陛下是上天的大儿子，天下的人都是陛下的子女，希望陛下顺应上天的心意，保全百姓的生命。"太祖当天班师。

丙戌年冬天，跟随太祖攻克灵武，将领们都争着掠取子女金帛，只有耶律楚材专门收集失落的书籍和大黄等药材。不久士兵们染上疫病，用大黄一治就好了。太祖亲自经营西方的疆土，来不及制定有关制度，州郡长官任意生杀，甚至把老百姓的妻子强迫变为奴隶，掠夺财物，兼并土地。燕蓟留后长官石抹咸得卜尤其贪婪暴虐，杀人满市。楚材听后流泪，随即上奏，请求向各州郡发布禁令，如果没有皇帝的圣旨，不得随便向百姓征税调役，囚犯应处死刑的必须上报，违反者处以死罪，于是贪暴的风气有所收敛。燕京一带有许多厉害的盗贼，光天化日之下就拉着牛车到富人家索取财物，不给就杀人。当时睿宗拖雷以皇子的身份监理国事，听说这些情况，便派遣宫中使臣和耶律楚材一起前去严厉查办。耶律楚材查问到盗贼的姓名，都是留后长官的亲属和有权势人家的子弟，将他们全部逮捕入狱。盗贼的家里贿赂宫中使臣，使臣企图拖延处理，耶律楚材向他讲明这样做将带来的后果，使臣惧怕，听从了耶律楚材的意见，定案后，在集市上处死16人，燕京的百姓才得以安定。

己丑年秋天，太宗将即位，宗室皇亲都聚集在一起，讨论还没有做出决定。当时睿宗拖雷是太宗窝阔台的亲弟弟，所以耶律楚材对睿宗说："这是宗庙社稷的大事，应该尽早确定。"睿宗说："事情尚未完结，另外选个日子怎么样？"耶律楚材说："过了今天就没有吉日了。"于是确定下来，耶律楚材建立礼仪制度，进而对亲王察合台说："亲王虽然是兄长，但地位却为臣子，按礼节应当跪拜皇帝。您跪拜了，那么就没人敢不拜了。"察合台很赞同。等到太宗即位，察合台率领全体皇族成员和大臣们在宫帐下跪拜。礼毕退下，察合台手抚着耶律楚材说："您真是安邦定国的大臣啊！"蒙古国君臣间有跪拜之礼从这时候开始。当时朝会迟到应处死刑的人很多，耶律楚材上奏道："陛下刚刚即位，应该赦免他们。"太宗听从。

中原刚刚平定，老百姓误犯法律的人很多，而国家法令中没有赦免的说法。耶律楚材请求对他们进行宽大处理，众人都认为不切实际，唯独耶律楚材严肃地向皇帝建议。皇帝发布诏令，凡是庚寅年正月初一日以前犯的事情都不予追究。他还拟订了18项应办的事情，建议颁行天下。大致是说："州郡要设置长官以管理百姓，设置万户以统率军队，使文、武双方势均力敌，以防止骄横的作风。中原地区，是国家财赋的来源，应该保存和照顾这里的百姓，州县如果没有上司的命令，胆敢擅自科征赋税的要判罪。借贷官府财物做买卖的，也要判罪。蒙古、回鹘、河西等地的人，种地不交税的处以死刑。负责管理的官员自己盗窃官府财物的也要处死。凡是犯死罪的,要将理由上奏朝廷等待批复,然后行刑。各地上贡和进献礼物,为害不小,必须严禁。"太宗全部同意,只有禁止贡献礼物这件事不答应,说:"那些自愿贡献的,应该允许。"耶律楚材说:"腐败的祸端,必然从这里开始。"太宗说:"凡是你奏请的事情,我没有一件不答应,你难道不能顺从我一件事吗?"

太祖在世之时,每年都要在西域用兵,因此中原得不到治理,很多官吏都聚敛财物为自己打算,家中财物多得不得了,而官府却没有什么储备。近臣别迭等人说:"汉人对国家没什么用处,可以把他们的土地全部空出来做牧场。"耶律楚材说:"陛下即将向南征伐,军需物资要有来源,如果能均衡地确定中原地区的田税、商税以及盐、酒、铁冶和山林河湖等业的赋税,每年可以得到50万两白银、8万匹绢帛和40多万石粟子,足以供给军队需要,怎能说没什么用处呢?"太宗说:"你为我试着办。"于是奏请设立燕京等十路征收课税使,凡正、副长官都任用读书人,如陈时可、赵昉等都是宽厚长者、天下第一流的人物,属官都用金朝尚书省六部的原班人员。辛卯年秋天,太宗到云中,十路都送来储存粮食的簿册和黄金、绢帛,陈列在庭院中,太宗笑着对耶律楚材说:"你不曾离开过我的身边,却能使国家经费充裕,南方金国还有像你这样的大臣吗?"楚材回答说:"在那里的人都比我贤明能干,我没什么本事,所以才留在燕京,为陛下所用。"

耶律楚材上奏:"凡是地方州郡应该让行政长官专门管理民事,万户统管军政,凡是地方所掌管的征收赋税的事务,权贵不能干预。"又推荐镇海、粘合两人,与他共同工作,权贵都不服气。咸得卜因为过去跟耶律楚材有仇,尤其忌恨他,在宗王面前诬陷道:"耶律中书令专门任用自己的亲信故旧,必定怀有叛逆之心,应该奏请皇帝杀掉他。"宗王派人告诉皇帝,太宗觉察到这是诬陷,就斥责了来人,把他打发回去。接着有人控告咸得卜有犯法行为,太宗命耶律楚材审理此事,耶律楚材上奏说:"此人骄傲自大,因而容易招来别人的攻击。现在正要对南方用兵,以后再作处理也不晚。"太宗私下对侍臣说:"耶律楚材不计私仇,真是宽厚长者,你们应当效法他。"宫中显贵可思不花奏请招募采金银的役夫以及到西域种田、栽葡萄的人户,太宗下令在西京宣德迁移一万多户来充当。耶律楚材说:"先帝遗诏中说,山后的百姓质朴,和蒙古人没有区别,遇到危难时可以利用,不应轻易迁移他们。如今即将征讨河南,请不要分散山后百姓,以便在这次军事行动中使用他们。"太宗同意。

壬辰年春天,太宗南下征讨,将要渡黄河,诏令逃难的百姓,前来投降的可以免死。有人说:"这些人危急的时候就投降,没事的时候就逃走,只对敌人有好处,不能宽大处理。"耶律楚材请求制作几百面旗子,发给投降的难民,让他们返回乡里,很多人因此得以保全性命。按照蒙古传统的制度,凡是攻打城池，敌人用弓箭和石块袭击的，就是违抗命令，攻克之后，必定将城中军民全部杀死。汴梁将要攻下，大将速不台派人来说："金人抗拒了很长时间，我军死伤很多，汴梁攻克之日，应该屠城。"耶律楚材急忙进去上奏道："将士们辛苦了几十年，想要得到的不过是土地和人民。得到了土地而失去了人民，又有什么用呢？"太宗犹豫不决，耶律楚材又说："能工巧匠，富裕人家，都集中在这里，如果将他们全部杀死，将会一无所获。"太宗接受了他的意见，下诏只处罚完颜氏一族，其余都不追究。当时躲避打仗而住在汴梁的有147万人。

耶律楚材又请求派人进城，寻求孔子后代，找到孔子的第五十一代孙孔元措，奏请由他继承"衍圣公"的封号，将孔林、孔庙的土地交付给他，命令他收集金朝的太常礼乐生。又征召著名的儒生梁陟、王万庆、赵著等人，让他们将《九经》译成口语，讲给太子听。又率领大臣们的子孙，拿着经书讲解其中的含义，使他们知道圣人的学说。在燕京设置编修所，在平阳设置经籍所，从此文明教化开始兴盛。

当时河南地区刚刚攻下，俘虏很多，蒙军返回，俘虏逃跑的有十分之七八。皇帝下令：凡是收留和资助逃亡者的，处死全家，同村邻里也要连坐。因此，逃亡者没有人敢收留，大多饿死在路上。耶律楚材平心静气地对太宗说："河南已平，这里的百姓都是陛下的儿女，还会走到哪里去呢！何必因为一个俘虏，而使几十个上百个人牵连受死呢？"太宗醒悟，下诏解禁。金朝灭亡后，只有秦、巩等20多个州很久没有投降，楚材上奏道："过去我们的百姓逃避罪罚，有的集中在这些地方，所以拼死抵抗，如果答应不杀他们，将不攻自破。"赦免死罪的诏令一下，这些城池都归降了。

甲午年，讨论将中原百姓登记编户，大臣忽都虎等人建议以成年男子为征税对象。耶律楚材说："不行。成年男子逃走，那么赋税就征收不到了，应当以户为征收对象。"争论多次，终于确定以户为征收对象。当时将相大臣获得的俘虏，往往寄存在地方州郡，耶律楚材利用登记户口的机会，下令将俘虏全部登记为平民，凡是隐藏私占的处以死刑。

乙未年，朝廷讨论将四处征伐没有归附的地方，假如派遣"回回人"征讨江南，汉人征讨西域，那么就能有效地控制他们，耶律楚材说："不行。中原和西域相距遥远，还没有到达敌人的边境，就已经人马疲乏了，加上水土不服，容易生传染病，应该各从其便。"皇帝表示接受。

丙申年春天，宗王们大聚会，太宗亲自拿起酒杯赐给耶律楚材说："我之所以推心置腹地任用你，是因为先帝的命令。没有你，中原地区就没有今天。我之所以能够高枕无忧，都是因为你的努力。"西域各国以及宋朝、高丽的使者前来朝见，说的话大多不可信，太宗指着耶律楚材对他们说："你们国家有这样的人才吗？"使者们都老实地说道："没有。他简直是神人啊！"太宗说："你们只有这句话不假，我也觉得你们国中一定没有这样的人才。"有个叫于元的人奏请发行纸币，耶律楚材说："金章宗时开始推行纸币，与铜钱同时使用，官府以发行纸币来谋利，不愿意回收，称为'老钞'，甚至一万贯纸币只能买一张饼。百姓穷困，国家经费短缺，应该引以为戒。现在印制纸币，不能超过一万锭。"朝廷接受了他的意见。

秋七月，忽都虎送来了户口簿，太宗打算分割州县赏赐给亲王、功臣。耶律楚材说："分割土地和人民，容易发生冲突和纠纷。不如多赐给他们金帛财物。"太宗说："已经答应了，怎么办呢？"楚材说："如果朝廷设置官吏，征收上交给诸王功臣的赋税，到年底分给他们，不让他们自行征收，这样就可以了。"太宗同意他的想法，于是确定全国的赋税，每两户出丝1斤，以供国家使用；5户合出丝1斤，作为诸王和功臣封地的收入。地税：中等田每亩交两升半，上等田交3升，下等田交2升，水田每亩交5升；商税征收三十分之一；盐价，白银1两可买40斤。正常的赋税额确定后，朝廷讨论认为太轻，耶律楚材说："赋税从轻，仍会产生贪污的弊端，以后将会有人以增加国家收入为升官的途径，那样的话现在的赋税额就已经够重的了。"

当时工匠制造物品，随意浪费官府的物资，十之八九被他们私自占有，耶律楚材请求全部加以考核，建立起固定的制度。当时侍臣脱欢奏请在天下没有出嫁的女子中挑选美女，诏令已经颁发，耶律楚材拦住不执行，太宗发怒。耶律楚材进谏道："以前挑选了28个美女，已经足够用来使唤。现在又要挑选，我担心骚扰百姓，正想再向陛下汇报。"太宗过了好一会儿才说："可以取消这件事。"又打算征收民间的母马，耶律楚材说："耕种养蚕的地方，不出产马，现在如果推行收马之法，以后必定成为百姓的祸害。"太宗又接受了他的意见。

丁酉年，耶律楚材上奏说："制造器具必须用好的工匠，要保持国家已取得的成就必须任用儒臣。儒臣的事业，不进行几十年的积累，是难以成功的。"太宗说："果真是这样的话，可以让这些人做官。"耶律楚材说："请加以考试选拔。"于是命令宣德州宣课使刘中到各郡去主持考试，分为经义、词赋、论3个科目，被俘为奴的读书人，也让他们参加考试，主人隐藏不让他们应试的处以死刑。共选拔了4300名读书人，免去奴隶身份的占四分之一。

以前，州郡官吏中有很多人借商人的银钱来偿还欠官府的债务，利息累计为本钱的好几倍，称为"羊羔儿利"，甚至妻子儿女都被变卖为奴隶，还是还不清。耶律楚材上奏，下令利息与本钱相等后不许再增加，永远成为固定的制度，民间所欠的债务，由官府代为偿还。直至统一度量衡、颁发符印、建立钞法、制定统一的贸易法规、设置邮政系统、明确驿站的使用凭证，各种政务大致齐备，百姓稍微能够休养生息。

太原路转运使吕振、副使刘子振，因为贪污而获罪。太宗责备耶律楚材说："你讲过孔子的教导可行，读书人是好人，为什么还有这种人？"耶律楚材答道："君主、父亲教导臣属、子女，也不想让他们去做不讲道义的事情。三纲五常是圣人的教导，管理国家的人没有不遵循的，好比是天上有太阳和月亮一样。怎能因为一个人的过失，而使得万世经常奉行的学说单单在我们这个朝代被废止呢？"太宗的恼怒方才得以缓解。

富人刘忽笃马、涉猎发丁和刘廷玉等人用银140万两承包天下赋税，耶律楚材说："这些都是贪图财利的家伙，欺骗朝廷坑害百姓，为害很大。"奏请皇帝取消这种做法。他经常说："兴一利不如除一弊，多一事不如少一事。任尚以为班超的话平淡无奇，但是千年之后，自有定论。以后遭到谴责的人，才知道我的话不假。"太宗素来喜欢喝酒，每天与大臣们开怀畅饮，耶律楚材多次劝阻，太宗不听，于是就拿着酒槽的铁口对太宗说："酒能够使东西腐烂，铁尚且如此，何况是人的五脏呢？"太宗醒悟，对近臣说道："你们这些人爱护君王，为国忧虑的心意，难道能比得上吾图撒合里吗？"

自从庚寅年确定征税规则，到甲午年平定河南，税额每年都有增加，到戊戌年征收的白银达110万两。有个翻译名叫安天合，讨好镇海，率先招引奥都剌合蛮包买赋税，又增加到220万两白银。耶律楚材极力争辩劝阻，以至于声色俱厉，一边说一边哭。太宗说："你想打架呀？"又说："你想为百姓哭泣吗？姑且让他们试着做做再说。"耶律楚材无法阻止，于是叹息道："百姓困穷，将从此开始了！"

耶律楚材曾与宗王一起吃饭，喝醉后躺在车中，太宗在原野上看见了，直接来到他的营盘里，登上车用手推他。耶律楚材睡得正香，正为别人打扰自己而恼怒，忽然睁开眼睛一看，才知道是皇帝来了，慌忙起身谢罪，太宗说："有酒一个人醉，不想跟我一起快活快活吗？"笑着走了。耶律楚材来不及穿戴好衣冠，赶紧骑马前往皇帝的行宫，太宗为他摆开酒席，尽兴而罢。

耶律楚材主持政务很长时间，不吝钱财，常把得到的俸禄分给自己的亲族，从来没有徇私情让他们做官。行省刘敏严肃认真地向他提起此事，耶律楚材说："使亲族和睦的道理，只应是用财物资助他们。我不能为了照顾私人感情而让他们去做官违法。"

辛丑年二月初三日，太宗病危，医生说脉搏已经不动了。皇后不知所措，把耶律楚材召来询问，耶律楚材回答说："现在任用的官员不合适，出卖官职，打官司要贿赂，囚禁无辜的人很多。我请求赦免天下的囚徒。"皇后想立即去做，耶律楚材说："没有皇帝的命令不行。"过了一会，太宗稍微苏醒过来，于是上奏请求赦免囚犯，太宗已不能说话，点头表示同意。当天夜里，医生测到脉搏重新跳动，正好是宣读赦免令的时候，第二天病就好了。冬十一月初四日，太宗将出去打猎，打猎5天，太宗在行营中去世。皇后乃马真氏行使皇帝权力，重用和信任奸邪之人，政务都被搞乱。奥都剌合蛮因为包买赋税而执掌大权，朝廷里的人都害怕他、依附他。耶律楚材当面斥责，在朝廷中争辩，说别人不敢说的话，人们都为他担心。

癸卯年五月，耶律楚材上奏说："将有惊扰发生，但最后会没事的。"没过多久，朝廷用兵，事情仓猝发生，群情纷扰，皇后于是下令将靠得住的人武装起来，甚至想向西迁移以躲避面临的危机。耶律楚材说："朝廷是天下的根本，根本一旦动摇，天下将会动乱。我观察天象，肯定没有灾难。"过了几天就安定下来。皇后将盖有皇帝大印的空白纸张交给奥都剌合蛮，让他自行填写办事。耶律楚材说："天下是先皇帝的天下。朝廷自有法律规章，现在要搅乱，我不敢遵从命令。"这件事因而中止。又有旨令说："凡是奥都剌合蛮提出的建议，令史如果不记录下来，就砍断他的手。"耶律楚材说："国家的典章制度，先帝都托付给老臣我来维护，跟令史有什么关系呢？事情如果合理，自然应当奉命执行，如果不能照办的，死都不怕，何况是断手呢！"皇后很不高兴。耶律楚材仍然争辩不已，并大声说："老臣我奉事太祖、太宗30多年，没有辜负国家，皇后又怎么能没有罪名而处死我呢！"皇后虽然恨他，也因为他是先朝的有功旧臣，对他既尊敬又畏惧。

甲辰年夏五月，耶律楚材死在官位上，终年55岁。皇后哀悼，赠赐非常丰厚。后来有人诬陷耶律楚材，说他当宰相时间很长，天下进贡的赋税有一半都落到他的家中。皇后命令侍从大臣麻里扎前去查看，只有10余张琴、阮以及几千卷古今书画、金石和遗文。至顺元年，赠官号为经国议制寅亮佐运功臣、太师、上柱国，追封为广宁王，谥号"文正"。

明史

《明史》概论

《明史》是正史中的一部大书，它的卷数仅次于《宋史》，全书共计332卷，其中本纪24卷、表13卷、列传220卷，近500万字。《明史》的修纂时间在二十四史中为最长的一部，从清顺治二年（1645年）下诏纂修开始，至乾隆四年（1739年）刊刻进呈，前后长达95年。《明史》又是继前四史之后的一部体例完备、史笔谨严的史书，史学家王鸿绪曾主持此书修撰。王鸿绪，字季友，松江娄县人，他三度担任《明史》总裁，解任归乡后，他在万氏《明史稿》的基础上略加改动删削，在康熙五十三年（1714年）完成列传部分，雍正元年完成了纪、志、表，全稿310卷，这就是后来王氏子孙刊印的《横云山人明史稿》。这部《明史稿》虽然以王氏之名进呈，实际上它浸透了万斯同20年的心血。

雍正元年（1723年）续开史馆，总裁张廷玉等以"王稿"为蓝本，进行最后的修订整理，雍正十三年（1735年）《明史》全书完成。

一

《明史》继承了中国官修"正史"的传统体例，以纪传为主干，辅之以志、表，但根据明朝的特殊史事，编修者又作了有创意性的体例编排，使《明史》成为一部体例完备、纂修谨严的史学名著。

明朝近300年，处于中国封建社会的后期，民族矛盾、阶级矛盾、统治集团内部的矛盾以及中国传统文化与新兴市民文化的矛盾错综复杂，《明史》纂修者自觉不自觉地意识到这一点，力图用史家之笔将这些记述下来，十分重视体例的订定。朱彝尊曾就明近300年创见之事，上书总裁，说体例合乎时宜，不相沿袭，请先定例发凡，让编修者有章可循。此外徐乾学有《修史条议》，王鸿绪有《史例议》，汤斌有《本纪条例》《明史凡例议》，潘耒有《修明史议》等，他们就《明史》的体例和纂修方法作了具体的讨论。例如是否立《道学传》的问题在当时争论颇大，一种意见认为，依照《宋史》旧例将明儒学术醇正，与程朱学说吻合者，编为《道学传》，其他学术流派统归《儒林传》；另外一种意见认为，儒学为治世大法，道学只讲性理，儒学可以包容道学，但道学不能兼儒学，因此不宜分《道学》《儒林》两传，设《儒林》一传足可以包涵道学人物。为此，著名学者黄宗羲致书史馆，表示自己的意见，认为《宋史》立《道学传》为元人之陋，《明史》不当仍就其例。最后史馆采纳了只设《儒林传》的意见，而在《儒林传》下分程朱之学、江门姚江之学、圣贤后裔3卷，这样做到了有合有分，统系明晰，处理较为恰当。

大抵《明史》所创新的体例，主要表现在以下几点：

第一、在本纪上按实际历史情况将英宗分为前后两纪，中间安排了景帝纪，改变了英宗实录附记景泰七年事迹的不当做法。

第二、《历志》增设图像，便于理解，这是前志所没有的。《艺文志》专载明人著述，前代著作不予收录，创《艺文志》断代体例。

第三、根据明朝官制变动情况，将六部尚书与都御史合称七卿，首设《七卿表》。

第四、为了突出明朝的特殊史实，在列传中新设《阉党》《流贼》《土司》三传。《四库全书总目提要》中说，其所以创《阉党传》，"盖貂珰之祸，虽汉唐以下皆有，而士大夫趋势附膻，则惟明人为最伙，其流毒天下亦至酷，别为一传，所以著乱亡之源，不但示斧钺之诛也。"创《流贼传》，是因为李自成、张献忠领导的农民军，使明朝覆亡，"剿抚之失，足为炯鉴"，非其他小规模起义可比，又非割据群雄可比，所以另外立传。至于《土司传》，根据地方土著民族的特点，明朝沿袭元朝做法，设立土司，"控驭之道，与牧民殊，与御敌国又殊"，所以自为一类，设专传记述其叛服情况。

《明史》注重"以时为序，以事为主"的传统编纂方法的运用，在列传的编排上也遵守了这一原则。如《明史》列传开篇就把与朱元璋同时起事的郭子兴、韩林儿、刘福通编成一卷，接着是元末起义群雄陈友谅、徐寿辉和张士诚等，其次是支撑元朝残局的几位将相，再就是明朝开国功臣。在以后各朝人物记述中，作者采用"以类相从"的方法，将重大历史事件，按时间先后进行编排，如靖难、仁宣之治、土木之变、大礼之义、庚戌之变、东林党等。将事件涉及的重要人物集中记述，使人们易于了解事件的全过程，也避免重复与遗漏。

《明史》不重视子孙附传，而注意同事附传，数十人共一事者，以一主要人物立传，同事诸人各附一小传于主要人物传后。如果同事之人另有专传，则此一事件不复详叙，只说事见某人传中。如《夏良胜传》后附因谏阻武宗南巡，而受到杖责的140余人的简况。虽然其中有的附传简略到只有姓名，但也为人们作进一步深入了解提供了线索。

审慎、严谨是《明史》纂修特点之一。《明史》成书经历了由博而约、由繁至简的提炼过程，其步骤是先立单卷或长篇，然后逐步删削定稿。如潘耒修《食货志》，抄录洪武朝至万历朝资料60余本，然后写出了扼要简明的本志。其他史臣同样有此认真的态度，尽可能占有丰富的史料，如撰写严嵩、张居正、周延儒列传时，都先抄录了他们的事迹500余页，而魏忠贤的事迹多达1000余页。对于史料的抉择，《明史》作者持谨慎的处理方法，凡经不起推敲的材料，不管它说得如何美妙，也弃而不取。对于史籍记载有歧异，难定是非时，则采取存疑互见的方法，把几种不同的说法一一列举，"以待后人之自定"，如建文帝的下落、李自成之死等。

《明史》在剪裁上也体现了自己的特色，在《明史》列传中，作者为了生动、形象地再现历史，往往多载史料原文，特别是明代诸臣奏疏，凡切于时弊的，多录入书中。在大礼议诸臣传中，奏疏常常是传文的主要内容。此外蒋钦弹劾刘瑾，沈炼、杨继盛之劾严嵩，杨涟之劾魏忠贤等著名疏文都保留在列传之中，这样既保留了史料，又免去了读者阅读的枯燥之感。

当然《明史》也有脱漏、讹误的地方，这是由两方面的原因造成的，一种是编纂者的疏忽，因为书成于众人之手，且几易总裁，讹误错漏在所难免；另一种是有意脱漏，清朝皇帝以异族入主中原，他们为了表明自己祖先从未臣属过明朝，没有接受过明朝封号，有意隐避建州女真问题。对南明遗事更不轻易涉及，《明史稿》原来已为南明三王立传，张廷玉修《明史》时却将其删去。这些是《明史》的明显不足之处。

二

历史推进到17、18世纪，中国封建社会出现了若干新的动向，近代欧洲文化部分因素在耶稣会士的介绍下，进入中国，在内外历史文化的嬗变中，封建文化人敏锐地把握了这一点，加上明清易代之变的心理创伤，他们对历史的记述更为清醒和自觉，因此《明史》具有较合理的史学观点和较高的价值。这主要表现在以下几点：

首先，较为尊重历史的客观性。秉笔直书式的实录是中国史官文化的优良传统，但是为了维护这一原则的实现，史书作者往往要经过艰辛的努力，甚至付出自己的生命。因此客观记述历史，并不是件容易事。但总的看来《明史》的记述比较客观平正。

《明史》注意对明代社会各阶级、阶层矛盾斗争的揭露，以展示明代社会的真实情形。如对统治阶级内部斗争的记述，就是《明史》记载最多的一个方面。《明史》作者不惜篇幅地记叙这些斗争情况，使读者在这些直观的历史事实面前感受到明朝政治的黑暗。

在历史人物的记叙方面，《明史》对传统的"春秋笔法"有所保留，不在一字定褒贬上下功夫，采取的是"如实以录，褒贬自见"的方法，让历史事实本身说话。对于人物事迹，一般都功过并举，互不相掩，在人物评述上基本做到了客观全面。

第二，对历史发展的趋势有一定的认识。朝代的更迭，历史的变迁，都有着一定的规律和走向，翻天覆地的历史巨变背后，隐藏着日积月累的渐变过程。《明史》纂修者大多是明朝遗民及其子孙，他们对明朝亡国的历史结局，作了较理智的反省，在一定程度上认识到历史发展的趋势。

在以农立国的传统社会里，农民是社会的主体，农民是否安居乐业直接关系到国家社会的稳定与否。《明史》纂修者认识到这一点，在记述众多农民起义事件时，特别揭示农民起义的原因在于统治阶级过分加重对民众的剥夺，体现了编纂者的历史眼光。

《明史》作者对社会历史发展的必然趋势有一定程度的认识，多少感觉到个人力量无法改变历史的发展，英雄与时势有某种内在的关系，因此在处理历史人物时，《明史》作者有接近历史真实的眼光，如谈到朱元璋为何从淮右布衣上升为统一帝国的皇帝时，就认识到朱元璋不仅有"聪明神武之资"，还因为他"乘时应运"。适应了当时的历史发展的大势，聚集了各路英雄，利用刘福通、韩林儿在中原牵制元军的有利时机，从容安定江南，然后以此为基业北伐元朝大都。

《明史》纂修者尤为关注的是明朝亡国的原因。从《明史》的许多叙述中可以看出，作者已经认识到明朝之亡，不在于明末，而在明中叶以后，尤其是万历以后统治阶级日益腐朽的必然结果。在封建统治阶级内部虽然也有少数精明强健之士，但"运转事易，难于建功，而易于挫败"。认为崇祯皇帝励精图治却难逃亡国的命运，这并不是他个人的原因，而是明朝"大势已倾，积习难挽"。

第三，对社会经济和自然科学较为关注。《明史》继承了传统正史有关经济记述的做法，在《食货志》中对明代土地关系、赋役制度、钱钞商税与矿冶开采都做了较为详细而系统的叙述，并且指出"富国之本，在于农桑"。

水利是农业经济的命脉，《明史》对水利的兴修十分注意，不仅《河渠志》中对黄河、淮河、运河等地水利多有记载，在列传中也记录了不少大臣的治水情形。

对于与社会生产和人民生活密切相关的自然科学，《明史》作者也有进一步的认识。这在《明史》的天文、五行、历诸志中都有所体现。他们还注意到了由耶稣会士传入的"西学"，对于西方的科学知识，不盲目排斥，在天文、历志中还注意吸收西学的成果，认为西方的天文历算之学，"不背于古，而有验于天"，是较科学的天文历法。当然，由于时代的局限，《明史》对自然科学的认识仍很不够，对于明末的科技高峰未能全面反映，像李时珍这样的大药物学家，虽为其立传，但却放在《方伎传》中，反映了作者仍囿于传统的观念。

政　略

纪淑妃潜养皇子

　　孝穆纪太后，孝宗①生母也，贺县人。本蛮土官女。成化中征蛮，俘入掖庭，授女史，警敏通文字，命守内藏。时万贵妃专宠而妒，后宫有娠者皆治使堕。柏贤妃生悼恭太子②，亦为所害。帝偶行内藏，应对称旨，悦，幸之，遂有身。万贵妃知而恚甚，令婢钩治之。婢谬报曰病痞。乃谪居安乐堂。久之，生孝宗，使门监张敏溺焉。敏惊曰："上未有子，奈何弃之。"稍哺粉饵饴③蜜，藏之他室，贵妃日伺无所得。至五六岁，未敢剪胎发。时吴后废居西内，近安乐堂，密知其事，往来哺养，帝不知也。

　　帝自悼恭太子薨后，久无嗣，中外皆以为忧。成化十一年，帝召张敏栉发，照镜叹曰："老将至而无子。"敏伏地曰："死罪，万岁已有子也。"帝愕然，问安在。对曰："奴言即死，万岁当为皇子主。"于是太监怀恩顿首曰："敏言是。皇子潜养西内，今已六岁矣，匿不敢闻。"帝大喜，即日幸西内，遣使往迎皇子。使至，妃抱皇子泣曰："儿去，吾不得生。儿见黄袍有须者，即儿父也。"衣以小绯袍，乘小舆，拥至阶下，发披地，走投帝怀。帝置之膝，抚视久之，悲喜泣下曰："我子也，类我。"使怀恩赴内阁具道其故，群臣皆大喜。明日，入贺，颁诏天下。移妃居永寿宫，数召见。万贵妃日夜怨泣曰："群小绐④我。"其年六月，妃暴薨。或曰贵妃致之死，或曰自缢也。谥恭恪庄僖淑妃。敏惧，亦吞金死。敏，同安⑤人。

　　……孝宗即位，追谥淑妃为孝穆太后，迁葬茂陵，别祀奉慈殿。

（《明史》卷一百十三，后妃传）

【注释】

　　①孝宗：明孝宗朱祐樘，1488—1505年在位。②"柏贤妃"句：柏贤妃，明

宪宗妃。悼恭太子,生于成化五年,取名祐极,两岁时立为皇太子,成化八年(1472年)二月突然夭折。③饴(yí):糖浆,糖稀。④绐(dài):欺哄。⑤同安:县名。今属福建省。

【译文】

　　孝穆纪太后,是明孝宗的生母,贺县人。原先是少数民族土官的女儿。成化年间征讨西南少数民族,被俘后进了后宫当宫女,授任女史,因为她聪明伶俐,通晓文字,王皇后便命她守护宫廷藏书库。当时万贵妃专恃恩宠,心性忌妒,后宫妃嫔宫女有了身孕的她都下毒手堕胎。柏贤妃生了悼恭太子,后来也被她害死。宪宗皇帝有一次偶然到藏书库来,见纪女年轻美貌,言谈应对很合圣意,宪宗爱幸,于是有了身孕。万贵妃知道后非常妒恨,便命心腹丫鬟来查办。这丫鬟知纪女怀下龙种,便隐瞒真情,向贵妃回报说纪氏得了肿瘤病症。于是贬斥纪女,把她赶出藏书库,迁居安乐堂。又过了很长一段时间,纪氏生下一男,就是后来的孝宗。当时纪氏心知自己难于抚养,便叫守门太监张敏把儿子抱出溺死。张敏听说要把婴儿溺死,大惊失色,说:"皇上还没有子嗣,怎么能轻弃皇儿?"便把皇子藏到别处密室中,慢慢用米粉糊蜜糖水哺养,万贵妃时常暗查都没有查出。皇子一直到五六岁,都不敢剪胎发。那几年当中,吴皇后被贬谪,住在西宫,在安乐堂附近,暗中知道了皇子之事,便把皇子接到西宫,让纪氏往来哺养,宪宗皇帝仍然不知道。

　　宪宗皇帝自从悼恭太子死后,很久没有子嗣,朝廷内外都为此而担忧。成化十一年,皇帝召太监张敏到寝宫来为他梳理头发,他对镜自照,不觉喟然长叹,说:"朕都快老了,却还没有子嗣。"张敏听后,立即伏地顿首,说:"臣有事未奏圣上,死罪,死罪!万岁已有子了。"皇帝十分吃惊,忙问皇子在哪里。张敏回答说:"奴言一出,性命难保,望万岁为皇子做主。"这时太监怀恩在旁边,连忙跪下奏道:"张敏说的是实话。皇子一直在西宫暗中养育,现在已经6岁了,因害怕被人谋害,所以一直隐匿不报。"皇帝大喜过望,立即前往西宫,并派人到纪妃居住的安乐堂迎接皇子。皇帝派的人到了安乐堂,纪妃抱着皇子哭道:"我儿出去可以重见天日了,只是恐怕我性命难保。我儿看见那身穿黄袍、脸上有胡须的,就是你的父亲。"边说着边给皇子换上一件小红袍,把他抱上小轿子,迎接的人簇拥着皇子到了西宫殿阶下面,皇子从轿子里下来,满头长发披地,三蹦两跳地跑上台阶,一头扑到宪宗怀里。宪宗把儿子抱起来,让他坐在自己的双膝上,爱抚地看了又看。宪宗悲喜交集,垂着热泪说:"是我的儿子,真像我。"于是派怀恩到内阁将得皇子的喜讯告诉大臣们,群臣都欢天喜地。第二天,群臣进宫拜贺，并颁布诏书，告谕天下。后来淑妃移居永寿宫，宪宗时常召见她。万贵妃对此事怀恨在心，昼夜怨愤哭泣，恶狠狠地说："这帮小人哄骗了我。"这一年六月，纪妃暴亡。有人说是万贵妃下毒手害死了她，有人说是上吊自杀。谥号为恭恪庄僖淑妃。淑妃暴亡，张敏惧祸，也吞金自杀。张敏，是同安县人。

……孝宗即位之后，追谥淑妃为孝穆太后，迁葬茂陵，别祀奉慈殿。

群臣共谋诛"八党"

（刘）健①等遂谋去"八党"②，连章请诛之。言官亦交论群阉罪状，健及（谢）迁、（李）东阳持其章甚力。帝遣司礼诣阁曰："朕且改矣，其为朕曲赦若曹。"健等言："此皆得罪祖宗，非陛下所得赦。"复上言曰："人君之于小人，不知而误用，天下尚望其知而去之。知而不去则小人愈肆，君子愈危，不至于乱亡不已。且邪正不并立，今举朝欲决去此数人，陛下又知其罪而故留之左右，非特朝臣疑惧，此数人亦不自安。上下相猜，中外不协，祸乱之机始此矣。"不听，健等以去就争。瑾等八人窘甚，相对涕泣。而尚书韩文等疏复入，于是帝命司礼王岳等诣阁议，一日三至，欲安置瑾等南京。迁欲遂诛之，健推案哭曰："先帝临崩，执老臣手，付以大事。今陵土未干，使若辈败坏至此，臣死何面目见先帝！"声色俱厉。岳素刚正疾邪，慨然曰："阁议是。"其侪范亨、徐智等亦以为然。是夜，八人益急，环泣帝前。帝怒，立收岳等下诏狱，而健等不知，方倚岳内应。明日，韩文倡九卿伏阙固争，健逆谓曰："事且济，公等第坚持。"顷之，事大变，八人皆宥不问，而瑾掌司礼。健、迁遂乞致仕，赐敕给驿归，月廪、岁夫如故事。

健去，瑾憾不已。明年③三月辛未诏列五十三人为奸党，榜示朝堂，以健为首。又二年削籍为民，追夺诰命。瑾诛，复官，致仕。

（《明史》卷一百八十一，刘健传）

【注释】

①刘健：明大臣。孝宗即位初入内阁，弘治十一年（1498年）为首辅。②八党：明武宗时，宦官刘瑾、马永成、谷大用、魏彬、张永、丘聚、高凤、罗祥等8人专权用事，时称之为"八党"。③明年：明武宗正德六年，1511年。

【译文】

刘健等于是合谋清除"八党",接连上奏章请诛杀他们。言官也纷纷弹劾这些宦官的罪状,刘健及谢迁、李东阳极力主张诛杀"八党"。武宗派司礼监太监到内阁传达谕旨:"朕会有所改正,请为朕姑且赦免他们吧。"刘健等上奏说:"这伙人都是得罪了祖宗,不是陛下能够赦免的。"接着又上奏说:"国君对于小人,不了解而误用,天下人还希望国君能够了解而斥退小人。了解后而不斥退,那么小人就更加放肆,君就更加危险,他们为非作歹非导致祸乱败亡不可。况且正邪不两立,现在举朝大臣都要求坚决铲除这几个人,陛下又知道他们的罪恶而却要把他们留在身边,不仅朝廷大臣们心存疑惧,就是这几个人自己也惴惴不安。像这样君臣上下互相猜疑,朝廷内外不同心协力,祸乱的苗头就由此萌生了。"武宗并不听从,刘健等人仍据理力争,表示不清除"八党",众人就辞职。刘瑾等8人十分窘急,聚在一起哭哭啼啼。这时尚书韩文奏疏呈进,于是武宗命司礼监王岳等人到内阁商议,一天来三趟,想把刘瑾等人安置到南京。谢迁主张把刘瑾等人立即处死,刘健一把推倒书案,哭着说:"先帝临崩之时,握住老臣的手,托付国家大事。现在先帝陵墓土尚未干,朝政国事就让这帮家伙败坏到如此地步,臣死后有何面目去见先帝啊!"他悲愤激昂,声泪俱下。王岳平素也刚毅正直,痛恨奸邪,感慨地说:"内阁的意见是对的。"他的同伴范亨、徐智等人也表示赞同。这天夜里,刘瑾等8人更是着急,都围在武宗身边哭泣哀诉。武宗大怒,立即把王岳等人逮捕,投入诏狱之中,而刘健等人不知道这一情况,还等着王岳做内应。第二天,韩文发动九卿大臣准备上朝力争,刘健迎面拦住他们说:"事情快要成功,各位暂且等待一下。"不一会儿,事情突然大变,刘瑾等8人都予以宽免,不予问罪,而由刘瑾掌管司礼监。刘健、谢迁于是请求退休,诏令赐给敕书,派驿车送两人回乡,每月粮食、每年仆役的供给如旧。

刘健走了,刘瑾还遗恨不已。第二年三月颁发辛未诏书,列53人为奸党,名单张榜公布,贴于朝堂之上,刘健姓名列于53人之首。又过了两年,将刘健削除官籍,贬为庶民,并追夺诏赐诰命。刘瑾被诛,刘健恢复了原职,后来退休。

张居正为官治政

居正①为政,以尊主权、课吏职、信赏罚、一号令为主。虽万里外,朝下而夕奉行。黔国公沐朝弼数犯法,当逮,朝议难之。居正擢用其子,驰使缚之,不敢动。既至,请贷其死,锢之南京。漕河通,居正以岁赋逾春，发水横溢，非决则涸，乃采漕臣议，督艘卒以孟冬月兑运，及岁初毕发，少罹水患。行之久，太仓粟充盈，可支十年。互市饶马，乃减太仆种马，而令民以价纳，太仆金亦积四百余万。又为考成法以责吏治。初，部院覆奏行抚按勘者，尝稽不报。居正令以大小缓急为限，误者抵罪。自是，一切不敢饰非，政体为肃。南京小奄醉辱给事中，言者请究治。居正谪其尤激者赵参鲁于外以悦保，而徐说保裁抑其党，毋与六部事。其奉使者，时令缇骑阴诇之。其党以是怨居正，而心不附保。

居正以御史在外，往往凌抚臣，痛欲折之。一事小不合，诟责随下，又敕其长加考察。给事中余懋学请行宽大之政，居正以为风己，削其职。御史傅应祯继言之，尤切。下诏狱，杖戍。给事中徐贞明等群拥入狱，视具橐饘，亦逮谪外。御史刘台按辽东，误奏捷。居正方引故事绳督之，台抗章论居正专恣不法，居正怒甚。帝为下台诏狱，命杖百，远戍。居正阳具疏救之，仅夺其职。已，卒戍台。由是，诸给事御史益畏居正，而心不平。

当是时，太后以帝冲年，尊礼居正甚至，同列吕调阳莫敢异同。及吏部左侍郎张四维入，恂恂若属吏，不敢以僚自处。

居正喜建竖，能以智数驭下，人多乐为之尽。俺答款塞，久不为害。独小王子部众十余万，东北直辽左，以不获通互市，数入寇。居正用李成梁镇辽，戚继光镇蓟门。成梁力战却敌，功多至封伯，而继光守备甚饬。居正皆右之，边境晏然。两广督抚殷正茂、凌云翼等亦数破贼有功。浙江兵民再作乱，用张佳胤往抚即定，故世称居正知人。然持法严。核驿递，省冗官，清庠序，多所澄汰。公卿群吏不得乘传，与商旅无别。郎署以缺少，需次者辄不得补。大邑士子额隘，艰于进取。亦我怨之者。

……时帝渐备六宫，太仓银钱多所宣进。居正乃因户部进御览数目陈之，谓每岁入额不敌所出，请帝置坐隅时省览，量入为出，罢节浮费。疏上，留中。帝复令工部铸钱给用，居正以利不胜费止之。言官请停苏、松织造，不听。居正为面请，得损大半。复请停修武英殿工，及裁外戚迁官恩数，帝多曲从之。帝御文华殿，居正侍讲读毕，以给事中所上灾伤疏闻，因请振。复言："上爱民如子，而在外诸司营私背公，剥民罔上，宜痛钳以法。而皇上加意撙节，于宫中一切用度、服御、赏赉、布施，裁省禁止。"帝首肯之，有所蠲②贷。居正以江南贵豪怙势及诸奸猾吏民善逋赋，选大吏精悍者严行督责。赋以时输，国藏日益充，而豪猾率怨居正。

(《明史》卷二百十三，张居正传)

【注释】

①居正：即张居正，明代名臣、著名政治家。湖广江陵（今属湖北）人。隆庆元年（1567年）入阁，不久代高拱为首辅。万历初年，神宗年幼，国事均由他主持，前后当国10年，进行了许多改革，均有成效。有《张文忠公全集》。②蠲（juān）：免除。

【译文】

张居正执政的基本方针是：尊崇主权、考课吏职、信赏必罚、统一号令。即使远在万里之外，也必须朝令而夕便奉行。黔国公沐朝弼屡次犯法，应当逮捕法办，朝廷大臣议论感到为难。张居正便把他的儿子提拔任用，又派人飞快前往逮捕沐朝弼，他不敢动弹。押到朝廷，请求宽免死罪，便把他押到南京监禁。漕粮运道开通之后，张居正认为每年运粮数额到了第二年春天还没有完成，遇到春雨水灾，或有溃决，或有河道干涸，运粮不顺利通畅，便采纳漕臣的建议，责令运粮士兵于每年十月开始兑运，到第二年年初即发运完毕，减少因遭受水灾的损失。这样执行了一段时间，太仓粮食充足，可以支用10年。通过边界互市贸易，马匹增多了，便减少太仆寺所养的种马，而按一定价格从民间买马，太仆寺马政费用便节余了400多万。又制定考成法考核官吏治绩。开始，部院审核奏报抚按调查处理意见，往往扣压拖延而不上报。张居正命令按事情大小缓急规定期限，超过了期限而没有审批上报，当事者要判罪处罚。从此以后，这些官员都不敢文过饰非，延误公事，政治风气焕然一新。南京小宦官酒醉后侮辱给事中，许多人上言请求追查惩治。张居正把上言特别激切的赵参鲁贬出朝廷，以此取悦于宦官冯保，然后慢慢说服冯保遏制一下宦官的作为，不要干预六部行政事务。宦官奉旨出使，张居正派禁卫骑士暗中打探他们的行径。因此宦官一伙儿都怨恨张居正，内心不大顺从冯保。

张居正认为御史到了各省，往往凌辱抚臣，想严厉纠正。御史论事稍有不合意，张居正就加以责骂，又敕令作长期考察。给事中徐懋学请求治政宽大为怀，张居正认为是讽刺自己，便削夺了他的官职。御史傅应祯继续上言，而且言语更加激烈。被逮捕投入诏狱，痛加杖打，然后流放到边疆当戍卒。给事中徐贞明等一群人拥入诏狱，看到囚犯都有粥食，也被逮捕而贬出朝廷。御史刘台巡按辽东，误传捷报。张居正准备援引成例章法对他进行督责处罚，刘台上奏章指责张居正专横独断，肆行不法，张居正愤怒至极。神宗皇帝特为张居正把刘台逮捕，投入诏狱，命人杖打100，流放到边远地区当戍卒。张居正假装上疏救刘台，仅削夺他的官职。到后来，仍然把刘台流放戍边。由此，众给事中、御史更加畏惧张居正，内心都愤愤不平。

当时，太后因为皇帝年幼，对张居正尊敬礼遇备至，内阁中同僚吕调阳对张居正不敢有不同意见。及至吏部左侍郎张四维入阁，对张居正谦恭敬畏、谨小慎微，如同属吏，不敢以同僚自处。

张居正喜欢有所建树，能用智谋驾驭下属，人们都乐意为他尽力。俺答叩关塞友好往来，很长时间没有入侵为害。只有小王子部众10多万人，由东北直入辽东，因为没有获准互市贸易，多次入侵。张居正用李成梁镇守辽东，戚继光镇守蓟州镇。李成梁作战有方，打败了敌人，因很多战功，封为伯，而戚继光在蓟镇增加了很多守备设施。张居正也给予褒奖，边境于是安然无事。两广督抚殷正茂、凌云翼等人也多次破贼有功。浙江士兵、民众两次造反，派张佳胤前往安抚立即平定，所以当世都称赞张居正知人善任。然而持用法令特别严厉。整顿驿传，裁减多余闲官，禁毁天下书院，实行了许多改革。公卿大臣和一般官吏都不得乘传车，往来同商人旅客一样。郎署员额缺少，需要叙用的人也得不到机会任用。大都市士人学子因为科举名额太少，功名进取十分艰难。因此也有人埋怨。

……当时皇上后宫妃嫔逐渐增多，常常支用太仓银钱。张居正便通过户部向皇上呈报数目，并陈述每年入不敷出，请皇上把账目放在御座旁时时省览，量入为出，制止浪费，节省开支。张居正上疏奏进，留在禁中，不作批示，也不议行。皇上又令工部铸钱以供用度，张居正认为获利比不上花费而没有办。言官奏请停罢苏州府、松江府织造，没有听从。张居正又面请皇上，批准减损大半。又奏请停止武英殿修建工程，裁减外戚恩赏迁官数目，皇上大多勉为依从。皇上驾临文华殿，张居正侍讲，读书完毕，将给事中关于受灾损失的上疏报告皇上，并请求赈灾。还说："皇上爱民如子，而在朝廷之外的各司损公肥私，盘剥下民，欺君罔上，应当依法严惩。同时皇上注意节省，宫中一切用度、服饰车马、赏赐、布施，分别进行裁减禁止。"皇上点头同意了，免除了一些赋税，并进行了一些救济。张居正因为江南豪族依仗权势不缴纳赋税，一些奸民恶吏投机取巧拖欠赋税，便挑选精悍能干的官员严加督责，赋税便按时缴纳了，国库日益富足，而豪族和奸民恶吏都怨恨张居正。

张居正死后祸发

初，帝所幸中官张诚见恶冯保斥于外，帝使密诇①保及居正。至是，诚复入，悉以两人交结恣横状闻，且谓其宝藏逾天府。帝心动。左右亦浸言保过恶，而（张）四维门人御史李植极论徐爵与保挟诈通奸诸罪。帝执保禁中，逮爵诏狱。谪保奉御居南京，尽籍其家银珠宝巨万计。帝疑居正多蓄，益心艳之。言官劾（王）篆、（曾）省吾并劾居正，篆、省吾俱得罪。新进者益务攻居正。诏夺上柱国、太师，再夺谥。居正诸所引用者，斥削殆尽。召还（吴）中行、（赵）用贤等，迁官有差。刘台赠官，还其产。御史羊可立复追论居正罪，指居正构辽庶人宪㷩狱。庶人妃因上疏辩冤，且曰："庶人金宝万计，悉入居正。"帝命司礼张诚及侍郎丘橓偕锦衣指挥、给事中籍居正家。诚等将至，荆州守令先期录人口，锢其门，子女多遁避空室中。比门启，饿死者十余辈。诚等尽发其诸子兄弟藏，得黄金万两，白金十余万两。其长子礼部主事敬修不胜刑，自诬服寄三十万金于省吾、篆及傅作舟等，寻自缢死。事闻，时行等与六卿大臣合疏，请少缓之；刑部尚书潘季驯疏尤激楚。诏留空宅一所、田十顷，赡其母。而御史丁此吕复追论科场事，谓高启愚以舜、禹命题，为居正策禅受。尚书杨巍等与相驳。此吕出外，启愚削籍。后言者复攻居正不已。诏尽削居正官秩，夺前所赐玺书、四代诰命，以罪状示天下，谓当剖棺戮尸而姑免之。其弟都指挥居易，子编修嗣修，俱发戍烟瘴地。

终万历世，无敢白居正者。熹宗②时，廷臣稍稍追述之。而邹元标为都御史，亦称居正。诏复故官，予葬祭。崇祯三年，礼部侍郎罗喻义等讼居正冤。帝令部议，复二荫及诰命。十三年，敬修孙同敞请复武荫，并复敬修官。帝授同敞中书舍人，而下部议敬修事。尚书李日宣等言："故辅居正，受遗辅政，事皇祖者十年。肩劳任怨，举废饬弛，弼成万历初年之治。其时中外乂安，海内殷阜，纪纲法度莫不修明。功在社稷，日久论定，人益追思。"帝可其奏，复敬修官。

（《明史》卷二百十三，张居正传）

【注释】

①诇（xiòng）：侦察，刺探。②熹宗：明熹宗朱由校，1621—1627年在位。

【译文】

当初，神宗皇帝所宠幸的宦官张诚与冯保交恶而被排挤出内宫，皇上便派他秘密刺探冯保和张居正行为。到现在，张诚重新进宫内，便把他们两人密切交往恣意横行的情况全部报告皇上，并且说他们的财宝库藏比天子府库还多。皇上被说动。左右近臣也不断有人讲冯保的过错和罪恶，特别是张四维的门人御史李植尖锐揭露了徐爵和冯保狼狈为奸欺蒙诈骗等罪行。皇上把冯保拘禁在宫中，把徐爵逮捕投入诏狱之中。把冯保贬往南京，抄没其家产金银珠宝数量巨大。皇上疑心张居正积蓄很多，心中更加妒羡。言官弹劾王篆、曾省吾并弹劾张居正，王篆、曾省吾都获罪。新进官员更是极力攻击张居正。下诏削夺张居正上柱国、太师勋号职位，又取消所赠谥号。张居正所提拔任用的人，几乎都排斥清除干净。召回吴中行、赵用贤等人，分别升迁了不同的官职。追赠刘台官号，归还其财产。御史羊可立又追论张居正罪状，指控张居正制造了辽庶人宪㸅冤案。庶人妃于是上疏申冤，并且说："庶人的金银财宝数以万计，都被张居正侵吞。"皇上命司礼张诚及侍郎丘橓偕同锦衣卫指挥、给事中抄没张居正家产。张诚等人快要到江陵，荆州守令预先籍录张居正全家人口，封了宅门，子女多躲避到空房中。待张诚等人到了时开启宅门，里面饿死的有10余人。张诚等人全部抄出张居正几个儿子和兄弟的家财，得到黄金一万两，白金10余万两。张居正长子礼部主事张敬修受不了酷刑，假称有30万两黄金寄放在曾省吾、王篆及傅作舟那里，随即上吊自杀。消息传到朝廷，申时行等与六卿大臣联合上疏，请求稍微宽缓些；刑部尚书潘季驯上疏尤为愤激哀苦。下诏留下一所空房宅，40顷田地，以赡养张居正的母亲。而御史丁此吕又追劾科举考场之事，说高启愚以舜、禹命题，为张居正禅受皇位造舆论。尚书杨巍等人对他进行了驳斥。丁此吕被外放，高启愚被削职为民。后来言官仍无休止地攻击张居正。下诏完全削夺张居正官秩，夺回以前所赐玺书及四代诰命，把罪状公布天下，并说本应开棺戮尸姑且宽免。张居正的弟弟都指挥张居易、儿子编修张嗣修都流放到边远荒蛮之地戍边。

整个万历年间，没有人敢为张居正辩白。直到熹宗天启时，朝廷大臣才逐渐追述张居正的功绩。邹元标担任都御史，特别称赞张居正。熹宗下诏恢复张居正原来的官职，并重新安葬赠给祭仪。崇祯三年，礼部侍郎罗喻义等人上疏为张居正辩冤。皇上令部议，恢复文荫、武荫及诰命。十三年，张敬修的孙子张同敞请求恢复武荫，并恢复张敬修官职。皇上授任张同敞为中书舍人，而把张敬修复官事交给部臣讨论。尚书李日宣等说："故首辅张居正，受穆宗皇帝遗诏辅政，事皇祖神宗皇帝 10 年时间。肩负国家重担，任劳任怨，改革整顿，助成万历初年之治，当时朝廷内外都得到治理，平安稳定，人民富足，法令制度严格清明。张居正对国家有功，时间久了人们的认识更深切，也更加怀念。"皇上同意了李日宣等人的奏请，恢复张敬修的官职。

御 人

黄孔昭之事

成化①五年，文选郎中②陈云等为吏所讦③，尽下狱贬官，尚书姚夔知孔照廉，调之文选。九年进郎中。故事，选郎率闭门谢客。孔照曰："国家用才，犹富家积粟。粟不素积，岂足赡饥；才不预储，安能济用？苟以深居绝客为高，何由知天下才俊。"公退，遇客至，辄延见，访以人才，书之于册。除官，以其才高下配地繁简。由是铨叙平允。其以私干者，悉拒之。尝与尚书尹旻争，至推案盛怒。孔昭拱立，俟其怒止，复言之。旻亦信谅直。旻暱通政④谈伦，欲用为侍郎，孔昭执不可。旻卒用之，伦果败。旻欲推故人为巡抚，孔昭不应。其人入都谒孔昭，至屈膝。孔昭益鄙之。旻令推举，孔昭曰："彼所少者，大臣体耳。"旻谓其人曰："黄君不离铨曹，汝不能迁也。"

为郎中满九载，始擢右通政。久之，迁南京工部右侍郎。有官地十余区为势家所侵，奏复之。奉诏荐举方面，以知府樊莹、佥事章懋应。后皆为名臣。郎官主藏⑤者以羡银数千进，斥退之。掘地得古鼎，急命工镌文庙二字，送之庙中。俄中官欲献诸朝，见镌字而止。

（《明史》卷一百五十八，黄孔昭传）

【注释】

①成化：明宪宗年号。②文选郎中：吏部下属机构文选司主官，掌官吏班秩迁升、改调之事。③讦（jié）：攻击，揭发。④通政：指通政使，掌通章奏。⑤藏（zàng）：贮藏财物的仓库。

【译文】

成化五年，文选郎中陈云等人被属吏揭发，都被罢官入狱。吏部尚书深知黄孔昭廉洁，把他调到文选司，九年提升为郎中。按照惯例，文选郎中大多闭门谢客。黄孔昭说："国家选用人才，好比富足人家蓄积粮食。粮食如果不平常蓄积，饥荒时怎么能够接济？人才不预先储备，用人时怎么能满足需要呢？如果闭门谢客，那从哪里了解发现天下的人才俊杰呢！"由官府回到家中，遇有来客，黄孔昭都以礼相待，并留意寻访人才，随时记住。在除授官职时，依据才能的高下分别派往难于治理的地方和容易治理的地方任职。因此选拔任用公平合理。如果有人以私利求请，都予以拒绝。有一次与吏部尚书尹旻争论，惹得尹旻大怒，顺手推翻了桌子。黄孔昭垂手站立，等他息怒了，接着又陈述自己的观点。尹旻也相信黄孔昭诚信正直。尹旻和通政使谈伦关系亲密，想任用他为吏部侍郎，黄孔昭坚持认为不可以。尹旻还是用了谈伦，后来谈伦果然垮台。尹旻想推荐老朋友担任巡抚，黄孔昭不同意。这个人进京拜谒黄孔昭，直至双膝跪下求情。黄孔昭更加鄙视他。尹旻命令推举，黄孔昭说："他所缺少的，正是大臣的体统。"尹旻只好对这个人说："黄君不离开选曹，你是得不到升迁的了。"

黄孔昭担任文选郎中满了9年时间，才升为右通政。又过了好久，调任南京工部右侍郎。有10多处官地被权门大户侵占，黄孔昭奏请，全部收回了这些官地。奉诏命荐举方面大臣，黄孔昭荐举了知府樊莹、佥事章懋，两人后来都成为名臣。主管银库的郎官把几千两盈余的银子进奉给黄孔昭，结果被呵斥而退出。有人挖地挖出了一只古鼎，黄孔昭马上命工匠刻上"文庙"两字，把古鼎送到文庙中。不多久宦官权贵想把古鼎进献朝廷，看见古鼎刻有"文庙"两字才算了。

末代朝中庸才多

张四知者，费县①人。天启二年进士。由庶吉士授检讨。崇祯中，历官礼部右侍郎。貌寝甚，尝患恶疡。十一年六月，廷推阁臣忽及之。给事中张淳劾其为祭酒时贪污状，四知愤，帝前力辩，言已孤立，为廷臣所嫉。帝意颇动，薛国观因力援之。明年五月与姚明恭、魏照乘俱拜礼部尚书兼东阁大学士。

明恭，蕲水②人。出赵兴邦门下，公论素不予。崇祯十一年由詹事迁礼部侍郎，教习庶吉士。给事中耿始然劾其与副都御史袁鲸比而为奸利，帝不听。明年遂柄用。

照乘，滑③人。天启时，为吏部都给事中。崇祯十一年历官兵部侍郎。明年，国观引入阁。

三人者，皆庸劣充位而已。四知加太子太保，进吏部尚书、武英殿。明恭加太子太保，进户部尚书、文渊阁。照乘加太子少傅，进户部尚书、文渊阁。帝自即位，务抑言官，不欲以其言斥免大臣。弹章愈多，位愈固。四知秉政四载，为给事中马嘉植、御史郑昆贞、曹溶等所劾，帝皆不纳。十五年六月始致仕。照乘亦四载。御史杨仁愿、徐殿臣、刘之勃相继论劾，引疾去。明恭甫一载，乡人诣阙讼之，请告归。

(《明史》卷二百五十三，张四知传)

【注释】

①费县：在今山东省。②蕲水：县名。即今湖北浠水县。③滑：滑县，在今河南省。

【译文】

张四知，费县人。天启二年考取进士。由庶吉士授任检讨。崇祯年间，历官礼部右侍郎。形貌丑陋，曾体生恶疮。天启十一年六月，廷臣公推阁臣，忽然推举了他。给事中张淳劾奏说他担任祭酒时有贪污情况，张四知气愤，向皇上极力辩解，说自己孤立无援，被廷臣所嫉妒。皇上被他说动了心，薛国观乘机极力援救他。第二年五月张四知与姚明恭、魏照乘都拜授为礼部尚书兼东阁大学士。

姚明恭，蕲水县人。出自赵兴邦门下，名声向来不好。崇祯十一年由詹事升任礼部侍郎，教习庶吉士。给事中耿始然劾奏他与副都御史袁鲸相互勾结大为奸利，皇上不听。第二年便入阁受到重用。

魏照乘，滑县人。天启年间，任吏部都给事中。崇祯十一年历官兵部侍郎。第二年，由薛国观引荐进入内阁。

这3个人，都不过是庸劣充位罢了。张四知加太子太保，进吏部尚书、武英殿大学士。姚明恭加太子太保，进户部尚书、文渊阁大学士。魏照乘加太子太傅，进户部尚书、文渊阁大学士。皇上即位之后，极力贬抑言官，不想依照言官弹劾来罢免大臣。大臣受弹劾越多，官位越稳固。张四知执掌朝政4年，受到给事中马嘉植、御史郑昆贞、曹溶等人弹劾，皇上都不听从他们的意见。十五年六月张四知才退休。魏照乘也是执掌朝政4年，御史杨仁愿、徐殿臣、刘之勃相继弹劾他，他才以有病辞职而去。姚明恭执掌朝政只一年，家乡有人上朝告他的状，他才请假回乡。

崇祯帝试臣

（崇祯）十一年六月，帝将增置阁臣，出御中极殿，召廷臣七十余人亲试之。发策言："年来天灾频仍，今夏旱益甚，金星昼见五旬，四月山西大雪。朝廷腹心耳目臣，务避嫌怨。有司举劾，情贿关其心。刻期平贼无功，而剿兵难撤。外敌生心，边饷日绌。民贫既甚，正供犹艰。有司侵削百方，如火益热。若何处置得宜，禁戢有法，卿等悉心以对。"会天大雨，诸臣面对后，漏已深，终考者止三十七人。顾帝意已前定，特假是为名耳。居数日，改国祥礼部尚书，与杨嗣昌、方逢年、蔡国用、范复粹俱兼东阁大学士，入参机务。时刘宇亮为首辅，傅冠、薛国观次之，又骤增国祥等五人。国观、嗣昌最用事。国祥委蛇①其间，自守而已。明年四月召对，无一言。帝传谕责国祥缄默，大负委任。国祥遂乞休去。

（《明史》卷二百五十三，程国祥传）

【注释】

①委蛇（wēi yí）：随便应付。

【译文】

崇祯十一年六月，皇上打算增置阁臣，移驾中极殿，召集了朝臣70多人亲自策试。皇上出的策题说："近年来天灾接连不断，今年夏天干旱更加严重，金星白天出现接连有50天，四月山西降大雪。朝廷心腹耳目之臣，都只求避开嫌疑。有关机构举发劾奏，人情贿赂又从中打通关节。派军队限期讨平贼寇却不见成功，派出的军队又难于撤回。外敌屡欲侵犯，军饷日渐不足。人民贫困至极，基本的生活很难保证。官府千方百计搜刮掠夺，人民处在水深火热之中。如何令行禁止、处置得宜，卿等细心回答。"不巧天下大雨，众臣当面回答以后，夜已深，参加完考试的只剩37人。不过增选的阁臣皇上心中早已确定，只是借策试为名罢了。过了几天，改授程国祥礼部尚书，与杨嗣昌、方逢年、蔡国用、范复粹一起都兼东阁大学士，入阁参预机务。当时刘宇亮为首辅，傅冠、薛国观为次，又一下增加了程国祥等5人为阁臣。这些阁臣当中薛国观、杨嗣昌最专权用事。程国祥在其中随便应付，自保其身而已。第二年四月皇上召见程国祥，要他面奏答问，他竟一言不发。皇上传下谕旨责备程闭口沉默，辜负了阁臣重任。程国祥无奈请求辞职而去。

法 制

茹太素二三事

　　茹太素，泽州①人。洪武三年乡举，上书称旨，授监察御史。六年擢四川按察使②，以平允称。七年五月召为刑部侍郎，上言："自中书省内外百司，听御史、按察使检举，而御史台未有定考，宜令守院御史一体察核。磨勘司官吏数少，难以检核天下钱粮，请增置若干员，各分为科。在外省卫，凡会议宰民事，各不相合，致稽延，请用按察司一员纠正。"帝皆从之。明年，坐累降刑部主事，陈时务累万言。太祖令中书郎王敏诵而听之。中言才能之士，数年来幸存者百无一二，今所任率迂儒俗吏。言多忤触。帝怒，召太素面诘③，杖于朝。次夕，复于宫中令人诵之，得其可行者四事，慨然曰："为君难，为臣不易。朕所以求直言，欲其切于情事。文词太多，便至荧听。太素所陈，五百余言可尽耳。"因令中书定奏对式，俾陈得失者无繁文。摘太素疏中可行者下所司，帝自序其首，颁示中外。

（《明史》卷一百三十八，茹太素传）

【注释】

　　①泽州：治所在今山西省晋城市。②按察使：官名，明初为各省提刑按察使司的长官，主管一省的司法。③诘（jié）：诘问，即责问。

【译文】

　　茹太素，是泽州人。洪武三年乡举，上书很合皇上之意，授任监察御史。洪武六年升任四川按察使，执法以平正允当著称。七年五月召进京任刑部侍郎，上奏说："自中书省到中央地方各官吏机构，都由御史、按察使检举举劾，而御史台没有定期考核，宜令守院御史统一考核。磨勘司官吏人数少，难以检查核实天下钱粮，请求增设若干员额，分为各科理事。各行省卫所，每当一起商议民政军务，意见不统一，以致许多事搁置拖延，请用按察司一位官员从中协调纠正。"太祖对这些建议予以接受。第二年，因事牵连降任刑部主事，有一次上书陈述时务上万字。太祖命中书郎王敏读给自己听。上书中说，有才学能力之士，近几年来侥幸留下来的100个中没有一两个，现在所任用的大多是迂儒俗吏。上书中的话大多刺耳。太祖还未听完就勃然大怒，命人把茹太素叫来当面责问，并在朝廷上痛打了一顿。第二天晚上，又在宫中叫人读给他听，才听到了上书中的主题，建议了四件事，太祖慨然而叹，说："做国君难，做臣子不容易。朕要求直言进谏，就是要直截了当，切于情事。文词太多，听起来不得要领。茹太素所陈述的意见，500多字就可以说清楚。"于是命中书省规定进言的要求，使批评政事得失提建议的人不要文字啰嗦。并摘录茹太素上书中可行的建议批转有关部门付诸施行，太祖还在批件前面亲自写了一篇序，颁发全国，让大家都明白。

书生之言不可不信

陈瓒，字廷裸，常熟人。嘉靖三十五年进士。授江西永丰知县。治最，擢刑科给事中。劾罢严嵩党祭酒王才、谕德唐汝楫。迁左给事中。劾文选郎南轩，请录建言废斥者。帝震怒，杖六十除名。……初，瓒为（高）拱所恶被斥，及张居正柄政亦恶之，不召。居正死，始以荐起会稽县丞。其后官侍郎。稽勋郎顾宪成①疏论时弊谪官，瓒责大学士王锡爵曰："宪成疏最公，何以得谴？"锡爵曰："彼执书生之言，徇道旁之口，安知吾辈苦心！"瓒曰："恐书生之言当信，道旁之口当察，宪成苦心亦不可不知也。"锡爵默然。

(《明史》卷二百二十一，陈瓒传)

【注释】

①顾宪成：明政治家。字叔时，世称东林先生。以耿直著称。革职还乡后，与弟顾允成和高攀龙等在东林书院讲学，他们议论朝政人物，受到士大夫支持，形成清流集团，被称为东林党。

【译文】

陈瓒，字廷裸，常熟县人。嘉靖三十五年录取进士。授任江西永丰知县。治绩考核获第一，被提拔为刑科给事中。弹劾严嵩党羽祭酒王才、谕德唐汝楫，把他们撤了职。升为左给事中。又弹劾文选郎南轩，并奏请重新录用直言进谏而被撤职被流放的人，世宗皇帝雷霆大怒，把陈瓒杖打 60，免官除名。……当初，陈瓒为高拱所厌恶而被排斥，等到张居正主持国政时也讨厌他，不被召用。张居正死后，才通过别人荐举起用为会稽县丞，之后任侍郎。稽勋郎顾宪成上疏批评时政弊端被贬谪，陈瓒指责大学士王锡爵说："顾宪成上疏所言颇为公正，为什么遭贬谪？"王锡爵说："他偏执书生之言，顺从道旁之口，哪里知道我们的苦心！"陈瓒针锋相对，说："恐怕书生之言应当相信，道旁之口应当详察，顾宪成为国为民的苦心也不可不知啊！"王锡爵无言以对。

大声秀才屡降屡升

陈谔，字克忠，番禺①人。永乐中，以乡举入太学，授刑科给事中②。遇事刚果，弹劾无所避。每奏事，大声如钟。帝令饿之数日，奏对如故。曰："是天性也。"每见，呼为"大声秀才"。尝言事忤旨，命坎瘗③奉天门，露其首。七日不死，赦出还职。已，复忤旨，罚修象房。贫不能雇役，躬自操作。适驾至，问为谁。谔匍匐前，具道所以。帝怜之，命复官。

（《明史》卷一百六十二，陈谔传）

【注释】

①番（pān）禺：县名，治所在今广东广州市。②刑科给事中：官名。明六科给事中之一。辅助皇帝处理有关刑法方面的奏章，稽察驳正刑部之违误。有建言及进谏之责。③瘗（yì）：埋，埋葬。

【译文】

陈谔，字克忠，番禺县人。永乐年间，由乡举进入太学，后授任刑科给事中。遇事刚毅果决，弹劾违法大臣不回护、无忌讳。每次上言奏事，声音朗朗有如洪钟。皇帝要他不吃饭，饿过几天之后，上朝奏事对答仍旧声音朗朗。皇帝赞叹说："这真是天性啊！"每当进见，称呼他为"大声秀才"。有一次陈谔上奏言事，冒犯龙颜，皇帝大怒，命人在奉天门挖土坑把他活埋，只把脑袋露在外面，埋了7天7夜竟然不死，于是予以赦免，从土坑中挖出来后官复原职。后来，他又一次冒犯龙颜，被罚劳役修建象房。陈谔两袖清风，没有钱雇人代役，便亲自服役做苦工。适逢皇帝驾临象房，问那个做苦工的人是谁。陈谔拜伏在地，向皇帝诉说根由。皇帝怜惜他耿直清廉，再次诏命官复原职。

军 事

朱元璋取天下之略

帝（朱元璋）……尝与诸臣论取天下之略，曰："朕遭时丧乱，初起乡土，本图自全。及渡江以来，观群雄所为，徒为生民之患，而张士诚、陈友谅尤为巨蠹。士诚恃富，友谅恃强，朕独无所恃。惟不嗜杀人，布信义，行节俭，与卿等同心共济。初与二寇相持，士诚尤逼近，或谓宜先击之。朕以友谅志骄，士诚器小，志骄则好生事，器小则无远图，故先攻友谅。鄱阳之役，士诚卒不能出姑苏一步以为之援。向使先攻士诚，浙西负固坚守，友谅必空国而来，吾腹背受敌矣。二寇既除，北定中原，所以先山东①、次河洛，止潼关之兵不遽②取秦、陇者，盖扩廓帖木儿、李思齐、张思道皆百战之余，未肯遽下，急之则并力一隅，猝未易定，故出其不意，反旆③而北。燕都④既举，然后西征。张、李望绝势穷，不战而克，然扩廓犹力抗不屈。向令未下燕都，骤与角力，胜负未可知也。"

（《明史》卷三，太祖本纪）

【注释】

①山东：古代指崤山（今属河南）以东为山东。②遽（jù）：匆忙，急。③旆（pèi）：泛指旌旗。④燕都：今北京市。

【译文】

洪武皇帝……曾和大臣们一起讨论夺取天下的方略，说："我遭逢天下大乱，开始从家乡起兵，原曾想保全自己。及至渡江之后，看到群雄割据，为所欲为，成为百姓的灾难，而张士诚、陈友谅尤其是大祸害。张士诚自恃富有，陈友谅自恃强大，我一无所靠。只是不嗜杀戮，讲求信义，厉行节俭，与大家和衷共济。当初与两贼相持，张士诚势力尤为逼近，有人建议应先攻击张士诚。我认为陈友谅志意骄纵，张士诚器量狭小，志意骄纵则好生事端，器量狭小则没深谋远虑，所以决定先攻击陈友谅。鄱阳湖战役之中，张士诚最终没有出姑苏一步援助陈友谅。倘若先攻击张士诚，他在浙西固城坚守，陈友谅必定倾巢出动，我就要腹背受敌。后来二贼都被灭，挥师出伐，收复中原，用兵方略是先山东地区，再河、洛一带，在潼关驻兵不进，不急于攻取秦、陇地区，主要原因是，扩廓帖木儿、李思齐、张思道等人都身经百战，断不肯投降，情急之下就会同心协力，负隅顽抗，急攻不容易取胜，所以我军出其不意，挥师北上，攻克燕都之后，然后西征。这时张思道、李思齐希望断绝，势单力穷，我们不战而克，然而扩廓帖木儿仍拼力顽抗，没有屈服。假如我们不先攻下燕都，骤然与扩廓帖木儿等人较量，我们是胜是败还很难预料啊。"

理 财

兴都三十六庄

兴都①庄地八千三百顷,中官夺民田,复增八百顷,立三十六庄。帝从抚按奏,属有司征租,还兼并者于民。中官张尧为请,又许之。(魏)时亮②极谏,不纳。

(《明史》卷二百二十一,魏时亮传)

【注释】

①兴都:明世宗置承天府,称为兴都,治所在今湖北钟祥市。②魏时亮:明世宗时大臣。时任户科给事中。

【译文】

兴都田庄有土地8300顷,宦官强占民田,又增加了800顷,建立36处田庄。世宗皇帝听从抚按官员的奏请,要求官府机构征收田租,把兼并强占的民田归还给农民。宦官张尧向皇上请求,皇上又同意了宦官的要求。魏时亮极力劝谏,皇上不采纳。

汤显祖遭贬只因直言

汤显祖,字若士,临川人。少善属文,有时名。张居正欲其子及第,罗海内名士以张之,闻显祖及沈懋学①名,命诸子延致。显祖谢弗往,懋学遂与居正子嗣修皆及第。显祖至万历十一年始成进士。授南京太常博士,就迁礼部主事。

十八年,帝以星变严责言官欺蔽,并停俸一年。显祖上言曰:"言官岂尽不肖,盖陛下威福之柄潜为辅臣所窃,故言官向背之情,亦为默移。御史丁此吕首发科场欺蔽,申时行属杨巍劾去之。御史万国钦,极论封疆欺蔽,时行讽同官许国远谪之。一言相侵,无不出之于外。于是无耻之徒，但知自结于执政。所得爵禄，直以为执政与之。纵他日不保身名，而今日固已富贵矣。给事中杨文举奉诏理荒政，征贿钜万。抵杭，日宴西湖，鬻狱市荐以渔厚利。辅臣乃及其报命，擢首谏垣。给事中胡汝宁攻击饶伸，不过权门鹰犬，以其私人，猥见任用。夫陛下方责言官欺蔽，而辅臣欺蔽自如。失今不治，臣谓陛下可惜者四：朝廷以爵禄植善类，今直为私门蔓桃李，是爵禄可惜也；群臣风靡，罔识廉耻，是人才可惜也；辅臣不越例予人富贵，不见为恩，是成宪可惜也；陛下御天下二十年，前十年之政，张居正刚而多欲，以群私人，嚣然坏之。后十年之政，时行柔而多欲，以群私人，靡然坏之。此圣政可惜也。乞立斥文举、汝宁，诚谕辅臣，省愆悔过。"帝怒，谪②徐闻典史。稍③迁遂昌知县。二十六年上计京师，投劾归。又明年大计，主者议黜之。李维桢为监司，力争不得，竟夺官。家居二十年卒。

显祖意气慷慨，善李化龙、李三才、梅国桢。后皆通显有建竖，而显祖蹭蹬穷老。三才督漕淮上，遗书迎之，谢不往。

(《明史》卷二百三十，汤显祖传)

【注释】

①沈懋学：宜城（今湖北宜城市）人。万历五年（1577）进士第一，授修撰。②谪：贬职。③稍：慢慢地。

【译文】

汤显祖，字若士，临川县人。少年时就擅长撰著文章，很有名气。张居正想使自己的儿子考中进士，便收罗全国名士以扩大他的名声。听说汤显祖及沈懋学闻名当世，便命令他的儿子们邀请汤显祖和沈懋学。汤显祖婉言谢绝，没有前往，沈懋学结果与张居正之子张嗣修都考中进士。汤显祖至万历十一年才考中进士。授任南京太常博士，随即迁为礼部主事。

万历十八年，神宗皇帝因星象急变，严斥谏官欺骗蒙蔽，并罚停俸一年。汤显祖上奏说："谏官难道都不称职，而是陛下的权柄暗中被辅政大臣所篡夺，所以谏官拥护什么反对什么，在无声无息中发生了改变。御史丁此吕首先揭发科举考试中的欺骗蒙蔽，大学士申时行嘱咐杨巍弹劾他使他离去。御史万国钦极论各省长官欺骗蒙蔽，申时行暗示同职官员许国把他贬谪到远方。一句话冒犯他们，无不被排斥在外面。这样一些无耻之徒，只顾自己巴结执政者。他们所得到的爵位俸禄，便认为是执政者给他们的。即使他日难保自身名望，而今天就已享受了荣华富贵。给事中杨文举奉诏命料理救济灾荒，索贿万万之多。到达杭州，成天在西湖宴饮，进行狱讼贿赂、买卖官爵，以谋取厚利。辅臣便趁他回京复命，提升为谏院的长官。给事中胡汝宁攻击饶伸，他不过是权门的爪牙而已，因为私人关系滥被任用。陛下正在斥责谏官欺骗蒙蔽，而辅政大臣欺骗蒙蔽依然如故。如果现在不惩治，臣认为替陛下可惜的有四个方面：朝廷用爵禄培养公正廉洁的官吏，现在却为私人培植了爪牙，这是爵禄浪费可惜；群臣随风而倒，不知廉耻，这是人才败坏可惜；辅臣不破例给人富贵，便觉显不出他们的恩惠，这是好规矩被糟蹋可惜；陛下统治天下20年，前10年，张居正刚愎自用，兴废颇多，借以拉拢私党，猖狂地破坏了国政。后10年，申时行阴柔而贪得无厌，逐渐地败坏了国政。这是国政破坏可惜。请立即斥罢杨文举、胡汝宁，警告劝谕辅政大臣，要他们检查反省错误。"神宗皇帝大怒，把汤显祖贬为徐闻县典史。后来迁为遂昌县知县。二十六年到京师上报计簿，递交辞呈辞职回家。第二年考核全国地方官，主持考核的人提议免除汤显祖的官职。李维祯任监察长官，为汤显祖力争而没有结果，最终还是削除了官职。汤显祖在家中生活了20年去世。

　　汤显祖为人耿直，慷慨大度，同李化龙、李三才、梅国祯交情很深。后来这3个人都仕宦通达，事业有成就，而汤显祖屡遭挫折穷困而终。李三才到淮河上督理漕运粮食，写信请汤显祖会见，被汤显祖谢绝。

北人种稻

　　（左光斗）出理屯田，言："北人不知水利，一年而地荒，二年而民徙，三年而地与民尽矣。今欲使旱不为灾，涝不为害，惟有兴水利一法。"因条上三因十四议：曰因天之时，因地之利，因人之情；曰议浚川，议疏渠，议引流，议设坝，议建闸，议设陂，议相地，议筑塘，议招徕，议择人，议择将，议兵屯，议力田设科，议富民拜爵。其法犁然具备，诏悉允行。水利大兴，北人始知艺稻。邹元标尝曰："三十年前，都人不知稻草何物，今所在皆稻，种水田利也。"

（《明史》卷二百四十四，左光斗传）

【译文】

　　左光斗受命管理屯田事务，他上奏说："北人不知道兴修水利，地种一年就荒芜了，两年以后人民就迁徙了，3年以后这个地方的土地和人民就都没有了。如今要想做到天旱不成灾，雨涝不为害，只有兴修水利一法。"随即列举陈述了三因十四议：三因是因天时、因地利、因人情；十四议是议治理河流，议疏通沟渠，议引水，议设坝，议建闸，议设圩岸，议考察地形，议筑塘，议招徕种田者，议择人，议择将，议兵屯，议力田设科，议富民拜爵。他建议的方法清清楚楚，全面具体，下诏完全批准付诸实行。于是大兴水利，北人从此懂得了种植水稻。邹元标曾说："30年以前，都城的人不知道水稻是什么东西，现在到处都种了水稻，种水田获得了好处。"

军无饷银　宦官放债

曹珖，字用韦，益都人。万历二十九年进士。授户部主事，督皇城四门。仓卫军贷群珰①子钱，偿以月饷，军不支饷者三年。及饷期，群珰抱券至，珖命减息，珰大哗。珖曰："并私券奏闻，听上处分耳。"群珰请如命，军困稍苏。

（《明史》卷二百五十四，曹珖传）

【注释】

①珰：宦官的代称。

【译文】

曹珖，字用韦，益都县人。万历二十九年考取进士。授任户部主事，督掌皇城四门。仓卫军向宦官们借高利贷，却用每月的军饷偿还，仓卫军有3年没有发饷。到发饷之期，宦官们抱着一大堆债券来了，曹珖命他们减息，宦官们大吵大闹。曹珖便说："我把你们私自放债的债券一起奏报皇上，听从皇上处置吧。"宦官们赶忙请求听从曹珖的命令减息，仓卫军的困难于是稍稍缓解了些。

德 操

忠之至　死之酷

周天佐，字子弼，晋江①人。嘉靖十四年进士。授户部主事。屡分司仓场，以清操闻。

二十年夏四月，九庙灾，诏百官言时政得失。天佐上书曰："陛下以宗庙灾变，痛自修省，许诸臣直言阙失，此转灾为祥之会也。乃今阙政不乏，而忠言未尽闻，盖示人以言，不若示人以政。求言之诏，示人以言耳。御史杨爵狱未解，是未示人以政也。国家置言官，以言为职。爵入狱数月，圣怒弥甚。一则曰小人，二则曰罪人。夫以尽言直谏为小人，则为缄默逢迎之君子不难也。以秉直纳忠为罪人，又孰不为容悦将顺之功臣哉？人君一喜一怒，上帝临之。陛下所以怒爵，果合于天心否耶？爵身非木石，命且不测，万一溘②先朝露，使诤臣饮恨，直士寒心，损圣德不细。愿旌爵忠，以风天下。"帝览奏，大怒。杖之六十，下诏狱。

天佐体素弱，不任楚。狱吏绝其饮食，不三日即死，年甫三十一。比尸出狱，皦③日中，雷忽震，人皆失色。天佐与爵无生平交。入狱时，爵第隔扉相问讯而已。大兴④民有祭于柩而哭之恸⑤者，或问之，民曰："吾伤其忠之至，而死之酷也。"

（《明史》卷二百九，周天佐传）

【注释】

①晋江：县名。治所即今福建泉州市。②溘（hè）：忽然。③皦（jiǎo）：明亮。④大兴：县名。治所在今北京城南。⑤恸（tòng）：极悲哀。

【译文】

周天佐，字子弼，晋江县人。考取嘉靖十四年进士。授任户部主事。屡次分管仓库工场，以清正廉洁著称。

二十年夏四月，天子宗庙发生火灾，诏令百官大臣奏言设政得失。周天佐上书说："陛下由于宗庙发生火灾，沉痛地反省自己，允许众臣直言政事缺失，这是变灾祸为福祥的一个转机。而如今时政的缺失确实不少，而没有听到有多少忠直之言，是由于用言语向人们作出一些表示，还不如通过政事向人们作出表示。征求直言的诏书，这是用言语向人们作出的表示。御史杨爵的冤案没有了结，这就是还没有通过政事向人们作出表示。国家设置言官，以进言为职责。杨爵关在狱中几个月，圣怒越来越厉害。一来说是小人，二来说是罪人。把尽言直谏的人称为小人，那么做一个不说直话迎合奉承的君子就不难了；把秉性正直尽进忠言的人当做罪人，那么谁又不做一个献媚取宠、一味顺从的功臣呢？人君每喜欢什么，每恼怒什么，上帝都看得清清楚楚。陛下为何恼怒杨爵，到底是与天心相合，还是不合呢？杨爵身非木石，生命危在旦夕，一旦忽然死了，那真是使谏诤直臣饮恨九泉，忠直之士人人寒心，对圣德的损害不小。希望能表彰杨爵忠心，以劝勉天下。"皇上看了周天佐的奏疏，勃然大怒。把他杖打60下，关进诏狱之中。

周天佐身体向来瘦弱，受不了杖打。狱吏又断绝他的饮食，不到3天就死了。年仅31岁。当他的尸体从狱中抬出来时，明亮耀眼的日光之下，忽然雷声大震，人们都大惊失色。周天佐与杨爵平生没有什么交往。只是在周天佐入狱时，杨爵隔着牢门问讯了一下而已。大兴县有一个平民到周天佐灵柩前祭奠，哭得十分悲哀，有人问他，他说："我悲伤他忠心耿耿到了极点，而被杀害太残酷了。"

宫婢谋弑

（嘉靖）二十一年，宫婢杨金英等谋弑逆，帝赖后①救得免，乃进后父泰和伯锐爵为侯。初，曹妃有色，帝爱之，册为端妃。是夕，帝宿端妃宫。金英等伺帝熟寝，以组缢帝项，误为死结，得不绝。同事张金莲知事不就，走告后。后驰至，解组②，帝苏。后命内监张佐等捕宫人杂治，言金英等弑逆，王宁嫔首谋。又曰，曹端妃虽不与，亦知谋。时帝病悸不能言，后传帝命收端妃、宁嫔及金英等悉磔于市，并诛其族属十余人，然妃实不知也。

（《明史》卷一百十四，后妃传二）

【注释】

①后：孝烈方皇后，明世宗第三后，江宁人。②组：丝带。

【译文】

　　嘉靖二十一年,宫婢杨金英等谋杀世宗皇帝,皇帝依靠方皇后抢救而免于一死,因此进升方皇后父亲泰和伯方锐爵位为侯。开始,曹妃颇有姿色,皇帝喜爱她,册立为端妃。当天晚上,皇帝就在端妃宫中就寝。杨金英等人一直注视着皇帝的行止,等皇帝睡熟了,大家一齐动手,用宽丝带子勒皇帝脖子,慌乱中丝带打成了死结,皇帝没有断气。其中张金莲明白事情不能成功,便跑出来报告了方皇后。方皇后飞快赶来,解下了丝带,皇帝苏醒过来了。方皇后命内监张佐等逮捕宫女审讯,有宫女说杨金英等谋杀皇上,王宁嫔是首谋。又有宫女说曹端妃尽管没有参与谋杀,也知道预谋。这时皇上受了惊吓发呆了,说不出话,方皇后传皇帝诏命逮捕曹端妃、王宁嫔及杨金英等人,在闹市处以车裂极刑,并处死她们的宗族亲属10多人,然而端妃其实并不知道预谋。

王竑忠愤击奸党

　　王竑,字公度,其先江夏①人。祖俊卿,坐事戍河州②,遂著籍。竑登正统四年进士。十一年授户科给事中,豪迈负气节,正色敢言。

　　英宗北狩,郕王摄朝午门,群臣劾王振误国罪。读弹文未起,王使出待命。众皆伏地哭,请族振。锦衣指挥马顺者,振党也。厉声叱言者去。竑愤怒,夺臂起,捽③顺发呼曰:"若曹奸党,罪当诛,今尚敢尔!"且骂且啮④其面,众共击之,立毙,朝班大乱。王恐,遽起入,竑率群臣随王后。王使中官金英问所欲言,曰:"内官毛贵、王长随亦振党,请置诸法。"王命出二人。众又捶杀之,血渍廷陛。当是时,竑名震天下,王亦以是深重竑。且召诸言官,慰谕甚至。

(《明史》卷一百七十七,王竑传)

【注释】

　　①江夏:县名。治所即今湖北武汉市武昌。②河州:治所在今甘肃临夏县西南。③捽(zuó):揪。④啮(niè):咬。

【译文】

　　王竑,字公度,祖先是江夏县人。祖父王俊卿,因事贬为河州戍卒,就入了河州籍。王竑正统四年考中进士。十一年授任户科给事中,气魄豪迈,有气节,敢于仗义执言。

明英宗被瓦剌俘获而去，郕王代理国政，在午门内坐朝，群臣弹劾宦官王振误国大罪。读完弹劾奏章群臣伏地未起，郕王要大家出去待命。群臣都伏地痛哭，要求抄斩王振满门。锦衣卫指挥马顺，是王振同党。他厉声呵斥弹劾王振的大臣滚出去。王竑见状愤怒至极，挥起手臂，一把揪住马顺的头发骂道："你们这帮奸党，罪该万死，现今还如此胆大妄为！"一边骂，一边用牙咬他的脸，众人一起喊打，你一拳我一脚，一下就把马顺打死了，这时朝廷上秩序大乱。郕王害怕，马上起身入内，王竑同群臣紧随其后。郕王派宦官金英问大家想说什么，王竑说："内官毛贵、王长随也是王振同党，请治罪服法。"郕王命推出毛贵、王长随两人，众臣又打死了这两个坏蛋，殿廷台阶之上，一片血迹。一时，王竑名震天下，郕王也由此更加信任倚重王竑。并召见众言官，一再慰劳劝谕他们。

东林党讲学议政

（顾）宪成[①]姿性绝人，幼即有志圣学。暨削籍里居，益覃精研究，力辟王守仁"无善无恶心之体"之说。邑故有东林书院，宋杨时讲道处也，宪成与弟允成俱修之，常州知府欧阳东凤与无锡知县林宰为之营构。落成，偕同志高攀龙、钱一本、薛敷教、史孟麟、于孔兼辈讲学其中，学者称泾阳先生。当是时，士大夫抱道忤时者，率退处林野，闻风响附，学舍至不能容。宪成尝曰："官辇毂，志不在君父，官封疆，志不在民生，居水边林下，志不在世道，君子无取焉。"故其讲习之余，往往讽议朝政，裁量人物。朝士慕其风者，多遥相应和。由是东林名大著，而忌者亦多。

既而淮抚李三才被论，宪成贻书叶向高、孙丕扬为延誉。御史吴亮刻之邸抄中，攻三才者大哗。而其时于玉立、黄正宾辈附丽其间，颇有轻浮好事名。徐兆魁之徒遂以东林为口实。兆魁腾疏攻宪成，恣意诬诋。谓浒墅有小河，东林专其税为书院费；关使至，东林辄以书招之，即不赴，亦必致厚馈；讲学所至，仆从如云，县令馆谷供亿，非二百金不办；会时必谈时政，郡邑行事偶相左，必令改图；及受黄正宾贿。其言绝无左验。光禄丞吴炯上言为一一致辨，因言："宪成贻书救三才，诚为出位，臣尝咎之，宪成亦自悔。今宪成被诬，天下将以讲学为戒，绝口不谈孔、孟之道，国家正气从此而损，非细事也。"疏入，不报。嗣后攻击者不绝，比宪成殁，攻者犹未止。凡救三才者，争辛亥②京察者，卫国本者，发韩敬科场弊者，请行勘熊廷弼者，抗论张差梃击者，最后争移宫、红丸者，忤魏忠贤者，率指目为东林，抨击无虚日。借魏忠贤毒焰，一网尽去之。杀戮禁锢，善类为一空。崇祯立，始渐收用。而朋党势已成，小人卒大炽，祸中于国，迄③明亡而后已。

（《明史》卷二百三十一，顾宪成传）

【注释】

①顾宪成：明政治家。无锡人。万历进士，官至吏部文选司郎中。万历二十二年，革职还乡，与弟允成和高攀龙等在东林书院讲学。他们议论朝政人物，受到士大夫支持，形成清流集团，被称为东林党。②辛亥：万历三十九年，公元1611年。③迄：直至。

【译文】

顾宪成姿性超常，年轻时即有志于圣学。及至革职回乡，更加集中精力专门研究，有力批驳王守仁"无善无恶心之体"之说。无锡原有东林书院，是宋代杨时讲学之处，顾宪成和弟弟顾允成一起重修，常州知府欧阳东凤与无锡知县林宰替他们进行了筹划。书院落成之后，便经常和高攀龙、钱一本、薛敷教、史孟麟、于孔兼等志同道合的人一起讲学，顾宪成被学者们称为泾阳先生。当时，士大夫中恪守正道与时俗不合的人，大多离开官场，隐居山野之中，听说了顾宪成等东林讲学之事，纷纷响应投奔而来，乃至于学舍人满为患。顾宪成曾说："在朝廷做官，不忠于君父，在地方做官，不关心民生，在山野隐居，不关心世道，这都是君子不应有的态度。"因此他们在讲学之余，往往议论朝政，品评人物。朝中官员向慕东林风气的人，大多和他们遥相呼应。所以东林名声大著，而同时忌恨者也极多。

后来一部分朝臣请参用外僚入阁，意在凤阳巡抚李三才，引起朝中争论，顾宪成致信首辅叶向高、吏部尚书孙丕扬，推荐李三才。御史吴亮把顾宪成的信在邸抄中公布，引起许多人攻击李三才，纷纷上奏章弹劾。而这时候于玉立、黄正宾这些人也在其中附和，颇有些轻浮好事的坏名声。徐兆魁之徒便以东林为攻击目标。徐兆魁上疏攻击顾宪成，肆意诋毁。说浒墅有一条小河，东林独占了税收作为书院费用；税使到了，东林就致书礼请，就算人不去，也必定致送厚礼；讲学所到之处，仆从如云，县令食宿招待等费用，没有200两黄金办不到；讲学聚会时必定谈论时政，郡邑各项事务偶有不合东林之意的，一定要重新改变；还有收受黄正宾贿赂等。徐兆魁的这些话都毫无根据。光禄丞吴炯上疏一一为之辩驳，并说："顾宪成致信救李三才，确实是出位之举，臣也曾责备他。顾宪成自己也后悔。如今顾宪成受诬陷，天下人将不敢讲学，绝口不谈孔孟之道，国家正气从此受到损害，这非同小可。"上疏奏进，没有回音。之后攻击顾宪成的人接连不断，到顾宪成去世，攻击仍未停止。凡是援救李三才的人，争论辛亥京察的人，捍卫国家根本的人，揭发韩敬科场舞弊的人，请求行勘熊廷弼的人，追查张差梃击案的人，最后直至争论移宫案、红丸案的人，违忤魏忠贤的人，一律都指斥为东林党，攻击陷害连续不止。借着魏忠贤的嚣张气焰，把这些人一网打尽。残杀迫害免官禁锢，朝中正直之士被排挤得一干二净，直至崇祯皇帝即位，才开始渐渐录用这些人。然而奸恶朋党已成了很大势力，小人肆意横行，祸害国家，一直到明朝灭亡。

传世故事

明太祖严禁宦官预政

明太祖朱元璋出身之穷，为历代皇帝中之少见。他年轻时，父母兄长死后，穷得无钱下葬；他自己贫无所依，只好去当和尚；当和尚也填不饱肚皮，他又外出云游乞食，途中患病，几乎丧命。因此，当元末农民大起义的浪潮把他推上了皇帝的宝座时，他特别珍惜这个位置。

为了巩固他花费15年夺得的帝位，并传之于子孙后代，鉴于前朝政治废弛的教训，他实行了严刑峻法的治国之策。在历代帝王丧失江山的覆车之鉴中，他尤其重视宦官干预朝政的问题。洪武二年（1369年）八月，在确定内侍官制时，他明确地指示吏部说："宦官这类内臣，只要人数足够使用就可以了，不要配备太多。自古以来，这类人就易于擅权，对此要引以为戒。驭使他们的最善之术，是让他们对法令望而生畏。不要让他们立什么功劳，一有功劳，他们就必不可免地滋生傲慢骄横之心。"当时，宫中安置的宦官才不到100人。

到了晚年，朱元璋越发担心大明江山会断送于子孙之手。因此，他特意制定了《皇明祖训条章》，并颁布于朝野。其中把宫中太监定为十二监，监下各有司局。在人员配置和组织机构上，较洪武初年更为完备，对太监应当恪守的准则也规定得更为严厉。如宫中太监不得读书识字，不得身兼外臣文武职衔，不得使用外臣冠服，官阶不能超过四品，每月俸禄为米一石，穿衣吃饭不准离开内庭。《条章》还强调："后世有言更祖制者，以奸臣论。"

朱元璋不仅教训子孙这样做，而且身体力行，以身作则。他曾在宫门口树立了一块铁牌，上面刻着一条令："内臣不得干预政事，预者斩！"他还明令各司宦官不准有文字往来关系。宫中曾有一个老年宦官，侍奉了朱元璋许多年。一天，他或许是倚老卖老，闲暇时随口谈论起政事来。朱元璋立时大怒，毫不留情地把他打发回了老家。当时还有一个叫杜安道的御用监，几十年间一直侍候朱元璋。朱元璋运筹帷幄时，他都在场，可以说朱元璋的各种机密他无所不知。然而，他处事周密，守口如瓶，在碰到大臣时只一揖而退，根本不开口说话。朱元璋很赏识他，不过也并没有给他特殊的荣宠，后来出宫时只让他当了个光禄寺卿。曾经走出宫廷到外地购买马匹的，有赵成、庆童等几个宦官，但他们也都没敢过问政事或传递消息。

朱元璋死后，继任的明惠帝倒还记着乃祖的遗训。随着时间的流逝，朱氏子孙早把家法抛到了九霄之外。祸国殃民、臭名昭著的汪直、刘瑾、魏忠贤等便出在有明一朝。

朱元璋用人之法

徐达，字天德，濠（今安徽凤阳境内）人。他年少即有大志，身高颧高，刚毅武勇。朱元璋还是郭子兴的部帅时，徐达就跟随他，朱元璋与他相见一谈，如同老友。后朱元璋南平定远（今陕西西乡南）时，带领12位勇将前往，徐达就身为其首。后朱元璋任命他为大将，率领诸将攻城略地，攻镇江，复池州，克武昌，击毙陈友谅。朱元璋称吴王时，任徐达为左相国。

朱元璋准备起兵征讨张士诚时，右相国李善长请求暂缓动兵，从长而计。徐达说："张士诚污浊而待人苛刻，他的大将李伯升等辈只知占有子女玉帛，容易对付。而他用事的黄、蔡、叶3个参军，都是书生，不知天下大计。臣若奉主上之命，以大军逼攻，三吴很快可以平定。"朱元璋很高兴，就拜徐达为大将军，常遇春为副将军，命率水师20万人进逼湖州。敌军分三路出战，徐达也以三军应付，又另派兵扼住对方归路。敌人战败退却又无法归入城池，大败而还。徐达用众兵围住其城，张士诚派吕珍等带6万兵来救，也被常遇春等包围。张士诚亲率众兵来救，也被徐达大败于皂林。张士诚逃跑，他部下五太子、朱暹、吕珍等人都投降，湖州城破。

于是徐达军从太湖进围平江（今苏州），徐达在葑门扎营，常遇春在虎丘扎营，郭子兴在娄门扎营，华云龙在胥门扎营，汤和在阊门扎营，王弼在盘门扎营，张温在西门扎营，康茂才在北门扎营，耿炳文在城东北扎营，仇成在城西南扎营，何文辉在城西北扎营，筑起长墙围攻张士诚。他们在军营中架起木塔与城里的佛塔相等。此外筑了三层土台，鸟瞰城内动静，并架设弓弩火枪，台上又架大炮，一炮击就可以粉碎城中一切。城里守军非常惊惧。

徐达一向谨慎，也深知朱元璋的个性，便派使者向朱元璋请示进攻计划。朱元璋带信嘉慰他说："将军一向勇谋绝伦，故而能够粉碎乱谋，削平群雄，现在事必禀告请命，这是将军的忠诚，我甚为安慰。然而将在外，君令有所不受。军中的轻重缓急，将军应该相机而行，我不从中制约。"不久，徐达便指挥兵马攻破平江城，活捉张士诚，送到应天府，共收降敌兵25万人。此役之后，徐达被封为信国公。

不久徐达又被拜为征虏大将军，常遇春为他的副将。当时名将，首推徐、常两人。两人才勇相似，都被朱元璋所倚重，常遇春剽悍勇猛，敢于深入敌阵，而徐达则尤其长于谋略。朱元璋诏告群将，说统军有纪律，攻战克敌有将军之体者，都不如徐达。

朱元璋称帝后，仍用徐达征讨边疆，每年春天徐达率军出征，暮冬召还京城，成为常事。而徐达则仍然恭谨如故，一回来就把将军之印上呈归还，朱元璋也很高兴，赐他休沐，设宴欢饮，称他为布衣兄弟，徐达却更加恭谨。朱元璋曾经很随便地对徐达说："徐兄功劳甚大，还没有好居处，我赐给你一幢旧宅。"所谓旧宅，就是朱元璋称帝前做吴王时所住的地方，徐达坚决推辞。一天，朱元璋到徐达的家里与他饮酒，强灌醉了他，就把他用被子蒙住抬到原吴王宅中让他睡下。徐达醒来后大惊，急忙奔下台阶，仆地自求免于死罪。朱元璋因此而大为快慰。

科考与荐举同为用人之道

明太祖朱元璋攻克金陵（南京）之后，召用儒士范祖干、叶仪；攻克婺州（今浙江金华），又召请儒士许允、胡翰等人日夜讲习经史和治国方略；攻克处州（今浙江丽水县）之后征召有名的宿儒宋濂、刘基、章溢、叶琛等人到南京，专门辟有礼贤馆来安置他们，任用宋濂为江南等地的儒学提举，任用章溢、叶琛等为营田佥事，把刘基留在军营中参与军务谋议。

后来专门敕令中书省说："现在地盘日益扩大，文治武功都双管齐下。世上奇才或隐于山野，或匿身于士伍的隐逸，如果为官者不去引拔，他们是不会自己显现的。从今以后凡是有能够上书陈言，在治国之术、武备经略方面出众的人，参军和都督府都应当把名字报上来。即使不能写文章但其见识可取的人，也允许进府来面陈他的意见。郡县官吏凡年龄在50岁以上的人，即使在政事方面练达通明，但精力已竭的，应该命令有司从民间选取年龄在25岁以上、天资聪敏、有学识才干的人群，将他们召到中书省，让他们与年老的人共事。10年以后，年老的人退休，那时年少的人也精于事务了。像这样才会使人才不乏绝，而各地的官职之位又得到适宜的人选。敕令向下面的有关部门，传达此意。"这样，各地的州县每年都举荐贤能之士以及有武勇谋略、通晓天文的人，偶尔也举荐有通晓书律的人才。不久又下令申严选举的质量，有滥举的人就逮捕问罪。

不久，朱元璋派起居注吴林、魏观等人拿钱币到四方去访求遗贤。洪武元年（1368年）又征召天下贤才会集京城，分授他们太守或县令之官。这年冬天又派文原吉、詹同、魏观、吴辅、赵寿等人分赴各地，去访求贤才，分别赐以白金让他们带着上路。洪武三年（1370年），皇帝诏谕廷臣说："六部总领天下事务，不是学问博洽、才德兼美的人不足以居此职位。朕担心有的贤才仍隐居山林，或者屈居在低级僚属中，现令各级有司悉心推访。"洪武六年（1373年），皇帝又再次下诏说："贤才，是国家的瑰宝。古时圣王一直劳心求贤，比如高宗对傅说，文王对吕尚。这两位圣君难道是其智谋不够吗？他们仍对版筑鼓刀之徒惶惶虚心，是因为国家不招揽贤才就不能达到大治。鸿鹄之所以能远飞，是因它有羽翼，蛟龙之所以能腾跃，是因为它有鳞鬣。人君之所以能够达到大治，是因为有贤人做他的辅弼。山林乡野之中如有德行文艺都可称道的人，有司应当采访举荐，客气地遣送到京城，朕将任用他们，以实现国家大治。"当年，罢停科举考试，另外专门令有司察举贤才，以德行为根本，文艺才能次之。其名目有：聪明正直、贤良方正、孝悌力田、儒士、孝廉、秀才、人才、耆民等科，全都按礼送到京城，破格擢用。而各省的贡生也由太学进选。于是从此罢停科举考试达10年，到洪武十七年（1384年）才重新实行科举考试，而举荐人才的方法并行不废。

当时中外大小臣工都用推举来的人才，甚至仓、库、司、局等杂官，也由文学才干充任。那些被推荐来的人又转而推荐他人。所以山林岩穴、草茅穷居之人也大都向上自荐，从布衣贫寒而登堂居高位大官的不可胜数。耆儒鲍恂、余诠、全思诚、张长年等人90多岁，被征召到京城，当即任命为文华殿大学士。儒生王本、杜学、赵民望、吴源特地被安置为四辅官兼太子宾客。……像这样得到显升的很多，而从此又渐渐跻身显贵不可胜数。皇帝曾下诏说："明经行修、练达时务的人才，征召到京城后，年龄在60岁以上70岁以下的，可安置在翰林以备顾问，40岁以上60岁以下的，可在六部及布政司、按察司两司任用。"可那时候也许士人没有其他的途径入仕，往往很多人一时间暴贵，而吏部奏报荐举而来应当任官的多达3700多人，少的时候也有1900多人。另外，那些富户耆民都可以进见，奏对回答满意的，就给予好官美职。像会稽和尚郭传就是由宋濂举荐提升为翰林应奉的，有实可考。

自从科举重新设立后，两种取人办法并用，也没有轻重之分。到建文、永乐年间，靠荐举起家的人还有的被授翰林或藩司。像杨士奇一介处士，陈济一个布衣，骤然被任命为《太祖实录》的总裁官，就是不拘资格之例。后来科举越来越重要，荐举相应地渐受轻视，能做文章的人都以科举场屋出身为荣。有司虽然也多次奉诏求贤，只是循例走过场而已。

朱元璋发展经济

明太祖洪武元年（1368年）八月，朱元璋刚刚称帝建立明朝不到8个月，包括北京在内的大片中国土地还控制在蒙古统治者手中，元末农民大起义的各路豪杰仍在逐鹿中原，朱元璋便下诏：战乱期间避乱外逃的农民，可以回到家乡开垦荒地，不限数量，并免收3年的租赋。

诏令虽然很简单，却表明了明太祖朱元璋对农业生产的重视以及恢复和发展经济的决心。

朱元璋出身于贫苦的农民家庭，贫到连父母去世了都无钱安葬，17岁就到庙里当和尚以求温饱。后来亲自参加并领导了农民起义。因此，他对农民的生活，对农业生产在国计民生中的意义，体会颇深，并深知"弦急则断，民急则乱"的道理，更知道"农为国本，百需皆其所出"的道理。因此，他得了"居上之道，正当用宽"，就是说，要用宽松的政策来治理国家。那一道道鼓励农民回乡垦田的诏令，正是朱元璋这种思想的体现。

朱元璋不仅鼓励农民垦荒，而且他还大力屯田。由于元末的战乱，农民流离失所，土地荒芜，元朝统治者逃跑后，还留下了不少无主的"公田"。因此，那时荒地是很多的。尽快地把这些土地开垦起来，就成了发展农业生产的关键所在。明朝的屯田分为军屯、民屯和商屯3种。民屯和军屯的规模比较大。洪武三年六月，太祖下令"徙苏州、松江、嘉兴、湖州、杭州民无业者"到荒地比较多的临濠（治所在今安徽省凤阳县）去种地，这就是民屯。第二年三月，徙山后（今山西北部）民17000户到北平（在今北京市附近）屯田；六月又徙山后民

35000千户于内地；徙沙漠遗民32000千户屯田北平。屯田的政策，持续很长时间，到洪武二十二年，还迁山西民于北平、山东、河南等地。洪武二十五年，统一中国的战争已经基本结束，政治斗争的重点转向了统治集团内部，军队对外作战的任务已经减少。明太祖朱元璋又下诏，全国军队的卫所要有十分之七改为屯田。屯田政策对于保证农业生产和国民经济的恢复和发展起了很大的作用。太祖朱元璋自己说，他养兵百万，不需要百姓出一粒米。这不但减轻了农民的负担，也减轻了运输的压力。

农民仅仅有了土地，还不能更快地提高生产力。朱元璋还设法发给屯田的军士和农民大量的耕牛。洪武二十五年，朝廷派人从江南购得耕牛22000千余头，分发给在山东屯田的农民。提供耕牛的政策，一直到成祖朱棣的时代还在继续。永乐二年（1404年），在朝鲜买牛万头发给辽东屯田的军士，第二年，更规定每百名军士要有耕牛40头。有时朝廷还督造农具发给屯田的农民和军士。

朱元璋很重视水利建设。明朝初建时，朱元璋就下令"民以水利条上者即陈奏"，就是说，凡是有百姓反映水利情况的，一定要向他报告。他还派人到各地去督修水利。洪武元年，修和州（治所历阳在今安徽省和县）铜城堰，周长200余里。秦代开凿的广西兴安县的灵渠和四川成都的都江堰也都修复。洪武八年开凿的泾阳洪渠（在今陕西省泾阳县）可灌溉泾阳及邻近的三原、醴泉、高陵、临潼方圆200多里范围内的土地。到洪武二十八年，全国共开塘堰40987处，修河渠4262处，堤岸5048处。

明太祖朱元璋也较注意减轻农民的负担。曾下诏规定"额外垦荒，永不起科"，就是在国家规定和纳税限额以外多开垦的土地，永远也不征税。如果什么地方出现了灾荒，注意及时救济。还在全国各地设立了不少预备仓，储粮备荒，赈济灾民。

由于朱元璋实行了鼓励农业的政策，明初农业生产确实出现了欣欣向荣的局面。粮食的产量逐步提高。洪武十八年，全国收入谷物近2090万石，到洪武二十六年，增加到3270多万石。到了成祖永乐年间，某些地区的储备足够支出当地俸饷10年到40年。有的地方仓库粮食入库年头太多，以至于变质。

不但粮食作物发展了，经济作物也发展了。洪武二十五年，开封、大名（治所在今河北省大名县）等地棉花大丰收，产量达1180万斤。全国有果树10亿棵。到了永乐年间，布帛、丝绢、棉花和水果的税收已经成为国家收入的重要组成部分。

然而朱元璋对工商业却采取了不鼓励的政策。洪武十五年，广平府（治所永年即今河北省永年县）的一个名为王允道的官吏上书要求开磁州（治所在今河北省磁县）的铁矿和冶铁事业。朱元璋却说，朕听说，王者治天下，应该让天下无遗贤，所有的能人都应该发挥作用，可是朕却没有听说过无遗利。现在兵器不缺，百姓生活安定。开铁冶既无益于国，又骚扰百姓。他不但没有采纳王允道的意见，还把他打了一顿大板子，发配到岭南去了。

尽管朱元璋不鼓励，明代的手工业仍然有很大的进步。特别是官营手工业，规模很大，技术也达到了相当的水平。采铁冶铁、铸铜、造船、制瓷、染织等等，都很发达。建筑业也达到了空前的水平，为世界各国所无法相比。后来建造的北京皇宫就是个很好的例子。与此同时，商业的发展也很快，北京成了全国最大的商业城市。世界各国到中国来做生意的人也更多了。

总之，明太祖朱元璋重视农业生产的政策，为明朝的强大打下了坚实的基础。

朱棣援《祖训》而"靖难"

明太祖朱元璋的第四子朱棣（dì）于洪武三年（1370年）封燕王，洪武十三年（1380年）离开京师，赴北平守藩。其人容貌奇伟，有勇有谋，能以诚待下。洪武二十三年（1390年），曾率军征讨元太尉乃儿不花。与其同时领兵的有晋王朱棡（gāng）。朱棡怯阵，不敢进兵；而朱棣却从背后直驱迤都山，大败乃儿不花而归。朱元璋因其英勇屡次让他率将带兵出征，并命他统帅边境一带的兵马。因此，他在当时很有些威望。

然而，朱元璋虽然重视四子朱棣的文才武略，在传位时却根本没有考虑他。朱元璋在世时即已定懿文太子为嗣帝，懿文太子早逝，朱元璋又立其子朱允炆（wén）为皇太孙。洪武三十一年（1398年），朱元璋死后，朱允炆就成了当然的皇帝。

朱允炆当皇太孙时，曾向伴他读书的黄子澄谈到对拥兵自重的诸王的忧虑。等到一即位，便任黄子澄为翰林学士、齐泰为尚书，让他们密议削藩事。当时藩国中朱棣的燕国势力最大，齐泰主张首先削平燕国这个山头，黄子澄则主张先削周国，因为周王朱橚（sù）是燕王朱棣的同母弟弟，削除周王就等于斩断了朱棣的手足。朱允炆对燕王朱棣感到棘手，也就采纳了黄子澄的建议，找个罪名派兵问罪于周王朱橚。心欲钻营求进的人乘机揭发告密，把齐王朱榑（fú）、湘王朱柏、代王朱桂、岷王朱楩（pián）也都牵连了进去。于是，周王、岷王被废为庶人，代王被幽禁于大同，齐王被拘押在京师，湘王自焚而死。朱棣见骨肉手足废的废，抓的抓，死的死，不禁产生了兔死狐悲之感，同时又担心这样的命运落在自己的头上，便佯狂称病，以图躲过厄运。黄子澄和齐泰极力劝说朱允炆，乘其称病给他来个突然袭击，但朱允炆畏惧他智勇双全，始终犹疑不决。

建文元年（1399年），有人揭发燕王有不轨行为，朱允炆命人拘杀了燕王朱棣手下的军官於谅、周铎等，下诏责备朱棣，朱棣只好谎称病情加剧。朱允炆又采用黄子澄、齐泰的计策，在燕国北平的周围布下精兵强将，把燕王府护卫中的健壮兵士调归自己人指挥，命都指挥使谢贵、布政使张昺率兵看守朱棣的王宫。朱棣心中十分忧惧，觉得再不起兵反抗，自己就要成为人家砧板上的鱼肉，但是他的3个儿子还在京师，倘若他一举事，儿子就会成为刀下之鬼。因此，他故意装作病重垂危，乞求朱允炆放回他儿子，让他见上最后一面。齐泰建议朱允炆立即逮捕朱棣的儿子，而黄子澄却主张放还，借以麻痹朱棣，好乘机派兵袭击他。

朱棣待儿子们安全回到北平，立即与僧道衍密谋，命指挥张玉、朱能将800名勇士偷偷地带进燕王府，埋伏在端礼门。然后把谢贵、张昺骗进来，伏兵一拥而上，杀死了他们。接着，又从谢贵等手下手里夺回了王府的九门。这一年七月，朱棣公开宣布发兵讨逆。

为了使自己的军事行动具有合法性，朱棣采取了拉大旗作虎皮的计谋。他先上书建文帝朱允炆，指责黄子澄、齐泰两人为祸国殃民的奸臣，并且援引明太祖朱元璋手编的《祖训录》说："朝无正臣，内有奸恶，则亲王训兵待命，天子密诏诸王统领镇兵讨平之。"然而，他并不管朱允炆下不下什么"密诏"，奏书一送出，随即挥兵南下。而且，为了免去反叛之嫌，他还仿效汉初七日国兴兵"清君侧"的叫法，称其师为"靖难"。

朱允炆先后派遣长兴侯耿炳文、曹国公李景隆率军北伐燕王，均被打得大败。这下子朱允炆可慌了手脚，只好以丢卒保车之计，抛出黄子澄、齐泰两人，换取燕王退兵。其实讨平奸臣不过是燕王朱棣的借口，把皇帝朱允炆拉下马才是他最终的目的，所以他根本不理会黄子澄、齐泰被解职一事，昭旧催兵前进。建文四年（1402年）六月，燕军经过3年的征战，终于占领了京师南京，明帝朱允炆不知所终,燕王朱棣即位称帝,是为明成祖。

明成祖怒杀方孝孺

方孝孺,字希直,又字希古,宁海人。他年幼时机警灵敏,双目有神。每天读很多书,家乡人称他"小韩子"。成人以后他随名儒宋濂学习,宋濂门下的诸多儒生都无出其右,同学前辈胡翰、苏伯衡等人也自称不如他。方孝孺很看不起文艺杂学,以辨明王道、招致天下太平为己任。一次他卧病期间,家中断了炊粮,家人告诉他,他不以为意,笑着说:"古人三旬九食,受贫穷的岂止我一个人呢?"

方孝孺工于文章,他的文章醇厚深永,雄浑豪迈,每有一篇问世,则海内争相传诵。明惠帝(即建文帝)即位之后,召他为翰林侍讲,第二年又迁升为学士,国家大政方针往往向他咨询。建文帝喜好读书,每有疑问就召他讲解。甚至临朝奏事也常让他到屏风前对答。修史书,让方孝孺做总裁。改定官制时,方孝孺被改任文学博士。燕王朱棣在北方起兵时,朝廷的诏讨檄文都出自他的手笔。后来他又出主意,建议全部赦免燕王部众的罪过,让他们收兵回藩。

朱棣起兵,准备夺取帝位。京城危急时,有人劝皇帝迁走,方孝孺力主坚守京城等待援兵,说即使事情不成也应为社稷而死。后来京城最终陷落,惠帝自焚。这一天,方孝孺被燕王捕入狱中。在此之前,燕王从北平出发时,姚广孝曾劝燕王攻下南京之后不要杀方孝孺:"城破时他一定不会投降,请不要杀了他。杀了他天下读书人的种子就断绝了。"燕王表示接受。夺权后燕王即位,即明成祖。明成祖想要方孝孺起草诏书,以安定天下。方孝孺被召到朝廷上之后,他悲恸欲绝的哭声响彻殿堂,成祖走下御座对他说:"先生不要自我折磨,我欲效法周公辅佐成王的故事。"方孝孺问:"谁是成王?成王在哪里?"成祖说:"他已经自焚死了。"方孝孺就问:"为什么不立成王的儿子呢?"成祖说:"国家要依靠年长的君主。"方孝孺问:"那为什么不立成王的弟弟呢?"成祖说:"这是我的家事。"接着示意手下的人给他纸和笔,说:"诏告天下,非得先生起草不可。"方孝孺把笔扔在地上,说:"要杀就杀,诏书不能起草。"明成祖大怒,下令在市场上将他肢裂处死。

方孝孺慷慨赴死,作绝命词:"天降乱离兮孰知其由,奸臣得计兮谋国用忧。忠臣发愤兮血泪交流,以此殉君兮抑又何求,呜呼哀哉兮庶不我尤。"这一年他

46岁。他的弟弟方孝友也一同被处死,他的妻子和两个儿子上吊而死,两个女儿投秦淮河而死。

明仁宗慎言谨行

明仁宗朱高炽是明太祖朱元璋的孙子,明成祖朱棣的长子。少年时沉静持重,言行有礼,长大后酷好学问,常与儒臣一起讲论不休。朱元璋很喜欢他,洪武二十八年(1395年)册封他为燕世子。一次,朱元璋问他:"唐尧、商汤时发生了水旱之灾,百姓靠什么为生?"他答道:"依靠圣人的恤民之政。"朱元璋听了很高兴,认为这个孙子有君临天下的识见。

但是,成祖朱棣不太喜欢这个儿子,只不过因为他是父亲朱元璋给自己册封的世子,为人又仁慈贤惠,也就没有废掉他。而朱棣所喜欢的二儿子朱高煦、三儿子朱高燧却时时想取得世子之位。

明惠帝建文元年(1399年),朱棣起兵"靖难",南下进攻惠帝朱允炆,命朱高炽留守北平。朱高炽防守北平的士卒仅有一万人,而前来进攻北平的李景隆军却有80万。然而朱高炽善待士卒,士卒感恩戴德,都为他誓死效命,所以李景隆的大军到底未能攻破北平。惠帝见武力强攻不下,又改以智取。他派人送给朱高炽一封书信,企图借此离间他与朱棣的父子关系。当时朱高煦、朱高燧及其党羽宦官黄俨等正在千方百计地找机会谗害他,他们探知信函一事后,马上让黄俨先秘密地去向朱棣通风报信,说朱高炽暗中勾结朝廷,惠帝的信使已到北平。朱棣听了非常生气,以为这个不讨人爱的不肖子果然卖父求荣,心中突生起了杀子之意。谁知没多久,朱高炽的使者也来到了朱棣这里,他送上了朝廷致朱高炽的信函。朱棣接过一看,信函尚未启封,打开读后,才知是惠帝的离间计。他如梦方醒似地感叹道:"我险些误杀了自己的儿子。"原来,朱高炽心中明白,他早就提防着朝廷的这一手。

永乐元年(1403年),朱棣即位,亦即后来所称的明成祖。他改北平为北京,仍叫儿子朱高炽镇守。到了第二年春,成祖才把朱高炽召还南京,立为皇太子。以后成祖每当北征时,都吩咐朱高炽留守京师,监理国家。他受命后,兢兢业业,听政治民,遇到四方有水旱灾情,便派人赈灾救饥,臣民对他的仁政有口皆碑。但其弟高煦、高燧及其党羽们却仍旧不断地找机会进谗构陷他。周围的大臣都不禁为他担心,有的人问他:"你难道不知道有谗害你的小人吗?"他坦然地答道:"不知道,我只知恪守作为儿子的职责而已。"

永乐十年(1412年),成祖北征后还京,因朱高炽派遣的使者误期,而且奏书措辞不当,成祖便把他的臣僚黄淮等逮捕入狱。永乐十六年(1418年),黄俨等人又诬告朱高炽擅自赦免罪犯,不少官僚被株连处死。成祖还命侍郎胡濙(yíng)调查朱高炽,胡濙调查后,给成祖上奏了封密书,其中禀告了朱高炽诚敬孝谨的七件事例,成祖这才没有怪罪朱高炽。后来,直到黄俨等谋立高燧失败被诛,高燧多亏朱高炽力救而免祸后,朱高炽才再不受骨肉手足的威胁了。永乐二十二年(1424年),他终于登上了帝位,是为明仁宗。对于明仁宗的慎言谨行之术,史家曾有评曰:"中遘(gòu)媒孽,濒于危疑者屡矣,而终以诚敬获全。善乎其告人曰'吾知尽子职而已,不知有谗人也',是可为万世子臣之法矣。"

吴履不忍治民于狱

民间的犯罪案件,有些最初只是作案人心粗气盛的大胆妄为,结果却酿成大案,导致流血杀人乃至多条人命的惨剧。真正爱民的官吏,不忍心事发后立威名、兴大狱、成治绩,而是要在事件萌发之初,做好疏导、化解工作,制止事态的激烈化、扩大化。明朝初年的吴履,就是一个治狱而"不忍置民于狱"的人。

江西南康县民王琼辉,为人粗豪直戆,早就看不惯本地土豪罗玉成横行乡里、飞扬跋扈的所作所为。一天,罗玉成的家人又在王琼辉家门口欺凌弱者。王琼辉一怒之下,将这个恶奴抓进他的院子里打了一顿。罗家知道消息后,以为这是太岁头上动土。两家本有嫌隙,没事还虎视眈眈,既然王家挑起事端,罗家可就等到了大打出手的机会。因此,以罗玉成的侄儿罗玉汝为首,一下子纠合家丁、族人,以及依附于罗家的游民、地痞、佃户等200多来人,还有跟着看热闹的好几百人,提刀扛棍,围住了王家院子。罗玉汝等人不仅夺回了肇事家人,还把王琼辉拉出去,捆在一棵树上猛抽猛打,打得死去活来,才扬长而去。

王家受此奇祸,何肯罢休?王琼辉兄弟5人起初到县里状告罗玉成纠集暴徒行凶打人。当时南康知县不在,由县丞吴履受理此事。这吴县丞清正爱民,在百姓中有极高声望。他知道争斗情况后,马上差人将行凶首恶4人捕捉到县衙,准备惩处。但王氏兄弟必欲将围宅众人一一惩罚;并在公堂上咬破指头,滴血立誓,说倘若官府不管,他们就要杀进罗家,拼个同归于尽。

吴县丞知道王家兄弟已经不能控制感情,稍一放纵,一场悲惨的械斗就要发生，死伤将不知凡几，后果将不堪设想。倘若等到惨剧发生以后再来依法处理，又有好些人要人头落地。他不能眼看着这场血流成河的惨剧在自己管辖的范围内发生。因此，他把王琼辉叫来，反复对他陈说厉害，劝他冷静克制，不要铸成大错。他问王琼辉："那天只有罗家的人围住你家吗？"王琼辉答："不是，有1000多人，大多不是罗家的。"吴县丞又问："千多人都骂你、打你了吗？"答："也不是，动手打的就那几个，跟着叫骂的也不多，大多数人是瞎起哄，看热闹的多。"县丞又说："只有那么几个人打你、骂你，你几弟兄就要兴师动众，提刀乱砍，血洗罗家满族、满门，这行吗？而且你知道众怒难犯的道理？如果罗家全族也像你们这样不要命蛮干，拿刀使棍杀到你们家里，他们族大人多，你们的妻儿老小还有命么？杀了你们全家，虽说还有王法惩治他们，可到那时你又能获得什么？你悔都没法悔了！听我的话，老老实实听候县里发落，我会公正地严惩祸首、替你解恨的。"在吴县丞警之以法、晓之以理、动之以情的感化下，王琼辉仔细一想，仅凭兄弟几人的血气之勇，是报不了仇的，去与罗玉成那样的大土豪拼命，是白送死。他只好趴在地上叩头说："小民听老爷的话，求老爷给小民做主！"

吴县丞劝住了王琼辉后，就将捕来的罗玉汝等4个凶手押到他们打王琼辉的地方，当着王琼辉的面，每人重打几十大板，打得两腿鲜血直流，求爹告爷地大叫。又强令罗玉成向王琼辉赔礼道歉。一场眼看酿成血祸，终于在吴县丞的恰当处理下，平息了。

像这样化大事为小事，化大狱为小惩的事，差不多成了吴履治理地方的指导思想。又如，知县周以中下乡催促徭役，有两个大胆的农民骂了他几句，他抓又抓不住，查又查不出，勃然大怒，下令把这个地方的百姓都拘押起来审问，已经抓了六七人，还要继续抓。当地百姓恐慌万状，四散逃亡。吴履巡查监狱，询问这几个人的情况，知道他们无罪，马上予以释放，并对他们说："你们没有罪，回去告诉你们那里的乡亲，叫他不要怕，不要乱跑了。"当他把放人的事告知知县后，知县十分生气，说县丞轻慢他。吴履婉言劝解说："冒犯您的，只不过是一个狂徒而已，查到后惩戒一下就行了。他的乡人邻里有什么罪？而且法律是治理天下的法律，不是替当官的解恨消气的工具。抓那么多人，您不怕把事情闹大了吗？从古以来，没有滥用刑罚、滥捕人而不引起变乱的。若激起百姓变乱，您如何收拾，如何向上峰交代？"周以中逐渐清醒过来，委托吴履出面去处理善后工作。

刘基执法铁面无私

明朝建国之初，以刘基（伯温）为御史中丞，掌管中央政府的司法刑狱工作。

一次，朱元璋到北方各地巡视，命左丞相李善长与刘基等留守京城。临行前，刘基对太祖说："宋、元以来，法制废弛，宽纵日久，以致天下混乱，不可收拾，我朝初建，应当首先使纪纲振肃，在此基础上才能顺利地对人民施行仁政、惠政。"太祖很欣赏他的见解，命他据此斟酌办理。

刘基办事具有一种刚正严肃的作风，他要求自己手下的御史们铁面无私地纠察百官，无所避忌。遇有官吏违犯法纪，他即刻收捕，无情地加以惩治。宫廷的宿卫、宦官有过，他随时启奏皇太子依法处置。因此，当时朝中的官吏、宦侍，无不惧怕他的威严。

中书省有个都事，叫李彬，犯了贪赃枉法的罪，应当判处重刑。但这个李彬的根子很粗，他同朱元璋的开国元勋、左丞相李善长的关系十分密切，又是他领导的中书省的得力下属。因此，李善长亲自出面替他说情，请刘基缓解一下李彬的案子。疾恶如仇的刘基，不仅断然拒绝从宽，还即刻派人快速赶到太祖那里去奏明此事，请求处决李彬。一生最痛恨贪官污吏的朱元璋，立即就批准了刘基的请求。

当时，金陵一带久旱不雨，农业生产和百姓们的生活都面临非常艰难的局面。主持朝政的左丞相李善长，想不出抗灾保民的积极办法，正打算高筑法坛，大做法事，向老天爷祈祷下雨。正在此时，太祖批准斩决李彬的文书送到了。李善长本来就不满对李彬的判决，听说就要执行死刑，更是大为光火，他对刘基说："如今正要做法事祈雨，这是为了奉承天意，而你却要在这个时候杀人，这岂不有悖老天爷仁慈好生之德？"刘基愤怒地回答道："李彬贪赃枉法，天怒人怨，诛锄此类凶恶，老天爷才会普降喜雨！"他没有理睬李善长的反对，下令将李彬押到祈雨坛前，公开宣布他的罪状，在万人欢呼声中，将他斩首。

李善长对刘基恨之入骨，明太祖回到京城后，他马上前去告状，称刘基不顾祈雨大典，竟在庄严肃穆的祈雨法坛下杀人，这是对上天的大不恭敬，因此至今尚未下雨。此外，他还攻击刘基行事武断，专擅强横。其他一些怨恨刘基的人，也纷纷前去进说刘基的谗言。朱元璋尽管心里也不太高兴，可他仍然觉得刘基是一个十分难得的佐命奇才，为他打天下出谋划策，立过不少的功勋，不忍因为这件小事就同他过意不去。

不久，刘基的妻子病逝，他哀伤过度，精力顿衰，便请求回到青田老家休养，明太祖特诏允准，并给予优厚封赏。而李善长等人则像拔掉眼中钉一样快活。

嘉靖皇帝屈法徇私

明世宗嘉靖初年，湖广长沙有个豪民叫李鉴，继承他父亲李华的衣钵，以抢劫偷盗为发家途径。由于拒捕，杀死了巡检冯琳。地方上制不住他，冯琳的儿子冯春震告到了朝廷，这才将李华逮进监狱（后死在狱里）。可李鉴在外仍然抢劫烧杀如故。长沙知府宋卿，派人四处辑拿，终于抓到了他。经过审讯，判为斩刑，可不久又被他越狱逃跑。朝廷下诏，责令地方官立刻捉拿归案。

时任湖广巡抚席书，十分不满宋卿，上疏劾奏他有赃私行为，疏中还谈到李鉴的案子，认为宋卿故意重判李鉴的罪。嘉靖皇帝曾派出大臣前往长沙推勘。这时，李鉴已经被抓获，招认了罪恶，自己也承认犯的是死罪。大臣们回朝后，以宋卿的审判准确无误上报。

可是，这时的席书由于同张璁、桂萼等在争议世宗本生父的尊号的"议礼"中，迎合皇帝私意，成了朝廷的新贵，升了礼部尚书，颇得皇帝宠信。他又上疏说："臣由于议礼得罪了广大朝臣，因此湖广的问官洗刷了臣所举劾的宋卿的劣迹，而将被宋卿冤枉的李鉴定为死罪。臣请求令法司重新会勘此案，以辨明是非，开释无辜。"嘉靖皇帝对这些新贵自然是言听计从，马上下令将李鉴押到北京，由刑部、都察院、大理寺三法司会审。

刑部官员会同御史苏恩、大理评事杜鸾审讯李鉴之后，联名上疏道："李鉴杀害官兵、抢劫民财、烧毁民房的罪行，过去已经取得确凿证据，案件早经判决。此次会审，犯人再次供认不讳。而席书一心一意只在证实他对宋卿的劾奏不虚，竟不惜为罪大恶极的死囚开脱，而且动辄拿'议礼'作为护身宝符。臣等以为，大礼本来出自陛下圣意，席书等人只不过一言偶合，便欲贪天之功，借以要挟陛下，压服满朝，实现其褊狭私欲，望陛下深察其居心。"

三法司的奏疏送上后，嘉靖皇帝仍然固持成见，偏袒席书，没有惩办李鉴的意思。因此，刑部尚书颜颐寿等，又请求将此案发还湖广再详勘。这次嘉靖皇帝更直截了当地说："李鉴的案子，既然席书说有冤，出面替他申理，想必一定有冤抑。不必再行推勘了，免去李鉴的死刑，发往辽东充军就是了。"由于皇帝偏信宠臣，竟将前后审讯结果，一概推倒。其独断专行，徇私废法，一至于此。

在此以前的陈洸事件，也是包庇"议礼"人物，屈法徇私的典型例子。陈洸原来是给事中，后调出为按察司佥事。他也是张、桂派的"议礼"要人。但此人一生恶迹昭然，儿子犯了杀人死罪，妻子与人通奸，他也被判了个递解为民。这样的人，只因政见相近，席书也替他鸣冤叫屈，说："陈洸因为议礼为朝官所嫉恨，便文致他的罪过，请求皇上对他予以宽宥。"嘉靖皇帝也就下令免予递解，连他的儿子也免死戍边。

王守仁平南昌之战

明太祖朱元璋分封诸子为王，令诸王各守一方，控制当地军政大权，遂种下了之后亲王叛乱的祸根。先是朱棣的"靖难之役"，尔后是汉王朱高煦叛乱。1510年，安化王朱寘鐇叛乱；9年后，即1519年，被分封在江西的宁王朱宸濠又悍然起兵造反了。

朱宸濠乃朱元璋第十七子宁王朱权之五世孙，他自袭王位之日起，即心蓄异谋，想过过皇帝瘾。无奈此人志大才疏，经过10余年的精心准备，仍是不得要领。

正德十四年（1519年）六月，明武宗得知朱宸濠有谋反之心，遂派太监赖义、驸马都尉崔元等到江西侦察朱宸濠的动向，朱宸濠闻讯，乃决计起兵，声称武宗并非孝宗亲子，今奉太后密令起兵讨贼，并传檄各地。

是时，一个大智大勇，能文能武的人物正在江西南部奉命围剿寇乱，他就是中国著名的哲学家、教育家王守仁。

王守仁字伯安，曾在故乡余姚的阳明洞中筑室读书，因号阳明。1506年，他因上疏论救被太监刘瑾诬陷的大臣戴铣等人，被刘瑾杖40，贬为贵州龙场驿丞。11年后，因兵部尚书王琼举荐，王阳明被任命为右佥都御史巡抚南赣。王阳明以江西南部盗贼遍地，权轻难以号令将士，便向朝廷请求给予旗牌，提督军务，便宜从事。

朱宸濠叛乱后，王阳明本无平叛之责任，但他为了不使长江流域遭受叛乱之祸，决心铁肩担道义，迅速平定叛乱，以免酿成一场大内战。

六月十八日，王守仁至吉安，一面上疏告变，一面与吉安知府伍文定征兵备战，一面传檄附近各郡县，号召各地守官起兵平叛。赣州知府邢珣、袁州知府徐琏及在江西的都御史王懋中等先后到达吉安，与王守仁共同抗击朱宸濠。

王守仁估计朱宸濠的军事行动有三种方略：其上策是乘京城无备，直趋京师；中策是沿江东进，占领南京，与北京分庭抗礼；下策是拥兵据守南昌。

倘若朱宸濠率军直趋北京，明军无备，沿途必势如破竹，则社稷危矣！倘若朱宸濠进攻南京，像其祖朱元璋那样，以南京为根本，先定江南，然后北伐。这样，明军可得到备战时间，终必平定其叛乱，而大江南北，也必将深受其害。王守仁断定，朱宸濠没有乘虚直捣京师的胆识，他极可能顺江而下，先取南京，在南京即位后再图谋北上。

为了使长江流域各州县有备战时间，延缓朱宸濠的行动，王守仁派遣士兵四处放言，说朝廷已派都督许泰率京军4万，与南赣巡抚王守仁、湖广都御史秦金、两广都御史杨旦各率所部共16万人，将直捣叛军老巢南昌。王守仁又作蜡书，遣人送给朱宸濠的谋士李士实、刘养正，使两人鼓动朱宸濠早日发兵东进，并将蜡书故意泄露给朱宸濠。朱宸濠得讯，犹豫不决，李士实、刘养正又极力劝他及早发兵攻取金陵，作为帝业之本，朱宸濠愈加怀疑李士实、刘养正与王守仁暗通，偏不发兵进攻南京。

从六月十八日至七月一日，朱宸濠被王守仁略施小计，而弄得举棋不定，竟乖乖地在南昌坐等了10多天，不仅失去了乘虚攻取北京或者南京的良机，而且使王守仁获得了宝贵的备战时间。

在这宝贵的10多天里，王守仁急令远近各县守官立即率兵到樟树会合，共击叛逆。因此，临江知府戴德孺、瑞州知府童琦、新淦知县李美、泰和知县李楫、宁都知县王天、万安知县王冕等又先后引兵来会，兵力已达8万人。

王守仁对众人道："兵家之道，利在速战。今逆尚在南昌，非其时也。我师迁延不发，示以自守，彼必他出，然后尾而图之，先复省城，捣其巢穴，彼必悉兵来援，然后邀而击之，此全胜之策也！"

众皆称善。

朱宸濠在南昌拒守10多天，不见明军来攻，方知中了王守仁的缓兵之计，乃于七月一日留兵一万守南昌，自与其妃、妾、儿子，率其部众6万人，号称10万，出南昌，经鄱阳湖东进，欲先攻克安庆，再陷金陵，在金陵称帝后，与明武宗朱厚照争夺天下。

王守仁闻知朱宸濠已率主力进攻安庆去了，南昌守备虚弱，乃于是月十八日在樟树誓师，以吉安知府伍文定部为前锋，统大军北上袭击南昌。

朱宸濠曾派一小股部队驻扎于城外，以翼护南昌。王守仁先派一军击灭之，于十九日深夜麾军进抵南昌城门下。

守城叛军不意官军突至，大骇溃散，至第二日凌晨，王守仁克南昌，进城安抚士民，严禁官军抢掠，顿时人心稳定，一城安然。

正如王守仁所料，朱宸濠进攻安庆不克，忽闻南昌失守，大惊失色，急率大军回援。

王守仁知朱宸濠之军疲于奔命，不堪一战，乃力主迎战，命伍文定率部从正面痛击叛军，邢珣率部绕至敌后出击，戴德孺、徐琏则各率所部从两翼夹击叛军。

七月二十四日，叛军至黄家渡，伍文定、邢珣、戴德孺、徐琏率军从前后左右四面围攻之，叛军大败而退。王守仁又遣军进攻叛军所占领的九江、南康，朱宸濠进退无据，乘船退入鄱阳湖中。

二十六日晨，王守仁遣军突至，实施火攻，叛军之舟船多被点燃，朱宸濠之妃娄氏投水而死，朱宸濠亦被俘获。

二十七日，叛军残余悉被王守仁消灭。王守仁平定朱宸濠之乱，前后仅用了35天。

观朱宸濠起兵叛乱之初，即中了王守仁的计谋。王守仁以一书生，运筹帷幄，先用缓兵之计，使朱宸濠困守南昌达10余日，采取了王守仁为之谋划的"下策"。既而出兵攻安庆，被王守仁乘虚袭破南昌，朱宸濠不一鼓作气，猛攻安庆，然后直捣南京，反而又率军回救南昌，以致士卒疲惫，人心离散，走上了迅速覆灭的道路。

八月初，王守仁平定朱宸濠叛乱的捷报尚未到京，武宗朱厚照下诏亲征，实是想借机游幸江南，广选美女，以供淫乐。至涿州，得王守仁捷报，恐怕诸臣知之，无法南下，竟秘而不宣，继续南下"亲征"。其宠臣许泰，太监张忠、江彬等随之南巡，沿途为非作歹。到南昌后，对王守仁、伍文定、蒋瑶等平叛功臣百般刁难、侮辱，许泰等竟在武宗面前诬告王守仁与朱宸濠"通谋"，直到王守仁在奏疏中写明此次平叛是奉许泰等人的"方略"才得以成功，功劳应归许泰，许泰等这才罢休。

朱宸濠不久被赐死，尸体被焚。

王守仁等立此大功，竟没受到任何封赏。处于昏君奸臣之国，其处境可谓艰险备至矣！

朱厚照死后，明世宗即位，才封王守仁为南京兵部尚书。王守仁请辞，世宗又封之为新建伯。

靖难之役

朱元璋建立明朝后，犯了一个大错误，即分封诸子为王，使之分居要地，形同"藩镇"。这个早已被秦始皇所抛弃的"分封制"，竟被1000多年后的朱皇帝视为宝贝，的确奇怪！史实证明，凡裂地分封子弟为藩王的，无不发生日后骨肉相残的悲剧。

朱元璋死后，其长孙朱允炆即位，年号建文，是为建文帝。

朱元璋不立子而立孙，早已令其诸子不满，故朱元璋一死，燕王朱棣、周王朱橚、齐王朱榑、湘王朱柏、代王朱桂、岷王朱楩等蠢蠢欲动，大造谣言，并勒兵自雄。明廷诸臣如齐泰、黄子澄、方孝孺等为维护建文帝的地位，因而鼓动建文帝"削藩"，以加强中央集权。

诸王中，以朱元璋第四子、燕王朱棣实力最强。建文帝考虑到朱棣握有重兵，早有准备，乃先削周、齐、湘、代、岷诸藩，欲最后再对付燕王。这一畏首畏尾的掘劣政策，正好给了朱棣备战的时间。

至建文元年六月，建文帝已废周王、齐王、代王、岷王为庶人，湘王自杀，朱棣见祸将及己，遂在北平造反，打起"清君侧"的旗号，名其军为"靖难军"，大举南下，开始了长达4年之久的"靖难之役"

朱棣自建文元年（1399年）七月起兵，至建文三年（1401年）十二月，转战两年多，战果不大，始终未过山东、河北的明军防线。

就在"靖难军"疲惫交加、人心涣散之时，有一个被建文帝罢黜的京官到北平投靠朱棣，声称金陵空虚，若麾军南下，经山东、安徽，避实击虚，可以一举攻克京师。朱棣遂改变战略方针，不与朝廷大军争一城一地之得失，而是锐意南下，直取金陵。金陵若破，朱棣以明太祖亲子的身份取建文帝而代之，造成既定事实，则天下可不战而定。

建文四年（1402年）正月，朱棣率军突破山东一带明军的堵截，南下直逼徐州。徐州守将闭门拒战，等候燕军来攻，不料朱棣无心攻城，一意南下，于是绕过徐州。朱棣又唯恐徐州守军蹑其背予以追击，乃伏兵九里山，遣游骑至徐州城下劫掠，并大声谩骂徐州守军。徐州守将果然出兵5000追击，至九里山中伏大败，退回城内，不敢再出城进攻，燕军于是放心继续南下。

三月，燕军越过宿州，明将何福、陈晖、平安等统军4万来战，朱棣令大军埋伏于淝河附近，令部将王真、刘江各率百骑前去诱敌，平安等率军追来，燕军伏兵突出，平安部大败，退回宿州。

不久，平安与徐达之子、明魏国公徐辉祖复率军来战，击败燕军。朱棣在燕军新败、前途莫测的紧急关头，夜不解甲，与士卒同甘共苦，终于在灵璧击破何福、平安之军，何福单骑逃走，平安被俘。

朱棣取得灵璧之捷后，欲乘胜渡淮河继续南下，明大将军盛庸正统率数万精兵、数千艘战舰拒守淮河南岸，朱棣想避开盛庸，假道淮安南下，淮安守将梅殷拒之，凤阳守将徐安亦拆浮桥以阻燕军，朱棣乃引兵至泗州，泗州守将周景初献城投降，朱棣暗派部将朱能、邱福率奇兵数百，西行20里，从淮河上游潜渡，突然炮击盛庸之军，盛庸所部惊慌间，邱福等率兵突袭之，明军于是纷纷败走，燕军乘机渡过淮河，攻克盱眙。

这时，燕军将领有的建议进攻凤阳，有的主张进攻淮安，朱棣则认为应乘胜进取扬州，渡江直捣金陵，以贯彻其既定方针。

五月，燕军至扬州，守将王礼与其弟开门迎降。

此时，金陵之兵已无法抵挡燕军的进攻，建文帝下罪己之诏，征各地兵马进京勤王。大臣们人心惶惶，为保全身家性命，有的竟派人渡江与朱棣联络，进献渡江取金陵之策。

六月初，燕军渡江，攻取镇江，直逼金陵。先锋刘保率千余骑驰至金陵东门朝阳门，见城上无守备，急忙报告朱棣这一喜讯，朱棣遂率军兵不血刃，进入京师。

建文帝知大势已去，乃纵火焚宫。关于建文帝的下落，一说自焚而死，一说从地道逃走，浪迹巴蜀为僧。遂成历史谜案。

六月十三日朱棣进入金陵，十七日即位，是为明成祖。

襄阳之役

张献忠字秉吾，号敬轩，延安柳树涧人。明崇祯三年（1630年）起事反明，自号"八大王"。此人残忍嗜杀，反复无常，一日不杀人便悒悒不乐。次年冬，明总督洪承畴统兵围剿之，他惧明军势大，遂降。不久，复叛明，转战于豫、陕、鄂、皖等地。崇祯十一年（1638年），又受明兵部尚书熊文灿"招抚"，表示愿意投降，却仍拥兵自重。第二年又复叛。崇祯十三年（1640年）率部进入四川，屯于重庆。

明督师杨嗣昌率明军主力也跟踪入川进剿，拟令诸将皆趋泸州，企图一举消灭张献忠。明监军万元吉对杨嗣昌道："贼或东突，不可无备，宜分中军间道出梓潼，扼归路。"

万元吉之言，是对付张献忠的比较稳妥得当的策略。张献忠善用"以走制敌"的战术。即用运动战来拖垮敌人，发展自己。万元吉担心张献忠西入川不过是虚晃一枪，等明军追踪入川后，会忽然回军向东突围，威胁襄阳等地。于是建议分军驻守出川要道，防敌东走。

无奈杨嗣昌刚愎自用，认为张献忠部已至穷途末路，只要大军紧追不舍，即可歼而灭之，遂麾大军追击，不用万元吉之策。

崇祯十四年（1641年）正月，杨嗣昌部将、总兵猛如虎，参将刘士杰追至开县之黄陵城，遭到张献忠伏兵袭击，大败。张献忠侦知明军主力全部入川，襄阳无重兵把守，乃令投靠自己的罗汝才率部至房竹一带牵制明郧抚袁继咸所部，"自率轻骑，一日夜驰三百里"，直趋襄阳。

襄阳乃军事要地，历来为兵家所必争。杨嗣昌统兵进剿张献忠，便以襄阳为"军府"，即其大本营，杨嗣昌派主力入川后，襄阳空虚，监军佥事张克俭深以为忧，曾上书杨嗣昌，指出襄阳若无重兵把守，凶多吉少。杨嗣昌仰仗襄阳城墙坚固，不以为意，还回书嘲笑张克俭道："监军何怯邪？"

为防万一，杨嗣昌也采取了点措施，治守具，增岗卡，凡出入城者，必须持有他发放的"军符"，盘查甚严。

张献忠率轻骑倍道兼行，路遇杨嗣昌派往蜀地的使者，遂擒杀之，搜获出入襄阳城的军符，张献忠灵机一动，命刘兴秀等28名将士换上明军服装，持军符混入城中，至夜半，里应外合，袭取襄阳。

刘兴秀等执军符至城下，明军一来想不到张献忠会突然出川，二来见刘兴秀等有军符为凭，于是毫不疑心，尽放之入城。

夜半时分，刘兴秀等潜至明襄王府，从中纵火，烈火熊熊，举城皆惊，居民认为张献忠已袭入城中，大惊，纷纷出走，兵民混杂，乱成一团。张克俭急忙赶来救火，竟为刘兴秀等活捉，张克俭大骂拒降，遂被杀。

混乱中，明推官邝曰广及其妻子儿女皆被杀死；摄县事李大觉将官印挂在肘上，在家中自缢而死；知府王承会逃走。刘兴秀等28人竟搅乱了一座襄阳城，守城明军不战自溃。而此时，张献忠的大军尚未抵达城下。

天快亮时，张献忠方率军进城，不费多大力气，便控制了襄阳，活捉襄王朱翊铭。张献忠令朱翊铭饮酒，得意扬扬地说："我欲借王头，使杨嗣昌以陷藩诛，王其努力尽此酒。"意思是要杀掉朱翊铭，使杨嗣昌以措置乖方、用兵失利，以致藩王死于敌手而获罪伏诛。张献忠杀掉朱翊铭后，又杀了朱翊铭的从子、贵阳王朱常法，将二人的尸体焚毁。死于张献忠之手的皇亲国戚达40余人。

杨嗣昌在襄阳存的五省筹措的军饷，还有刀枪弓弩火炮火药不计其数。至此尽为张献忠所获。守城明军数千人亦降张献忠。

杨嗣昌时在夷陵，闻襄阳失守，襄王被杀，大惧。未几，又闻李自成陷洛阳，杀福王朱常洵，乃畏罪绝食自杀。

杨嗣昌未采纳万元吉之策，固然予张献中以可乘之机，而刘兴秀等28人夜闹襄阳城，城中数千明军及大小官吏便作鸟兽散，亦可见明军之腐败无能。

张献忠既非治世之能臣，亦非乱世之奸雄，不过是一个乱世中杀人如麻、横行一时的大盗而已。他后来定都成都，以将士们杀人多少叙功次，蜀地人民被屠杀殆尽。张献忠见四川千里无人烟，难以立国，便尽焚成都宫殿庐舍，率兵出川，不久即被清兵击灭。

张献忠人虽毫无足取，而他袭取襄阳一役，却颇堪称道。此役后，明军粮饷辎重大部落入张献忠之手。从此，明王朝对李自成、张献忠"不可复制矣"！

周忱理财

宣德五年（1430年），明宣宗宗朱瞻基感到国家的财政管理极不完善，特别是江南地区，更为严重。仅苏州、松江两个府，就欠应交中央政府的税赋粮食800多万石。他希望能找到一个能干的官员，到那里去监督整顿这件事。他问朝臣们，谁能胜任这个任务，周忱被推荐。

周忱是永乐二年（1404年）的进士。明朝在朝廷中设立了"庶吉士"，是些准备用作朝廷的官员，事先进行练习的人，成祖又从庶吉士中挑选20人，到文渊阁继续学习。那时有一个人自荐道："禀陛下，学生年纪尚小，愿前往继续学习。"这个人就是周忱。成祖觉得这个年轻人挺有志气，便选中了他。后来，他出任刑部主事、员外郎等职。一干就是20年，尽管他满腹经纶，却得不到赏识。宣宗了解到这些情况以后，同意让周忱到江南去，任他为工部右侍郎，巡抚江南诸府，总督税粮。

到任后，周忱找了些当地父老，向他们询问欠税的原因。父老们都说，那些大户增加了，却不肯加税，却都让贫苦农民负担。小民负担不起，纷纷逃亡。这样，税额的缺口就更大，贫民下户的负担也就更重。

他觉得父老们的说法是对的，便制定了一个"平米法"，公平地分配税赋负担。他又上书宣宗，让户部铸造标准铁斛，分发到各县，作为量器的标准。从而避免了粮长用大斛进小斛出，盘剥农民。

所谓"粮长"，是上方指定的负责征收粮赋的人。过去的惯例是每县设立粮长3人，一正二副。每年七月，3个粮长一起到南京核对赋税数量，然后还要以送粮为名到北京户部。这往返路费花销都要摊派到农民头上，大大地增加了农民的负担。周忱规定，只设立正副各一名粮长，到南京、北京办理有关手续，每次只去一人，二人轮流着去。因此很受拥护。

各县收粮，并没有固定的仓库，就放在粮长的家里，因此出现了许多弊病，人们认为这是造成税赋短缺的一个重要原因。周忱让各县在漕运水道旁修建仓库，仓库设"粮头"管理，而不是设"粮长"。如果税赋总额超过六七万石，才设立粮长一人，称为"总收"。并且，官府还要派专人监收粮食，而不是由粮头粮长一人说了算，他们只是履行一下手续。每年上缴中央政府的税赋，并不是收上来多少就交多少，而是按规定的数量交。因为减少了许多中间盘剥的环节，所以上交后总是有余。余下的粮食，继续存在库中，叫做"余米"。一些与税赋有关的花销就从这些余米中支出，不再向农民征收。

第二年地方政府向中央政府交纳税赋的时候，总数就增加余米的百分之六十，第三年则增加百分之五十。这样，中央的和地方的收入都有所增加。

明太祖朱元璋征伐江南的时候，把那里原来元朝政府赏给功臣及子弟的土地都没收了，称为"官田"。以后犯法的恶霸地主们的土地也都没收，充作官田。这些官田租给百姓耕种，收一份租赋，共达260多万石；如果原来地主的租籍仍在，还要征收一份租赋，达277万石。这样，这一地区的租赋负担比其他府重得多，百姓难以承担。周忱与苏州知府况钟经过一个多月的认真核算，把这里的租赋总数减到72万石。其他各府也按照苏州府的办法核定新的租税总额。这样做，表面上看税收减少了，但实际上，因为农民负担减轻了，生产的积极性提高，粮食增产，国家的收入反而多了。

宣德七年，也就是周忱来到江南的第三年，江南大丰收。除去缴纳租赋，农民手中还有大量余粮。宣宗非常高兴，下诏让各府县以官钞用平价从农民手中购买余粮，贮存备荒。仅苏州府就得米29万石。当时全国公侯俸禄、军官的月俸都可以从南方储备的米中支取。

过去，苏松地区输送到南京的租赋，每石要加收6斗的运输费用。现在，由于各地都有了粮仓，不必运往南京。仅这一项，就多得粮食40万石，加上用官钞购得的粮食，一共达到70多万石。都在各地建仓储存起来，准备赈灾，称为"济农仓"。这些粮食，每年赈灾后，仍有富裕。运输费用、损耗甚至丢失等等，都从这些粮食中支取。修河工程用粮，以前都是从农民那里征收，现在也从这里取用。

仁宗对周忱在江南的政绩非常满意，下诏嘉奖他。

周忱在江南任职的这些年，州府郡县，不知道何为荒年，应上缴的租赋从来没有拖欠。

在修河治水、盐赋管理、造船管理等方面，周忱也都有自己的建树和成绩。史书说他从政以"爱民为本"，这是他能够取得比较突出的政绩的一个重要原因。

"皎皎者易污"。周忱政绩突出，自然会招致一些人的诬蔑和攻击。仁宗在很长时间内不相信那些谣言和恶意中伤。但后来，有些话他还是听信了。但让周忱离任后，那里的赋税情况很快就会恶化。而百姓心里有数，还在周忱在世的时候，就已经到处有他的生祠了。

严嵩父子横征暴敛

严嵩世之奸佞，一般地说，奸臣们的"奸"，往往是为了财，因为如果不是私利去驱使，他们就犯不着冒险去耍奸。但是这些人又往往是为财而奸，因奸而亡。严嵩父子就是很好的例子。

明世宗好神仙，想长生。嘉靖七年（1528年），他派礼部右侍郎严嵩去祭祀一下武宗的陵墓。回来时，严嵩向世宗禀报说：臣把陛下为先皇造的宝册和神床刚安顿好，天立刻就下起雨来，并出现了彩云，一大群喜鹊围着先皇的陵墓飞翔；当臣把陛下为先皇刻制的石碑沉入汉江的时候，江水的水位立即涨了上来。陛下应该让大臣撰文纪念上天对陛下的爱护，并把它刻成石碑。

听到这套鬼话，世宗大为高兴，世宗不但接受了他的意见，撰文刻石，还把严嵩提拔为吏部左侍郎。不久，严嵩被调为南京礼部尚书。明朝迁都北京以后，在南京仍设立官司僚机构，类似于中央政府的分支。5年后，严嵩以祝贺皇帝生日为名进京，他便因此被留在北京修史，并被任为礼部尚书和翰林学士。这时候，世宗想要在皇帝经常举行各种大典的明堂同时祭祀天帝和祖先，包括严嵩在内的大臣们都不赞成。但严嵩看出来世宗对大臣们的意见非常不满。几天后，世宗果然在明堂召集大臣们质问这件事。严嵩来了个急转弯，完全顺着世宗的意思说。世宗对严嵩的回答非常满意，赏给他一些金币。严嵩更加看出了阿谀奉承的好处。自此，严嵩便在世宗面前极尽阿谀奉承之能事。

他知道世宗爱神仙，便给世宗奉上一个新的尊号，"庆云"，就是五色云，是吉祥的意思，还给皇帝奉上一篇《庆云赋》，为世宗歌功颂德。世宗听后，让把这篇赋送到史馆保存起来，又把严嵩加官为太子太保。

世宗喜欢戴一种称为"香叶冠"的帽子，以为别人也一定喜欢，便做了五顶，赏给他的亲信大臣。首辅夏言不爱戴，这使得世宗为此很不高兴。而当不久世宗把这种帽子赏给严嵩的时候，严嵩不但做出很爱戴的样子，还找块纱把帽子盖上。世宗更加觉得严嵩是自己贴心的人了。

受到皇帝的宠幸，赏赐自然少不了，更主要的是可以大肆贪污和索取贿赂。但当很多人揭发严嵩贪污的时候，世宗却总是为他开脱。嘉靖二十一年，严嵩被拜为武英殿大学士，仍兼管礼部的事。这时的严嵩已经60多岁了，但他精神矍铄，干劲十足。世宗觉得他很勤快很能干。很多重大的政务都交给严嵩来处理。

时间一久，世宗终于发觉严嵩有点不对劲，对他多少有点疏远。这时，严嵩听说夏言要揭发他和他的儿子严世蕃贪赃枉法的事，心里恐惧，父子两人双双跪在夏言的榻下求情。

严嵩怕人家揭发就是因为他们父子两人干尽了坏事：为了敛财，就要媚上，就要陷害别人，所以人人都痛恨他们。

那时倭寇对沿海地区的掠夺骚扰越来越严重，严嵩提拔他的亲信赵文华负责督察军情，赵文华为了报答严嵩，在沿海大肆掠夺搜刮，再把得来了钱孝敬严嵩。结果，边备不但没有加强，反而一天差似一天。

严世蕃是贪残无度。抬着筐、拉着箱子到他家送礼的人不绝于路。他对朝内外大小官职的收入情况，特别是贪赃的条件如何，了如指掌，什么官收取多少贿赂都是非常明确的。他在北京修建宅第，占了几条街，还开挖了人工渠引水进入人工湖，那人工湖的水面有几十亩。自家的花园里养着各种珍禽异兽。他带着亲信宾客在里面成天地喝酒作乐。他还到处搜罗古玩字画奇器等等，赵文华之辈到了个新地方就替他搜罗，然后成车地送到他的家里。他听说南昌有个地方有王气，就把那块地夺过来，为自己按王都的规格建宅第。

更为严重的是，严世蕃还勾结倭寇，从中取财。有些海盗还经常躲在严世蕃的家里。

严世蕃的问题被揭发后，因为太严重，严嵩也救不了他。眼巴巴地看着他被流放。后来，不但儿子保不住了，他自己也被撤职罢官。严世蕃受到重处，严嵩也在被处分后死去，使那些过去不敢揭发他们罪行的人也敢揭发严世蕃了，他的罪状越来越清楚，越来越严重，终于被斩首。

抄家的时候，从严家抄出黄金3万多两，白银数百万两。

张居正纠正时弊

明朝经过150多年的发展，到中后期，已经是危机四伏，渐露败象。在内部，争权夺势愈演愈烈，政治腐败日益严重。内部纷争不已，奸雄严嵩入阁干政20余年，特别是在他担任首辅以后，纠集同党，陷害忠良，贪污成风，贿赂公行，兼并民田，鱼肉百姓，天下乌烟瘴气。在外部，北方的鞑靼部统一了蒙古各个部落，鞑靼部的俺答汗率领蒙古军不断侵扰明朝疆域，甚至多次逼近北京；东南沿海又被倭寇骚扰，不得安宁。

内忧外患，造成了明朝中期以后的经济困难。每年的财政收入，"不能充所出之半"，朝廷便以各种名义加收赋税，什么"加派""提编""箅敛""派括""算税契"等苛捐杂税，名目繁多，不一而足。百姓叫苦不迭，小规模的农民起义时有发生。

在这种情况下，神宗万历元年（1573年），张居正在激烈的争夺和排挤中获胜，出任首辅。为了解决明朝的经济困难，挽救明朝的统治，张居正实行了一系列的改革措施，特别是经济改革。

张居正是江陵（今湖北省江陵市）人，嘉靖二十六年（1547年）考取进士，10年后入阁为礼部尚书兼武英殿大学士。明朝朝廷中直接替皇帝办事的机构叫"内阁"，内阁的成员称为大学士。其中首席大学士，称为首辅。内阁大学士的品级（即等级），名义上只是正五品，但他们的实权很大，并且往往兼任品级更高的其他官职，张居正兼任的礼部尚书，就是正二品。而"首辅"更是位极人臣，权力更大。这时候，原来的首辅严嵩已经被罢官，因此张居正有了改革时弊的条件。

除了在政治上整顿吏治、在军事上加强对俺答和倭寇的抵抗，他把自己的主要精力放在经济上。

张居正注意到，土地兼并严重，已经成了当时社会的主要问题。他在《答山东巡抚何来山》的信中说，"豪强兼并而民贫失所"，正是百姓逃亡甚至作乱的原因。土地兼并还造成了"私家日富，公室日贫，国匮民穷"的局面。因此，他先以丈量土地的办法来解决土地兼并的问题。万历六年，年轻的神宗皇帝采纳张居正的建议，下诏丈量天下所有的土地，包括豪强地主和勋戚的土地，并限定3年内完成，而且还规定了丈量的具体方法。这次丈量，普通百姓不必再为那些逃亡在外的人承担租赋了。丈量的结果，全国有土地7013976顷，比弘治年间（1488—1505年）在籍数多出来300万顷。

当然，其中也存在一些问题，因为张居正把丈量出来的数量越多，越看作功劳大，予以鼓励，有些人为了邀功，就特意用小弓（丈量用的度量器）丈量。

在丈量成功的基础上，张居正又在万历九年开始向全国推行"一条鞭法"。"一条鞭法"的基本内容是"总括一县之赋役，量地计丁，一概征银，官为分解，雇役应付"。就是把过去名目繁多的各种赋税徭役合并到一起，一律征收银子。然后由官家按用途分解，雇人从事要由农民负担的徭役等。特别是"按地计丁"一条，是一项重大的改革。因为过去的徭役是按人口负担，富人合算；而现在改为按土地负担，地多的人当然就不合算了，而那些没有土地只有劳动力的贫苦农民的负担就相对地减轻了许多。统一征银的办法，简化了征收手续，又能够防止豪强地主、贪官污吏从中作弊。"官为分解"一条，也是于贫苦百姓有利的。过去是由粮长、里长等征收和押送赋税徭役，他们常常从中作弊，坑害无靠的贫苦百姓。现在由官家统一征收押送，这一弊病也在一定程度上得到避免。

张居正在改革中还重视水利的作用。他任用水利专家潘季驯督修黄河，筑堤修坝，使黄河不再流入淮河，从而使被黄河淹没了多年的土地又能够耕耘利用。并且，也改善了漕运，漕船可以直达北京。

他还任用户部尚书张学颜整顿财政，建立了一些必要的财政出纳制度。

张居正的这些改革措施，对改善明朝中、晚期的社会经济状况，缓和社会危机，确实起到了一定的作用。改革后，明朝政府太仓的藏粟达到了1300余万石，国家储备的银子也有六七百万两之多，使明朝政府的财政危机得到了缓解。

但是，张居正的这些改革措施不能不触犯大地主大官僚集团的利益，因而遭到他们的激烈反对。万历十年，张居正在进行了十年改革后病死，反对改革的那些大官僚便对他发起了猛烈攻击，还抄了他的家。

潘季驯以水治水

黄河是中华民族的摇篮，也是一条世界著名的害河。炎黄子孙之所以在她的两岸繁衍生息，发展发达，使黄河流域长期成为世界上经济最发达的地区之一，是因为自大禹以来，人们在吸吮着她的乳汁的同时，也在同她不驯服的一面，即她的野性，进行着不屈不挠的斗争。

明朝万历元年（1573年）以后的一段时间里，黄河几乎年年决口，有时甚至一年数决。万历四年，神宗皇帝根据督漕侍郎吴桂芳的建议，动员了44000名役夫，筑堤11000多丈，堵决口22处，疏通了黄河入海口，水患暂时平息一些。但是不久，黄河又多处决口。这时，有人主张在黄河两岸继续筑堤，有人主张开挖新河，双方争论不休。万历五年八月，在争论双方还没有取得一致意见的时候，黄河再次在崔镇（在今安徽省宿迁与泗阳之间）决口，两岸的宿迁、沛县、桃园、清河均受害，并迫使淮河水向南改道。这时，有人提出要堵塞决口，而吴桂芳则认为应该让河水冲开黄河故道。神宗决定先堵决口，然后再按吴桂芳的办法办。可就在这时，吴桂芳去世了。由谁来继续主持治理黄河的工作呢？武英殿大学士、首辅张居正想起了治水专家潘季驯。

潘季驯是乌程（今浙江省湖州市南）人，嘉靖二十九年（1550年）进士。在他担任御史巡按广东的时候，就因为推行均平里甲法而受到当地百姓的拥护。嘉靖四十四年,他担任右佥都御史总理河道,曾经主持开凿新河。隆庆四年(1570年)黄河在邳州(在今江苏省邳州市南)、睢宁(今江苏省睢宁县)决口,他负责堵塞决口。因此,他对治理黄河有着比较丰富的经验。万历四年夏,张居正提议任命潘季驯为右都御史兼工部左侍郎,负责整治黄河和淮河。

他面临着严峻的形势。黄河河口已经被淤塞,河水夺淮河之路入海。而淮河没有出路,把洪泽湖的高家堰大坝全冲毁了,(当时的洪泽湖与现在不完全一样)向南流去。而对如何治理这两条河,人们的意见仍然不一。有人主张多开几条新河,引黄河水入海;有人仍旧主张堵死崔镇决口,筑长堤挡住河水,让黄河回归故道。这里所说的故道,就是指在山东半岛以南的故道。

为了治河工作能够顺利进行,潘季驯面临的第一个任务就是统一大家的思想。为了能够说服大家,他进行了认真的调查研究。他从虞城(今河南省虞城北)开始,历经夏邑、商丘等地,观察和测量地势,又从旧黄河上游开始,从新集(今河南省商丘北)经过赵家圈、萧县、徐州,了解河水深浅宽狭及历史变迁和为害情况等等。

经过一番认真的调查,潘季驯指出,黄河入海口往上很长的一段河道,有六七里宽,三四丈深。如果要开新河引河水入海,那么这新河道也必须有这样宽这样深,才容得下河水。但这样的工程太大了。所以开新河的主张是不可行的。而旧河口都是淤积的泥沙,用人工挖掘确实很难,但可以用水冲刷,这就叫以水治水。只要我们修好堤坝,迫使河水向淤沙流去,沙就会随水而去,这就是引导河水的办法。要修好堤坝,就必须全部用土,以保证它的强度。要让大堤有足够的高度和厚度,在这上面要不惜花费巨资。堵住崔镇决口后,河水不再旁流,就可以用它的全部力量冲刷故道。黄河水含沙量极高,夏天沙量占六成,秋天枯水时沙量能占八成。水流不够急也达不到冲刷的目的。所以,要把附近的淮河、清江、浦河等河水也用水闸控制起来,必要时引入黄河,以降低含沙量和加强河水的冲刷能力。这样的话,下流的淤沙就会被冲走,入海口也会被冲开,河道也会变宽变深。这就叫借淮之清以冲刷黄河之浊。

潘季驯的分析和策略,大家心服口服。他向神宗上书,把这些想法归纳成治河的六条意见,神宗批准按他的方案治河。

开工后,潘季驯带领民工,共修成高家堰大堤60余里,柳浦湾堤70余里,归仁集堤40余里,堵塞崔镇等处决口共130处,还在徐州、沛县、邳县、宿迁、桃源、清河等县修筑遥堤（防止特大洪水时主堤决口时的副堤）56000余丈，缕堤（近河的主堤）140余里，在丰县和砀山各筑一道大坝，还在崔镇、徐升、季泰、三义四处各修筑一个减水石坝，并修建了一些水闸，过去的堤坝也全部修复。全部工程投资白银56万两。只一年时间，在万历七年的冬天，全部完成了这项伟大的治河治淮的工程，使两条为害严重的害河同时得到治理。

经过这番治理，黄河和淮河一连几年没有发生过大的灾害，这在黄淮的历史上还是不多见的。

尽管潘季驯为治黄治淮立下了这样大的功劳，但当张居正死后，他只是因为不忍心看着张居正的几十名家属受迫害而死，仗义执言，说了几句公道话，便被削职为民。后来，因为不断地有人替他鸣不平，并且治水的任务又需要他，他的官又得以恢复，让他接受了新的治水任务。他一生共计4次主持治水，都取得了一定的成绩。

杨溥慧眼识珠

明代杨溥，字弘济，石首（今属湖北）人。他是建文帝初年进士，授编修。永乐初年，他任太子洗马。永乐十二年（1414年），因东宫遣使者迎永乐帝迟延而被逮，入锦衣卫监，囚禁了10年。在狱中，杨溥表现出非凡的镇定力和涵养。家中人因故曾多次中断供食，此时又不知道永乐帝究竟是何意图，说不定随时都会被处死，而杨溥不以为意，在狱中仍发奋读书，从不间断，经史诸子，他读了数遍。直到明仁宗即位，他才被释放出狱，升为翰林学士，后为太常卿。宣宗即位后，他被召入内阁，与杨士奇共掌机务。他是"三杨"之一，与杨士奇、杨荣一样，历仕四朝，为朝中元老。杨溥质直廉静，胸无城府，以操行见称，平时在朝中，能够平心处事，朝中诸臣都对他十分叹服。当时人评价"三杨"，说杨士奇有学行，杨荣有才识，而杨溥有雅操，都是人所难及的。这种评语，甚为恰当。从下面所记的这件事，便可见杨溥"雅操"的一个方面。

杨溥官至宰相，声名、权势显赫，拍马奉承、扯顺风旗的人自然也就格外多起来。有一次，杨溥的儿子从家乡进京，一路所经之处，州、县官无不殷勤趋奉，待若上宾。临行时，还赠送钱财礼物。只有江陵县令范理毫不理会，丝毫也不肯拍马奉承。杨溥的儿子进京以后，特意将范理对待自己的情景告诉杨溥，满心指望父亲能找个机会给他出出这口气。杨溥听到这事，非常赞赏范理，认为范理才是真正的好官。后来了解到范理确实非常贤能,便将刚刚才做了8个月县令的范理提拔为德安知府。

范理当了德安知府,一些好心人便劝告他,说是按理应该写封信给杨溥,表示表示感激之情。范理果真不愧为一位刚直不阿的官员,坚持不肯给杨溥写信。他对劝他的人说:"杨丞相是为朝廷用人,并不是对我有什么私情,我为什么要写信感激他呢?"

陈济受教限酒

明人陈济,他天资过人,读书过目成诵。一次,他的父亲命他到钱塘办事,家人为他备办了资费,并带了一批货物。等到回来时,只见他将卖货的钱一半都买了书。他读书口诵手抄,勤奋不已。10多年下来,陈济精通经史百家,博学多识。明成祖下诏修《永乐大典》,陈济被朝中大臣推荐为都总裁,曾棨等修撰都当他的副手。陈济和少师姚广孝等裁定体例,将数百万卷书理得井然有序,让太学中的数千儒生整理编次。参与修撰者凡有疑问,都来向陈济讨教,陈济总是立刻给予解答,表现出广博的学识。

陈济生性谨慎,办事沉稳,连皇太子也十分器重他,凡是修撰古籍之事,都很放心地交给陈济去办。陈济又常常上奏言事,往往提出不少有益的建议。皇帝对他十分信任,让他给5个皇孙传授经书。

陈济身为一个大学者,对母亲却十分孝顺。当他年少的时候,有一次曾经因为喝酒过多而犯了过错。为此事,其母亲教训了他。陈济将母亲的教诲牢记在心中,从此以后,他喝酒就十分注意。一直到他62岁去世,他都再也没有喝醉过酒,可说是善于受教。

严讷请客预杜私情

严讷,嘉靖二十年(1541年)考中进士,入朝做官,一直做到礼部尚书、吏部尚书。嘉靖四十四年,又兼武英殿大学士,并入参机务。他为官较为关心民生疾苦,因为江南倭寇之患天又降灾,百姓死的死、迁的迁,他请求朝廷减免赋税借贷等,以纾民困。又因为朝廷选用人才太拘于资格,不能尽行录用,更请求朝廷放宽选拔人才的途径,凡有出众政绩者,均破格擢用,量才授官。从而表现了他较为积极进步的观点。

严讷性格谨严，连平时家居的一言一行，都不肯有丝毫的随便，总要按他的固有章程办。有一次，他请江苏金坛县的王宇泰太史为他治病。王宇泰到严讷家中时，太阳才偏西。可一直等到上灯时分，严讷才从里屋出来相见。王宇泰感到十分惊讶，问严讷为何如此，才知道严讷平时一向要到这时候才见客，这一天即使是请医生来为自己看病，他也不肯破例。尽管如此，严讷对家中的仆佣等却非常宽厚，所以家中仆佣在他面前都无所顾忌。他坐在厅堂上会客，下人们往往在一旁嬉笑打闹，有时甚至撞到他的身上，他也只是闪避开，从来不责怪他们。

后来，他被朝廷任命为吏部尚书。这时候正是大奸臣严嵩在当首辅，所以吏治很是腐败。严嵩倒台后，吏治才有所好转，但仍有不少不良现象。严讷在任能洁身自律，努力做到廉洁奉公。《明史》本传记载，严讷曾"与朝士约，有事白于朝房，毋谒私邸"。他之所以跟朝臣们约定有公事在朝廷办公的地方谈，不要私下到家中谈，实际上是为了杜绝请托走后门的营私舞弊现象。

接到吏部尚书的任命后，严讷就吩咐家里人备办酒席。家里人毫不知情，以为严讷要请什么客人。待到酒席准备妥当，问起今天请的客人是谁，严讷对家里上上下下的人说道："今天并没有别的客人，我备办的酒席是特意请你们的。我受朝廷的深恩，被委任为吏部尚书，那就绝不能辜负朝廷对我的信任。我仔细考虑过，如想要彻底杜绝走后门、通关节等营私舞弊的行为，必须首先从你们开始。所以我今天特地邀请你们做客，趁此机会，先把话给你们说说清楚！"讲完这番道理，他又拿出事先准备好的麻将、棋子之类，送给自己的家人们，说道："你们平时如果空闲无聊，可以用这些自己娱乐娱乐，千万不可出门去惹是生非！"亲属们听了他这番正气凛然的话，一个个都深受触动。家中的仆佣们则更是诚惶诚恐，都恭恭敬敬地表示愿听主人的话。于是家中的人一道入席，欢宴一场。

后来一直到严讷从吏部尚书任上退休，他的家属和仆佣等都始终循规蹈矩，没有一个人做接受请托、代通关节之类营私舞弊的事。

人物春秋

文章万古流　才学辅明帝——刘基

刘基，字伯温，青田人。刘基自幼聪颖异常，他的老师郑复初曾对其父刘炝说："你祖德深厚，这个孩子日后必成大器。"元至顺年间，刘基考中进士，授为高安丞，获得廉洁正直的名声。行省要提升他，刘基谢绝离去。后来出任江浙儒学副提举，论御史失职之罪，被台臣所阻，刘基两次上奏弹劾，后弃官还乡。刘基博通经史，无书不读，尤其精于天文。

方国珍起兵海上，抢劫郡县，有关官员控制不了他，行省复任刘基为元帅府都事。刘基建议修筑庆元诸城威逼方国珍，方国珍为之气沮。等到左丞帖里帖木儿招降方国珍时，刘基说方氏兄弟首先作乱，不杀他们无以惩后。方国珍心里害怕，重贿刘基，刘基拒受。方国珍便派人从海路行船至京，贿赂掌权者。于是朝廷下诏招抚方国珍，授予他官职，而责怪刘基滥用权利，擅作主张，并让刘基离京去管理绍兴，方氏于是更加骄横。不久，山寇蜂拥而起，行省又召刘基前去剿捕，与行院判石抹宜孙一起驻守处州。经略使李国凤将其功劳上奏，主持政事者因方氏之故压制刘基，授他总管府判，却不让他掌握兵权。刘基于是弃官归隐青田，著《郁离子》一书以明志。

朱元璋攻下金华，平定括苍，闻知刘基及宋濂等人便以钱财招聘，刘基不答应，总制孙炎两次写信坚决邀请，刘基始出。到了应天，刘基陈时务十八策。朱元璋大喜，马上命人建造礼贤馆让刘基等居住，对他们宠爱备至。当初，朱元璋因为韩林儿自称宋朝之后，对其遥相遵奉。每年年初中书省设御座行礼时，只有刘基不拜，并说："韩林儿只是一个牧童罢了，尊奉他干什么？"因此刘基去拜见朱元璋，陈天命之所在。朱元璋向他询问征取之计，刘基说道："张士诚只顾保全自己，不值得担心。陈友谅劫主胁下，名号不正，又地据上游，其心无日忘我，应当先谋取陈友谅，陈氏灭亡，张氏便势孤力弱，一举即可平定。然后北向中原，王业可成。"朱元璋十分高兴地说："先生有什么好计，尽管说出来吧。"

当时陈友谅正攻陷太平，谋求东下，势力发展迅速，朱元璋手下有的建议投降，有的建议逃往钟山，只有刘基瞪着双眼不说话。朱元璋便将他召入内室，刘基愤然说道："主张投降或逃走的，应该斩首。"朱元璋便问："先生有什么计策？"刘基回答："陈贼气骄，待其深入，伏兵拦击，将其打败，这很容易啊。天道后举者胜，取威制敌以成王业，就在此举了。"朱元璋采用其计，引诱陈友谅军到来，然后大败之。朱元璋以克敌之功赏赐刘基，刘基不受。不久陈友谅军复陷安庆，朱元璋打算亲自率军征讨，以此询问刘基，刘基极力赞成，于是朱元璋率军进攻安庆。从早晨到暮色降临，仍未攻下，刘基请求直趋江州，直捣陈友谅的巢穴，于是全军西上。陈友谅始料不及，只得带领妻子儿女逃往武昌，江州遂降。其龙兴守将胡美派他的儿子前来表示诚意，请求朱元璋不要解散他的部队，朱元璋面有难色，刘基从背后踢胡床暗示，朱元璋顿时醒悟，应允了胡美的要求。胡美投降，江西诸郡全被攻下。

刘基丧母时，正值战事紧张，故未敢说，直到这时才请求还乡为母亲举行奠礼。适逢苗军反叛，杀金华、处州守将胡大海、耿再成等，浙东形势动摇。刘基赶到衢州，首先为守将夏毅安抚诸属城，再与平章邵荣等谋划恢复外州，于是平定叛乱。方国珍一向害怕刘基，便致信刘基，对其母去世表示悼念。刘基给方国珍回信，向他表明朱元璋的威德，方国珍于是向朱元璋进贡。朱元璋多次写信到刘基家询问军国大事，刘基都逐条地详细作答，都能切中要害。不久，刘基返京，朱元璋正要亲自率军支援安丰，刘基劝说道："汉、吴都在伺机进攻，我们现在不可轻举妄动。"朱元璋不听。而陈友谅知道后，乘机率军围攻洪都，朱元璋这才说道："我没听你的意见，险失大计。"然后亲自带兵援救洪都，与陈友谅大战于鄱阳湖，一天交战数十次。朱元璋坐在胡床上督战，刘基随侍身旁，忽然跃起大呼，催促朱元璋赶快转移到别的船上去。朱元璋仓促转移到另一小船上，还未坐定，飞炮便将他原来所乘御船击得粉碎，站在高处的陈友谅见御船被毁，大喜。而朱元璋所乘之船只进不退，汉军都大惊失色。当时湖中战斗相持了3日，未决胜负，刘基请求移军湖口以扼住汉军出口，在金木相克的这一天与陈友谅军决战。结果，陈友谅战败，在逃跑途中毙命。其后朱元璋打败张士诚，北伐中原，终于完成帝业，其战略基本与刘基筹划的相附。

吴元年（1367），朱元璋以刘基为太史令，刘基呈上《戊申大统历》。

朱元璋即皇帝位后，刘基上奏制定军卫法。当初确定处州粮税时，仿照宋制每亩加五合，唯独青田县除外，太祖这么说道："要让刘伯温家乡世代把此事传为美谈。"刘基认为宋、元两朝都因为过于宽纵而失天下，所以现在应该整肃纲纪，于是便下令御史检举弹劾，不要有任何顾忌，宿卫、宦官、侍从中，凡犯有过错的，一律奏明皇太子，依法惩治，因此人人畏惧刘基。中书省都事李彬因贪图私利，纵容下属而被治罪，李善长一向私宠李彬，故请求从宽发落，刘基不听，并派人骑马速报太祖，得到批准，刘基便在祈雨时，将李彬斩首。因为此事，刘基与李善长开始有隙。太祖返京后，李善长便向太祖告状，说刘基在祭坛下杀人，是不敬之举。那些平时怨恨刘基的人也纷纷诬陷刘基。当时天旱，太祖要求诸臣发表意见，刘基上奏说："士卒亡故者，他们的妻子全部迁往他营居住，共有数万人，致使阴气郁结。工匠死后，腐尸骨骸暴露在外，将投降的吴军将吏都编入军户，便足以协调阴阳之气。"太祖采纳，但10天过后仍不见雨，故而发怒。此时恰好刘基妻亡，所以刘基请求告辞还乡。太祖正在营造中都，又积极准备消灭扩廓帖木儿。刘基临走时上奏说："凤阳虽是皇上的故乡，但不宜作为建都之地。王保保（扩廓帖木儿）不可轻视。"不久，定西之役失利，扩廓帖木儿逃往沙漠，从那时起一直成为边患。这年冬天，太祖亲自下诏，叙说刘基征伐之功，召他赴京，赏赐甚厚，追赠刘基的祖父、父亲为永嘉郡公，并多次要给刘基晋爵，刘基固辞不受。

当初，太祖因事要责罚丞相李善长，刘基劝说道："他虽有过，但功劳很大，威望颇高，能调和诸将。"太祖说："他三番两次想要加害于你，你还设身处地为他着想？我想改任你为丞相。"刘基叩首道："这怎么行呢？更换丞相如同更换梁柱，必须用粗壮结实的大木，如用细木，房屋就会立即倒塌。"后来，李善长辞官，太祖想任命杨宪为丞相，杨宪平日待刘基很好，可刘基仍极力反对，说："杨宪具备当丞相的才能，却无做丞相的气量。为相之人，须保持像水一样平静的心情，将义理作为权衡事情的标准，而不能掺杂自己的主观意见，杨宪就做不到。"太祖又问汪广洋如何，刘基回答："他的气量比杨宪更狭窄。"太祖接着问胡惟庸，刘基又回答道："丞相好比驾车的马，我担心他会将马车弄翻。"太祖又说道："我的丞相，只有先生你最合适了。"刘基谢绝说："我太疾恶如仇了，又不耐烦处理繁杂事务，如果勉强承担这一重任，恐怕要辜负皇上委托。天下何患无才，只要皇上留心物色就是了。目前这几个人确实不适合担任丞相之职。"后来，杨宪、汪广洋、胡惟庸都因事获罪。

太祖经常写信给刘基，询问天象，刘基都非常详细地逐条回答，然后将其草稿烧掉。刘基大胆预言说，霜雪之后，必有阳春，现国威已立，应当稍微采用宽大政策来治理天下。刘基辅佐太祖平定天下，料事如神。他性情刚烈，疾恶如仇，经常与人冲突。直到现在他才隐居山中，只是饮酒下棋，从不提起自己的功劳。县令求见，被拒绝，于是便穿着便服，装成乡野之人去见刘基，刘基当时正在洗脚，便让堂侄将他引入茅舍，以黄米饭招待。县令这时才告诉刘基："我是青田知县啊。"刘基大惊，马上起身称民，然后谢罪离去，终不相见。

起初，刘基说瓯、括之间有一块空地，叫谈洋，南抵闽界，是盐盗的巢穴，方氏便是由此作乱的，故请设巡检司守卫。时逢茗洋逃兵反叛，官吏都匿而不报，刘基便令长子刘琏将此事上奏，但未先通报中书省。胡惟庸当时正以左丞相的身份主管中书省，对以前与刘基的过节怀恨在心，于是便派手下官员攻击刘基，说谈洋这个地方有帝王之气，刘基想将它作为自己的墓地，因为当地百姓不答应，刘基便请求设巡检司将百姓赶走。太祖虽然没有加罪于刘基，但颇为这些言论所打动，因而剥夺了刘基的俸禄。刘基心中害怕，入朝谢罪，然后待在京城，不敢返乡。不久，胡惟庸当了丞相，刘基悲叹道："若是我的话不应验的话，那便是苍生之福了。"遂因忧愤交加发病。洪武八年（1375年），太祖亲自撰文赐给刘基，并派专人护送刘基返乡。到家后，病情加重，便将《天文书》授给长子刘琏，并说："赶快送给皇上，千万不要让后人学习此书。"又对次子刘璟说："为政之事，要宽猛交替。当今之务在于修炼德行，减省刑罚，才能祈求上天保佑国运长久。那些战略要害之地，应当与京城遥相呼应，连成一体。我本想上奏一份遗表，但因胡惟庸当朝掌权，这么做毫无用处。有朝一日胡惟庸下台后，皇上必然要想起我，如果他向你问什么的话，便将我所说的密奏皇上。"回家仅一月，刘基便去世了，终年65岁。

刘基满脸虬髯，相貌堂堂，慷慨而有大节，每当谈论天下大事，便义形于色。太祖知道他非常忠诚，对他委以心腹之任。每次召见刘基，都要避开他人进入内室，单独与刘基长时间密谈。刘基也自认为自己得不世之遇，所以在太祖面前知无不言。每到紧急危难关头，刘基总是勇气奋发，计策立定，人莫能测，闲暇之时，便敷陈为王之道，而太祖每次都洗耳恭听，常常称刘基为老先生而不叫他的名字，并说："你就是我的张子房啊。"又说："老先生多次以孔子之言来劝导我。"所以，太祖与刘基的帐中密语，世人所知不详，而世间所传为神奇的，大多只是一些阴阳风水之说，并非刘基的至理名言。刘基的文章气势浩大而奇妙，与宋濂同为一代宗师，他的著作有《覆瓿集》《犁眉公集》流传于世。

权智枭雄——朱棣

明成祖朱棣，是朱元璋第四子。有雄才大略，能知人善任。洪武二十三年（1390年），同晋王讨伐乃儿不花。晋王因害怕他们而不敢进攻，朱棣火速进至迤都山，大获全胜而回，明太祖十分高兴。此后，朱棣经常率军出征，并受令节制诸王及沿边兵马，使他威名大振。

洪武三十一年（1398年）闰五月，朱元璋死，皇太孙（朱允炆）即位，遗诏各藩王都留在各封国中，不要来京师，燕王朱棣从北平赶往南京奔丧，听到诏书后就不再前行。当时，诸王多因是皇亲国戚而拥有重兵，大多数都目无王法。建文帝采纳齐泰、黄子澄的建议，想因此大量削藩。因害怕燕王强大，没敢动手，于是先废除周王朱橚，以此牵制燕王。于是，告讦四起，湘王、代王、齐王、岷王都先后因罪废除。燕王也感到危险，便假装有病。齐泰、黄子澄密劝建文帝趁此除掉燕王，建文帝未下定决心。

建文元年（1399年）夏六月，燕山百户倪谅告发燕王谋反，逮捕官校於谅、周铎等人并斩杀。（建文帝）下诏斥责燕王，并派官员逮捕燕王府属僚，燕王遂称得了重病。当时，都指挥使谢贵、布政使张昺以重兵把守着燕王府。燕王秘密与僧道衍谋划，命令张玉、朱能等率勇士潜入府内守备。

八月六日，在端礼门隐藏将士诱杀谢贵、张昺，夺得九门。并上书建文帝，指斥齐泰、黄子澄是奸臣，并援引《祖训》"朝中没有正直的大臣，内部有奸贼，那么亲王应该训兵待命，天子应该密诏各位诸王统领镇兵讨平"。上书一发，便举兵造反。此时朱棣自设官吏，称他的军为"靖难"军。起兵后连连攻克怀来、密云、遵化、永平。

八月，建文帝以耿炳文为大将军，率军征讨朱棣。九月十一日，到真定、前锋抵达雄县。十四日，燕王星夜渡过白沟河，围攻雄县，攻克后杀戮一空。十六日，都指挥使潘忠、杨松从鄚州赶来增援，被燕王伏兵擒获，占据鄚州，后又还住白沟。大将军部校张保投降，说大将军有兵30万，先到13万，分别在滹沱河两岸。燕王害怕与河北岸军队作战时南面军队乘虚而入，便携带张保而归，还扬言燕王即将率兵而至，以引诱朝廷军向北渡滹沱河。二十四日，燕王到真定，与张玉、谭渊等夹击耿炳文，大败耿军。并擒获其副将李坚、宁忠及都督顾成等，斩杀3万余人。进而围攻真定，二日不克，退去。建文帝听说耿炳文大败，又派曹国公李景隆代领其军。三十日，江阴侯吴高以辽东兵围永平。十月十日，李景隆合兵50万进驻河间。燕王对其将帅说："李景隆声色严厉，军中混乱，听说我在一定不敢立即进攻，我们不如先增援永平以牵制其军。吴高胆小不懂战事，我一到他必定退走，然后回来进攻李景隆。有坚城在前，大军在后，一定打败他。"十八日，燕王率兵援永平。二十四日，吴高听说燕王已到，果然闻风而逃，燕王趁势追击，大败吴高。

　　冬十一月十三日，用计谋进入大宁城，住了7天，挟大宁王权，得大宁之地，朵颜三卫全部投降。十六日，至会州。设立五军：张玉领中军，郑亨、何寿任副将；朱能领左军，朱荣、李浚任副帅；李彬率右军，徐理、孟善任副将；徐忠率前军，陈文、吴达任副将；房宽率后军，和允中、毛整任副帅。十八日，军队进入松亭关。李景隆听说燕王出征大宁，果然出兵围攻北平，他在九门外坚守不战。十二月一日，燕王临时驻扎孤山，巡逻骑兵回来报告说白河流急不能渡。燕王祈祷于神，说兵到则冰合，于是调配军士。李景隆暗中派都督陈晖侦察朱棣的布军情况，从左边绕道朱棣军后。朱棣分军还击，陈晖军士急先渡河而逃，此时河中冰块突然融解，溺死不计其数。十二日，又与李景隆大战郑村坝。朱棣用精选骑兵先攻破李景隆七营，其他诸将相继来战，景隆大败而还。十六日，又上书请求出征，十二月，李景隆调兵于德州，准备明年大举进攻。朱棣又计划攻打大同，说："进攻大同，李景隆必定要赶来救援，大同天气寒冷，南军脆弱，不战也病疲了。"次年受降。

　　建文二年（1400年）春一月二十六日，攻克蔚州。三月十四日，到大同。李景隆果然由紫荆关前来增援。朱棣亲率将士立即调兵居庸，李景隆部属大多被冻死饿死，不见敌人而还。

　　夏四月，李景隆进兵河间，与郭英、吴杰、平安约定白沟河相会。五月十四日，朱棣扎营苏家桥。十八日，在白沟河侧与平安相遇。朱棣以百余骑在前，假装退却，引诱平安军阵地骚动，然后趁机攻击，平安败走。于是迫近李景隆，初战不利。天黑收兵，朱棣以三骑殿后，夜晚迷失了方向，亲自下马伏地察看河流才辨明东西，渡河而去。十九日，再战。李景隆横阵数十里，破燕后军。朱棣亲帅精骑迎战，斩杀瞿能父子。又令丘福冲击李景隆主力部队，不得入。朱棣动摇李景隆左军，李景隆遂绕至朱棣后边，大战良久，飞箭如雨。朱棣三换其马，矢尽剑断，挥剑折走登堤，佯装引鞭招后继援军状。李景隆怕有埋伏，不敢前进，援军高煦赶到，才解围。当时南军也聚集，燕军将士都大失声色。朱棣气愤地说:"我不进攻,敌人就不会退却,还有战斗。"又以劲卒突袭李景隆背后,前后夹击,正好旋风四起,李景隆军旗被拆,朱棣趁风放火奋起反击,斩杀数万,溺死者10余万人。郭英溃败西逃,李景隆向南逃,朝廷赐给他们的玺书兵器也全部丧失,败走德州。六月一日,朱棣攻入德州,李景隆败走济南。八日,攻济南,大败李景隆于济南城下。铁铉、盛庸坚守,攻攻未下。

秋九月四日,朱棣解围回北平。同月,盛庸代替李景隆,复取德州,与吴杰、平安、徐凯互为掎角,围困北平。当时徐凯刚到沧州,朱棣佯装出兵攻辽东,到通州后沿河向南,渡过直沽,昼夜兼程。

冬十一月十三日,奇袭并捉纳徐凯,攻陷沧州城,夜里坑埋降兵3000人。于是又渡过黄河经过德州。盛庸派兵来援,被击败。十一月二十七日,到临清。十二月二十二日,打败盛庸大将孙霖于滑口。建文三年正月九日,又与盛庸大战东昌,盛庸用火器劲弩尽歼燕军。恰好平安军赶到,合围数重,朱棣大败,破重围免得一死。

三年(1401年)正月十五日,在威县、深州大败吴杰和平安军。遂兵还北平。二月二十八日,又率师南下。四月五日,与盛庸遇于夹河,谭渊战死。朱能、张武殊死战斗,盛庸军退却。时天色已晚,各自敛兵入营。朱棣以10余骑兵逼盛庸宿营野外,到天明一看,已在燕军包围中。乃从容引马,鸣角穿营而去。诸将因天子有诏,不得杀害叔父,仓卒相视,不敢乱发一箭。当天又战,从早7时战到下午3时,两军各有胜负,突然刮起东北风,尘埃遮住天空,燕兵大声呼喊,乘风杀敌,盛庸大败。败走德州。吴杰、平安从真定率军与盛庸会合,没走到80里,听说盛庸兵败的消息,引兵而还。朱棣用计引诱,吴杰、平安出兵袭击。四月二十二日,相遇于藁城。二十三日,两军相战,大风大得拔掉树木,吴杰、平安败走,燕军追至真定城下。五月七日,到大名,听说齐泰、黄子澄已罢免,上书请求停止吴杰、平安、盛庸军队。惠帝派大理少卿薛岩前来报告,要朱棣解甲归藩,赦免无罪,朱棣不奉诏。

夏五月,吴杰、平安、盛庸分兵切断燕军粮饷道路,朱棣派指挥武胜上书,追问缘由,惠帝大怒,将武胜下狱中。燕王派李远袭沛县,焚烧官军粮舟数以万计。

八月十一日,夺取彰德。十八日,降林县。平安乘虚直捣北平,燕王派刘江迎战,平安兵败而逃。房昭屯兵易州西水寨,攻保定,被燕王军包围。

冬十月七日,都指挥花英增援房昭,被燕军败于峨眉山下,斩杀数万人,房昭弃寨逃走。二十九日，燕军退还北平。十一月二十五日，朱棣亲自作文祭祀南北阵亡将士。当时，燕王举兵已三年。他亲历战阵，冒矢石风雨，身先士卒，常乘胜追击，但也多次处于危险之中。所攻克城邑，兵一走又被朝廷官军占领，仅据有北平、保定、永平三府而已。无可奈何，朝中官员被罢免的纷纷投奔朱棣，尽言京师空虚可取。朱棣慷慨地说："年年用兵，何时结束？要么临江决一死战，不再返顾北面。"建文四年元月十五日，又出师。

四年（1402年）春二月十三日，从馆陶渡过黄河。三月三日，巡行徐州。四月十一日，平安以4万骑兵追随燕王军，朱棣设埋伏于淝河，大败平安军。二十五日，派谭清断绝徐州粮道，还至大店时，被铁铉军包围。燕王引兵来援，谭清突围而出，合击打败铁铉。

夏五月十五日，朱棣宿营小河，凭小桥而守，平安前来与之争桥，陈文战死。平安军在桥南，燕军在桥北，相持数天。平安转战，与燕王军遇于北坂，朱棣差点被平安长矛刺中。番骑王骐跃入阵中，拉住朱棣胳膊慌忙逃去。朱棣说："南军饥饿，每隔一二天粮草才送到，突然袭击很容易攻破。"遂命千余人守桥，半夜渡到小河以南，绕到平安军后。等到天明时平安军才发觉，恰好徐辉祖也赶来。五月二十三日，大战于齐眉山下。当时，燕军连失大将，且淮土在盛暑蒸热难忍，诸将请求休军小河东边，就麦地形势观察敌军行动。朱棣说："现在敌人长时间饥饿疲劳，断其饷道，可使敌军坐以待毙，不能北渡小河以懈将士士气。"下令想渡河的往左，诸将士争着往左。朱棣气怒大吼说："任你们去吧。"将士都不敢说话。二十六日，何福等宿营灵璧，燕军阻拦其饷道，迫使平安分兵6万保护。二十八日，朱棣精锐将士从中间进攻，将平安军一分为二。何福丢下灵璧来援，燕军退却，高煦伏兵大起，何福败逃。三十日，逼近敌军营垒，攻破后，擒获平安、陈晖等37人，何福因逃走幸免被擒。六月七日，下泗州，拜谒祖陵，赐父老乡亲牛酒。九日，盛庸扼守淮河南岸，朱能、邱福潜过淮河袭击，赶走盛庸，于是攻克盱眙。

六月十一日，朱棣召集诸位将士，讨论行动去向，有的说宜取凤阳，有的说先取淮安。朱棣说："凤阳楼橹完好，淮安积粟较多，不容易攻下。不如乘胜直趋扬州，指向仪真，使淮安、凤阳自受震慑。我耀兵长江上，京师感到孤立无援，必定会发生内变。"诸将士都说此法妙。十七日，兵巡扬州，驻军长江以北。惠帝派庆成郡主到军中，许诺割地求和，朱棣不听。七月初一日，防御长江的都督金事陈瑄率舟师叛变，依附于燕王。二日，祭祀大江。三日，从瓜州渡江，盛庸以海艘迎战，失败。六日，下镇江。九日，惠帝又派大臣商议割地求和，诸王相继到来，都不听。十三日，到金川门，谷王朱穗、李景隆等打开城门迎接朱棣，都城陷落。当天，燕王分命诸将把守京城及皇城，还驻龙江。下令抚安军民。大肆搜索齐泰、黄子澄、方孝孺等50余人，并张榜其姓名称是奸臣。十四日，诸王群臣纷纷上书劝燕王朱棣登基。十七日，燕王拜谒孝陵。群臣为其准备好法架，奉宝玺，迎呼燕王朱棣万岁。燕王登上皇帝宝座，在奉天殿即皇帝位。

永乐二十二年（1424年）七月十二日，成祖死，终年65岁。

海瑞罢官　屡罢屡迁

海瑞，字汝贤，琼山人。中举人。到北京，即拜伏于宫殿下献上《平黎策》，要开辟道路设立县城，用来安定乡土，有见识的人赞扬海瑞的设想。代理南平县教谕，御史到学宫，部属官吏都伏地通报姓名，海瑞单独长揖而礼，说："到御史所在的衙门当行部属礼仪，这个学堂，是老师教育学生的地方，不应屈身行礼。"迁淳安知县，穿布袍、吃粗粮糙米，让老仆人种菜自给。总督胡宗宪曾告诉别人说："昨天听说海县令为老母祝寿，才买了两斤肉啊。"胡宗宪的儿子路过淳安县，向驿吏发怒，把驿吏倒挂起来。海瑞说："过去胡总督按察巡部，命令所路过的地方不要供应太铺张。现在这个人行装丰盛，一定不是胡公的儿子。"打开袋有金子数千两，收入到县库中，派人乘马报告胡宗宪，胡宗宪没因此治罪他。都御史鄢懋卿巡查路过淳安县，酒饭供应得十分简陋，海瑞高声宣言县邑狭小不能容纳众多的车马。懋卿气愤，然而他早闻海瑞之名，只得收敛离开，但他嘱咐巡盐御史袁淳治海瑞和慈溪知县霍与瑕的罪。霍与瑕，尚书霍韬的儿子，也是坦率正直不谄媚鄢懋卿的人。当时，海瑞已提拔为嘉兴通判，因此事贬为兴国州判官。过了很久，陆光祖主张文官选举，提拔海瑞任户部尚书。

当时，明世宗朱厚熜在位时间已久，不视朝处理政务，深居在西苑，专心致志地设坛求福。总督、巡抚等大臣争着向皇帝贡献有祥瑞征兆的物品，礼官总是上表致贺。朝廷大臣自杨最、杨爵得罪以后，无人敢说时政。嘉靖四十五年二月，海瑞上疏说：

臣听说君主，是天下臣民万物的主人，其责任最重大。要名副其实，也只有委托臣工，使臣工尽心陈言而已。臣请竭诚所见。直所欲言，为陛下陈说。

从前汉文帝是贤良君主，贾谊还痛哭流涕而上疏言事。并非是苛刻责备，因汉文帝性格仁慈而近于柔弱，虽有推恩惠到百姓的美德，将不免于怠废，这是贾谊所大为顾虑的。陛下天资英明杰出，超过汉文帝很远。然而汉文帝能富有仁义宽恕的性格，节用爱人，使天下钱粮丰富，几乎达到刑具不用的境地。陛下则锐意精心治国时间不长，就被狂妄想法牵涉过去，反而把刚毅圣明的本质误用了。以致说遐举可成，一心一意学道修行，倾尽民脂民膏，用于滥兴土木工程，20余年不临朝听政，法律纲纪已经废弛了。数年来卖官鬻爵推广开纲事例，毁坏了国家名器。二王不能相见，人认为薄情于父子。因猜疑诽谤杀戮污辱臣下，人们认为薄情于君臣。享乐在西苑不返回大内，人们认为薄情于夫妇。官吏贪污骄横，百姓无法生活，水旱灾害经常发生，盗贼滋蔓炽烈。请陛下想想今日的天下，究竟成了什么样子？

近来严嵩罢相，严世蕃受极刑，一时较快人心。然严嵩罢相之后还像严嵩未任相之前一样而已，世道并不十分清明，不及汉文帝时太远了。因为天下人不用直道侍奉陛下已久。古代君主有过失，依靠臣工扶正补救。现在竟然修斋建醮，大都前来进香，仙桃天药，大家一块奉辞上表祝贺。建筑宫室，则由将作官员竭力经营；购买香料珍宝，则由度支派人四处寻求。陛下的错误举动，而诸臣都跟着错误地顺从，没有一个人肯为陛下端正言论，阿谀奉承得太过分了。然而心中惭愧胆气空虚，退回去又有议论怨言，欺君之罪到了何等地步。

天下，是陛下的家。人没有不顾自己家的，内外臣工都是使陛下的家奠基得如同磐石一样的人。一心一意学道修行，是陛下受迷惑。过分的苛断，是陛下的情偏。然而说陛下连家也不顾，合乎人情吗？诸臣徇私废公，得一官职多因欺诈失败，多因不做任何事情败，实在有不能使陛下满意的人。其实不然，是君主之心和臣下之心偶尔不相遇合造成的，而遂说陛下憎恶卑薄臣工，因此拒谏。用一二个不合意，就怀疑千百个都这样，使陛下陷于有过失的举动中，而安然处之而不知怪，诸臣的罪恶太大了。《礼记》："在上君主有疑心则百姓易迷惑，若在下的人怀奸诈难知其心则在上君治理劳苦。"就是说这种情况。

陛下的失误很多，其大端在于斋醮。斋醮的目的是为了追求长生不老。自古圣贤留给后人的训条，修身立命的说法叫"顺理而行，所接受的便是正命"了，没有听说过所谓长生不老的说法。唐尧、虞舜、大禹、商汤、周文王、周武王是圣人中的典范，没有能长久在世，此后，汉、唐、宋至今也已不再存在。授给陛下道术的陶仲文，因此称为师。陶仲文既已死去了，他没有长生，而陛下如何能够单独求到。至于仙桃、天药，怪异虚妄最成问题。从前宋真宗得天书于乾祐山，孙奭说："天如何能说话呢？岂能有书。"桃子一定是采摘后才能得到，药一定是炮制以后才能成。现在无故获得这两样东西，是有脚而能走吗？说"天赐给的"，是上天用手拿着而交给您的吗？这是左右奸邪的人，制造荒唐离奇的事用来欺骗陛下，而陛下误信了他，以为确实这样，错了。

陛下又要说标明刑罚奖赏用来督责臣下，则分别职掌治理有人，天下没有不可治，而学道修行能无害己吗？太甲说："有人以言语违背了你的心，一定要用道求其意。有人以言语顺从了你的心，一定要以非道来考察。"用人而一定要他一句话也不违背，这是陛下谋划的错误。既而观察严嵩，他主持政务时，有一点不顺从陛下的吗？过去为同心的人，现在成为戮首了。梁材遵守正道坚守职责，陛下认为是叛逆的人，历任为官司都成就好声望，现在在户部做官的人还在称赞他。然而诸臣宁可学习严嵩的顺从，不敢仿效梁材的抗争，难道真没有窥测陛下的细微好恶、而暗暗作为趋吉避凶的人吗？就是陛下又从这些人当中得到什么好处呢？

陛下的确知道斋醮没有好处，一旦幡然改悔，每天临朝听政，和宰相、侍从、言官等人，讲论天下利害，雪洗数十年以来的积误，置身在唐尧、虞舜、大禹、商汤、周文王、周武王圣贤君主的行列，使诸臣也得以自己洗净数十年阿谀奉承君主的耻辱，置身于皋陶、夔龙、伊尹、傅说贤明辅臣的行列中，天下有什么忧虑不能治，万事有什么忧虑不能理。这只是在陛下一振作之间而已。放下这些不做，而急迫于轻身能飞脱离世间，枉费精神，用来追求系风捕影、茫然不可知的领域，臣见劳苦一辈子，而最终将一无所成。现在大臣为保持禄位而喜欢阿谀奉承，小臣害怕治罪而不敢说话，臣制止不住自己的愤恨。因此冒着死的危险，愿竭诚挚之情，望陛下听取。

嘉靖皇帝读了海瑞上疏，大怒，把上疏扔在地上，对左右说："快把他逮起来，不要让他跑掉。"宦官黄锦在旁边说："这个人向来有傻名。听说他上疏时，自己知道冒犯该死，买了一个棺材，和妻子诀别，在朝廷听候治罪，奴仆们也四处奔散没有留下来的，是不会逃跑的。"皇帝听了默然。过了一会又读海瑞上疏，一天里反复读了多次，为上疏感动叹息，只得把上疏留在宫中数月。曾说："这个人可和比干相比，但朕不是商纣王。"正遇上皇帝有病，心情闷郁不高兴，召来阁臣徐阶议论禅让帝位给皇太子的事，便说："海瑞所说的都对。朕现在久病，怎能临朝听政。"又说："朕确实不自谨，导致现在身体多病。如果朕能够在便殿议政，岂能遭受海瑞责备辱骂呢？"遂逮捕海瑞关进诏狱，追究主使的人。不久移交给刑部，判处死刑。狱词送上后，仍然留在宫中不发布。户部有个司务叫何以尚的，揣摩皇帝没有杀死海瑞的心意，上疏陈请将海瑞释放。皇帝大怒，命锦衣卫杖责100，关进诏狱，昼夜用刑审问。嘉靖皇帝死，明穆宗继位，海瑞和何以尚都被释放出狱。

嘉靖皇帝刚死，一般人都不知晓。提牢主事听说了这个情况，认为海瑞不仅会释放而且会被任用，就办了酒菜来款待海瑞。海瑞自己怀疑应当是被押赴西市斩首，恣情吃喝，不管别的。主事因此附在他耳边悄悄说："皇帝已经死了，先生现在即将出狱受重用了。"海瑞说："确实吗？"随即痛苦，把刚才吃的东西全部吐了出来，晕倒在地，一夜哭声不断。被释放出狱，官复原职，不久改任兵部。升为尚宝丞，调任大理。

隆庆元年，徐阶被御史齐康弹劾，海瑞上言说："徐阶侍奉先帝，不能挽救于神仙土木工程的失误，惧怕皇威保持禄位，实在也是有这样的事。然而自从主持国政以来，忧劳国事，气量宽宏能容人，有很多值得称赞的地方。齐康如此心甘情愿地充当飞鹰走狗，捕捉吞噬善类，其罪恶又超过了高拱。"

经历南京、北京左右通政。隆庆三年夏天，以右佥都御史身份巡抚应天十府。属吏害怕他的威严，贪官污吏很多自动免去。有显赫的权贵把门漆成红色的，听说海瑞来了，改漆成黑色的。宦官在江南监织造，因海瑞来减少了舆从。海瑞一心兴利除害，请求整修吴淞江、白茆河，通流入海，百姓得到了兴修水利的好处。海瑞憎恨大户兼并土地，全力摧毁豪强势力，安抚穷困百姓。贫苦百姓的土地有被富豪兼并的，大多夺回来交还原主。徐阶罢相后在家中居住，海瑞追究徐家也不给予优待。推行政令气势猛烈，所属官吏恐惧奉行不敢有误，豪强甚至有的跑到其他地方去躲避的。而有些奸民多乘机揭发告状，世家大姓不时有被诬陷受冤枉的人。又裁减邮传冗费，士大夫路过海瑞的辖区大都得不到很好的张罗供应，因此怨言越来越多。都给事中舒化说海瑞迂腐滞缓不通晓施政的要领，应当用南京清闲的职务安置他，皇帝还是用嘉奖的语言下诏书鼓励海瑞。不久给事中戴凤翔弹劾海瑞庇护奸民，鱼肉士大夫，沽名乱政，遂被改任南京粮储。海瑞巡抚吴地才半年。平民百姓听说海瑞解职而去，呼号哭泣于道路，家家绘制海瑞像祭祀他。海瑞要到新任上去，正遇高拱掌握吏部，早就仇恨海瑞，把海瑞的职务合并到南京户部当中，海瑞遂因病引退，回到琼山老家。

明神宗万历初年，张居正主持国政，也不喜欢海瑞，命令巡按御史考察海瑞。御史到山中审察，海瑞杀鸡为黍相招待，房屋居舍冷清简陋，御史叹息而去。张居正惧怕海瑞严峻刚直，中外官员多次推荐，最终也不任用。万历十二年冬天，张居正已死，吏部拟用为左通政，皇帝向来器重海瑞名，给其前职。第二年正月，召为南京右佥都御史，在道上改为南京吏部右侍郎，海瑞当时年已72岁了。上疏言衰老垂死，愿意效仿古人尸谏的意思，大略说："陛下励精图治，而治平教化不至的原因，在于对贪官污吏刑罚太轻。诸臣都不能说到其原因，反而借待士有礼的说法，大家交口而文其非。待士有礼，而平民百姓有什么罪呢？"因而举明太祖刑法剥人皮装上草制成皮囊以及洪武三十年定律枉法达80贯判处绞刑的规定，说现在应当用这样的方法惩治贪污。其他谋划时政，言语极为切实。只有劝皇帝用暴虐刑法，当时评议认为是错误的。御史梅鹍祚劾海瑞。皇帝虽然认为海瑞言论有失，然而清楚海瑞的忠诚，为此免去梅鹍祚俸禄。

皇帝屡次要召海瑞，主持国事的阁臣暗中阻止，于是任命为南京右都御史。诸司向来苟且怠慢，海瑞身体力行矫正弊端。有的御史偶尔陈列戏乐，海瑞要按明太祖法规给予杖刑。百官恐惧不安，都怕受其苦。提学御史房寰恐怕被举发纠正要先告状，给事中钟宇淳又从中怂恿，房寰再次上疏毁谤诬蔑海瑞。海瑞也多次上疏请求退休，皇帝下诏慰留不允许。万历十五年，死于任上。

海瑞无子。去世时，佥都御史王用汲去照顾海瑞，只见用葛布制成的帏帐和破烂的竹器，有些是贫寒的文人也不愿使用的，因而禁不住哭起来，凑钱为海瑞办理丧事。海瑞的死讯传出，南京的百姓因此罢市。海瑞的灵柩用船运回家乡时，穿着白衣戴着白帽的人站满了两岸，祭奠哭拜的人百里不绝。朝廷追赠海瑞太子太保，谥号忠介。

海瑞一生的治学，以刚为主，因而自号刚峰，天下称为刚峰先生。曾经说："要想天下清明安定，一定要实行井田，不得已而为限田，又不得已而实行均税，尚可存古人的遗意。"因此自从做县官直至巡抚，所到之处力行清丈，颁行一条鞭法。意图主张在于有利于老百姓，而行事不能没有偏差。

附录：清史稿

《清史稿》概论

《清史稿》，赵尔巽主编，共536卷，计有本纪25卷，志142卷，表53卷，传316卷，记载上起努尔哈赤在赫图阿拉建国称帝，下至宣统三年（1911）清朝灭亡，前后约296年的清代史事。

一

《清史稿》始修于民国三年（1914）。这年春，北洋军阀政府国务院欲循历代为前朝修史的成例，向总统袁世凯呈请设清史馆，编修《清史》。总统袁世凯接到呈文后，非常高兴。原来这位大总统正准备恢复帝制，因此，他极想笼络清朝遗老，而纂修《清史》正是网罗这些人的绝好机会。修好《清史》，不仅可以文事饰治，同时可以换取前清遗老们对他的拥戴。于是，他欣然批准设立清史馆，同时广罗"海内通儒"，分任纂修之事。清史馆址设立在东华门内。

清史馆设立后，袁世凯延聘赵尔巽为史馆总裁（后称馆长）。赵尔巽欣然从命，并由他聘请组成了纂修班子。当时许多知名人士都被网罗在内，其中绝大多数为前清达官。纂史者先后延聘的有柯劭忞、缪荃孙、王树枏、夏孙桐、马其昶、吴廷燮、张尔田、金兆蕃、秦树声、王式通、朱师辙等100多人。最后总理发刊事宜的是袁金铠，总理校刻事务的是金梁。尚有名誉聘约300人。真正自始至终参与纂修者不过10余人。纂修班子大体组成后，接着便商讨编纂体例。此事在社会上引起了很大反响，当时参与讨论的人，有馆内的也有馆外的，包括梁启超在内凡数十人。大抵分为两派：梁启超等少数人主张创新史体裁；另一派以馆内人士居多，主张仍沿用旧史体裁，大体近法《明史》，而稍有变通。最后馆长赵尔巽接受了代表多数人意见的后者，确定以旧史体裁纂修《清史》。其后于式枚等人拟定篇目为：本纪12篇，志16篇，表10篇，列传17篇。后经众人讨论，大体同意了。在编纂过程中，志、表两类篇数未改，但篇目有所变动，如删去《国语志》，增入《交通志》，删去《总理各国大臣年表》，改为《外戚表》，列传也改为15篇。

之后《清史稿》的纂修，经历了3个阶段：

第一阶级，从1914年到1917年，是初创阶段。纂修之始，一切处于混乱状态，编修工作没有条例可循，人自为战，如同一盘散沙。馆长赵尔巽虽号称能办事，但无史才，学术著书本非所长，尤其是不善于组织。不仅馆长如此，由于缺乏经验，即使是一些著名学者也没有注意到这一点，结果造成总纂与协修各自任意秉笔，互不相下。参加撰稿的人，情况也非常复杂，不仅水平相差悬殊，而且工作态度也大不一样，许多人懒于翻书考证，再加上无人总阅，所以撰写出来的稿子虽多，但稿子是否能用，却无人过问，甚至彼此互相矛盾。因此，所写成的稿子，大多废弃。

第二阶段，从1917年到1926年，编纂工作逐渐走上了正轨。经过一段时期的杂乱无章之后，赵尔巽从工作中吸取了一定的经验教训。馆内同仁也逐渐认识到纪、传、志、表各目如果不专任一人以划一体例，不足以撰述，而考核事实，裁定详略，交流所见，更需要总纂与分纂者经常讨论联系，以免互相矛盾。于是，对纂修人员进行了整顿，辞退了一部分人员，使纂修队伍趋于精干；又立专人分别负责纪、传、表、志。这样，纂修工作走上了正轨，大约在1920年，初稿完成。但咸丰、同治、光绪、宣统四朝皆不合用，于是又推柯劭忞、夏孙桐再加整理。这一阶段，正值时局纷乱，纂修工作受到很大干扰。首先是经费紧张，由于减薪欠薪，不少馆员离开了史馆；加上直、奉两系军阀相继开战，东华门时启时闭，史馆工作多停顿。一方面经费不足，一方面馆内议论不定，遂使馆员散去的越来越多，最后终于全面停顿。

第三阶段，从1926年到1927年，为结束时期。清史馆的全部工作停顿一段时间后，赵尔巽即向军阀筹款，有了着落后，立即着手收尾工作。当时留馆人员都很努力。原定用3年的时间将史稿修订完毕，但才过半年，北伐军胜利进军，北京形势危急，赵尔巽感到时事艰虞，更因自己已到了迟暮之年，担心活不到书成之日，便召集馆人会议，决定宣布结束纂修工作，立即付刊。

赵尔巽提出将史稿付印时，遭到了夏孙桐的反对。他认为史稿繁杂、矛盾和错漏之处很多，书法体例也未能划一，不宜刊印。建议仍照计划用3年时间，实事求是，逐加修正，纵然不幸时局有变，导致工作中断，但修正之稿仍在，可供后来者采择，胜过草草印成。但赵尔巽拒绝了他的意见，坚持付刊。他说："我不能刊《清史》，难道不能刊《清史稿》吗？"不久，赵卧床不起，印书之意更切。这时，袁金铠从辽阳来北京，表示愿意任印书之事，赵尔巽便任袁氏总理发刊事宜，金梁任校对，预定一年印毕。

1927年秋，赵尔巽病故，由柯劭忞代理馆长。柯氏因与袁金铠、金梁意见不和，对刊印之事不愿过问，交稿后不阅即交给金梁。金梁因怀有个人目的，对《清史稿》发刊更是迫不及待，他没作细致的校对，即仓促付印。1928年，全书出齐。

《清史稿》初印1100部，凡536卷，分订为131册。史稿在付刊时，金梁趁机偷改增删，并私作《校刻记》。书印出后，东三省原预定400部，金梁在未请示代馆长核准发行的情况下，就将这400部运往关外，剩下的部分仍留在馆内。1929年，留馆的700部《清史稿》由故宫博物院接收。原史馆人员检阅全书，发现金梁改史稿，私作《校刻记》，于是众论哗然，指斥金梁无耻。于是召集会议，决定将金梁偷改的部分拆换回原稿，卷首职名、金梁所作的《校刻记》以及增入的张勋、康有为传剔除，保持了史稿的原貌。但已运往关外的400部无法追回。这就形成了最初的两种版本。运往关外的400部称"关外本"（或"关外一次本"），保持原貌的700部称"关内本"。

1934年，金梁在东北再次偷印《清史稿》，这一版称为"关外二次本"。此版大部分依关外本，但删去《时宪志》中的《八线对数表》七卷、《公主表序》等，增加陈黉举、朱筠、翁方纲三传，压缩了《赵尔丰传》。总卷数为529卷。1977年出版的中华书局标点本，即以"关外二次本"为工作本，以标点、分段为重点。凡三种版本篇目、内容不同的地方，标点本都有附注，录出异文，以资参考。这是《清史稿》

最好的一种版本，读者利用起来也比较方便。

二

清史馆成立在民国之初，清朝国史馆的资料和清宫的档案文书基本上都还没有散失，因此，纂修《清史》可供采取的史料，特别是官书史料是非常丰富的。《清史稿》所依据的基本史料，大致可分为六项，即史馆大库所藏资料，军机处档案资料；各方略馆所藏各种方略，以及乾隆时从四库中抽出的部分禁书；各部档案和各省巡抚档案；采访书籍；各省图书馆书目。

《清史稿》的资料来源尽管十分丰富，但由于撰稿人的水平和工作态度不一，有些人对史料的选取并不很慎重，这就使《清史稿》部分篇目的史料价值并不高。这是非常遗憾的。

《清史稿》的编纂者们原想把它修成一部流传百世万代，为后人所鉴的巨著，但由于编纂过程中的各种问题，以及编修者的立场问题，使得它刚一问世，即引起了轩然大波，学术界议论纷纷，以致国民党政府出面将其查禁，列为禁书。而政治问题是禁锢《清史稿》的主要原因。审查委员会的呈文最后说，撇开政治问题不谈，像这种错漏严重的官书，已难颁行全国，传给后人，1930年，国民政府据此呈文，宣布《清史稿》为禁书。

《清史稿》失误，大致可分为政治观点和学术水平两个方面。政治观点方面的问题主要表现在以下几个方面：首先，对清王朝和清朝各皇帝极力吹捧。第二，对清统治者的虐政暴行曲为隐讳。如圈地、逃人法和剃发令，是清初三大弊政，给人民带来了深重的灾难，造成了社会的极大动荡和不安，《清史稿》对此不是语焉不详，就是削而不书，读者很难从中找到这方面的记载，更不用说了解事情的始末真相了。"嘉定三屠"可以说是清初的重大政治事件，而该书竟没作记述。清代的文字狱非常残酷，而该书只是略有记述，等等。第三，贬低各族人民的反抗斗争，对起来反对清朝统治的各族人民一概斥之为"土贼""海寇""盗贼"等。第四，诋毁辛亥革命，詈骂革命烈士。历代编修前朝史书，都是站在本朝的立场上。《清史稿》却一反常例，尊清室而抑民国,纂修者站在已经灭亡的清王朝的立场上,诋毁创立民国政权的辛亥革命。对为创立民国而死难的烈士,《清史稿》也大加挞伐。为蔑视民国,《清史稿》对民国以后的纪年多用干支,不用民国年号。第五,称誉晚清遗老,褒奖复辟。《清史稿》对晚清遗老大加称誉,不顾历代修史不为生人立传的常例,为二十多名死于民国的遗老旧臣立传。对张勋复辟,大书特书,不仅为张勋立传,在该传中还将大骂民国的复辟诏书和复辟时任命的大臣名单抄入。

学术方面的失误主要表现在史料采撷不广、繁简失当、疏漏错误甚多,并受旧体例的限制,不能完全反映时代的变化。

尽管《清史稿》存在着许多不足之处,但我们不能因此而否定了《清史稿》本身的使用价值。柴德赓先生在《史籍举要》中认为,《清史稿》"以其内容论,志、表尚属有用,本纪简略,列传最下。"这种评价是比较符合实际的。《清史稿》的价值,正是主要表现在其内容上,它汇集了大量的史料,并对之进行了初步的整理,从而为读者翻检清史的一般史料提供了方便,由于清代的史料非常丰富,而且许多都很容易找到,《清史稿》并不是第一手资料,因此,要研究清代的某一方面的问题,仅凭《清史稿》是远远不够的。但《清史稿》还是可以为我们提供一些基本情况和线索,对一般读者来说,读清史从《清史稿》入手,可收入门之功。

政　略

文宗之言定帝位

至宣宗晚年，以文宗长且贤，欲付大业，犹未决。会校猎南苑，诸皇子皆从，恭亲王奕䜣获禽最多，文宗未发一矢，问之，对曰："时方春，鸟兽孳育，不忍伤生以干天和。"宣宗大悦，曰："此真帝者之言！"立储遂密定，受田①辅导之力也。

（《清史稿》卷三百八十五，杜受田传）

【注释】

①受田：即杜受田，时任上书房总师傅。

【译文】

到了宣宗晚年的时候，因为文宗是长子又贤明，宣宗打算把天下交付与他，但还没做出决定。适逢宣宗到南苑打猎，众皇子都随驾，恭亲王奕䜣猎获的禽鸟最多，文宗却一箭也未发。问他，他回答说："这时正是春天，鸟兽生育繁殖，我不忍心杀生而破坏自然的和谐。"宣宗非常高兴，说："这真是帝王所说的话！"立太子的事就此暗定下来，这都归功于宣宗师傅杜受田的辅助引导。

张之洞数事

之洞耻言和，则阴自图强，设广东水陆师学堂，创枪炮厂，开矿务局。疏请大治水师，岁提专款购兵舰。复立广雅书院。武备文事并举。同治十二年，兼署巡抚。于两粤边防控制之宜，辄多更置。著《沿海险要图说》上之。在粤六年，调补两湖。

会海军衙门奏请修京通铁路，台谏争陈铁路之害，请停办。翁同龢等请试修边地，便用兵；徐会沣请改修德州济宁路，利漕运。之洞议曰："修路之利，以通土货、厚民生为最大，征兵、转饷次之。今宜自京外卢沟桥起，经河南以达湖北汉口镇。此干路枢纽，中国大利所萃也。河北路成，则三晋之辙接于井陉，关陇之骖交于洛口；自河以南，则东引淮、吴，南通湘、蜀，万里声息，刻期可通。其便利有数端：内处腹地，无虑引敌，利一；原野广漠，坟庐易避，利二；厂盛站多，役夫贾客可舍旧图新，利三；以一路控八九省之衢，人货辐辏，足裕饷源，利四；近畿有事，淮、楚精兵崇朝可集，利五；太原旺煤铁，运行便则开采必多，利六；海上用兵，漕运无梗，利七。有此七利，分段分年成之。北路责之直隶总督，南路责之湖广总督，副以河南巡抚。"得旨报可，遂有移楚之命。大冶产铁，江西萍乡产煤，之洞乃奏开炼铁厂汉阳大别山下，资路用，兼设枪炮钢药专厂。又以荆襄宜桑棉麻枲而饶皮革，设织布、纺纱、缫丝、制麻革诸局，佐之以堤工，通之以币政。由是湖北财赋称饶，土木工作亦日兴矣。

　　二十一年，中东事棘，代刘坤一督两江，至则巡阅江防，购新出后膛炮，改筑西式炮台，设专将专兵领之。募德人教练，名曰"江南自强军"。采东西规制，广立武备、农工商、铁路、方言、军医诸学堂。寻还任湖北。时国威新挫，朝士日议变法，废时文，改试策论。之洞言："废时文，非废《五经》、《四书》也，故文体必正，命题之意必严。否则国家重教之旨不显，必致不读经文，背道忘本，非细故也。今宜首场试史论及本朝政法，二场试时务，三场以经义终焉。各随场去留而层递取之，庶少流弊。"又言："武科宜罢骑射、刀石，专试火器。欲挽重文轻武之习，必使兵皆识字，励行伍以科举。"二十四年，政变作，之洞先著《劝学篇》以见意，得免议。

　　二十六年，京师拳乱，时坤一督两江，鸿章督两广，袁世凯抚山东，要请之洞，同与外国领事定保护东南之约。及联军内犯，两宫西幸无事。明年，和议成，两宫回銮。论功，加太子少保。以兵事粗定，乃与坤一合上变法三疏。其论中国积弱不振之故，宜变通者十二事，宜采西法者十一事。于是停捐纳，去书吏，考差役，恤刑狱，筹八旗生计，裁屯卫，汰绿营，定矿律、商律、路律、交涉律，行银元，取印花税，扩邮政。其尤要者，则设学堂，停科举，奖游学。皆次第行焉。

二十八年，充督办商务大臣，再署两江总督。有道员私献商人金二十万为寿，请开矿海州，立劾罢之。考盐法利弊，设兵轮缉私，岁有赢课。明年，入觐，充经济特科阅卷大臣，厘定大学堂章程，毕，仍命还任。陛辞奏对，请化除满、汉畛域，以彰圣德，遏乱萌，上为动容。旋裁巡抚，以之洞兼之。三十二年，晋协办大学士。未几，内召，擢体仁阁大学士，授军机大臣，兼管学部。三十四年，督办粤汉铁路。

(《清史稿》卷四百三十七，张之洞传)

【译文】

张之洞对停战言和不齿，就暗地发愤自强，开设广东水陆军学堂，创办枪炮厂，开办矿务局。上疏建议重点兴办海军，每年拨专款购买军舰，又设立广雅书院，国防军事和文化教育同时并举。同治十二年，张之洞兼任巡抚，对广东、广西两省边防控制事宜予以改革。他撰写了《沿海险要图说》上报朝廷。在广东6年后，调任两湖总督。

当时海军衙门奏请修筑京通铁路，御史台官员争相陈述铁路之害，要求停办。翁同龢等要求先在边境试修，便于用兵；徐会沣要求改修德州济宁铁路，利于漕运。张之洞建议说："修铁路的好处，对于流通土特产、方便人民生活为最大，其次是运送军队和粮饷。现在应当从京城外的卢沟桥开始，经河南到达湖北汉口。这一条干路枢纽，是中国许多重大利益之所在。河北铁路修成，则三晋铁路在井陉交汇，关东陇西由洛口连接；在黄河以南，则东连淮河、江苏，南通湖南、四川，万里之外的消息，很快就可相通，其有利之处、方便之处有几条：第一，内处腹地，不必担心外敌；第二，经过平原荒漠，容易避开坟地村庄；第三，沿路工业发达，车站众多，役夫商人可舍旧求新；第四，以一条铁路控制八九省的交通枢纽，人员货物聚集，足以提供所需财粮之源；第五，京城附近万一有事，江南、楚地精兵一个早上就能调集；第六，山西太原铁、煤丰富，交通便利后开采一定更多；第七，海上一旦用兵，漕运可仍然畅通无阻。有这样七大好处，铁路可以分段分年建成。北边责成直隶总督，南边责成湖广总督，河南巡抚也要协助。"圣旨批准下来，便把张之洞调到湖北。湖北大冶产铁，江西萍乡产煤，张之洞就奏请在汉阳大别山下开办炼铁厂，以备修铁路之用，同时开设枪炮炼钢火药专厂。又因为荆州襄阳一带适宜种植桑棉麻而且皮革资源丰富，就开设了织布、纺纱、缫丝、制麻革等局，又修筑堤防，改革币政。从此湖北的财赋比别处丰富，土木工程也日益兴办起来了。

光绪二十一年，中东事情吃紧，张之洞代替刘坤一任两江总督，到任后就巡视长江防务，购买新出的后膛炮，改修西式炮台，设立专门的将领来管理。聘请德国人做军队教练，称为"江南自强军"。采用东西两方的制度，广泛设立武备、农工商、铁路、方言、军医等学校。不久又回湖北任职。当时国家刚刚受挫，朝廷大臣每天谈论变法，科举废掉八股文，改试策论。张之洞说："废八股文，并不是废《四书》《五经》，因此文体必须正，命题必须严格。否则国家重视教育的宗旨不能体现，定然导致考生不读经书，背道忘本，这并非小事。现在应当首场考史论和本朝政法，二场考时务，三场考经义。每场都有淘汰，逐步遴选，这样流弊就少了。"又说："武科应停考骑射、刀石，专考枪炮火器。要扭转重文轻武的旧习，就必须让兵士识字，鼓励士兵参加科举考试。"光绪二十四年，实行变法，张之洞先写了《劝学篇》陈述自己的意见，而没有受到批评。

光绪二十六年，京都义和团起义，当时刘坤一任两江总督，李鸿章任两广总督，袁世凯任山东巡抚，共同邀请张之洞，与外国领事谈判订立东南联保的条约。等到八国联军攻打北京，东西两宫太后西幸而无事。第二年，辛丑条约签订，两宫太后回京。论功行赏，加封张之洞为太子少保。张之洞因为战事稍微有所安定，就与刘坤一一起上了关于变法的三道奏章。其中论述中国积弱不振的原因，应加以变通的有12条，应采用西法改革的有11条。于是停止捐纳为官，废除书吏，对差役进行查核，减缓刑狱，为八旗子弟筹划生计，裁减屯卫兵数目，淘汰绿营军，制订了矿法、商法、路法、交涉法，流通银元，收取印花税，扩大邮政。其中最重要的，是开办学校，停止科举考试，奖励出国留学。这些都先后实行了。

光绪二十八年，张之洞充任督办商务大臣，再任两江总督。有个道员私自送给商人万两黄金祝寿，请求在海州开矿。张之洞马上弹劾罢了他的官。又考察盐法的利弊，派兵船缉私，每年有增加的税收。第二年，入宫觐见，充任经济特科阅卷大臣，订立大学堂章程，完成后，仍然命他回湖北任总督。面辞皇上时奏对，要求化解满、汉之间的隔阂，以彰明圣上恩德，防止变乱发生，皇上动容。很快就裁减巡抚，让张之洞兼任。光绪三十二年，晋升为协办大学士。不久，宫内召见，擢升他为体仁阁大学士，授任军机大臣，兼管学部。光绪三十四年，督办粤汉铁路。

御 人

心术当慎

（梁）国治笃①孝友，与兄孪生，兄早卒，终生不称寿，事嫂如母。治事敬慎缜密。生平无疾遽色，然不可以私干。门下士有求入按察使幕主刑名者，戒之曰："心术不可不慎！"其人请改治钱谷，则曰："刑名不慎，不过杀一人，所杀必有数，且为人所共知。钱谷厉人，十倍刑名，当时不觉。近数十年，远或数百年，流毒至于无穷，且未有已！"卒不许。

（《清史稿》卷三百二十，梁国治传）

【注释】

①笃：重视。

【译文】

梁国治重视孝、友之情，他与哥哥是孪生兄弟，哥哥早亡，他一生不做寿，事奉嫂嫂如事奉母亲一样。办事谨慎周密，从来没有疾言厉色，然而也不能以私情相求。他门下有人请求到按察使手下充当管刑名的幕僚，梁国治告诫他说："办事居心不能不特别慎重！"这个人又请求改管钱粮，国治就说："刑名不慎，不过错杀一人而已，错杀的必定有限，而且人所共知。钱粮上不慎而害人，比刑名厉害10倍，当时还不觉得。短的几十年，长的几百年，流毒无边无际，而且没有休止！"最终没有同意。

法 制

黎士弘断婚案

甲诉乙悔婚。乡俗婚书各装为卷，书男女生辰。两造固邻旧，女生辰所素悉，伪为卷为证。（黎）士弘先问媒证："乙得甲聘礼若干？行聘时有何客？"媒证出不意，妄举以对。复问甲，所对各异。擘①视卷轴，竹犹青，笑诘之曰："若订婚三载，卷轴竹色犹新，此非临讼伪造者乎？"甲乃服罪。

（《清史稿》卷二百八十五，黎士弘传）

【注释】

①擘（bò）：剖，分开。

【译文】

甲状告乙悔婚。乡里风俗，婚书分别装成一卷，上面写有男女双方的生辰八字。甲乙两方本来为邻里旧识。乙方女儿的生辰，甲方本已知道，因而伪造婚书，以此为证。黎士弘先问媒人："乙得甲的聘礼有多少？行聘时有什么客人在场？"媒人因为出于意料之外，就胡乱说些物品人名来对答。又以同样的问题问甲，所得的回答不一样，将婚书卷轴剖开来看，竹子还是青的，便笑着质问甲说："如果订婚有了3年，婚书卷轴还是青的，这难道不是告状前临时伪造的吗？"甲方于是认罪。

黎士弘智拿左梅伯

县吏左梅伯有叔富而无子，梅伯纠贼劫杀之，获贼而梅伯逃。（黎）士弘抵任，叔妻哭诉，阴迹梅伯匿安福①势宦家，故缓词曰："此旧事。前官不了，余安能按之？"数月，梅伯归，叔妻复诉，置不问，梅伯且出收叔遗产，叔妻号于庭曰："公号廉明，今宽杀人者罪,且占寡妇田,何得为廉明!"阳怒,批其牍曰:"止问田土,不问人命。"梅伯益自得,赴县诉理,乃笑谓曰:"候汝三载矣!"批其牍曰:"止问人命,不问田土。"梅伯遂伏法。

(《清史稿》卷二百八十五,黎士弘传)

【注释】

①安福:县名。今属江西省。

【译文】

县衙门的小官左梅伯有个叔叔,很有钱却没有儿子,梅伯纠集了一伙强盗去叔叔家抢劫杀人,强盗被抓获而梅伯却逃跑了。黎士弘到任,被杀叔叔的妻子来哭诉,黎士弘已暗地查访到梅伯藏在安福县一个有权势的大官家,因而故意推诿道:"这是以前的案子,我的前任没能了结,我怎么办得了呢?"几个月后,梅伯回来,叔叔的妻子又来哭诉,黎士弘仍置之不理。梅伯又出来接收叔叔的遗产,叔叔的妻子在公堂上号哭道:"老爷号称廉明,如今宽赦杀人犯的罪,又听任他占夺寡妇的田户,怎么称得上廉明!"黎士弘装作大怒的样子,在案卷上批道:"只问他抢夺田产之罪,不问他杀人之罪。"梅伯更加得意,到县衙来辩讼,黎士弘笑着对他说:"我已等你3年了!"在案卷上又批道:"只问杀人之罪,不问抢田户之罪。"梅伯于是被处死。

马如龙断案

(康熙)十六年,授直隶滦州①知州。州民猾而多盗,如龙锄暴安良,豪右敛迹。州有民杀人而埋其尸,四十年矣;如龙宿逆旅,得白骨,问之,曰:"此屋十易主矣。"絷最初一人至,钩其情得实,置诸法。昌平②有杀人狱不得其主名,使如龙按之。阅状,则民父子杀于僧寺,并及僧五,而居民旁二姓皆与民有连,问之,谢不知。使迹之,二人相与语曰:"孰谓马公察,易欺耳。"执讯之,乃服。自是民颂如龙能折狱。

(《清史稿》卷四百五十六,马如龙传)

【注释】

①滦州:治所在今河北滦县。②昌平:州名。治所即今北京市昌平区。

【译文】

康熙十六年,马如龙被授为直隶滦州知州。滦州民风刁猾,盗贼猖獗,马如龙除暴安良,豪右销声匿迹。州里有人杀人并掩埋了尸体,一直隐瞒了40年;马如龙借宿客店,发现白骨,问客店的人,说:"这房子已换了10个主人了。"马如龙就把第一个屋主抓来,拷问他供出实情,便把他依法治罪。昌平州有杀人的案子,找不到主谋,请马如龙去调查处理。马如龙翻阅案宗,原来是一家父子被杀于寺庙中,另外还有5个和尚被害,而这一家两边居住的两姓人家都与死者有来往,审问他们,他们却说不知情。马如龙派人跟踪,这两个人在一起说:"谁说马老爷明察秋毫,其实很好欺骗。"将这两人抓回衙门审讯,这才服罪。从此老百姓都称颂马如龙善于断案。

军　事

林则徐禁烟斗英国人

（嘉庆）十八年，鸿胪寺卿黄爵滋请禁鸦片烟，下中外大臣议。则徐请用重典，言："此祸不除，十年之后，不惟无可筹之饷，且无可用之兵。"宣宗深韪之，命入觐，召对十九次。授钦差大臣，赴广东查办，十九年春，至。总督邓廷桢已严申禁令，捕拿烟犯，洋商查顿先避回国。则徐知水师提督关天培忠勇可用，令整兵严备。檄谕英国领事义律查缴烟土，驱逐趸船，呈出烟土二万余箱，亲莅虎门验收，焚于海滨。四十余日始尽。请定洋商夹带鸦片罪名，依化外有犯之例，人即正法，货物入官，责具甘结。他国皆听命，独义律枝梧未从。于是阅视沿海炮台，以虎门为第一门户，横档山、武山为第二门户，大小虎山为第三门户。海道至横档分为二支，右多暗沙，左经武山前，水深，洋船由之出入。关天培创议于此设木排铁链二重，又增筑虎门之河角炮台，英国商船后至者不敢入。义律请令赴澳门载货，冀囤烟私贩，严斥拒之，潜泊尖沙嘴外洋。

会有英人殴毙华民，抗不交犯，遂断其食物，撤买办，工人以困之。七月，义律籍索食为名，以货船载兵犯九龙山炮台，参将赖恩爵击走之。疏闻，帝喜悦，报曰："既有此举，不可再示柔弱。不患卿等孟浪，但戒卿等畏葸①。"御史步际桐言出结徒虚文，则徐以彼国重然诺，不肯出结，愈不能不向索取，持之益坚。寻义律洮澳门洋酋转圜，愿令载烟之船回国，货船听官查验。九月，商船已具结进口，义律遣兵船阻之，开炮来攻，关天培率游击麦廷章奋击败之。十月，又犯虎门官涌，官军分五路进攻，六战皆捷。诏停止贸易，宣示罪状，饬福建、浙江、江苏严防海口。先已授则徐两江总督。至是调补两广。府尹曾望颜请罢各国通商，禁渔船出洋。则徐疏言："自断英国贸易，他国喜，此盈彼绌，正可以夷制夷。如概与之绝，转恐联为一气。粤民以海为生，概禁出洋，其势不可终日。"时英船寄椗外洋，以利诱奸民接济销烟。二十年春，令关天培密装炮械，雇渔船疍户②出洋设伏，候夜顺风纵火，焚毁附夷匪船，接济始断。五月，再焚夷船于磨刀洋③。谍知新来敌船扬帆北向，疏请沿海各省戒严。又言夷情诡谲，若迳赴天津求通贸易，请优示怀柔，依嘉庆年间成例，将递词人由内地送粤。

六月，英船至厦门，为闽浙总督邓廷桢所拒。其犯浙者陷定海，掠宁波。则徐上疏自请治罪，密陈兵事不可中止，略曰："英夷所憾在粤而滋扰于浙，虽变动出于意外，其穷蹙实在意中。惟其虚骄性成，愈穷蹙时，愈欲显其桀骜，试其恫喝，甚且别生秘计，冀售其奸；一切不得行，仍必贴耳俯伏。第恐议者以为内地船炮非外夷之敌，与其旷日持久，不如设法羁縻。抑知夷情无厌，得步进步，威不能克，患无已时。他国纷纷效尤，不可不虑。"因请戴罪赴浙，随营自效。七月，义律至天津，投书总督琦善，言广东烧烟之衅，起自则徐及邓廷桢二人，索价不与，又遭诟逐，故越境呈诉。琦善据以上闻，上意始动。

时英船在粤窥伺，复连败之莲花峰下及龙穴洲。捷书未上，九月，诏曰："鸦片流毒内地，特遣林则徐会同邓廷桢查办，原期肃清内地，断绝来源，随地随时，妥为办理。乃自查办以来，内而奸民犯法不能净尽，外而兴贩来源并未断绝，沿海各省纷纷征调，糜饷劳师，皆林则徐等办理不善之所致。"下则徐等严议，饬即来京，以琦善代之。寻议革职，命仍回广东备查问差委。琦善至，义律要求赔偿烟价，厦门、福州开埠通商，上怒，复命备战。二十一年春，予则徐四品卿衔，赴浙江镇海协防。时琦善虽以擅与香港逮治，和战仍无定局。五月，诏斥则徐在粤不能德威并用，褫卿衔，遣戍伊犁。会河决开封，中途奉命襄办塞决，二十二年，工竣，仍赴戍，而浙江、江南师屡败。是年秋，和议遂成。

（《清史稿》卷三百六十九，林则徐传）

【注释】

①葸（xǐ）：害怕，胆怯。②蛋（dàn）户：也称蛋民。水上居民。世代从事渔业和水上运输业，多以船为家。③磨刀洋：磨刀角外海面。磨刀角，在今广东中山市南。清设水师把总防守。

【译文】

嘉庆十八年，鸿胪寺卿黄爵滋提议禁烟；下转朝廷内外大臣讨论。林则徐要求施以严法，说："这个祸害不除掉，10年之后，不但无法筹集军饷，而且也找不到可以打仗的士兵。"宣宗皇帝表示同意，命他入宫觐见，接连19次召问对答。又授任他为钦差大臣，赴广东查办禁烟，十九年春，到达广东。总督邓廷桢已明令禁止贩卖鸦片，加紧捉拿烟犯，外商查顿已预先逃避回国。林则徐知道水军提督关天培忠诚勇敢，就命令他整顿军队严加防备。檄令英国领事义律查缴烟土，驱逐囤积鸦片趸船，勒令交出鸦片两万多箱，林则徐亲自到虎门验收，在海边焚毁，花了40天才销毁完毕。又奏请定下外商夹带鸦片罪名，按照外国人触犯中国法律的规定，人立即依法处置，货物没收，并要责令具结。其他国家都依从规定，只有义律支支吾吾不听从。林则徐于是视察沿海炮台，以虎门为第一门户，横档山、武山为第二门户，大小虎山为第三门户。到横档的海路分为两条，右边一条多暗沙，左边一条经过武山前，水深，外国船只由此出入。关天培提议在这里设置两层木排铁链，又增修了虎门的河角炮台，英国商船中后到的不敢进入。义律要求到澳门装货，企图把鸦片交给私贩，林则徐严词拒绝了，英船就秘密地停止在尖沙嘴外洋。

当时有英国人将中国平民殴打致死，英方坚持不交杀人犯，中方就断了英国使馆的食品供应，撤回买办、工人来惩罚。七月，义律以寻找食物为名，用货船装载士兵进犯九龙山炮台，参将赖恩爵将其击退。奏章上报朝廷，皇上非常高兴，说道："既然有此举动，不可再示柔弱。我不怕你们鲁莽，只怕你们胆怯退让。"御史步际桐说具结只不过一纸空文，林则徐认为英国信守已定的诺言，他们越是不肯具结，我们越是不能不向他们索取，林则徐更加坚持自己的意见。不久义律请了澳门的总督来斡旋，愿意让装了鸦片的船回国，货船听任官方查验。九月，商船已经具结开进港口，义律派军船阻拦，开炮来攻打，关天培率领游击麦廷章奋力作战，将他打败。十月，又进犯虎门官涌，清军分五路进攻，六战都告捷。皇上下诏停止与英国的贸易，公布了义律的罪状，敕令福建、浙江、江苏对入海口严加防备。先前已授任林则徐为两江总督，这时又调任两广总督。府尹曾望颜建议停止与各国通商，禁止渔船出洋。林则徐上疏说道："自从断了与英国的贸易，其他国家就很高兴，一边停止贸易，另一边扩大贸易，正好以夷制夷。如果一概断绝贸易，反而要担心他们连成一气。广东人民以海洋为谋生之所，一概禁止出洋，势必一天也不行。"当时英国船只停泊在外洋，用金钱收买渔民与它接应销售鸦片。嘉庆二十年春，林则徐命令关天培暗地装置火炮器械，雇用渔船疍民出海设下埋伏，等到夜里顺风点火，烧掉了为英国人卖鸦片的渔船，与英船的接应就断绝了。五月，在磨刀洋烧毁了英国船只。侦察到消息说新来的敌船向北航行，林则徐就上奏要求沿海各省戒严。又说英国人性情狡猾，如果直奔天津要求开通贸易，建议我方运用怀柔政策，按嘉庆年间惯例，把传递消息的人从内地押送到广东。

六月，英国船只到达厦门，被闽浙总督邓廷桢拦阻。进犯浙江的敌船却攻陷定海，扰掠宁波。林则徐上疏要求治自己的罪，又密陈军事行动不可中止，大略说道："英国人吃亏是在广东，到浙江却滋扰，虽然变动出于意外，英国人的困窘却是在意料之中。只是英国人生性虚荣骄横，越是困窘，越要显得他们桀骜不驯，进行恐吓，甚至别生奸计，图使阴谋得逞；这一切如果不奏效，他们才不得不低头顺从。我担心有人认为内地的船舰枪炮不是外国人对手，与其和外国人旷日持久地对抗，不如想办法给一点好处来笼络他们。岂知外国人贪得无厌，得寸进尺，气焰不能消退，祸害却无穷尽。其他国家纷纷效仿，这些不能不仔细考虑。"便请求戴罪赴浙江，跟随部队效力。七月，义律到天津，给总督琦善写信，说广东焚烧鸦片引起的纠纷，起因在于林则徐和邓廷桢两人，向他们要烟价不给，又遭到辱骂驱逐，所以越过省境到天津申诉，琦善以此报告给皇上，皇上开始动摇了。

当时英国船只在广东窥探，清军又连连在莲花峰下和龙穴洲将其打败。捷报还未呈报上去，九月，皇上下诏书说："鸦片流毒到内地，特派遣林则徐会同邓廷桢一同查办，原先期望肃清内地流毒，断绝鸦片来源，随地随时，妥为办理。然而自从查办以来，对内不能全面处理犯法奸民，对外不能切断贩卖来源，沿海各省纷纷征调军队，浪费饷银，劳累军队，都是林则徐等办理不善所致。"将林则徐等交送法司议罪，敕令他马上来京城，派琦善接替。不久决议革去林则徐的职务，命他仍然回广东以备查问。琦善到后，义律要求赔偿烟价，厦门、福州开埠通商，皇上震怒，又命令备战。嘉庆二十一年春，给林则徐四品卿衔，到浙江镇海协助防务。当时琦善虽然因擅自割让香港被逮捕法办，但，是和是战仍然没有定下来，五月，皇上下诏斥责林则徐在广东不能恩威并用，削夺卿衔，流放到伊犁戍边，适逢黄河在开封决口，林则徐在流放途中奉命协助堵塞决口事宜。嘉庆二十二年,工程竣工,仍然上路到伊犁,而此时浙江、江南军队不断打败仗,当年秋天,停战条约就签订了。

英人占据香港

义律①数索香港,志在必得,琦善当事急,佯许之而不敢上闻。至是,义律献出所据炮台,并愿缴还定海以易香港全岛,别议通商章程。琦善亲与相见莲花城定议,往返传语,由差遣之鲍鹏将事,同城将军、巡抚皆不预知。及英人占据香港,出示安民,巡抚怡良奏闻,琦善方疏陈:"地势无可扼,军械无可恃,兵力不坚,如与交锋,实无把握,不如暂事羁縻。"上益怒,诏斥琦善擅予香港,擅许通商之罪,褫职逮治,籍没家产。英兵遂夺虎门靖远炮台,提督关天培死之。

奕山等至,战复不利,广州危急,许以烟价六百万两,围始解,而福建、浙江复被扰。琦善逮京,谳论大辟,寻释之,命赴浙江军营效力。未至,改发军台。(道光)二十二年②,浙师复败,吴淞不守,英兵遂入江,江宁③戒严,于是耆英、伊里布等定和议,海内莫不以罢战言和归咎于琦善为作俑之始矣。

(《清史稿》卷三百七十,琦善传)

【注释】

①义律:英国人。清道光十四年(1834年)以船务总督身份随律劳卑来华。两年后充任驻华商务监督。林则徐禁烟以后,他是对中国发动侵略战争的主要策划者和指挥者。②道光二十二年:1842年。③江宁:今南京市。

【译文】

英国人义律多次索要香港,志在必得,琦善被逼无奈,假装答应了他而不敢报告皇上。到这时,义律交出所占据的炮台,并希望交还定海来换取香港全岛,另外商议通商章程。琦善亲自和他在莲花城见面商订协议。往来传话,由差遣的鲍鹏办理,同城的将军、巡抚都不知情。等到英国人占领了香港,出了安民告示,巡抚怡良上奏了皇上,琦善才上奏章辩解:"香港地势不够险要,军械不足依靠,兵力不算强大,如果与英国人交锋,实在没有把握取胜,不如暂时牵制,再作打算。"皇上非常生气,下诏斥责琦善擅自让出香港,擅自允许通商的罪行,撤掉他的官职,逮捕法办,抄没家产。英军便抢占了虎门靖远炮台,提督关天培在此殉难。

奕山等人到后,交战又遭失败,广州危急,向英军许诺给烟价600万两银子,才得以解围,而福建、浙江又被英军侵扰。琦善被抓到京城,定为死罪,不久又被释放,命他到浙江军营效力。还没到浙江,又改派到军台。道光二十二年,浙江军队又打败了,吴淞失守,英军进入长江,江宁戒严,于是耆英、伊里布等签订了《南京条约》。海内人士都将罢战言和归咎于琦善首开恶例。

理 财

李鸿宾销盐

二年①，擢湖广总督。初，湖广行销淮盐，用封轮法，大商垄断，小商向隅。甫改开轮，又有跌价争售之害。鸿宾请设公司，签商经理，无论盐船到岸先后，小商随到随售，大商按所到各家计引②均销。试行两月后，贩运踊跃，著为令。

（《清史稿》卷三百六十六，李鸿宾传）

【注释】

①二年：指道光二年，即1822年。②引：盐引。清代盐商纳课、支盐、运销之凭证。

【译文】

道光二年，李鸿宾升为湖广总督，以前，湖广销售淮盐，用封轮法，市场被大商垄断，小商被排挤。现在刚改为开轮，又有跌价争售的弊病。李鸿宾要求设立公司，与商人签约经销，不论盐船到岸先后，小商人随到随发售，大商人按来的商家所领盐引配销数额分配销售。这一方法试行两个月后，淮盐贩运踊跃，定为法规。

于成龙清廉之事

（康熙）十九年，擢直隶巡抚，莅任，戒州县私加火耗①馈遗上官。令既行，道府劾州县，州县即讦道府不得馈遗挟嫌，疏请严定处分，下部议行。宣化所属东西二城与怀安、蔚州二卫旧有水冲沙压地千八百顷，前政金世德请除粮，未行，为民累；成龙复疏请，从之。又以其地夏秋屡被灾，请治赈。别疏劾青县知县赵履谦贪墨，论如律。二十年，入觐，召对，上褒为"清官第一"，因问剿抚黄州土贼状，成龙对："臣惟宣布上威德，未有他能。"问："属吏中亦有清廉否？"成龙以知县谢锡衮、同知何如玉、罗京对。复谕劾赵履谦甚当，成龙奏："履谦过而不改，臣不得已劾之。"上曰："为政当知大体，小聪小察不足尚。人贵始终一节，尔其勉旃！"旋赐帑金千、亲乘良马一，制诗褒宠，并命户部遣官助成龙赈济宣化等处饥民。成龙复疏请缓真定府属五县房租，并全蠲霸州本年钱粮，均报可。是年冬，乞假丧母，优诏许之。

未几，迁江南②江西总督。成龙先后疏荐直隶守道董秉忠、阜城知县王燮、南路通判陈天栋。濒行，复荐通州知州于成龙等。会江宁知府缺，命即以通州知州于成龙擢补。成龙至江南，进属吏诰诫之。革加派，剔积弊，治事尝至达旦。好微行，察知民间疾苦、属吏贤不肖。自奉简陋，日惟以粗粝③蔬食自给。江南俗侈丽，相率易布衣。士大夫家为减舆从、毁丹垩，婚嫁不用音乐，豪猾率家远避。居数月，政化大行。势家惧其不利，构蜚语。明珠秉政，尤与忤。二十二年，副都御史马世济督造漕船还京，劾成龙年衰，为中军副将田万侯所欺蔽。命成龙回奏，成龙引咎乞严谴，诏留任，万侯降调。二十三年，江苏巡抚余国柱入为左都御史，安徽巡抚涂国相迁湖广总督，命成龙兼摄两巡抚事。未几，卒于官。

成龙历官未尝携家属，卒时，将军、都统及僚吏入视，惟笥中绨袍一袭、床头盐豉数器而已。民罢市聚哭，家绘像祀之。赐祭葬，谥清端。内阁学士锡住勘海疆还，上询成龙在官状，锡住奏甚清廉，但因轻信，或为属员欺罔。上曰："于成龙督江南，或言其变更素行，及卒后，始知其始终廉洁，为百姓所称。殆因素性鲠直，不肖挟仇谗害，造为此言耳。居官如成龙，能有几耶？"是年冬，上南巡至江宁，谕知府于成龙曰："尔务效前总督于成龙正直洁清，乃为不负。"又谕大学士等曰："朕博采舆评，咸称于成龙实天下廉吏第一。"加赠太子太保，荫一子入监，复制诗褒之。雍正中，祀贤良祠。

（《清史稿》卷二百七十七，于成龙传）

【注释】

①火耗：明清时附加税之一。存留地方，主要用于官吏养廉。②江南：省名，清顺治二年（1645年）置。治所在江宁府城（今江苏南京市）。康熙六年（1667

年）分为江苏、安徽两省。但此后人们仍习称这两省为江南。③粝（lì）：粗米。

【译文】

　　康熙十九年，于成龙升为直隶巡抚，他到任，就严禁州县私自增加火耗银贿赂上司。禁令颁行之后，道府劾秦州县种种贿赂事实，州县便状告道府不要把正常送礼和贿赂混为一谈，要求严格确定界限，下部议定执行。宣化府所属东城、西城以及怀安、蔚州两卫原来有沙滩地1800顷，前任长官金世德请求免除粮税，没有实行，是农民的负担；于成龙上疏请求免征粮税，减轻农民负担，得到了批准。又考虑到当地夏季秋季经常受灾，请求给予赈济。又另外上疏弹劾青县知县赵履谦贪污，请依法治罪。康熙二十年，进京朝见，皇上召见询问，褒奖他为"清官第一"，并询问进剿黄州土匪的情况，于成龙回答说："臣只是宣扬皇上威德，没有其他能耐。"皇上问他："属吏当中也有清廉的人吗？"于成龙回答说有知县谢锡衮，同知何如玉、罗京清廉。皇上又称赞劾奏赵履谦很对，于成龙说："赵履谦犯错而不知悔改，臣不得已才劾奏他。"皇上说："治政应当懂得注重大体，小聪小察不必崇尚。人所贵的是始终一节，你要好好努力！"随即赏赐黄金1000两，亲乘良马一匹，写诗褒奖，并诏命户部派遣官员协助于成龙赈济宣化等处饥民。于成龙又上疏请求减缓真定府所属五县房租，并全部免除霸州本年钱粮，都得到了批准。当年冬天，于成龙请假为母亲服丧，特诏准许。

　　不久，于成龙升为江南江西总督。于成龙先后上疏推荐直隶守道董秉忠、阜城知县王燮、南路通判陈天栋。临行前，又推荐通州知州于成龙等。适逢江宁知府任缺，诏命提拔通州知州于成龙补任。于成龙到了江南，把属吏召进来加以告诫。废除加征摊派，改革积弊，治理政事时常通宵达旦。他喜欢微服私访，调查了解民间疾苦，属吏贤与不贤等。日常生活十分俭朴，每天吃的是糙米饭和蔬菜。江南民俗追求华丽，在于成龙的影响之下纷纷改穿布衣。士大夫之家也纷纷减少车马随从、毁除油漆粉刷等装饰，婚嫁不用音乐，土豪恶吏举家远逃。几个月以后，政理教化大为改观。权势之家担心于成龙对自己不利，便散布流言蜚语。明珠执掌朝政，便特别同于成龙作对。二十二年，副都御史马世济督造漕运船舶回京，劾奏于成龙年纪衰老，被中军副将田万侯欺骗蒙蔽，诏命于成龙回奏，于成龙引咎自责，请求严惩，下诏留任，田万侯降职调任。二十三年，江苏巡抚余国柱入朝为左都御史，安徽巡抚涂国相迁任湖广总督，命于成龙兼摄江苏、安徽两巡抚事。不久，于成龙死于任上。

　　于成龙任官从未携带家属，去世时，将军、都统及同僚属吏到居室探视，只有竹箱中一件绨袍，床头几个装盐、装豉的器皿。市民罢市哀悼，聚集在一起痛哭，每家每户挂了于成龙的画像祭祀。赐祭仪安葬，赐谥号清端。内阁学士锡住勘察海疆回京，皇上询问于成龙在官具体情况，锡住奏答于成龙非常清廉，只是因为轻信人，有时被属员欺骗。皇上说："于成龙在江南担任总督，有人说他改变了以往的品行，及至他去世之后，才知道他始终廉洁，受百姓称赞。因为他平素耿直，奸人恶徒挟仇逗害他，做官像于成龙这样，能有几人？"这一年冬天，皇上南巡到达江宁，对知府于成龙说："你务必要像前总督于成龙一样正直清廉，才为不负所望。"又告谕大学士等人说："朕广泛听取了众人的评论，都称赞于成龙确实是天下第一廉吏。"加赠太子太保，荫任一子入国子监，又制诗褒奖。雍正年间，入贤良祠祭祀。

刘纶清俭

（刘）纶性至孝，亲丧三年不御酒肉。直军机处十年，与大学士刘统勋同辅政，有"南刘东刘"之称。器度端凝，不见有喜愠色。出入殿门，进止有恒处。自工部侍郎归，买宅数楹。后服官二十年，未尝益一椽半甓①。衣履垢敝不改作，朝必盛服，曰："不敢亵朝章也！"侍郎王昶充军机处章京②，尝严冬有急奏具草，夜半诣纶，纶起燃烛，操笔点定。寒甚，呼家人具酒脯，而厨传已空，仅得白枣十数枚侑酒。其清俭类此。

（《清史稿》卷三百二，刘纶传）

【注释】

①甓（pì）：砖。②章京：指军机处办理文书的官员。

【译文】

刘纶性非常孝顺，为父母服丧的3年里不沾酒肉。在军机处供事10年，和大学士刘统勋一同辅政，有"南刘东刘"的称誉。他器度端正凝重，喜怒不形于表。在大殿中出入，进退举止都有一定地方。当到工部侍郎时归乡，买了几间房子。后来当官20年，未曾添置一砖一瓦。衣服鞋子破烂污旧也不做新的，但上朝一定穿得整齐华美，说："不敢亵渎朝廷圣地。"侍郎王昶当军机处章京，曾经有一次在严冬草拟紧急奏章之后，半夜拜访刘纶，刘纶起床点燃蜡烛，拿起笔修改定稿。天气太寒冷，刘纶叫家里人准备酒肉，而厨房里什么都没有，只拿了

10几颗白枣下酒。他就是这样清正俭省。

李金镛漠河开矿

俄侵占精奇里河①四十八旗屯地,在黑龙江岸东。金镛②争还补丁屯至老瓜林百七十余里,划河定界。漠河者,在瑷珲西,三面界俄,地产金,俄人觊觎之。北洋大臣李鸿章议自开采,以金镛任其事。陆路由墨尔根入,水运由松花江入,各行千余里,僻远无人。披斩荆棘,于万山中设三厂,两年得金三万。事事与俄关涉,难阻百端。又开厂于黑龙江南岸札伊河旁之观音山,皆为北徼名矿。集商赀立公司,流冗远归,商贩渐集,收实边之利焉。

(《清史稿》卷四百五十一,李金镛传)

【注释】

①精奇里河:又名结雅河。黑龙江支流。②金镛:即李金镛,江苏无锡人。任吉林知府,晋升道员。

【译文】

俄国侵占了精奇里河48旗屯地,位于黑龙江东岸。李金镛与俄国力争,俄国还了补丁屯到老瓜林170多里的一段,以河为界。漠河这个地方,坐落在瑷珲西面,三面与俄国交界,出产金矿,俄国人垂涎已久。北洋大臣李鸿章建议我国自己开采,让李金镛主管其事。到漠河,陆路从墨尔根走,水路从松花江走,都有1000多里远,周围荒僻没有人烟。李金镛披荆斩棘,在群山中建立了3座工厂,两年炼得3万两黄金。事事都牵涉到俄国,困难重重。又在黑龙江南岸扎伊河旁的观音山开厂,都是北边有名的金矿山。又吸引商人投资,开设公司,流民都从远方回乡,商贩渐渐汇集于此,收到了充实边防的效果。

朱其昂创招商局

朱其昂,字云甫,江苏宝山人。同治初,从军攻南汇。城贼愿降,要一人入盟,无敢往者,其昂毅然请入受其降,城始下。旋纳赀为通判,累至道员。北洋大臣李鸿章颇奇其才。福州船政造军舰不适用,奏改商船。其昂与其弟其诏创议官商合办,请设轮船招商局,鸿章上其事,遂檄为总办。御史董俊翰劾以力小任重,下鸿章查复,仍力赞其成。于是官商合力开局集股,并收并外人所设旗昌轮船公司以保航权,数年,成效大著。

(《清史稿》卷四百五十二,朱其昂传)

【译文】

朱其昂,字云甫,江苏宝山县人。同治初年,他参军攻打南汇。守城敌兵愿意投降,需要一个人入城订立协议,没人敢去,朱其昂挺身而出进城受降,城才收复。随即他就出钱捐了个通判,一直做到道员。北洋大臣李鸿章惊叹他的才能。福州船政造了艘军舰不能用,奏请改造为商船。朱其昂和他弟弟朱其诏率先提议官商合办,要求设立轮船招商局,李鸿章将这事上奏皇上,于是檄令朱其昂为总办。御史董俊翰弹劾朱其昂能力不足担此大任,皇上下诏让李鸿章调查回复,李鸿章仍极力推举朱其昂。于是官商合力开办招商局,集资入股,并兼并了外商开设的旗昌轮船公司,以保航运主权,几年后,成效非常显著。

德　操

叶方蔼侍讲

　　（顺治）十五年，迁左庶子，再迁侍讲学士。十六年，命充《孝经衍义》总裁，进讲《通鉴》。上问："诸葛亮何如①伊尹？"方蔼对曰："伊尹圣人，可比孔子；诸葛亮大贤，可比颜渊。"上首肯。讲《中庸》，上问："知行孰重？"对曰："宋臣朱熹之说，以次序言，则知先行后；以功夫言，则知轻行重。"上曰："毕竟行重，若不能行，知亦虚知耳。"

（《清史稿》卷二百六十六，叶方蔼传）

【注释】

　　①何如：与……如此怎样。

【译文】

　　顺治十五年，叶方蔼升迁为左庶子，又迁为侍讲学士。第二年，皇上命他担任《孝经衍义》总裁，进宫讲解《资治通鉴》。皇上问他："诸葛亮和伊尹相比怎样？"方蔼回答说："伊尹是圣人，可与孔子相比；诸葛亮是大贤人，可与颜渊相比。"皇上点头同意。讲解《中庸》，皇上问："知和行哪个更为重要？"回答道："按宋朝大臣朱熹的学说，以次序来讲，知在先，行在后；从实践角度讲，则是知为轻，行为重。"皇上说："到底还是行为重，倘若不能付诸实行，知也只是虚知罢了。"

马氏《文通》

　　马建忠，字眉叔，江苏丹徒人。少好学，通经史。愤外患日深，乃专究西学，派赴西洋各国使馆学习洋务。历上书言借款、造路、创设海军、通商、开矿、兴学、储材，北洋大臣李鸿章颇称赏之，所议多采行。累保道员①。光绪七年，鸿章遣建忠赴南洋与英人议鸦片专售事。建忠以鸦片流毒，中外胜谤，当寓禁于征，不可专重税收。时英人持正议者，亦以强开烟禁责其政府，引以为耻。闻建忠言，虽未能遽许，皆称其公。

……建忠博学，善古文辞，尤精欧文，自英、法现行文字以至希腊、拉丁古文，无不兼通。以泰西各国皆有学文程式之书，中文经籍虽皆有规矩隐寓其中，特无有为之比拟而揭示之，遂使学者论文困于句解，知其然而不能知其所以然。乃发愤创为《文通》一书，因西文已有之规矩，于经籍中求其所同所不同者，曲证繁引，以确知中文义例之所在，务令学者明所区别，而后施之于文，各得其当，不唯执笔学为古文词有左宜右有之妙，即学泰西古今一切文学，亦不难精求而会通焉②。书出，学者皆称其精，推为古今特创之作。

（《清史稿》卷四百四十六，马建忠传）

【注释】

①道员：古称观察，俗称道台。官名。始设于明代，清沿置，为省之下，府县之上的地方官员。②焉：语气助词，无实际意义。

【译文】

马建忠，字眉叔，江苏丹徒人。年轻时勤奋好学，通晓经史。因有感于当时外国侵略日益加重，就专门研究西学，由朝廷派到西方各国使馆学习洋务。多次上书谈论借款、修路、创设海军、通商、开矿、兴办学校、培养人才等事，北洋大臣李鸿章极为赏识他，建议多被采纳。又累次被保荐为道员。光绪七年，李鸿章派遣马建忠到南洋和英国人就鸦片专卖进行谈判。马建忠以为鸦片流毒深远，国内外人士极力反对，理应通过征税来禁止鸦片，不能为了增加税收而放开鸦片销售。当时英国人中有正义感的，也都谴责英国政府强制别国放开烟禁，并引以为耻辱。听到马建忠的话，尽管不能马上答应，但都认为说得很公正。

……马建忠学识渊博，熟悉精通古文，又特别精通欧洲语言，从英、法等现代语言到希腊、拉丁等古代语言，没有不娴熟运用的。由于看到西方各国都有学习语言的语法书，汉语的经籍尽管都隐含一定句法、文法，却没有人通过比较而揭示出来，这样学者谈起文章来对句子分析感到十分困难，知其然而不知其所以然。马建忠于是发愤新著《文通》一书，按照西方语言已有的语法规则，在我国的经典文籍中寻求其相通相异之处，广征博引，来探讨认识汉语的语法规则，务必要使学习的人明白各种词语意义用法的区别，然后运用到写作中，以求准确适当，拿起笔来不但学习古文有左宜右宜的妙处，即使学习西方古今一切文学作品，也不难融会贯通。此书一出，学者们都称道它的精深广博，推崇为古今特创之作。

传世故事

康熙帝拘鳌拜亲政

顺治十八年（1661年），清世祖福临去世，临终遗诏索尼、苏克萨哈、遏必隆、鳌拜4人同为顾命大臣，共同辅弼年幼的康熙皇帝（圣祖）。但索尼年老，遏必隆懦弱不争，大权实则由鳌拜掌握，只有苏克萨哈与之抗争。

康熙帝年幼，鳌拜涉政。他与其弟及侄穆里玛、塞本特、讷莫以及班布尔善、阿思哈、噶褚哈、玛尔赛、泰必图、济世、吴格塞等人结党营私，占据朝廷要职。凡遇事都在家中议定，然后再廷宣施行。

康熙帝早就知道鳌拜专横乱政，只是由于鳌拜党羽太多，而且身强力壮，因而一直没有动手剪除。后来康熙帝引进索尼的儿子索额图，让他效力在身边左右，加一等侍卫衔。经过策划，康熙帝专门从宫外选进一批少年侍卫，在宫中练习摔跤的"布库"游戏，准备捕杀鳌拜。康熙八年（1669年）五月戊申这一天，康熙帝先在宫中埋伏布库少年，再诱鳌拜单身入宫，当即令侍卫逮捕拘禁了他。不久，王公大臣们上议揭发鳌拜之罪。皇帝宣布鳌拜大罪三大条，诛灭他弟及侄穆里玛、塞本特以及讷莫，其党羽班布尔善、阿思哈、噶褚哈、泰璧图、吴格塞等人都被诛杀，遏必隆也被夺籍，同时颁诏说："鳌拜愚昧反动，实该夷灭九族。但他效力时间很长，屡有战功，今免他一死，只将其没籍拘禁。"从此，康熙帝开始亲政。

第二年，索额图进为保和殿大学士。康熙十一年（1672年），索额图加任太子太傅。康熙四十二年（1703年），索额图因为"怙恶不悛，结党妄行，议论国事"而被拘禁，后死在狱中。

年羹尧幼时劝父

年羹尧，是清朝功勋卓著的大臣，康熙三十九年（1700年）考中进士，任内阁学士、四川巡抚。后来，镇守西北边疆，一面征讨少数民族军队，一面组织屯垦，开发边疆，西北赖以安定。年羹尧因功高，日见骄横，滥杀无辜，终遭杀身之祸。雍正三年（1725年）十二月，他被逮至京城中，加以罗织的92项罪名，被雍正帝削官夺爵，后又赐死。

年羹尧的父亲年遐龄也是朝廷命官，由兵部主事、刑部郎中一直做到工部侍郎、湖广巡抚，后于康熙四十三年（1704年）因病退休家居。

年家因年遐龄在朝中为官，又精于理财，所以很有钱。年羹尧家庭，他对父亲斤斤计较钱财颇不以为然。年羹尧幼时调皮，不大肯好好学习。他12岁的时候，有一天，又从私塾中逃了学，到郊外去尽兴玩耍。他忽然见到一个老妇人坐在一棵大树下，伤心地哭个不停，连眼睛都哭肿了。年羹尧问老妇人为什么这样悲伤，老妇人悲悲切切地回答说："我家离年老爷家只有十几步远，是紧挨着的邻居。我有4个儿子，却都不学好，喜欢赌博，赌输了钱，竟偷偷将家中的房子卖掉。现在卖房子的字据已经立下了，屋子的新主人催着让房子，一刻也不放松。让房子说说倒是容易，只是叫我这老婆子住到哪儿去呢？"年羹尧很是同情心，便问买屋子的人是谁。这一问，才知道买房者原来是他的父亲年遐龄。年羹尧一听，高兴地对老妇人说："老太太不要担心，买房子的人就是我父亲。我回去想办法，一定帮你解除难处！"于是，年羹尧将老妇人搀扶到自己家中。

回家后，年羹尧劝说父亲把立下的卖房契据退还给老妇人。年遐龄已经花了钱，舍不得将契据拿出来。于是，年羹尧又去找自己的母亲，缠着母亲要卖房契据。年母十分疼爱儿子，便将契据从年遐龄手中要了过来，交给年羹尧。年羹尧拿过契据，二话不说，一把火将它烧掉了，叫老妇人叩谢年遐龄。年遐龄气得说不出话来，却也无法。

炎武气节源老母

明末清初伟大思想家、学者顾炎武，自小聪慧过人，读书一目十行，14岁即补诸生，这时尚在明朝。顾炎武见时世多故，所以不图仕进，讲求经世之学。他曾参与明末"复社"的活动，清兵南下后，跟从昆山县令杨永言等举兵反抗，当时的鲁王曾授予他兵部司务之职。失败后，侥幸得脱，遍游各地，考察山川形势、风土人情，有反清复明之心。

顾炎武当清人入主之时，始终保持民族气节，这与他母亲王氏对他的教育激励不无关系。清兵入关占领北京后，又挥师南下，一路奏凯，腐败的明王朝已无多少抵抗之力。顾炎武的母亲居住在常熟的语谚泾，位于昆山和常熟两县之间。没过多少时候，清兵就顺利地打过长江，相继占领了昆山、常熟。顾母听到昆山、常熟沦陷的消息后，就不再吃东西，绝食了15天，终于去世。待安葬完毕，清兵也到了语谚泾。顾炎武的母亲临终时，曾谆谆告诫顾炎武说："我虽然身为妇道，但同样身受明朝的恩惠，所以和国家一道灭亡，这是应有的忠诚气节。你应该不事二姓，不要做别朝的臣子，不要辜负世世代代所受的明朝之恩，也不要忘记祖先的教诲。这样，我在九泉之下也就可以瞑目了！"

母亲去世前的遗言给顾炎武以很大激励。他跟从杨永言举兵反抗失败后，唐王朱聿锷在广西，曾任命顾炎武为兵部职方郎，召他前往。顾炎武因适逢母丧，没有去得成。此后，便开始了他的游历各省的流离生活。他曾遍历关塞，四谒孝陵，六谒思陵，表现了他不忘故国的志节。晚年，他卜居陕西的华阴。之所以卜居华阴，也完全是出于政治上的考虑，他认为陕西为旧秦地，秦人仰慕经学，看重处士，敢于指斥朝政，这些都是别地人难以相比的。再说华阴地当要冲，足不出户，便能见天下之人，闻天下之事。一旦有事，入山固守险要，不过十数里远。如果有志匡扶天下，那么一出关门，便有居高临下之势。总而言之，他仍然有着不忘恢复故国的宿志。只是到后来，他见到天下大势已定，明朝气数殆尽，恢复完全无望，才一心转向学术，研究经世之学，提倡经世致用，开清代朴学风气。他的诗作中，仍然有许多感事之作，块垒之气，溢满其间，常流露出对清军入侵的不满。清廷因为他的名望，曾几次征召他出来做官，他都坚决推辞，终其一生，都采取与清朝统治者不合作的态度，保持了一个旧时代知识分子的民族气节。

武训兴学

武训本来没有名字。他是山东堂邑县（今山东省聊城市西北）的一个乞丐，因为他排行第七，认得他的人，根据民间的习惯，就把他称作武七。那时人们的排行方法，叫做"大排行"，叔叔大爷的孩子们，就是堂兄弟，都在一起排。其实，武训的兄弟并不多，并且，他从小就失去了父亲，是母亲带着他，四处讨饭为生。

他逐渐懂事之后，对待母亲非常孝敬。只要讨到钱，就一定要买一点比较好吃的东西给母亲吃。母亲死后，他一面给人家打工，一面讨饭。

他最感到遗憾的是自己没有读过书，不识字。因此，他下决心要攒钱办学校，让穷人的孩子能够读上书。他把讨来的钱一点一滴地积攒下来，够一定数目了，就寄存到一位富人的家里。当他已经讨了30年饭了的时候，他用攒下的钱买下了230多亩地。有这些土地，在当地已经可以算作是一个不小的地主了。但他还是穿着破烂的衣服，白天继续讨饭攒钱，晚上就在自己家里织布。有人见他人老实，能干，就给他提亲，劝他娶个媳妇，他也婉言谢绝了。

又攒了几年，他的钱终于够盖一所小学堂的了，他就用了4000多两银子，在自己的家乡柳林庄办起了一所义学。"义学"就是专收穷人家子弟的免费学校。他把自己的全部土地也都捐给了这所学校，作为学校的财产和经费的来源。这所义学分为两部分，一部分叫做蒙学，就是打基础的部分；另一部分叫做经学，学习四书五经。

开学那天，他先拜先生，后拜学生，然后设宴款待先生。他不上桌吃饭，而是毕恭毕敬地侍立在门外，等老师吃完了，他才吃剩下的饭菜。他说，这是因为他是个叫花子，没有资格同先生身份平等。

以后，他经常到学校来看看。如果遇到先生睡午觉，或者学生正在游戏，他就默默地跪在床边，有时先生为这事大吃一惊。师生们也经常以武七的事迹互相勉励。武七如果听说哪个学生学习不努力，就会难过得落泪。

有一次武七讨饭来到馆陶（今山东省馆陶县北），遇到一位僧人了证。这位僧人在鸦庄也想办一所学校，钱却不够，武训就赠给了证几百缗，帮助他建成了这所学校。

后来，武训又拿出1000多两银子，在临清（今山东省临清市）建了一所学堂。

这时，官府也表彰了他的勤勉，还赠给他一个名字叫武训。他建起的这两所小学也都以他的名子命名。

武训终身未娶，却经常拿出钱来周济穷人，也不对别人讲。光绪二十二年（1896年），他59岁的时候，得了重病，生命垂危。这时，他正住在临清的义学里。他让人把他的病床抬到教室的外面，当他听到学生们的读书声的时候，微笑着离开了人世。

当地人们很怀念他，就为他刻了像。

陶元淳审案正气凛然

清康熙年间进士陶元淳,授广东琼州昌化知县,委署崖州知州。清代海南岛上的驻军,依仗"天高皇帝远",无法无天,骄横恣肆。有个守备叫黄镇中,用法律规定之外的酷刑残杀百姓,被杀者的亲属提出控告,游击余虎却不予过问,故意放纵部下。余虎自己也是一个贪得无厌的武官,他曾多次强逼黎族百姓向他献纳财物,岛上百姓怨声载道。

陶元淳上任后,短短几天就收到百姓们控告余、黄等人的诉状100多起。经过详细查证后,陶元淳条列余虎、黄镇中等人6款罪状呈送上司。余虎闻讯后,唯恐恶事上闻,他竭力向陶元淳表示亲善,并馈送白银100两,恳求他停止追究。陶元淳严词拒绝了余虎的收买,继续追查此案。余虎大怒,采取以攻为守的策略,书写揭帖,制造谣言,给陶元淳审办此案制造种种麻烦。

当时的两广总督石琳,见到揭帖后,指令琼州镇总兵参与会审此案。陶元淳对这一越法决定坚决予以抵制,他向上司发出申述说:"按国家法律,私人揭帖不应传发审理,镇将不得干预地方政事。倘若一定这样做,其结果必然会挫伤地方官员的任事积极性,使他们灰心。我陶元淳宁可弃官不做,以维护国家政体的尊严,而决不会匍伏在目无法纪的武官面前,使州县守令蒙羞!"他总算顶住了让总兵会审的指令。

当他开始审理黄镇中非法杀人一案的时候,一贯横行无忌的黄镇中竟然命令全副武装的兵士100人气势汹汹地拥进知州衙署进行威胁。州里的衙役吓破了胆,纷纷后退。陶元淳正气凛然,怒眼圆睁,重重在桌案上拍了一掌,站了起来,大声斥责道:"本州奉命审理案件,黄镇中作为被告,竟敢以守备之身带兵胁持,藐视国法,目无官府,这不是造反又是什么!"黄镇中被陶元淳的严正气势慑服了,连忙叫兵丁退了下去。

审讯的结果,判了黄镇中有罪,依法作了处置。消息传出之后,崖州百姓无不拍手称快,他们说:"黄镇中尽管有余虎撑腰,还是敌不住陶知州的冲冠一怒。"从此,驻军官兵的行为有所收敛。每当陶元淳有事到府,总兵就得警告下属道:"陶元淳来了,少出去惹事!"

可是,总督石琳对于陶元淳的倔强抗命,却一直耿耿于怀,多次借故整他,又想在3年一次考核外官的"大计"中,以不合格为由,将他劾罢。但新任广东巡抚萧永藻不同意,他心想:"我刚刚到任,就弹劾一个颇有清正名气的知县,以后怎么领导属员?"经他对总督婉言劝解,陶元淳才免遭斥黜。

武亿怒斥京官

清代乾隆年间的著名学者武亿,擅长金石文字之学。他仅当过7个月的知县,但政绩赫然,举世为之注目。

乾隆五十七年,把持朝政的大学士和珅,又兼领步兵统领。他不知从哪里听说山东的一个造反组织的头头王伦,并不像一般人说的那样已经死了,而是还在进行隐蔽活动。和珅便秘密派遣许多番役,四出寻踪查访。以杜成德、曹君锡为头目的一批13个人进入山东。他们带着武器,横行各州县间,不用说老百姓不敢惹,就是地方官吏也不敢稍有得罪。

杜成德等人来到了山东博山县,他们盛气凌人地闯进一家又一家的酒店饭店,狂呼叫啸,恣意纵饮。刚上任不久的知县武亿,进士出身,性格正直豪放,听说有外来差役横行,勃然大怒,马上派出衙役多人,将那伙飞扬跋扈、招摇过市的差役押到县衙。

杜成德被押到武亿面前,县里的衙役要他跪下,他不仅不跪,反而更加气焰嚣张地疯狂咆哮。他拿出自己的出差令牌,恶狠狠地往堂上一扔,瞋目厉声,对着知县吼叫道:"我等遵奉京师九门提督府牌,出京缉拿要犯,你是个什么官,胆敢阻挠我等行动!"

武知县拿起令牌,扫了一眼,放在桌上,大声叱斥杜成德道:"令牌令你到地方后,报告有司衙门,求得协助缉捕,你等来到博山已有3天,不来拜见县官,这不叫违令,又叫做什么?而且令牌清楚写明只有差役二人,其他11人都是干什么的?"杜成德没有想到还有不怕和相的七品知县。他被武亿的威势慑服了,一时无言可答,但还是桀骜不驯,凶焰不减。武亿喝令县役,将违法扰民的差役杜成德重杖数十。当地百姓闻讯,无不拍手称快。

可是,武亿的行动引起了山东地方长官的恐惧和怨恨。他们纷纷抱怨武亿行事鲁莽,给地方闯了大祸。山东巡抚吉庆马上以杖责九门提督差役的罪名,上疏劾奏武亿,并将奏疏副本抄呈和珅。老奸巨猾的和珅心想,按法律条例规定,九门提督不应当向京城以外派出差役;而你吉庆这般张扬其事,明为弹劾武亿,实际上无异于揭露我派遣差役出京的不当,这不是在暗地表彰武亿是一个强项县令吗？想到这里，和珅冷冷一笑，命人将奏疏副本退给山东巡抚。吉庆其实只是胆小怕事，只顾保全自己，并没有想得那么多。讨了这个没趣之后，别无他法，只好同僚属们想了一个任性行杖、滥责平民的莫名其妙的罪名，弹劾武亿，而煞费苦心地避开了直书其事。武知县就由此被罢官了。从他就任到撤职，仅仅7个月。

当武亿被罢官的消息传出后，博山的老百姓扶老携幼，1100多人前往拜见巡抚，要求留下这个难得的好官。吉庆见此情景，也颇受感动，他对百姓们说："我一定设法还你们的好知县，你们先回去看我的行动。"老百姓们又来到武亿暂住的地方，给他送柴送米，求他千万不要马上回乡。

山东巡抚吉庆也确实有些后悔，他进京觐见时，就带着武亿一同前往，意在帮他筹集金钱，谋求捐复官职。进京后，大学士阿桂怨他说："国家条令原本禁止番役出京，你怎么这样糊涂，竟然隐去真相，将依法行事的县令劾罢？"可这时和珅总揽大权，吏部由他控制，驳回了让武亿复职的请求。不过，从此和珅再也不敢派遣差役出京了。

几年以后，乾隆皇帝一死，和珅也就倒了台，大臣们纷纷举荐武亿。嘉庆皇帝即刻下令吏部调取武亿进京引见。当河南偃师县的知县捧着檄文来到武亿家里的时候，武亿已经在一个月前死了。

李毓昌壮志未酬

嘉庆十三年，苏北淮安一带发生水灾，地方政府拨款进行了赈灾救济工作。第二年，两江总督铁保委派新分发来的候补知县李毓昌，前往淮安府所属山阳县核查赈灾情况。

李毓昌新中进士，初踏官场，一腔热血，亟想报国安民。他带着仆人李祥、顾祥、马连升3人，急忙赶到山阳。他走村串户，访问灾民，了解了许多救灾工作中骇人听闻的贪赃现象，特别是查得山阳知县王伸汉浮开灾户、冒领赈款的行为，使他感到愤怒。他详列清单，准备具文上报。

李毓昌的仆人李祥是个奸诈狠毒的家伙，他和王伸汉的仆人包祥又是朋友。李祥悄悄地将自家主人已经掌握王伸汉冒领赈款的事告诉了包祥，并说主人正准备具文上报。包祥又将消息传给了王伸汉。王伸汉心里有鬼，极为恐惧，先是想通过李祥贿赂李毓昌，但遭到了李毓昌的拒绝。于是，王伸汉就和包祥、李祥密谋盗走他的调查材料，又没有成功。王伸汉无计可施，只得与李祥等人串通，计划对李毓昌狠下毒手了。

当李毓昌调查完毕，即将离开山阳时，王伸汉置酒为他饯行。李毓昌克制着内心的鄙视，礼节性地应邀出席。晚上回到寓所后，口渴要茶喝，李祥将放有毒药的水端给了他。睡了一会，腹痛难忍，挣扎着要起来。这时，包祥急忙过来从后面抱住他的头部，李毓昌觉得有些不对，怒目而视，叱问道："你想干什么！"李祥在旁边狞笑着说："我们不想再伺候你了。"马连升解下自己腰间系的带子，四仆一齐动手，竟将李毓昌活活勒死。然后，他们将尸体挂在梁上，急忙跑到县里报告说，主人于半夜自缢身亡。王伸汉故作吃惊，当即前来看验，自然也是以自缢上报。淮安知府王毂，是王伸汉一党，他也派人前来检验。验尸人向他报告说："发现尸体口中有血。"王毂大为不满，将验尸人杖责一顿，仍然以自缢上报。

几天以后，李毓昌的族叔李太清一行从山东即墨老家前来接回遗体。李太清等人在清理李毓昌的遗物时，从一本书中发现夹有一页纸片，上面写道："山阳知县冒赈，以金钱贿买毓昌，毓昌不敢受，深恐上负天子，下愧灾民。"明显这是他写给总督的呈文的残稿，李祥等人未曾找到，侥幸存留下来。

李太清回家后，家人开棺看视，深信是被谋害而死。李太清立志要为侄儿申冤雪恨，他马上前往北京，到都察院告了状。嘉庆皇帝命山东巡抚吉纶、按察使朱锡爵主持开棺验尸。经过水银洗刷、蒸骨检验等技术分析，确认李毓昌是中毒而未曾死，又被缢杀的。吉纶复奏后，皇帝命逮王毂、王伸汉及诸仆来刑部会审，各犯一一供认不讳，冤情于是大白。

结果，处王伸汉、包祥、顾祥、马连升等斩刑，王毂绞决。又命将恶仆李祥押至山东，在李毓昌墓前，先刑夹再处死，并挖出心肝祭奠死者。其他有关失职官吏，总督铁保、同知林永升均革职，遣戍乌鲁木齐。巡抚汪日章革职。江宁布政使杨护、江苏按察使胡克家革职留河工效力。其余佐贰杂职，徒流杖责者有8人。案定以后，又追赠李毓昌知府衔，赐其嗣子举人身份。李太清本是武秀才，亦赐武举人身份。嘉庆皇帝还亲撰《悯忠诗》30韵，刻于墓碑，以示旌表。

邵晋涵受教苦读成才

邵晋涵是清代著名学者，字与桐，号二云，南江余姚（今属浙江）人。

邵晋涵少年时，晚上总是和祖父邵向荣一道睡。邵向荣是个有心人，一心要把邵晋涵培养成才，所以对他的学习督促甚严。每到深夜，邵向荣只要一觉睡醒过来，总是抓住邵晋涵的腿，把孙子摇醒，叫他背诵白天所读的书；或者举出经籍史书中的疑难之处，耐心地讲解给他听。有时候，又列举前代名贤的种种事迹，教育邵晋涵。如果邵晋涵记不住祖父所讲授的东西，邵向荣就一直摇着他，不让他安然入睡，直到邵晋涵牢记不忘为止。

邵向荣向来以这样的方法督促孙子读书。以今天的眼光看来，邵向荣这种教育方法不顾及青少年的身体健康，未免有过于残酷之嫌。然而正是近乎残酷的教育方式，才造就了一位知名的学者。乾隆三十六年（1771年），邵晋涵一举考中了状元，入朝为官。他曾以翰林院编修的身份，参与编纂《四库全书》，具体负责史部的修纂工作；并和当时任《四库全书》总纂官的学者纪昀一起，撰成《四库全书总目提要》。又曾从《永乐大典》这部大型类书中，辑出薛居正所撰的《旧五代史》，并根据《册府元龟》《太平御览》等书籍以补其缺，又参考通鉴、长编及各种史书及宋人笔记、碑碣等加以辨正，使该书得以复传。特别是他对经学颇有研究，有《孟子述义》《谷梁正义》《尔雅正义》《韩诗内传考》等，另外还有《辅轩日记》《南江诗文稿》《皇朝大臣谥迹录》《方舆金石编目》等著作传世。

徐乾学藏书以留后人

清人徐乾学，字原一，号健庵，昆山（今属江苏）人。他是明末清初著名思想家、学者顾炎武的外甥。康熙九年（1670年）考中进士，便入朝为官，后来做到礼部侍郎、左都御史、刑部尚书等。

从政治上看，徐乾学并无多少政绩。有一次，户部郎中色楞额等向朝廷建议禁用明代旧钱，一律改铸新钱使用。徐乾学力陈不可采取这种办法，历朝以来，都是新旧钱混合使用，以利于百姓，否则，就会造成社会的混乱。他又考证从汉代到明代新旧钱兼用的史实，汇集起来上奏朝廷，终于被皇帝采纳，没有禁绝旧钱。这件事，可以算作是他的政绩之一。然而，他还是在史书中留下了一些不太好的事迹。但是，作为一个文人，徐乾学曾主持修撰过《明史》（任总裁官）《大清会典》《大清一统志》（均任副总裁官）。又集唐、宋、元、明历朝解经之书，编成《通志堂经解》；纂集历代丧制，编成《读礼通考》等，在文化史上做出了一定的贡献。而他一生中最成功的，恐怕要算作一个藏书家。

据史料记载，徐乾学自幼就十分喜爱读书、抄书、藏书。到清初时，恰逢战乱之后，徐乾学除自己精心搜求外，还托门生故吏于各地代为搜集，所以"南北大家之藏书，尽归先生"（黄宗羲语），藏书多达数万卷。他精心建造了一座楼房，专作藏书之用。他收藏的各种图书，共装了72书橱。楼房建成以后，徐乾学把自己的儿子们全都叫到楼上，语重心长地对他们说："许多做上辈的都给子孙们留下田地钱财，但子孙们却不见得能世世代代都富裕；也有的给子孙们留下金银珠宝，也未必能够世世代代保藏；还有的给子孙们留下亭台楼阁，后代却不一定能够世世代代保有。我并不想学这些人的榜样，我给你们留下什么样的遗产呢？留给你们的，就是这满屋子的图书！"看来，徐乾学认为给子孙们留下物质财富并不是很明智的，给子孙们留下可以借此增长知识、培养才能的精神食粮——书籍，这才是最聪明的。

因此，徐乾学将自己的藏书楼命名为"传是楼"（"是"是这、这个的意思，指书籍）。不仅如此，徐乾学还精心整理自己的藏书，编成《传是楼宋元本书目》1卷、《传是楼书目》8卷，以便他的子孙们能更方便地利用他所留下的藏书，求得学问，增长知识才能。

遗憾的是，徐乾学将藏书传给子孙的梦想并没有能够实现，后来他的藏书由于种种原因，大多归了别人。

曾国藩严教亲属

曾国藩，道光十八年（1838年）进士，是大学士穆彰阿的门生，官至两江总督、直隶总督，又曾任过朝廷的钦差大臣。1852年，曾国藩奉诏在湖南办团练，创建湘军，造战船，建水师。此后，便率领他创建的湘军与太平军作战，曾被打得大败，但最终镇压了太平天国起义。后来，又曾围剿镇压捻军。在担任直隶总督时，曾处理天津教案，又媚外卖国，屠杀民众，受到舆论的谴责。

在政治上，曾国藩完全是一个代表统治阶级利益，为封建统治阶级效命的人物。但在家教方面却很有成效。他在外为官，不放心家中众多弟弟、子侄们，便时时写信回家，施以教诲，为后人留下了巨帙的《曾国藩家书》。曾国藩的三弟曾国荃后来也立朝为官，当过陕西、山西巡抚，两广、两江总督。其长子曾纪泽是近代有名的外交家，精通小学、乐律，又受过新式教育，懂得外文，曾受朝廷派遣，出使过英、法等国，并兼任驻俄公使。

曾国藩官居极品，手握大权，却节俭自守，并要求家人保持寒素家风，曾国藩的曾祖曾经制定8个字的治家信条，即：早、扫、考、宝、书、蔬、猪、鱼。意思是一要早起，二要扫除以保持清洁，三要诚修祭祀，四要善待乡邻（俗言谓"邻居好，赛金宝"），五要读书，六要种蔬，七要养猪，八要养鱼。曾国藩自幼接受父母教诲，信守上一辈所订的俭朴治家的家规。他在给长子曾纪泽的一封信中说："勤俭自持，习劳习苦，可以处乐，可以处约，此君子也。余服官三十年，不敢稍染官宦气息，饮食起居，尚守寒素家风，极俭可也，略丰亦可，大丰则我不敢也。凡仕宦之家，由俭入奢易，由奢返俭难。尔年尚幼，切不可贪爱奢化，不可习惯懒惰。不论大家小家，士农工商，勤苦守约，没有不兴旺；骄奢倦怠，未有不败。"为了让子弟们能勤俭劳苦，防止他们骄奢倦怠，他曾为家人制定一套十分具体的尚俭课目，规定家中男子是"看、读、写、作"，女子是"衣、食、粗、细"。并详细规定，女子早上、上午烧茶煮饭，扫抹房舍，中午织麻纺纱，下午和晚上缝衣制鞋和刺绣。在南京总督府时，他要求其妻子和儿媳们每天织麻纺纱，不允间断。他自己生活俭朴，以身作则，常年穿布衣布袜。30岁时曾做一件天青缎马褂，平时只有遇喜事或新年才偶尔一穿，所以藏了30年衣服仍是新的。他每天吃饭以一荤为主，有客来才稍增加些菜，故时人戏称他为"一品"宰相。曾国藩当总督时，三弟曾国荃也当了巡抚，家中客人、子弟增多，房子不够住。其九弟便新建一屋，花了3000串钱。曾国藩知道后，写信责备九弟："新屋搬进容易搬出难，吾此生誓不住新屋！"此后，终其一生未入新屋一步。他又曾寄儿子曾纪泽、曾纪鸿信一封，要儿子们"变化气质"，克服缺点。信中写道："人之气质，由于天生，本难改变，惟读书则可变化气质。古之精相法并言读书可以变换骨相。欲求变之之法，总须先立坚卓之志。即以余生平言之，30岁前最好抽烟，至道光壬寅十一月廿一日立志戒烟，至今不抽。46岁以前做事无恒，近五年深以为戒，现在大小事均尚有恒。即此二端，可见无事不可变也。……古称金丹换骨，余谓立志即丹也。"

曾国藩带湘军驻扎在安徽安庆时，有个亲戚从乡下来投奔他。这个亲戚行李极其简单，衣服朴素陈旧，也不善于言谈，整天默不作声。曾国藩见他十分朴实，心里十分喜欢他，想派一个差使给他做做。

一天，曾国藩和这个亲戚在一起吃饭，正好米饭中有个稗子。这个亲戚见了，把稗子从饭里拣出来扔掉后才吃饭。曾国藩从旁见了，没有吭声。过后，立刻就准备了盘缠，让这个亲戚回家乡去。这个亲戚一下子愣住了，连忙问曾国藩为什么要打发他走。曾国藩严肃地对他说："你平时既不是有钱的人，又从来没有到外面去过，放下锄头就来到我这里，不过才个把月，吃饭时就定要把稗子去掉，变得考究起来。我怕你以后环境好了，潜移默化，更要变得厉害。这样反而是害了你，所以叫你趁早回家去！"

这位亲戚听了曾国藩的一番话，十分惭愧，立刻诚恳地向曾国藩认错，表示一定真正改过，请曾国藩考验他。曾国藩平时特别喜爱种菜，经常到菜园中采摘自己亲自种出的蔬菜烧着吃，于是，便让这个亲戚去负责种菜。这位亲戚每天带着仆人在菜园中劳作，起早贪黑，从不偷懒。曾国藩时常偷偷地去观察他，见他果然能诚心改过，才给他换了个别的差事干。这位亲戚没有辜负曾国藩的期望，勤于职守，兢兢业业。后来，他做官不断得到升迁，最后一直做到布政使。

曾国藩十分注重家教，他家始终保持着寒素家风。但清代的一些野史中，却也有着不同的记载。据《清朝野史大观·清人逸事》载，曾国藩因全力镇压太平军，为清政府力挽狂澜，立下汗马功劳而备受朝廷重用，他的父亲和一些弟弟便依仗其势力，在乡里横行不法。他们只要对官府提出要求，地方官员就都不敢有一点点违拗，总是尽量给以满足。曾国藩的四弟曾澄侯更是乡里的一霸，只要他忌恨哪个人，就会加以诬陷，说那人是"会匪""乱党"，立刻送到官府中杀掉。就这样，前后杀掉了几十人。当地姓熊的县令心地较为善良，但因为不敢得罪曾澄侯，不得以听命，因此常暗自哭泣。人家问他为什么要哭，县令回答说："曾四爷又要借我的手杀人了！"曾家新开了一个码头，按照过去的惯例，常常要杀牲口祭告一番。有人怂恿曾澄侯杀人祭告，曾澄侯竟听信谗言，一下子杀了16个人。

有一次，曾国藩回老家去，听说了父亲及弟弟的种种劣迹。出于封建时代的所谓孝道，他不好对父亲怎么样，只好想办法劝惩其弟弟。有一天，曾澄侯正在呼呼地睡午觉，曾国藩悄悄拿了一把锥子，往曾澄侯的大腿上猛刺了一下。顿时，曾澄侯的大腿上鲜血汩汩，流得满身都是。曾澄侯睡得正香，一下子痛醒过来，大声喊叫。曾国藩便故意问弟弟道："你为什么要喊叫？"曾澄侯说："大腿上被刺一下，疼死我了！"这时，曾国藩便严厉地责备弟弟道："刺你一下你就大声喊疼，被你杀掉的那些人，难道就不疼吗？"这件事的可信度值得怀疑，但说曾国藩严于管束家人，这种从严治家的精神与前面所叙倒是颇为一致的。

郑板桥诫弟教子

郑燮是清代著名的书画家、诗人。乾隆元年（1736年）他考中进士，到山东潍县（即今山东潍坊市）当知县，很有政声。后来，因为灾荒年请求赈济灾民而获罪，辞官家居，以卖书画为生。郑燮是清代乾隆年间扬州的著名人物，与金农、李鲜、黄慎、罗聘等8个扬州书画家齐名，并称"扬州八怪"。他的诗歌、书法、绘画均有成就，号称"三绝"，名重一时。

郑板桥出身贫寒，所以对人生的贵贱、贫富等看得很透，从来不以富贵贫贱论人。当他还是个秀才的时候，有时翻家中的旧书箱，见到家中佣人的先人所订立的卖身契据等，就会马上拿去烧掉，并不拿去还给佣人本人，或者自己仔细看看契据的内容，就是怕佣人知道了感到难堪。郑板桥长大自己当家后，用佣人的时候，从来不要求对方和自己立契约，佣人自己如果觉得合适，就留下干下去，不然就自由离去。郑板桥的用意，是不想让后世子孙借此逼勒、苛求家中佣人。

后来，郑板桥经常在外，又到山东范县、潍县等地当官，不放心家中，更时时写信回家，教育在家中当家的堂弟郑墨。他谆谆告诫郑墨，不要以富贵贫贱论人，要宽厚对待家中的佣人，并将自己当年悄悄焚去佣人的先人所订立的契据、自己从不要求佣人立契据之事讲给堂弟听。又教育郑墨与人为善，要看到别人的长处，不要光看别人的短处。"以人为可爱，而我亦可爱矣；以人为可恶，而我亦可恶矣。东坡一生觉得世人没有不好的人，最是他好处。愚兄平生漫骂无礼，然人有一才一技之长、一行一言之美，未尝不啧啧称道。"（《郑板桥集·淮安舟中寄舍弟墨》）郑板桥举宋代苏东坡和自己的例子，告诫郑墨多看别人的长处，话语之中充满着人生的哲理。郑墨将哥哥郑板桥的俸钱带回家中，郑板桥特意寄信回家，要弟弟挨家挨户，逐一散给自家的邻居族人："南门六家，竹横港十八家，下佃一家，派虽远，亦是一脉，皆当有所分惠。……无父无母孤儿，村中人最能欺负，宜访求而慰问之。自曾祖父至我兄弟四代亲戚，有久而不相识面者，各赠二金。……徐宗于、陆白义辈，是旧时同学，日夕相征逐者也……今皆落落未遇，亦当分俸以敦凤好。……敦宗族，睦亲姻，念故交，大数既得；其余邻里乡党，相周相恤，汝自为之，务在金尽而止。"（《范县署中寄舍弟墨》）郑板桥谆谆嘱咐堂弟将自己的俸钱分送净尽，用以救济亲朋好友、邻里乡党，其用心可谓良苦。郑板桥又教育郑墨尽心务农，收拾齐备农具及家中生活器具，男耕女织，养成"一种靠田园长子孙气象"，一点也没有轻视农夫的思想。他教育郑墨要体恤贫苦之人，如果人家要借钱，必须要成全；假如不能偿还，也要宽容他。总之，郑板桥总是无论大小事都耐心开导其弟。

郑燮52岁时才得一子，因此对之十分钟爱。但不是一味溺爱，而是教之以正道。他在潍县任官，便写信给堂弟，要郑墨在家好好教育其子，让他懂得为善之道，养成忠厚而有同情心的性格，防止刻薄急躁等坏习气。他特别关心为儿子延师教育之事，并要求刚刚6岁的儿子对师长懂得礼貌，对同学关心。

在《潍县寄舍弟墨第三书》这封信中，他殷殷关照郑墨："吾儿六岁，年最小，其同学长者当称为某先生，次亦称为某兄，不得直呼其名。纸笔墨砚，吾家所有，宜不时散给诸众同学。每见贫家之子、寡妇之儿求十数钱买川连纸钉仿字簿而十日不得者，当察其故而无意中与之。至阴雨不能即归，辄留饭，薄暮，以旧鞋与穿而去。彼父母之爱子，虽无佳好衣服，必制新鞋袜来上学堂，一遭泥泞，复制为难矣。夫择师为难，敬师为要。择师不得不审，既择定矣，便当尊之敬之，何得复寻其短？"为了更好地教育自己的儿子，郑燮特意抄了四首顺口好读的古代诗歌，让堂弟郑墨教其儿子且读且唱，从中受到教育。诗曰：

二月卖新丝，五月粜新谷。医得眼前疮，剜却心头肉。

耘苗日正午，汗滴禾下土。谁知盘中餐，粒粒皆辛苦。

昨日入城市，归来泪满巾。遍身罗绮者，不是养蚕人。

九九八十一，穷汉受罪毕。才得放脚眠，蚊虫蚤跳出。

丁日昌与清廷第一家兵工厂

丁日昌是广东丰顺人，当过地方武装的头头，后来被选为琼州（即今海南省）府学训导，还当过江西万安的知县。他勤奋好学，对刚刚从西方传入中国的新技术很有兴趣，因此被一意"虚心忍辱，学得西人一二秘法"，提倡洋务运动的李鸿章看中。

同治元年（1862年），李洪章写信急招丁日昌来上海，专办军火制造。同治四年，丁日昌在上海四处奔走，买下了美国商人在上海虹口开办的旗记铁工厂。这家工厂被认为是外国人在上海地区开办的最大的一家机器制造厂，它有一些修船的机器设备，还有少量的制造枪炮的设备，能修配轮船和洋枪洋炮。丁日昌原来还在上海开办过一个炮局，这时也同另一个炮局一起合并到这家铁厂中来。这家铁厂此时已拥有3名外国技师和50多名中国工人,在当时的中国,这已经是具有一定的规模了。这时太平军正在对清军的镇压进行顽强的抵抗,屡败曾国藩的湘军和李鸿章的淮军,因此湘军淮军都需要大量的武器,特别是洋枪洋炮。旗记铁厂被丁日昌买过来不久,便利用一台小型蒸汽机带动机器开始制造枪炮。

同时,曾国藩还派中国第一个留学美国的容闳带着6万两白银到美国去采购机器设备,买回来后,也并入了这家铁厂,在此基础上建立了"江南制造总局",这是由清廷政府创办的第一家军火工厂。

曾国藩还主张中国自己制造轮船,丁日昌便接受了制造轮船的任务。同治六年(1867年),为了避免中国工人给洋人制造麻烦和扩大生产规模,在李鸿章的授意下,丁日昌又把江南制造总局从已经被美国划为租界的虹口,迁到上海城南高昌庙。在70余亩土地的厂区内,建造了机器厂、洋枪楼、汽炉厂、木工厂、铸铜铁厂、熟铁厂、库房、煤栈、轮船厂、船坞、中外工匠宿舍和办公楼等一系列厂房、库房和宿舍等设施。以后,它的规模不断扩大,到了同治九年(1870年),它已经占地400余亩。这期间又建成了翻译馆、汽锤厂和枪厂,还在龙华镇建成了火药厂和引信厂。以后的10多年内,又先后建成了黑火药厂、栗色火药厂、无烟火药厂以及火药库,还把汽锤厂改建为炮厂,并相继建设了炮弹厂和水雷厂。光绪十六年(1890年)还建成了一座钢厂。初步形成了一套军火生产的体系。

开始时,除了原有设备外,它又自造了30多台设备。以后陆续制造兵轮(小型军舰)7条和一些小型船只,制成了多种火药400多万磅、多种炮585尊、各种枪5万多支、炮弹120多万发、各种水雷563具,还能自己冶炼制造大炮用的钢。这些武器供应了清政府军队对内镇压和对外战争的需要。它们的质量虽然不很高,但毕竟是中国自己制造自己需要的武器了。因此,丁日昌主持创办的这所江南制造总局,作为一个开端,在中国军事工业的发展中,占有了一定的地位。

它设立的翻译馆,主要是聘请精通汉语的外国人,10余年中翻译了西洋书籍近百种,其中自然科学方面的书籍47种,工艺军事方面的有45种,起到了在中国传播西方先进科学技术的作用。

丁日昌虽没有自始至终都在江南机器制造总局。但他在江南制造总局历史上的地位不可抹杀。

同治六年,他因为创办江南机器制造总局有功,被提为布政使巡抚江南。当时，台湾有个别少数民族，还处在比较原始的社会状态。他亲自渡海到达台湾，在这些少数民族地区创办学校，教他们识字，教他们耕作技术。他还计划在台湾修筑铁路，开发矿产，造船造机器。当基隆煤矿投入生产时，他亲自计算了煤炭成本，指出，那里的煤每吨成本只有一元三角左右，运至香港可值五六元，每吨可获利数千元。他并因此建议将台湾的煤矿"一律由官买回自办"。

当他因病从台湾回大陆的时候，那里的官吏和百姓流着泪夹道为他送行。他在光绪四年（1878年）去世。

人物春秋

征伐兼并　关外称帝——努尔哈赤

爱新觉罗·努尔哈赤仪表雄伟，志向远大，沉着冷静，声如洪钟，过目不忘，心胸开阔，为人大度。邻部古勒城主阿太被明总兵李成梁攻击。阿太是王杲之子，礼敦的女婿。当时景祖正领着儿孙前往探视。有一名叫尼堪外兰的人，诱使阿太打开城门，明军得以入城残杀，二祖皆死于难。爱新觉罗·努尔哈赤及弟弟舒尔哈齐陷入明军之中，李成梁之妻觉得他相貌非凡，便偷偷将他放回。爱新觉罗·努尔哈赤归途中遇上额亦都，额亦都以其徒众9人跟随爱新觉罗·努尔哈赤。

爱新觉罗·努尔哈赤返回后，有甲衣13副。五城族人龙敦等嫉妒他，便以害怕明朝为借口，屡次企图加害爱新觉罗·努尔哈赤，派人半夜偷袭，侍卫帕海战死。额亦都、安费扬古防备甚严，曾夜获一人，爱新觉罗·努尔哈赤说道："将他放了吧，不要为此结下怨仇。"并派人向明朝诉说道："我的祖先有什么罪，要派军残杀呢？"明朝归葬他死去的亲人。爱新觉罗·努尔哈赤又说："尼堪外兰是我的仇人，我希望能将他捉拿回去。"明朝不许。正巧萨尔虎城主诺米纳、嘉木湖城主噶哈善哈思虎、沾河城主常书率领部属前来归附，爱新觉罗·努尔哈赤便与他们结盟，并和亲，从此有了用兵的志向。这年是明万历十一年（1583年），爱新觉罗·努尔哈赤25岁。

万历十一年夏五月，爱新觉罗·努尔哈赤起兵征讨尼堪外兰，诺米纳的军队不来，尼堪外兰逃至甲版。爱新觉罗·努尔哈赤率军攻克图伦城，尼堪外兰逃至河口台。爱新觉罗·努尔哈赤派军追赶，靠近明朝边境时，明朝出兵，尼堪外兰逃至鹅尔浑。爱新觉罗·努尔哈赤出兵未果，主要是因为诺米纳背约，并泄露了出兵的日期。爱新觉罗·努尔哈赤于是杀掉诺米纳及其弟奈喀达。五城族人康嘉、李岱等联合哈达军前来抢劫瑚济寨，爱新觉罗·努尔哈赤派安费扬古、巴逊率12人追击，尽夺所掠财物而归。

万历十二年春正月，爱新觉罗·努尔哈赤率军进攻兆佳城，以报瑚济寨之役之仇。途遇大雪，部众请求退兵返回。爱新觉罗·努尔哈赤说道："城主李岱，是我的同姓兄弟，却替哈达带路，岂能饶恕？"命令军队继续前进，终于攻下兆佳城。先前龙敦唆使诺米纳背约，又派人杀掉噶哈善哈思虎，这时爱新觉罗·努尔哈赤将其遗骨归葬。六月，爱新觉罗·努尔哈赤率军征讨萨木占，为噶哈善哈思虎复仇。又在马儿墩寨进攻其同伙讷申，苦战4天，将其杀死。九月，爱新觉罗·努尔哈赤率军讨伐董鄂部，途遇大雪，军队只得返回，城中出兵攻击，爱新觉罗·努尔哈赤派12名骑兵将其打败。王甲部请求出兵进攻翁克洛城，爱新觉罗·努尔哈赤中途投入战斗，焚烧其外城。爱新觉罗·努尔哈赤爬上屋顶射击，敌兵鄂尔果尼射击爱新觉罗·努尔哈赤，穿透甲胄射中脑袋，爱新觉罗·努尔哈赤拔箭反射，射死一人。罗科射击爱新觉罗·努尔哈赤，箭穿过铠甲射中脖子，爱新觉罗·努尔哈赤将箭拔出，因箭头卷曲，血肉迸溅，爱新觉罗·努尔哈赤只得挂着弓慢慢爬下来。他喝了数斗水，因受伤过重，骑马速归。伤愈之后，再前往进攻，将其攻克。爱新觉罗·努尔哈赤求得鄂尔果尼、罗科两人，说道："真是壮士啊"。

万历十三年二月，爱新觉罗·努尔哈赤率军略取界凡，准备退兵返回时，界凡、萨尔浒、乐佳、把尔达四城合兵400人追击，到太兰冈时，城主讷申、巴穆尼策马并进，眼看就要追到，爱新觉罗·努尔哈赤调转马头迎击敌人，讷申用刀砍断爱新觉罗·努尔哈赤的马鞭，爱新觉罗·努尔哈赤则挥刀砍中其背部，使其坠马，然后回头射击巴穆尼，将两人杀死。敌人见此不敢再逼近，慢慢离去。夏四月，爱新觉罗·努尔哈赤率军征讨哲陈部，路遇大水，乃命诸军返回，率80名骑兵继续前进。到达浑河时，遥见800敌军临河列阵。包朗阿之孙扎亲桑古里心中害怕，解下铠甲交给别人。爱新觉罗·努尔哈赤斥责他说："你平日在族党间表现得很雄武，今天怎么胆怯畏缩呢？"爱新觉罗·努尔哈赤赶走了他。爱新觉罗·努尔哈赤独自与其弟穆尔哈齐、近身侍卫颜布禄、武陵噶一起向前冲击，杀死20余人，敌人争相逃遁，爱新觉罗·努尔哈赤一行追至吉林冈而归。爱新觉罗·努尔哈赤说道："今日之战，以四人败八百，这是上天保佑啊。"秋九月，爱新觉罗·努尔哈赤率军进攻安土瓜尔佳城，将其攻克，斩其城主诺一莫浑。

万历十四年夏五月，爱新觉罗·努尔哈赤率军征讨浑河部播一混寨，将其攻下。秋七月，征服哲陈部托漠河城。爱新觉罗·努尔哈赤得知尼堪外兰在鹅尔浑，便快速进兵，攻下其城，但未能抓获尼堪外兰。爱新觉罗·努尔哈赤登城远眺，见一人头戴毡笠，身穿青棉甲，以为是尼堪外兰，便单骑追赶，被土人包围，他带伤力战，射死8人，砍死一人，才冲出。后来知道尼堪外兰进入了明朝边境，爱新觉罗·努尔哈赤便派人向明朝边吏索求尼堪外兰，令斋萨将其斩首。因为获得了罪人，爱新觉罗·努尔哈赤开始与明朝交往、进贡。

万历十五年春正月，爱新觉罗·努尔哈赤在虎兰哈达南冈筑城，开始修建宫殿，在部众中宣布教令，禁止暴乱、盗窃，设立法制。六月，爱新觉罗·努尔哈赤率军进攻哲陈部，攻克山寨，杀寨主阿尔泰。命额亦都率师攻取把尔达城。爱新觉罗·努尔哈赤率军进攻洞城，城主扎海投降。

万历十六年夏四月，哈达部贝勒扈尔干携女前来归附，苏完部索尔果率其子费英东等、雅尔古寨扈拉虎率子扈尔汉、董鄂部何和礼也率所部前来归附，爱新觉罗·努尔哈赤都厚待他们。秋九月，攻取完颜部王甲城。叶赫部贝勒纳林布禄携其妹那拉氏前来归附，爱新觉罗·努尔哈赤设宴成礼，那拉氏即孝慈高皇后。

万历十七年春正月，爱新觉罗·努尔哈赤率军攻取兆佳城，斩其城主宁古亲。万历十九年春正月，爱新觉罗·努尔哈赤派兵略取长白山诸路，尽收其众。叶赫部要求封地，爱新觉罗·努尔哈赤没有给予。叶赫部便出兵劫取东界洞寨。万历二十年冬十月二十五日，爱新觉罗·努尔哈赤第八子皇太极出生。翌年夏六月，叶赫、哈达、辉发、乌拉四部合兵侵犯户布察，爱新觉罗·努尔哈赤派兵将其击败。九月，叶赫因在我处不得志，便纠结扈伦三部乌拉、哈达、辉发，蒙古三部科尔沁、锡伯、卦尔察，长白二部讷殷、朱舍里，共九部合3万兵力来犯。爱新觉罗·努尔哈赤派武里堪侦察敌情，得知敌军到达浑河，将在夜间渡河，武里堪翻越山岭，策马报告爱新觉罗·努尔哈赤。爱新觉罗·努尔哈赤问道："叶赫兵果然到了吗？你去告诉诸将明天出战。"等到早晨，爱新觉罗·努尔哈赤引兵而出，对众将士说道："解开你们的护手，去掉你们的护脖，不要束缚住自己，这样不便于奋力拼杀。"又再三命令："敌人是乌合之众，志向不一，只要将前面的敌军打败，敌军必定掉头逃跑，我军乘机进攻，没有不胜利的。"部众士气奋发。爱新觉罗·努尔哈赤命额亦都率百人前去挑战。叶赫部贝勒布斋策马迎战，战马触木跌倒，努尔哈赤部士兵吴谈将他砍死。科尔沁部贝勒明安的战马深陷泥沼，他换上了一匹孱弱的马逃跑了。敌军大溃，我军追击败兵，俘获敌军无数，擒拿乌拉部贝勒之弟布占泰而归。冬十月，爱新觉罗·努尔哈赤派兵征讨朱舍里路，抓获其路长舒椤格；派额亦都等进攻讷殷路，斩其路长搜稳塞克什，因为此二路帮助敌人。

万历二十二年春正月，蒙古科尔沁部贝勒明安、喀尔喀部贝勒老萨派遣使者前来通好，从此以后蒙古使者往来不绝。第二年夏六月，爱新觉罗·努尔哈赤率军征讨辉发部，攻取多壁城。万历二十四年春二月，明朝使者到来，朝鲜官吏两人跟随而来，爱新觉罗·努尔哈赤以礼相待。秋七月，爱新觉罗·努尔哈赤派布占泰返回乌拉部，正巧贝勒被部人所杀，于是便立布占泰为贝勒。万历二十五年春正月，叶赫四部请求修好，爱新觉罗·努尔哈赤同意，并结盟。翌年春正月，爱新觉罗·努尔哈赤命其弟巴雅拉、长子褚英率军征伐安褚拉库，因他对我方必存二心，倾向叶赫部。十一月，布占泰来会，爱新觉罗·努尔哈赤将其弟之女许配给他为妻。

万历二十七年春正月，东海渥集部虎尔哈路路长王格、张格前来归附，献上貂皮、狐皮，以后每年定期来朝贡。二月，开始制定国书。三月，开矿，采选金银，设炉冶铁，哈达部与叶赫部交战，哈达部给爱新觉罗·努尔哈赤送来人质乞求支援，爱新觉罗·努尔哈赤便派费英东、噶盖前去戍守。哈达部又暗中与叶赫部来往，戍将报告爱新觉罗·努尔哈赤。九月，爱新觉罗·努尔哈赤率军讨伐哈达部，攻克其城，俘其贝勒孟格布禄而归。孟格布禄有叛乱阴谋，噶盖没有报告，爱新觉罗·努尔哈赤便将他一起处死。

万历二十九年春正月，明朝指责爱新觉罗·努尔哈赤消灭哈达部，爱新觉罗·努尔哈赤便派孟格布禄之子吴尔古岱回去管理哈达部。哈达部被叶赫部及蒙古侵犯，爱新觉罗·努尔哈赤派人向明朝诉说，明朝不予理睬，又派使者向明朝报告哈达部发生了饥荒，明朝不予回答。爱新觉罗·努尔哈赤便将吴尔古岱带回，收其部众，哈达部灭亡。

万历三十一年春正月，爱新觉罗·努尔哈赤迁居赫图阿喇，此地是肇祖以来所居住的地方。九月，爱新觉罗·努尔哈赤妃那拉氏去世，即孝慈高皇后。当初妃生病后，求见其母，其兄叶赫部贝勒不许她来，之后，她去世了。

万历三十二年春正月，爱新觉罗·努尔哈赤率军讨伐叶赫部，攻克二城，攻取七寨。被明朝授为龙虎将军。第二年，修筑外城。蒙古喀尔喀巴约忒部恩格德尔前来归附。万历三十四年冬十二月，恩格德尔会合蒙古五部使者前来朝贡，尊称爱新觉罗·努尔哈赤为神武皇帝。此年，限制民田。万历三十五年春正月，瓦尔喀斐悠城首领穆特黑前来，因为乌拉部侵犯，请求投靠爱新觉罗·努尔哈赤。爱新觉罗·努尔哈赤便命舒尔哈齐、褚英、代善及费英东、扬古利率兵迁徙其500户回来。乌拉部发兵一万进行拦击，爱新觉罗·努尔哈赤军队将其击败，斩首3000，俘获战马5000匹。还师之后，爱新觉罗·努尔哈赤厚赏褚英等人。夏五月，爱新觉罗·努尔哈赤命巴雅拉、额亦都、费英东、扈尔汉征伐渥集部，俘获2000人而返。秋九月，爱新觉罗·努尔哈赤因辉发部屡次背约，亲自率军征讨，将其攻克，自此，辉发部被灭。

万历三十六年三月，爱新觉罗·努尔哈赤命褚英、阿敏等征伐乌拉部，攻克宜罕阿林城。布占泰心中害怕与爱新觉罗·努尔哈赤重新通好，捉拿叶赫部50人前来，并请求通婚，爱新觉罗·努尔哈赤允许。这一年，爱新觉罗·努尔哈赤与明朝将领结盟，各守其境，立石于边界。

万历三十七年春二月，爱新觉罗·努尔哈赤写信给明朝，说："邻近朝鲜的瓦尔喀部是我的种族，请下令将它拨给我。"明朝让朝鲜归还千余户给爱新觉罗·努尔哈赤。十月，爱新觉罗·努尔哈赤命扈尔汉征讨渥集呼野路，尽取其地。

万历三十八年十一月，爱新觉罗·努尔哈赤命额亦都率军将渥集部那木都鲁诸路路长招来归附。额亦都回师攻击雅揽路，因为它不愿归附，又抢劫爱新觉罗·努尔哈赤的属民，额亦都就攻取了它。

万历三十九年春二月，爱新觉罗·努尔哈赤给国中无妻者2000人赏赐配偶，并赐予数量不等的黄金。秋七月，命其子阿巴泰及费英东、安费扬古攻取渥集部乌尔古宸、林伦两路。冬十月，命额亦都、何和里、扈尔汉率军征讨渥集部虎尔哈，俘虏2000人，并招降旁边的各路，获得500户。

万历四十年秋九月，爱新觉罗·努尔哈赤亲征乌拉部，因为其屡背盟约，又用箭射击爱新觉罗·努尔哈赤之女。布占泰凭河抵抗。爱新觉罗·努尔哈赤驻军河东，攻克其六城，焚烧其积聚的财物粮食。布占泰亲自出来求和。爱新觉罗·努尔哈赤严厉斥责布占泰，允许他交纳人质来达成和解，但要派军驻守。然后爱新觉罗·努尔哈赤率军返回。

万历四十一年正月，布占泰再次投靠叶赫部，爱新觉罗·努尔哈赤率军前去征讨。布占泰以3万名士兵迎战。爱新觉罗·努尔哈赤率先冲锋陷阵，诸将也奋力拼击，将其打得大败，遂进入其城。布占泰到城下时，不能入城，代善追击他，布占泰单骑逃奔叶赫部，乌拉部灭亡了。爱新觉罗·努尔哈赤派人索要布占泰，叶赫部不给。秋九月，爱新觉罗·努尔哈赤起兵进攻叶赫部，派人报告明朝，降服了兀苏城，焚烧其19座城寨。叶赫部向明朝告急，明朝派使臣前来调解。爱新觉罗·努尔哈赤率军返回，途经抚顺时，明朝游击将军李永芳前来迎接。爱新觉罗·努尔哈赤写信给他说："我与明朝没有隔阂。"

万历四十二年四月，爱新觉罗·努尔哈赤第八子皇太极娶蒙古科尔沁部莽古思之女，行迎亲礼。明朝使者前来，自称是都督。爱新觉罗·努尔哈赤对他说道："我认得你，你是辽阳无赖萧子玉。我不是不能杀你，而是唯恐使大国蒙羞。

告诉你的巡抚，不要再相互欺骗。"十一月，爱新觉罗·努尔哈赤派兵征讨渥集部雅揽、西临两路，俘获 1000 人。

万历四十三年夏四月，明朝总兵张承胤派人前来要求土地，被爱新觉罗·努尔哈赤拒绝。爱新觉罗·努尔哈赤下令各佐领屯田积谷。秋闰八月，爱新觉罗·努尔哈赤长子褚英去世。在此之前，爱新觉罗·努尔哈赤准备将政权授予褚英，因褚英性情暴躁，众心不附，此事才罢。褚英心中怨恨，焚表告祭上天，被人告发，便自缢而死。冬十月，爱新觉罗·努尔哈赤派遣将领征讨渥集部东格里库路，俘获一万人。这一年，改定兵制，当初以黄、红、白、四个旗统兵，现在增加四个镶旗，改黑旗为蓝旗。设置理政听讼大臣 5 人，以扎尔固齐 10 人辅助他们。于是，归附者日众，疆域益广，诸贝勒大臣便再三劝爱新觉罗·努尔哈赤登基为皇帝。

天命元年（1616 年）正月初一日，爱新觉罗·努尔哈赤即位，建元天命，定国号为金。诸贝勒大臣尊爱新觉罗·努尔哈赤为覆育列国英明皇帝。爱新觉罗·努尔哈赤命次子代善为大贝勒，堂侄阿敏为二贝勒，五子莽古尔泰为三贝勒，八子皇太极为四贝勒。命额亦都、费英东、何和礼、扈尔汉、安费扬古为五大臣，共同处理国政。

英明之帝　开清盛世——玄烨

爱新觉罗·玄烨，世祖第三子。母亲孝康章皇后佟佳氏，于顺治十一年三月十九日在景仁宫生下玄烨。玄烨仪容英俊，站立如山，声音洪亮。6 岁时，与兄弟一起向世祖问安。世祖问他们以后要干什么。皇二子福全回答："愿为贤王。"玄烨则答道："愿效法父皇。"世祖觉得很惊奇。

顺治十八年（1661 年）正月初六日，世祖驾崩，玄烨即位，当时 8 岁，改元康熙。世祖遗诏令索尼、苏克萨哈、遏必隆、鳌拜四大臣辅政。

六年（1667 年）正月己丑，封世祖第二子福全为裕亲王。丁酉，授明安达礼为礼部尚书。二月癸亥，晋封已故亲王尼堪之子贝勒兰布为郡王。丁卯，授宗室公班布尔善为大学士。重新起用图海为大学士。四月甲戌，加封索尼为一等公。甲子，江南百姓沈天甫撰写逆诗诬告他人，被处死。被诬告者均不论罪。御史田六善说有奸民告发，对南方人不说"通海"，而说"逆书"，对北方人不说"于七党"，而说"逃人"，请求审问告发者，并以诬告罪反坐。皇上听从了他的意见。五月辛酉，吴三桂上疏辞去总管云南、贵州两省事务之职。皇上接受其辞呈。六月己亥，禁止采办楠木的官员役徒惹生事端，累及百姓。七月己酉，皇上亲政，到太和殿接受朝贺，加恩朝中内外，罪不当斩者，全部赦免。这天，皇上开始到乾清门临朝听政。甲寅，命武官一律引见。癸亥，赐封辅政大臣遏必隆、鳌拜加一等公。九月丙午，下令编修《世祖实录》。十一月丁未，冬至，在圜丘祭天。奉世祖章皇帝配享。丁巳，加上太皇太后、皇太后徽号。十二月丙戌，命塞白理为广东水师提督。戊子，授马尔赛为户部增设尚书。戊戌，在太庙举行大合祭。这一年，减免直隶、江南、江西、山东、山西、陕西、甘肃、浙江、福建、湖广等省160个受灾州县赋税，数额不等。朝鲜、荷兰进贡。

八年（1669年）正月戊申，整修乾清宫，皇上移住武英殿。二月庚午，下令实行南怀仁所推算的历法。庚午，康熙帝巡幸京畿地区。三月辛丑，将直隶被废去藩封的田地赐予百姓。四月癸酉，卫周祚免职，授杜立德为大学士。丁丑，玄烨幸临太学，祭奠先师孔子，讲解《周易》《尚书》。丁巳，给事中刘如汉请求举行经筵。玄烨很愉快地采纳了其建议。

五月乙未，授黄机为吏部尚书，郝惟讷为户部尚书，龚鼎孳为礼部尚书，起用王弘祚为兵部尚书。戊申，下诏逮捕辅政大臣鳌拜，交廷臣审讯。皇上早知鳌拜专横乱政，只是担心其力大难以制服，便挑选侍卫、拜唐阿之中年少强壮者，练习摔跤。这一天，鳌拜入宫拜见，皇上马上命令侍卫将其扑倒，捆绑起来。从此便设立了善扑营，由皇帝亲信统领。庚申，王大臣拟出鳌拜的罪案，上奏玄烨，列举其大罪30条，请求予以族诛。玄烨下诏说："鳌拜愚悖无知，确当族诛。特念其为朝廷效力已久，屡立战功，免其死罪，没收所有财产，终身拘禁。"其弟穆里玛、塞本得，堂侄讷莫，党徒大学士班布尔善，尚书阿思哈、噶褚哈、济世，侍郎泰璧图，学士吴格塞都被处死。被牵连的其他人则被罢官贬谪。其弟巴哈在宫中值宿警卫，老实谨慎，卓布泰则立有军功，两人被免去连坐之罪。继嗣的敬谨亲王兰布降为镇国公。褫夺必遏隆太师、一等公的爵位。六十一年壬寅春正月戊子，康熙帝召见八旗文武大臣年岁在65以上的680人，已经退职的也一律赐宴，宗室授爵劝酒。越三日，宴赏汉族大臣65以上的340人，规格相同。圣祖赋诗，诸位大臣奉和，题名为《千叟宴诗》。戊申，圣祖巡幸京郊地区。

二月庚午，任命高其倬署理云南贵州总督。丙子，圣祖返回住在畅春园。三月丙戌，任命阿鲁为荆州将军。夏四月甲子，派遣使臣册封朝鲜国王李昀的兄弟李昑为世弟。丁卯，圣祖巡视热河。己巳，抚远大将军胤禵再次前往军中。癸未，福州驻防兵丁哗变，将军黄秉钺不能约束弹压，被革职，斩杀为首哗变之兵。五月戊戌，施世纶去世，任命张大有署理漕运总督。六月，因为奉天地方连年丰收，解除海禁。暹罗大米价格较低，听任它输入内地，免征关税。辛未，命令直隶截留漕粮20万石以备赈济。丙子，赵弘燮去世，加封他的侄子郎中赵之垣佥都御史衔，署理直隶巡抚。秋七月丁酉，征西将军祁里德上奏乌兰古木屯田事宜，请求增兵防守。命令都统图拉率兵前往。壬寅，命令色尔图赴西藏统领四川驻防兵。戊申，任命蔡珽为四川巡抚。八月丙寅，停止本年处决囚犯。已故提督蓝理的妻子儿子先前因有罪被抄没入旗，至此，圣祖怀念蓝理平定台湾有功，赦免他们返回原籍，应交纳的款项免于追赔。已卯，圣祖驻跸汗特木尔达巴汉昂阿。赏赐来朝觐的外藩银两财物鞍马和随围的军士银币。

九月甲申，圣祖驻跸热河。乙酉，谕令大学士说："有人说我塞外行围打猎，使军士劳苦。不知道承平日久，难道就可以忘记武备？屡次兴师出征，部队勇敢兵士尽力，最终成功，这都是勤于训练的结果。"甲午，年羹尧、噶什图奏请酌量加增火耗银，以补偿官员亏空的国库。圣祖说："火耗银只可议减，怎么可以加增？这次亏空，主要是由于用兵出征。官兵过境，有时不免要送礼。开始挪用公款，久而久之就会出现亏空，往年曾有宽免的恩旨。现在军需急用，就将户部库银拨送西安备用。"戊戌，圣祖起程返京。丁未，到达密云，视察河堤。

冬十月辛酉，命雍亲王胤禛、弘升、延信、孙渣齐、隆科多、查弼纳、吴尔占视察谷仓。壬戌，任命觉罗德尔金为蒙古都统，安鲐为杭州将军。辛未，任命查弼纳为江南江西总督。癸酉，圣祖驾临南苑行围打猎。任命李树德为福州将军，黄国材为福建巡抚。

十一月戊子，圣祖患病，返回住在畅春园。任命贝子胤裪、辅国公吴尔占为满洲都统。庚寅，命皇四子胤禛恭敬地代表他祭天。甲午，圣祖的病情加重，到晚上戌时，圣祖驾崩，享年69。当晚就将他移入大内发丧。雍正元年二月，给圣祖上谥号。九月丁丑，葬在景陵。

乱世太后　　祸国殃民——叶赫那拉氏

孝钦显皇后，姓叶赫那拉氏，是安徽徽宁池广太道惠征的女儿。咸丰元年，她被选入宫，号为懿贵人。四年，被封为懿嫔。六年三月庚辰，生穆宗，进封为懿妃。七年，晋封为懿贵妃。十年，她随文宗巡幸热河。十一年七月，文宗死，穆宗即位，孝钦与孝贞皇后同时被尊为皇太后。

当时，怡亲王载垣、郑亲王端华、协办大学士尚书肃顺等人，根据文宗遗命，称"赞襄政务王大臣"，掌握朝政大权，两太后对此很是忧虑。御史董元醇上疏请求两太后处理朝政，两太后召见载垣等人商议此事，载垣等人借口本朝未有皇太后垂帘之事，予以反对。侍郎胜保及大学士贾桢等奏疏又至热河。恭亲王奕䜣原在京师留守，听闻文宗丧讯急赴热河，两太后当面向他谈了载垣等人把持朝政之事。九月，两太后护送文宗灵柩还至京师，随即颁发诏旨将载垣、端华、肃顺定罪，均处死，同时又罢黜了参预赞襄政务的各大臣。授奕䜣为议政王，用皇帝谕旨命王大臣分条列举有关垂帘听政典礼的事宜。

十一月乙酉初一日，穆宗侍奉两太后至养心殿，垂帘听政。谕旨说："垂帘并非我们愿做之事，只因目前时事艰难，王大臣等办事不能无所秉承，所以暂且允许所请。等到皇帝学问有成，即时归还政柄。"从此，两太后每天都召见议政王、军机大臣入内议事。所有内外章奏，两太后阅看完毕，王大臣代拟旨意，次日进呈。两太后审阅批准后，即用文宗所赐的同道堂小玺盖印，仍以皇帝谕旨的形式颁发。不久接受了御史徐启文的奏请，命令朝廷内外臣工对当前时事的缺失，直接发表意见，不要有所隐瞒；采纳了御史钟佩贤的建议，谕令崇尚节俭，维护国家制度；接受御史卞宝第的奏请，谕令严格赏罚，整肃吏治，慎重荐举。命令内直翰林搜辑前代史书中有关帝王政治及母后垂帘的事迹，将其中可以效法和鉴戒的予以呈递。同治初年，寇乱不息，连年用兵，两太后同心求治，任用和提升老成持重的官吏，倚任将帅，荡平粤、捻，渐定滇、陇。十二年二月将政务大权归还穆宗。

十三年十二月，穆宗死，太后决定册立德宗为帝，两太后又垂帘听政。谕旨说："现今皇帝继承大统，年龄幼小，不得已垂帘听政。综理万机，辛勤而不怠惰，更何况正值民生困穷，各省连年水旱。中外臣工、九卿、科道中有言事之责的官员，对于用人行政，凡是于国有益而又确能付诸实施的政事，都要详细陈奏。至于督促节俭，屏却浮华，都应自宫中身体力行，而一切仅供耳目娱乐、华而不实之物都不得呈进。""封疆大吏，应当勤奋访求民间疾苦，加意抚恤；清理讼狱，勤于缉捕；办赈积谷，命令有关官吏实力奉行；同时还应整饬营伍，修明武备，选任贤能官吏，与民休息。"允准御史陈彝的奏请，罢黜南书房行走、侍讲王庆祺；接受御史孙凤翔等人的建议，罢黜总管内务府大臣贵宝、文锡，又将违法乱纪的太监治罪，其中戍边3人、杖责4人。一时，宫廷、官府整肃。

光绪五年，将穆宗葬于惠陵。吏部主事吴可读随从皇帝祭陵，在陵前自杀，遗疏请求降一明旨，把将来大统归于穆宗嗣子。太后令王大臣等决断此事，王大臣等认为无庸议论，尚书徐桐等人及侍读学士宝廷、黄体芳，司业张之洞，御史李端棻，均各上疏陈奏看法。谕旨说："我朝从未明定储位，可读所请不合祖宗家法。皇帝受穆宗付托，将慎重选择最杰出之人继承帝业，此人即为穆宗嗣子，遵守祖宗制定的法规，向天下人显示无私，皇帝定善体此意。"

六年，太后患病，德宗命各省督抚荐举医生前来治病。八年，太后病体痊愈。孝贞皇后去世后，太后独自掌握朝政。十年，法兰西侵入越南。太后责备恭亲王奕䜣等办事拖沓而贻误了战机，撤了他的职务，改用礼亲王世铎等人；同时谕令军机处，凡遇紧要事件，都要与醇亲王奕譞商办。庶子盛昱、锡珍及御史赵尔巽等人各自上疏，均称醇亲王不应参预机务，太后下谕旨说："自垂帘听政以来，估量时势，不能不任用亲藩参预机务。所谕令的奕譞与军机大臣会商的事情，原本是专指军国大事，并非任何事一概要其过问。奕譞对此也一再恳辞，谕令待皇帝亲政时再降谕旨，这样他才暂时奉命。这其中的事情，诸臣是不能尽知的。"这一年，太后正是50岁。

十一年，与法兰西签订条约。醇亲王奕譞建议设置海军。十三年夏，太后同大学士、直隶总督李鸿章巡阅海口，令太监李莲英随从。莲英侍候太后，颇为有权。御史朱一新以各直省发生水灾为由，奏请修身反省，言辞中涉及到了李莲英。太后对此很不高兴，责令一新重新奏言。一新又上疏，谈及李鸿章有一次为迎接亲王，事先准备了一条船，但王辞而未坐，而莲英却上了船，于是就给来迎接的将吏造成一种错觉，以为这是一条王乘坐的船。太后向王询问有无此事，王回答说："没有。"于是，一新被免职。

太后下令将在次年正月归政，醇亲王奕譞及诸王大臣等奏请太后训政几年，德宗也再三极力恳求，太后才答应训政，王大臣等进呈训政典礼，太后命按所议进行。请为太后上徽号，坚辞不许。十五年，德宗举行大婚礼。二月己卯，太后将政务归还德宗。御史屠仁守上疏，请求太后在归政之后，依然披览章奏，对国事有裁决施行权。太后认为不宜再这样做，颁布谕旨说："垂帘听政，本是万不得已的举措。我鉴于前代流弊，特令及时归政。归政之后，只有醇亲王单独上呈的奏书，暂时可直接送我。醇亲王曾秘密陈奏说：'初裁大政，军国重事，太后省览定夺后即可执行。'这并不能作为典制，使训政永远持续下去。"于是斥责仁守言语荒谬，罢其官。

同治年间，穆宗议修圆明园，作为两太后居住之所，但未能办成。德宗以万寿山大报恩延寿寺，曾三次成为高宗为孝圣宪皇后祝寿之处，命修葺，作为太后临幸之所，同时将清漪园改名为颐和园，获得太后的批准。太后归政之后，即在此处居住。每年的十月十日太后生辰日，皇帝均率王大臣来此祝寿，成为定例。十六年，醇亲王奕譞死。二十年，日本侵略朝鲜，遵照太后的意旨，重新起用恭亲王奕䜣。这一年，正值太后六十寿辰，德宗请求太后在圆明园接受臣僚的祝贺，并依照康熙、乾隆年间的做法，自皇宫至圆明园，太后行经的道路两旁均搭设彩棚经坛，举行庆典。由于朝鲜战事危急，遵照太后命令，罢除此法。

皇帝侍奉太后很慎重小心，朝廷大政一定都要请命后才施行。但因国事日坏，想要以变法救亡，而太后却不同意，两人意见无法协调。皇帝定于九月陪太后到天津阅兵，有谣言说太后将发动兵变废黜德宗，又有说德宗图谋围困颐和园以劫持太后。八月丁亥，太后突然自颐和园返回宫内，再次训次。又以德宗身体不适，命他在瀛台养病。二十五年十二月，太后立端郡王载漪子溥俊过继给穆宗为皇子。

二十六年，义和拳事兴起，载漪等相信拳民有法术，报告太后说他们都是义民，下令入据京师，击杀了德意志大使克林德及日本使馆的书记，并围困各国使馆。德意志、澳大利亚、比利时、日斯巴尼亚、美利坚、法兰西、英吉利、意大利、日本、荷兰、俄罗斯10国军队发动了侵华战争。七月，逼近京师。太后带着德宗自德胜门逃出，经过宣化、大同。八月，驻扎太原。九月，到西安。命令庆亲王奕劻、大学士总督李鸿章与各国议和。二十七年，与各国订立条约。八月，德宗陪太后从西安返京。十月，驻扎开封。当时端郡王载漪因庇护义和拳获罪而被罢官，溥俊以公衔被迁出宫门。十一月，太后还至京师。德宗仍居瀛台养病。太后多次下诏说："母子一心，励行新政。"三十二年七月，下诏预备立宪。

三十四年十月，太后得病。德宗病势更重。壬申，太后下令授予醇亲王载沣为摄政王。癸酉，德宗在瀛台去世。太后决定策立宣统皇帝，当日即被尊为太皇太后。甲戌，太后死，终年74岁，遗体安葬在定陵东普陀峪，称定东陵。她被尊为皇太后之初，即上徽号。国有庆典，徽号屡屡加增，称慈禧端佑康颐昭豫庄诚寿恭钦献崇熙皇太后。死后即将徽号作为谥号。生子一人，即穆宗。